Uni-Taschenbücher 1184

Eine Arbeitsgemeinschaft der Verlage

Wilhelm Fink Verlag München
Gustav Fischer Verlag Jena und Stuttgart
Francke Verlag Tübingen und Basel
Paul Haupt Verlag Bern · Stuttgart · Wien
Hüthig Verlagsgemeinschaft
Decker & Müller GmbH Heidelberg
Leske Verlag + Budrich GmbH Opladen
J.C.B. Mohr (Paul Siebeck) Tübingen
Quelle & Meyer Heidelberg · Wiesbaden
Ernst Reinhardt Verlag München und Basel
Schäffer-Poeschel Verlag · Stuttgart
Ferdinand Schöningh Verlag Paderborn · München · Wien · Zürich
Eugen Ulmer Verlag Stuttgart
Vandenhoeck & Ruprecht in Göttingen und Zürich

E. Schneider (†) gewidmet

Hans-Joachim Jarchow
Peter Rühmann

Monetäre Außenwirtschaft

I. Monetäre Außenwirtschaftstheorie

Mit 55 Figuren

4., überarbeitete und erweiterte Auflage

Marc = A.
luter
07/95

Vandenhoeck & Ruprecht in Göttingen

Hans-Joachim Jarchow, geb. 1935 in Oldenburg/H., studierte Betriebs-
wirtschaftslehre und Volkswirtschaftslehre an den Universitäten Hamburg und Kiel und schloß sein Studium 1959 mit dem volkswirtschaftlichen Diplomexamen in Kiel ab. Nach seiner Promotion zum Dr. sc. pol.
(1961) war er zunächst Assistent, später Oberassistent am Institut für Weltwirtschaft in Kiel. 1966 habilitierte er sich in Kiel mit einer geldtheoretischen Arbeit. 1967 übernahm er einen volkswirtschaftlichen Lehrstuhl an
der Universität Göttingen. – Veröffentlichungen über Geldtheorie, Außenwirtschaftstheorie und internationale Währungspolitik.

Peter Rühmann, geb. 1938 in Berlin. Studium der Volkswirtschaftslehre an
den Universitäten Kiel, Berlin und München (1958–1962). Diplomexamen (1962) und Promotion (1965) in Kiel. Tätigkeit als wissenschaftlicher
Angestellter am Institut für Weltwirtschaft in Kiel, später als Assistent an
der Universität Göttingen. Habilitation über ein geldtheoretisches Thema
(1976) und Ernennung zum Professor (1978) in Göttingen. Vertretung der
Professur Geld und Währung an der Universität Frankfurt (1979–1980). –
Veröffentlichungen über Oligopol- und Geldtheorie.

Die Deutsche Bibliothek – CIP Einheitsaufnahme

Jarchow, Hans-Joachim:
Monetäre Außenwirtschaft / Hans-Joachim Jarchow ; Peter Rühmann. –
Göttingen : Vandenhoeck und Ruprecht.
(UTB für Wissenschaft : Uni-Taschenbücher ; ...)
NE: Rühmann, Peter:

1. Monetäre Außenwirtschaftstheorie. – 4., überarb. und erw. Aufl. – 1994
(UTB für Wissenschaft : Uni-Taschenbücher ; 1184: Wirtschaftswissenschaften)

ISBN 3-8252-1184-3 (UTB)
ISBN 3-525-03166-1 (Vandenhoeck u. Ruprecht)

NE: UTB für Wissenschaft / Uni-Taschenbücher

© 1994 Vandenhoeck & Ruprecht in Göttingen
Printed in Germany
Einbandgestaltung: A. Krugmann, Stuttgart
Satz: Tutte Druckerei GmbH, Salzweg-Passau
Druck und Bindearbeit: Hubert & Co., Göttingen

UTB-Bestellnummer: ISBN 3-8252-1184-3

Vorwort

Für Volkswirtschaften, die – wie die Bundesrepublik – durch Außenhandel und Kapitalverkehr in starkem Maße mit der Weltwirtschaft verflochten sind, spielen die Zahlungsbilanz- und Wechselkursentwicklung sowie die Interdependenzen zwischen außen- und binnenwirtschaftlichen Vorgängen eine wesentliche Rolle. Die Darstellung und Analyse derartiger Zusammenhänge erfolgt im Rahmen der monetären Außenwirtschaftstheorie; sie bildet den Gegenstand des vorliegenden Bandes.

Im *ersten Teil* wird zunächst das Konzept der *Zahlungsbilanz* erläutert und dabei auch die Frage behandelt, was unter Zahlungsbilanzungleichgewichten zu verstehen ist (*Kapitel I*). Anschließend wird gezeigt, wie sich *Außenwirtschaftstransaktionen* in den Wirtschaftskreislauf und die Vermögensrechnung einer Volkswirtschaft einfügen (*Kapitel II*).

Im *zweiten Teil* erfolgt mit dem *III. Kapitel* eine Untersuchung der Wirkungen von *Wechselkursänderungen* auf den Außenbeitrag, das inländische Preisniveau und die „terms of trade". Im Zusammenhang hiermit wird auch der Devisenmarkt behandelt und der Ausgleichsmechanismus flexibler Wechselkurse dargestellt. Die im III. Kapitel zugrunde gelegte mikroökonomische Partialanalyse von Exportgüter- und Importgütermärkten wird auch im *IV. Kapitel* beibehalten, in dem die Auswirkungen *preisverändernder Vorgänge* im In- und Ausland – bei nunmehr konstant gehaltenem Wechselkurs – untersucht werden.

Im *dritten Teil* tritt an die Stelle der mikroökonomischen Partialanalyse eine *makroökonomische Totalanalyse*. Dabei wird im Rahmen der Systeme fester und flexibler Wechselkurse gezeigt, wie Volkseinkommen, Beschäftigung und Preisniveau sowie Zahlungsbilanzsaldo bzw. Wechselkurs im Gleichgewicht bestimmt und durch Änderung exogener Größen – vor allem im Zusammenhang mit Maßnahmen der Stabilisierungspolitik – beeinflußt werden. Die entsprechenden Untersuchungen werden schrittweise vorgenommen: Zunächst wird ein *einfaches Gütermarkt-Modell* bei festen Wechselkursen dargestellt und ausgewertet (*Kapitel V*). Durch Einbeziehung des Geldmarktes und des Devisenmarktes sowie durch Berücksichtigung von internationalen Kapitalbewegungen wird dieses Modell anschließend *erweitert* (*Kapitel VI*) und dann als Grundlage für eine ausführliche Analyse der Wirksamkeit *stabilisierungspolitischer Maßnahmen* in unterschiedlichen Wechselkurssystemen benutzt (*Kapitel VII*).

Im *vierten Teil* wird die makroökonomische Totalanalyse fortgeführt, indem neuere Entwicklungen in der monetären Außenwirtschaftstheorie vorgestellt werden. Hierbei handelt es sich zum einen um die sog. *monetäre Zahlungsbilanz-* und *Wechselkurstheorie* mit der Gleichgewichtsbeziehung für den Geldmarkt als Kernstück (*Kapitel VIII und IX*) und zum anderen um ein vereinfachtes *Strom-Bestands-Modell* für eine offene Volkswirtschaft mit Vermögenseffekten und der expliziten Berücksichtigung von Budgetrestriktionen als neuen Elementen (*Kapitel X*).

Bei der Aufbereitung des Stoffes wird mit einfachen Zusammenhängen bzw. Modellen begonnen. Diese werden dann schrittweise präzisiert und erweitert. Wegen ihrer größeren Anschaulichkeit wird dabei die graphische Analyse bevorzugt angewendet, ohne daß damit allerdings auf die erforderliche algebraische Präzisierung (und Absicherung) verzichtet wird. Es erschien uns jedoch zweckmäßig, längere formale Ableitungen gesonderten Anhängen vorzubehalten und sich im Hauptteil auf die ökonomische Analyse der abgeleiteten Endergebnisse zu beschränken.

Für die Diskussion von Teilen des Manuskripts und uns dabei vermittelte Anregungen haben wir den Herren Dr. *G. Engel, K.-D. Geisler* und *G. Grebe* zu danken. An den redaktionellen Arbeiten waren die Herren *H. Fehling, J.-G. Rogge* und *J. Arnsmeyer* beteiligt sowie Herr *B. Braasch*, der zusammen mit Herrn *G. Grebe* auch die Zeichnungen angefertigt hat. Auch ihnen gilt unser Dank. Last but not least bedanken wir uns bei Frau *Ch. Machholz* und insbesondere bei Frau *H. Linne* für die sorgfältige Anfertigung des nicht immer einfachen Manuskripts.

Dezember 1981   Hans-Joachim Jarchow
                                 Peter Rühmann

Vorwort zur 4. Auflage

Mit der Neuauflage wurde der bisherige Stoff z. T. überarbeitet, z. T. erweitert. Überarbeitet und dabei teilweise neu geschrieben wurden der Abschnitt über Zahlungsbilanzdarstellungen in *Kapitel I*, das *Kapitel IX* über die Monetäre Zahlungsbilanz- und Wechselkurstheorie sowie das *Kapitel XI* über das Finanzmarktmodell. *Kapitel X* wurde erweitert, indem ein neuer Abschnitt 4 über *spekulative Blasen* („bubbles") eingefügt wurde. Der entsprechende Ansatz bietet im Rahmen der Wechselkurstheorie eine Erklärungsmöglichkeit für sich selbst verstärkende Wechselkursentwicklungen.

Schließlich wurden in Kapitel I die verwendeten Zahlen auf den neuesten Stand gebracht und auch an anderen Stellen die empirischen Darstellungen aktualisiert. Im übrigen bietet sich dem Leser die Möglichkeit, den Stoff der Monetären Außenwirtschaftstheorie mit Hilfe eines Arbeitsbuches einzuüben (UTB 1598).

Für die Durchsicht der geänderten Teile der Neuauflage und uns dabei vermittelte Anregungen danken wir Frau C. Daseking, Frau K. Franke und Herrn Dr. H. Möller. Für die Hilfe beim Korrekturlesen und bei der Anfertigung des Registers gilt unser Dank Frau A. Friedrich, Herrn St. Jakubik und Herrn J. Schultze. Schließlich bedanken wir uns bei Frau H. Beier und Frau H. Linne für die Mühe und Sorgfalt beim Schreiben des Manuskripts.

März 1994   Hans-Joachim Jarchow
                                                        Peter Rühmann

Inhaltsverzeichnis

Dritter Teil:
Eine Keynesianische bzw. Postkeynesianische
Totalanalyse einer offenen Volkswirtschaft

Vierter Teil:
Monetärer Ansatz und Devisenmarktanalyse

Fünfter Teil:
Finanzmarkttheorie und Strom-Bestands-Ansatz
für eine offene Volkswirtschaft

Anhänge

Verzeichnis der häufiger benutzten Symbole[1])

A = Außenbeitrag
B = Monetäre Basis[2])
C = Konsum
E = Absorption
F = ausländische Staatstitel
G = Staatsausgaben
H = heimische Komponente der monetären Basis
I = Nettoinvestitionen
J = Importe
J' = mengenmäßige (physische) Importe
K = Nettokapitalimporte
L = Geldnachfrage
M = Geldmenge
R = Währungsreserven
S = Ersparnis
Tr = Transfers
W = privates Finanzvermögen
X = Exporte
Y = Nettosozialprodukt
Z = Devisenbilanzsaldo
c = marginale Konsumquote
e = marginale Absorptionsquote[3])
h = marginale Hortungsquote
i = Inlandszins
l = Geldlohnsatz
m = marginale Importquote
p = Preis bzw. Preisniveau
s = marginale Sparquote[4])
t = terms of trade
w = Wechselkurs (Kassakurs)
w_T = Terminkurs
ε = Angebotselastizität
η = Nachfrageelastizität

---

[1]) Größen mit dem Index a beziehen sich auf das Ausland, Größen mit dem Index r weisen auf reale Größen hin.
[2]) In Kapitel XI und XII bezeichnet B inländische Staatstitel.
[3]) Im Exkurs X.4 wird e zur Bezeichnung des Nettoertrags einer Kapitalanlage im Ausland verwendet.
[4]) Im Exkurs X.4 wird s zur Bezeichnung des Swapsatzes verwendet.

Erster Teil: Zahlungsbilanz

Das Anliegen des ersten Teils besteht darin zu zeigen, wie Außenwirtschaftstransaktionen systematisch erfaßt werden und wie sie
sich in den Wirtschaftskreislauf und die Vermögensrechnung einer
Volkswirtschaft einfügen. Dementsprechend wird im I. Kapitel der
Inhalt der Zahlungsbilanz zusammen mit der Frage, was unter
Zahlungsbilanzungleichgewichten zu verstehen ist, behandelt und
im II. Kapitel untersucht, wie bestimmte Zahlungsbilanztransaktionen in die aus dem Volkswirtschaftlichen Rechnungswesen bekannten makroökonomischen ex post-Beziehungen einzuordnen
sind. Dabei werden wichtige Begriffe und Zusammenhänge vorgestellt, auf die bei der späteren Analyse wirtschaftspolitisch relevan-
ter Fragen einer offenen Volkswirtschaft zurückgegriffen wird.

I. Inhalt der Zahlungsbilanz

1. Begriff der Zahlungsbilanz

Als **Zahlungsbilanz** eines Landes bezeichnet man die systematische
Aufzeichnung aller wirtschaftlichen Transaktionen zwischen Inländern und Ausländern für eine bestimmte Periode, z.B. ein Jahr[1]).
Im Sinne der Zahlungsbilanzstatistik gelten dabei als **Inländer** alle
natürlichen Personen mit ständigem Wohnsitz im Inland sowie alle
anderen Wirtschaftssubjekte einschließlich rechtlich unselbständi-
ger Produktionsstätten und Zweigniederlassungen, soweit der
Schwerpunkt ihrer wirtschaftlichen Aktivität im Inland liegt. In-
ländereigenschaft besitzen demnach auch die im Inland wohnenden
Arbeitnehmer ausländischer Nationalität sowie Wirtschaftsunter-

---

[1]) Ab Juli 1990 (mit dem Inkrafttreten der deutschen Währungsunion) enthält die Zahlungsbilanz der Bundesrepublik Deutschland auch den Lei-
stungs- und Kapitalverkehr der ehemaligen DDR mit dem Ausland.

nehmen in ausländischem Eigentum, die sich im Inland befinden. *Nicht* als Inländer gelten demgegenüber die Angehörigen ausländischer Streitkräfte und diplomatischer Vertretungen. **Wirtschaftliche Transaktionen** im Sinne der Zahlungsbilanzstatistik liegen vor, wenn Waren, Dienstleistungen oder Vermögenstitel (Geld, Forderungen, Eigentumsrechte) von Inländern auf Ausländer oder von Ausländern auf Inländer übertragen werden.

Der fest eingeführte Begriff der Zahlungsbilanz könnte aus zwei Gründen *mißverständlich* erscheinen: Zum einen beziehen sich die in der Zahlungsbilanz aufgezeichneten wirtschaftlichen Transaktionen auf einen Zeitraum und nicht – wie bei einer Bilanz – auf einen Zeitpunkt. Zum anderen werden in der Zahlungsbilanz mehr Transaktionen erfaßt als nur Zahlungsvorgänge und z. T. sogar Transaktionen, die nicht mit einem Zahlungsvorgang verbunden sind (wie unentgeltliche Lieferungen von Waren).

2. Zahlungsbilanztransaktionen

Die *Zahlungsbilanztransaktionen* lassen sich in folgende größere Kategorien einordnen: Waren- und Dienstleistungsverkehr, Übertragungen, Kapitalverkehr in einem weiteren Sinn und spezielle Posten. Wie noch genauer zu zeigen sein wird, werden sie dabei – entsprechend den Regeln der doppelten Buchführung – prinzipiell jeweils *zweimal* in der Zahlungsbilanz registriert.

a) Waren- und Dienstleistungsverkehr

aa) *Warenverkehr.* – Bei den Transaktionen des Warenverkehrs handelt es sich um Lieferungen von Waren an das Ausland, also um **Warenexporte**, und um den Bezug von Waren aus dem Ausland, also um **Warenimporte**. Warenexporte erscheinen auf der *Habenseite* (Creditseite), da sie zu *Zahlungseingängen* führen bzw. führen können; Warenimporte erscheinen auf der *Sollseite* (Debetseite), da sie zu *Zahlungsausgängen* führen bzw. führen können. Da Exporte und Importe nicht nur mit Güterbewegungen verbunden sind, sondern auch mit anderen zahlungsbilanzwirksamen Transaktionen, insbesondere mit finanziellen Vorgängen, führen Transaktionen im Warenverkehr (entsprechend der bereits erwähnten Buchungstechnik) zu einer Buchung und einer Gegenbuchung in der Zahlungsbilanz. Die Buchung der Güterbewegungen erfolgt dabei, gegliedert nach Importen und Exporten, in der sog. **Handelsbilanz**.

Soll	Handelsbilanz in Mrd. DM		Haben
Warenimporte	689	Warenexporte	739

Das Konto stellt die Handelsbilanz der Bundesrepublik für das Jahr 1992 dar und weist einen für die Bundesrepublik in dieser Bilanz typischen Überschuß aus. Würde man die *regionale* Entwicklung der deutschen Handelsbilanz[2]) genauer analysieren, dann würde sich zeigen, welch großer Teil der gesamten Exporte und Importe auf Länder der Europäischen Gemeinschaft entfällt (1992 mehr als 50 v. H.). Gemessen am Anteil an den deutschen Gesamtexporten und Gesamtimporten dominieren dabei Frankreich, Italien und die Niederlande als wichtigste Handelspartner, und zwar nicht nur innerhalb der EG, sondern auch gegenüber allen anderen Ländern, mit denen die Bundesrepublik Handel betreibt.

bb) *Dienstleistungsverkehr.* – Im Dienstleistungsverkehr werden die Verkäufe bzw. Käufe von Dienst- und Faktorleistungen der Inländer an Ausländer bzw. der Inländer von Ausländern gebucht. Man bezeichnet die entsprechenden Transaktionen auch als *unsichtbare* Exporte bzw. Importe. Im einzelnen gehören zum Dienstleistungsverkehr Einnahmen bzw. Ausgaben für Reiseverkehr, Transportleistungen (wie Frachten, Personenbeförderung und Hafendienste), Kapitalerträge (wie Gewinne, Dividenden und Zinsen aus Kapitalanlagen von Inländern im Ausland bzw. aus Kapitalanlagen von Ausländern im Inland), Versicherungen, Lizenzen und Patente, Arbeitsentgelte (z. B. von Grenzgängern) u. a. Für die Bundesrepublik haben ferner die Ausgaben von im Inland stationierten ausländischen militärischen Dienststellen Bedeutung, denen aus der Sicht der westdeutschen Zahlungsbilanzstatistik Einnahmen aus dem Dienstleistungsverkehr entsprechen. Die Gegenüberstellung sämtlicher Dienstleistungsimporte und -exporte ergibt die **Dienstleistungsbilanz**.

---

[2]) Zu den Zahlen und den übrigen Angaben siehe Statistische Beihefte zu den Monatsberichten der Deutschen Bundesbank, Zahlungsbilanzstatistik, September 1993. – Die Zahlen in der Handelsbilanz berücksichtigen den Transithandel.

Dienstleistungsbilanz in Mrd. DM

Soll			Haben
Dienstleistungsimporte	280	Dienstleistungsexporte	241

Das Konto stellt die Dienstleistungsbilanz der Bundesrepublik für das Jahr 1992 dar und weist ein für die Bundesrepublik in dieser Bilanz typisches Defizit aus. Unter den verschiedenen Positionen der Dienstleistungsbilanz dominieren die Kapitalerträge, die seit einigen Jahren Überschüsse aufweisen, gefolgt vom Reiseverkehr, der ein hohes Defizit bewirkt (insbesondere gegenüber Österreich und Italien).

b) Übertragungen

Die Übertragungen (unentgeltlichen Leistungen) erfassen die Gegenbuchungen zu allen Bewegungen von Gütern und finanziellen Aktiva zwischen In- und Ausländern, die *ohne ökonomische Gegenleistung* vorgenommen werden. Wird z. B. Entwicklungshilfe durch unentgeltliche Lieferung von maschinellen Anlagen an das Ausland geleistet, dann wird dieser Vorgang einmal als Export (auf der Habenseite), zum anderen als geleistete Übertragung (auf der Sollseite) registriert. Entrichtet die Regierung (z. B. der Bund) Finanzbeiträge an internationale Organisationen (z. B. an den Gesamthaushalt der EG), dann ist die geleistete Übertragung Gegenbuchung zu einer Devisenbewegung. Systematisiert werden die Übertragungen danach, ob im Inland der private oder der öffentliche Sektor beteiligt ist. Bei den *privaten* Übertragungen spielen für die Bundesrepublik insbesondere die Überweisungen ausländischer Arbeitskräfte (Gastarbeiter) in ihre Heimatländer eine quantitativ bedeutsame Rolle. Da Gastarbeiter in der Zahlungsbilanzstatistik als Inländer gelten, handelt es sich hierbei um geleistete Übertragungen des Inlands (also um Ausgaben, die auf der Sollseite zu buchen sind). Zu den privaten Übertragungen gehören weiter Erbschaften sowie Unterstützungszahlungen, Renten und Pensionen des privaten Sektors. Zu den *öffentlichen* Übertragungen zählen Zuwendungen an Entwicklungsländer, Wiedergutmachungsleistungen, Renten und Pensionen des Staates sowie vor allem Beiträge an internationale Organisationen (insbesondere an die EG) bzw. Leistungen internationaler Organisationen an das Inland (z. B. Zahlungen des EG-Agrarfonds). Die Gegenüberstellung der geleisteten und empfangenen Übertragungen bildet die **Übertragungsbilanz** bzw. *Bilanz der unentgeltlichen Übertragungen* oder die *Schenkungsbilanz.*

Übertragungsbilanz in Mrd. DM

Soll		Haben	
Geleistete Übertragungen	73	Empfangene Übertragungen	23

Das Konto stellt die Übertragungsbilanz der Bundesrepublik für das Jahr 1992 dar und weist ein für die Bundesrepublik in dieser Bilanz typisches Defizit aus. Die Entwicklung der westdeutschen Übertragungsbilanz wird wesentlich durch die Ausgaben bestimmt, die aus Nettoübertragungen an internationale Organisationen (insbesondere an die EG) und Überweisungen von Gastarbeitern in ihre Heimatländer (insbesondere in die Türkei sowie nach Italien und Griechenland) resultieren.

c) Kapitalverkehr in einem weiteren Sinn

In einem *weiteren* Sinn erfaßt der Kapitalverkehr alle Transaktionen, durch die Ansprüche und Verbindlichkeiten von Inländern gegenüber Ausländern in ihrer Höhe und (oder) Zusammensetzung geändert werden. Unter *Ansprüchen* sind dabei wirtschaftliche Rechte von Inländern auf ausländisches Vermögen und unter *Verbindlichkeiten* Anrechte von Ausländern auf inländisches Volksvermögen zu verstehen. Eine Zunahme der Ansprüche, z. B. dadurch, daß Inländer mehr ausländische Wertpapiere erwerben als liquidieren, stellt einen (positiven) **Kapitalexport** dar. Kapitalexporte erscheinen auf der Sollseite, da sie (isoliert gesehen) zu Zahlungsausgängen führen bzw. führen können. Eine Zunahme der Verbindlichkeiten, z. B. dadurch, daß Inländer im Ausland mehr Kredite aufnehmen als tilgen, stellt einen (positiven) **Kapitalimport** dar. Kapitalimporte erscheinen auf der Habenseite, da sie (isoliert gesehen) zu Zahlungseingängen führen bzw. führen können.

aa) *Kapitalverkehr in einem engeren Sinn.* – Werden Transaktionen der *Währungsbehörde* (in der Bundesrepublik: der Bundesbank) aus dem gesamten Kapitalverkehr ausgegliedert, dann ergibt sich der Kapitalverkehr im *engeren* Sinn. Dieser läßt sich nach Sektoren aufteilen, wobei zwischen *privatem* Sektor (private Haushalte und Unternehmungen sowie Kreditinstitute) und dem *öffentlichen*

Sektor unterschieden wird, sowie nach der *Fristigkeit* der Ansprüche und Verbindlichkeiten. Nach dem zweiten Kriterium gehören – entsprechend der westdeutschen Zahlungsbilanzstatistik – zum kurzfristigen Kapitalverkehr prinzipiell der Erwerb von Ansprüchen und das Eingehen von Verbindlichkeiten, deren ursprüngliche Laufzeit nicht über *ein* Jahr hinausgeht. Dem langfristigen Kapitalverkehr werden demgemäß prinzipiell alle Veränderungen von Ansprüchen und Verbindlichkeiten zugerechnet, deren ursprüngliche Laufzeit mehr als ein Jahr beträgt. Diese Abgrenzungen werden insofern durchbrochen, als unabhängig von der Fristigkeit Käufe und Verkäufe von Geldmarktpapieren sowie die Gewährung von Zahlungszielen und Anzahlungen im Waren- und Dienstleistungsverkehr im kurzfristigen Kapitalverkehr und Käufe und Verkäufe von Aktien im langfristigen Kapitalverkehr registriert werden.

Genauer betrachtet, gehören zum *privaten* langfristigen Kapitalverkehr: *Direktinvestitionen* wie Erwerb und Liquidation von Unternehmungen, Zweigniederlassungen, Produktionsstätten und Beteiligungen (auch in Form von Aktien), *Portfolioinvestitionen* wie Käufe und Verkäufe von Aktien (ohne Beteiligungsabsicht), festverzinslichen Wertpapieren und Investmentzertifikaten, *Kredite und Darlehen* (mit einer ursprünglichen Laufzeit von mehr als einem Jahr) und der *Kauf bzw. Verkauf von Grundbesitz*. Im *öffentlichen* langfristigen Kapitalverkehr spielen bei den Kapitalexporten insbesondere Kredite an Entwicklungsländer eine Rolle, während bei den (umfangreicheren) Kapitalimporten Wertpapieranlagen von Ausländern dominieren.

Der Kapitalverkehr (ohne Einbeziehung der Währungsbehörde) wird in der **Kapitalbilanz** gebucht, genauer in der *Kapitalbilanz i.e.S.*

Kapitalbilanz i.e. S. in Mrd. DM

Soll		Haben
	Nettokapitalimport	107

Das Konto stellt in saldierter Form die Kapitalbilanz i.e.S. der Bundesrepublik für das Jahr 1992 dar und weist einen positiven Nettokapitalimport aus.

bb) *Nettoauslandsaktiva der Währungsbehörde.* – Die bisher ausgeklammerten Transaktionen der Währungsbehörde verändern die **Nettoauslandsaktiva** bzw. die sog. **(Netto-)Auslandsposition der**

Währungsbehörde. Diese besteht im Fall der Deutschen Bundesbank vor allem aus den Nettowährungsreserven und daneben noch
aus quantitativ weniger bedeutsamen Krediten an ausländische
Währungsbehörden und an die Weltbank. Die **Nettowährungsreserven** der Bundesbank setzen sich im einzelnen zusammen aus dem
Goldbestand, der Reserveposition im Internationalen Währungsfonds (d. h. den Ziehungsrechten in der Reservetranche, Krediten,
die dem Währungsfonds auf Grund besonderer Vereinbarungen
gewährt worden sind, sowie dem Bestand an Sonderziehungsrechten[3])), Forderungen an das Europäische Währungsinstitut (EWI)[4])
und dem Bestand an Devisen (vornehmlich auf US-Dollar lautende
Guthaben bei ausländischen Banken und Geldmarkteinlagen im
Ausland) und Sorten abzüglich der Auslandsverbindlichkeiten der
Bundesbank. Veränderungen der Nettoauslandsaktiva finden ihren
Niederschlag in der **Devisenbilanz** bzw. der *Bilanz der Gold- und
Devisenbewegungen bei der Währungsbehörde.*

Devisenbilanz in Mrd. DM

Soll	Haben
Veränderung der Nettoauslandsaktiva der Bundesbank (Zunahme: +, Abnahme: −) + 63	

Das Konto stellt die Devisenbilanz der Bundesrepublik für das
Jahr 1992 dar und weist einen Überschuß aus, der die Nettoauslandsaktiva der Bundesbank (und damit im wesentlichen die Währungsreserven) erhöht[5]).

---

[3]) **Ziehungsrechte** in der Reservetranche sowie **Sonderziehungsrechte** bieten den Währungsbehörden eines Landes die Möglichkeit, Devisen beim
Internationalen Währungsfonds (im Fall von Sonderziehungsrechten
auch bei anderen Ländern) gegen Hergabe der heimischen Währung zu
erlangen. Einzelheiten hierzu siehe Abschnitt V. 4 aus Band **II** (Monetäre
Außenwirtschaft. II. Internationale Währungspolitik. 3., überarb. u.
erw. Aufl. Göttingen 1993).

[4]) Einzelheiten hierzu siehe ebenda, Unterabschnitt VIII. 4b) bb.

[5]) Daß eine Zunahme (Abnahme) der Auslandsaktiva bei der Währungsbehörde auf der Sollseite der Devisenbilanz mit einem Pluszeichen (Minuszeichen) gebucht wird, ergibt sich daraus, daß dieser Vorgang als Gegenbuchung zu Transaktionen aufzufassen ist, die zu Zahlungseingängen
(Zahlungsausgängen) führen bzw. führen können.

cc) *Ausgleichsposten zur Auslandsposition.* – Die Ausgleichsposten nehmen die Gegenbuchungen zu Veränderungen der Auslandsposition der Bundesbank auf, die nicht auf Bewegungen innerhalb der Handels-, Dienstleistungs-, Übertragungs- und Kapitalbilanz zurückgehen. Sie ergeben sich

– auf Grund der Zuteilungen von Sonderziehungsrechten (SZR) durch den Internationalen Währungsfonds (IWF) und
– als Folge von Bewertungsvorgängen.

Erhält die Bundesbank im Zuge einer Zuteilungsrunde *Sonderziehungsrechte* vom IWF, dann erscheint dieser Vorgang in der Devisenbilanz und als Gegenbuchung auch bei den Ausgleichsposten. Dabei wird die Zuteilung von Sonderziehungsrechten bei den Ausgleichsposten auf der *Habenseite* gebucht; denn eine Zuteilung von SZR stellt einen Zahlungseingang dar. Ein Ausgleichsbedarf als Folge von Bewertungsvorgängen ergibt sich im Zusammenhang mit Wechselkursänderungen.

Im Detail betrachtet, entsteht ein Ausgleichsbedarf zum einen bei Änderungen der Bilanzkurse für die Bestände innerhalb der Auslandsposition jeweils zum Jahresende und zum anderen auf Grund von Bewertungsvorgängen bei Veränderungen der Auslandsposition während des Jahres. Die *Bestände* der auf SZR und Europäische Währungseinheiten (ECU) lautenden Nettoauslandsaktiva werden zum *Jahresende* der tatsächlichen Entwicklung ihrer Marktwerte angepaßt[6]. Da das SZR und die ECU wertmäßig als Korb mit bestimmten Beträgen an verschiedenen Währungen definiert sind, nimmt ihr in DM umgerechneter Wert z. B. bei einer Aufwertung ab. Der mit der Aufwertung verbundene, jeweils zum Jahresende erfaßte Bewertungsverlust bei auf SZR und ECU lautenden Währungsreserven wird bei den Ausgleichsposten auf der Sollseite gebucht, da dieser Vorgang wie ein Zahlungsausgang wirkt[7]. Entsprechend erscheint eine Bewertungsänderung als Folge einer Abwertung auf der Habenseite.

---

[6]) Ihre Goldbestände bewertet die Bundesbank gleichbleibend zu rd. 144 DM/Unze Feingold und ihre Dollarbestände ab 31. 12. 1992 zu einem Bilanzkurs von 1,3870 DM/$. Er entspricht dem historisch niedrigsten Dollarkurs vom 2. September 1992. Nur wenn sich die Bundesbank auf Grund der Marktentwicklung im abgelaufenen Jahr zu einer Änderung der Bilanzansätze veranlaßt sieht, entsteht auch zum Jahresende ein Ausgleichsbedarf wegen Neubewertung ihrer Gold- und Dollarbestände.

[7]) In gleicher Weise werden (weniger zu Buche schlagende) Abschreibungen auf festverzinsliche Papiere des amerikanischen Schatzamtes infolge gestiegener US-Zinsen erfaßt.

Während des Jahres führen Bewertungsvorgänge zu Buchungen bei den Ausgleichsposten, da die Bundesbank die *Veränderungen* der meisten Nettoauslandsaktiva (insbesondere Dollartransaktionen, aber auch Transaktionen in SZR und ECU) in Hinblick auf die Bilanzausweise zu den Devisenkursen der letzten Jahresbilanz (Bilanzkursen) bewertet, obwohl die entsprechenden Devisengeschäfte tatsächlich zu den herrschenden Tageskursen (Transaktionskursen) abgewickelt werden. Ist der *Transaktionskurs* dabei höher (niedriger) als der *Bilanzkurs*, dann entsteht z. B. bei Devisenzuflüssen aus Exporten zwischen der zum Transaktionskurs erfaßten Leistungsbilanztransaktion und der zum niedrigeren (höheren) Bilanzkurs bewerteten Devisenbilanztransaktion eine positive (negative) Differenz, die durch eine Buchung im Soll (Haben) der Ausgleichsposten kompensiert wird[8]).

Für das Jahr 1992 lassen sich die **Ausgleichsposten** zur Auslandsposition kontenmäßig wie folgt darstellen:

Ausgleichsposten in Mrd. DM

Soll		Haben
Bewertungsvorgänge	6	

Wie schon seit 1982 erfolgten 1992 keine Zuteilungen von Sonderziehungsrechten. Deshalb schlugen sich in den Ausgleichsposten nur Bewertungsvorgänge nieder. Sie wirkten insgesamt wie ein Zahlungsausgang und erscheinen deshalb auf der Sollseite.

d) Ungeklärte Beträge

Würde man alle Transaktionen zwischen In- und Ausländern vollständig und periodengerecht erfassen und entsprechend den Regeln der doppelten Buchhaltung registrieren, dann müßte sich die Summe aus Soll- und Habenposten größenmäßig entsprechen. Tatsächlich ist eine lückenlose Erfassung und eine periodengerechte Zuordnung von Transaktionen im Leistungs- und Kapitalverkehr nicht immer möglich; zudem wird eine Reihe von Zahlungsbilanzpositionen auch nur ganz oder teilweise geschätzt, z. B. bestimmte Kapitalerträge, der Geldtransfer der Gastarbeiter sowie ein Teil des Kapitalverkehrs.

Vorübergehend entstehen Lücken in der westdeutschen Zahlungsbilanzstatistik vor allem dadurch, daß die mit den Exporten und Importen verbundenen *Handelskredite* erst mit einer gewissen

---

[8]) Vgl. zur Bewertungsproblematik auch Monatsberichte der Deutschen Bundesbank. Januar 1982, S. 15ff.

(wenn auch nicht langen) zeitlichen Verzögerung statistisch erfaßt werden können. Derartige Ermittlungsfehler machen sich insbesondere dann bemerkbar, wenn sich die **Zahlungsziele** – die sog. **terms of payment** – bei den Exporten und Importen verschieben. Dabei wirkt eine Verkürzung der von Exporteuren gewährten Zahlungsziele (ebenso wie Vorauszahlungen ausländischer Abnehmer) und eine Verlängerung der von Importeuren in Anspruch genommenen Zahlungsziele wie eine Zahlungsbilanztransaktion, die als ein mit Zahlungseingängen verbundener Kapitalimport zu registrieren wäre[9]). *Umgekehrt* sind in der Zahlungsbilanz mit Zahlungsausgängen verbundene Kapitalexporte zu berücksichtigen, wenn sich die von Exporteuren gewährten Zahlungsziele verlängern und die von Importeuren in Anspruch genommenen Zahlungsziele verkürzen oder von den Importeuren Vorauszahlungen geleistet werden[10]).

Die Folge von Ermittlungsfehlern ist, daß sich zwischen dem Saldo aller statistisch erfaßten Leistungs- und Kapitaltransaktionen und der Veränderung der Auslandsposition der Währungsbehörde (einschl. Ausgleichsposten) für die jeweilige Betrachtungsperiode eine Differenz ergibt. Um die Gesamtbilanz dennoch rechnerisch ausgleichen zu können, wird in Höhe dieser Differenz der Posten „**Ungeklärte Beträge**" in die Zahlungsbilanz eingefügt, der auch als *Restposten* oder *Saldo der statistisch nicht aufgliederbaren Transaktionen* bezeichnet wird. Ein auf der Habenseite registrierter Saldo bei den ungeklärten Beträgen deutet auf Zahlungseingänge aus nicht erfaßten Leistungs- und Kapitaltransaktionen hin; entsprechend indiziert ein auf der Sollseite registrierter Saldo Zahlungsausgänge.

Ungeklärte Beträge in Mrd. DM

Soll		Haben
	Nicht aufgliederbare Zahlungseingänge	1

---

[9]) Mit derartigen Vorgängen ist insbesondere dann zu rechnen, wenn die Zinssätze im Inland stärker steigen als im Ausland und (oder) mit einer Aufwertung der heimischen Währung gerechnet wird.

[10]) Mit derartigen Vorgängen ist insbesondere dann zu rechnen, wenn die Zinssätze im Inland stärker fallen als im Ausland und (oder) mit einer Abwertung der heimischen Währung gerechnet wird.

Dieses Konto weist den Posten „Ungeklärte Beträge" in der westdeutschen Zahlungsbilanz für 1992 aus, der u. a. statistisch noch nicht erfaßte Handelskredite enthält. Unter Berücksichtigung dieses Postens entspricht die Summe aller aufgeführten Sollposten einschl. der ungeklärten Beträge der Summe aller aufgeführten Habenposten.

Die folgende Übersicht faßt die verschiedenen Transaktionen noch einmal systematisch zusammen und gliedert sie in Form einer Zahlungsbilanz:

Tabelle 1: *Zahlungsbilanzsystematik*

Teilbilanz	Sollseite	Habenseite
1) Handelsbilanz	Warenimporte	Warenexporte
2) Dienstleistungsbilanz	Dienstleistungsimporte	Dienstleistungsexporte
3) Übertragungsbilanz	Geleistete Übertragungen	Empfangene Übertragungen
4) Kapitalbilanz	Kapitalexporte	Kapitalimporte
5) Ausgleichsposten zur Devisenbilanz	Bewertungsvorgänge	Zuteilung von Sonderziehungsrechten, Bewertungsvorgänge
6) Devisenbilanz	Veränderung der Nettoauslandsaktiva der Bundesbank (Zunahme: + Abnahme: −)	
7) Ungeklärte Beträge	Saldo aus nicht aufgliederbaren Zahlungsbilanzvorgängen	

3. Zahlungsbilanzbuchungen

Bevor die in der westdeutschen Zahlungsbilanzstatistik üblichen Darstellungen eingehender behandelt werden, soll die *Buchung* von Zahlungsbilanztransaktionen noch an Hand einiger konkreter *Beispiele* näher erläutert werden.

Beispiel 1: Ein westdeutscher Exporteur liefert Waren im Wert von einer Million (Mio.) DM in die USA und räumt dem Abnehmer ein Zahlungsziel von drei Monaten ein. Da die Gewährung derartiger Handelskredite in der kurzfristigen Kapitalbilanz zu erfassen ist, und zwar als Kapitalexport auf der Sollseite, ergeben sich folgende Buchungen:

Handelsbilanz

Soll			Haben
		Warenexporte	1 Mio.

Kapitalbilanz
(Kurzfristiger Kapitalverkehr)

Soll			Haben
Gewährte Handelskredite (Zunahme: +)	+1 Mio.		

Lassen sich Handelskredite nur mit einer gewissen zeitlichen Verzögerung statistisch erfassen, dann erscheint die Gegenbuchung zu den Warenexporten vorübergehend statt in der Kapitalbilanz in der Position „Ungeklärte Beträge" (und zwar auf der Sollseite).

Beispiel 2: Ein westdeutsches Touristikunternehmen hat an eine amerikanische Hotelkette Rechnungen für Übernachtungen etc. in Höhe von einer Million Dollar zu begleichen. Die Bezahlung wird von der Hausbank des Touristikunternehmens abgewickelt, und zwar in der Weise, daß diese eine Korrespondenzbank in den USA, bei der sie ein Währungskonto in Dollar unterhält, beauftragt, zu Lasten ihres (vorher ausgeglichenen) Girokontos eine Million Dollar an die amerikanische Hotelkette zu überweisen. Zahlungsbilanzwirksam sind hierbei zwei Vorgänge: der Dienstleistungsimport des westdeutschen Touristikunternehmens, der in der Dienstleistungsbilanz zu berücksichtigen ist, und die Zunahme der Dollarverbindlichkeiten der westdeutschen Hausbank bei der amerikanischen Korrespondenzbank, die in der Kapitalbilanz als Kapitalimport auf der Habenseite gebucht wird. Bei einem Wechselkurs von 2 DM/$ ergeben sich folgende in DM ausgedrückte Bewegungen in der Zahlungsbilanz:

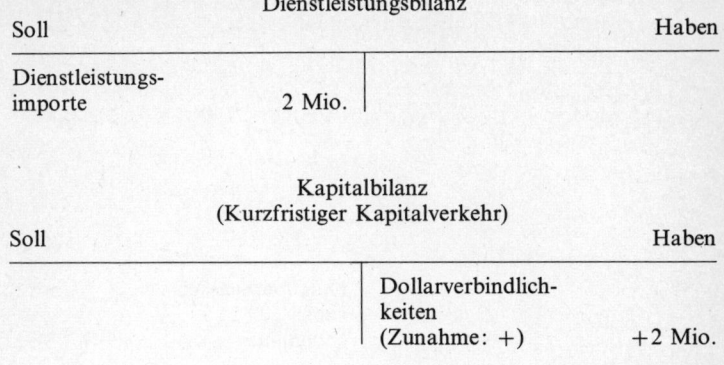

Dienstleistungsbilanz

Soll		Haben
Dienstleistungs-importe	2 Mio.	

Kapitalbilanz
(Kurzfristiger Kapitalverkehr)

Soll		Haben
	Dollarverbindlich-keiten (Zunahme: +)	+2 Mio.

Beispiel 3: Der Bund entrichtet Finanzbeiträge an die EG in Höhe von sieben Milliarden (Mrd.) DM. Die Bundesbank führt die Zahlung durch, indem sie das Zentralbankkonto des Bundes in Höhe dieses Betrages belastet und den Betrag aus ihrem Devisenbestand überweist. In der Zahlungsbilanz werden folgende Buchungen vorgenommen:

Übertragungsbilanz

Soll		Haben
Geleistete Über-tragungen	7 Mrd.	

Devisenbilanz

Soll		Haben
Veränderung der Nettoauslandsaktiva (Abnahme: −)	−7 Mrd.	

Beispiel 4: Eine westdeutsche Unternehmung erwirbt durch Kauf von Aktien eine Beteiligung an einer Unternehmung in den USA und zahlt dafür zwei Millionen Dollar (= vier Millionen DM). Die Überweisung wird wie im Beispiel 2 abgewickelt. Die Buchungen lauten dann:

Kapitalbilanz
(Langfristiger Kapitalverkehr)

Soll	Haben
Anlagen im Ausland (Neuanlagen: +) +4 Mio.	

Kapitalbilanz
(Kurzfristiger Kapitalverkehr)

Soll	Haben
	Dollarverbindlich-keiten (Zunahme: +) +4 Mio.

Beispiel 5: Die Bundesbank erwirbt von westdeutschen Banken täglich fällige Dollarforderungen an ausländische Banken (also Devisen) im Betrage von vier Milliarden Dollar (= acht Milliarden DM). Da inländische Banken Auslandsforderungen verlieren, ergibt sich ein negativer Kapitalexport, so daß neben der Devisenbilanz auch die Kapitalbilanz berührt wird[11]).

Kapitalbilanz
(Kurzfristiger Kapitalverkehr)

Soll	Haben
Dollarforderungen (Abnahme: −) −8 Mrd.	

Devisenbilanz

Soll	Haben
Veränderung der Nettoauslandsaktiva (Zunahme: +) +8 Mrd.	

---

[11]) Der Leser beachte, daß hier Transaktionen zwischen Inländern stattfinden, die dennoch zahlungsbilanzwirksam sind. Offenbar gibt es Vorgänge, die zur Durchbrechung des Prinzips zwingen, in der Zahlungsbilanz nur Transaktionen zwischen In- und Ausländern zu registrieren (vgl. hierzu A. Stobbe, Volkswirtschaftslehre I. Volkswirtschaftliches Rechnungswesen. 7., rev. Aufl. Berlin 1989. S. 205).

Beispiel 6: Der Internationale Währungsfonds teilt der Bundesbank Sonderziehungsrechte im Werte von sechs Milliarden DM zu. In der Zahlungsbilanz werden folgende Buchungen vorgenommen:

Ausgleichsposten

Soll			Haben
	Zuteilung von Sonderziehungsrechten	6 Mrd.	

Devisenbilanz

Soll		Haben
Veränderung der Nettoauslandsaktiva (Zunahme: +)	+6 Mrd.	

4. Zahlungsbilanzdarstellungen

Vom Statistischen Bundesamt und von der Deutschen Bundesbank werden regelmäßig Statistiken zur westdeutschen Zahlungsbilanzentwicklung veröffentlicht. Die Zahlungsbilanztransaktionen werden dabei nicht in Kontenform, sondern tabellarisch wiedergegeben. Als Saldogrößen[12] lassen sie sich mit (grob gerundeten) Zahlen (in Mrd. DM) für das Jahr 1992 in folgender Gliederung zusammenfassen:

– entsprechend der Darstellung des *Statistischen Bundesamtes*[13]

I. Leistungsbilanz		– 39
1. Handelsbilanz	(+ 50)	
2. Dienstleistungsbilanz	(– 39)	
3. Übertragungsbilanz	(– 50)	

---

[12] Die Salden lassen sich aus einem Kontensystem herleiten, indem die Sollposten unter Wechsel des Vorzeichens auf die Habenseite gebracht werden. Ergibt sich bei der Saldierung ein Pluszeichen (Minuszeichen), dann besteht ein Überschuß (Fehlbetrag) der Habenposten gegenüber den Sollposten.

[13] Eine entsprechende Statistik wird regelmäßig in den Statistischen Jahrbüchern des Statistischen Bundesamtes unter Zahlungsbilanz veröffentlicht.

II. Kapitalbilanz (einschl. ungeklärte Beträge)   + *39*
  1. Saldo der Kapitalbilanz i. w. S.
    (einschl. Auslandsposition der
    Bundesbank u. Ausgleichsposten)[14])   (+ 38)
  2. Ungeklärte Beträge   (+ 1)

– entsprechend der Darstellung der *Deutschen Bundesbank*[15]):

I.   Leistungsbilanz   − *39*
   1. Handelsbilanz   (+ 50)
   2. Dienstleistungsbilanz   (− 39)
   3. Übertragungsbilanz   (− 50)
II. Kapitalbilanz   + *107*
   1. Langfristiger Kapitalverkehr   (+ 47)
   2. Kurzfristiger Kapitalverkehr   (+ 60)
III. Ungeklärte Beträge   + *1*
IV. Ausgleichsposten   − *6*
V.   (Netto-)Auslandsposition der Bundesbank[16])   − *63*

Der Unterschied zwischen den beiden Darstellungen besteht darin, daß die Bundesbank ihre (Netto)-Auslandsposition und die Ausgleichsposten hierzu in der Grobgliederung aus der Kapitalbilanz i. w. S. herauslöst und sie gesondert darstellt[17]).

Ein spezielles *Bewertungsproblem* in der Handelsbilanz resultiert daraus, daß die hier registrierten Transaktionen in unterschiedli-

---

[14]) Man beachte, daß ein Minuszeichen auf eine Zunahme der Nettoforderungen gegenüber dem Ausland hinweist.

[15]) Eine so gegliederte Statistik wird regelmäßig in den Geschäftsberichten der Deutschen Bundesbank (unter „Hauptposten der Zahlungsbilanz") veröffentlicht.

[16]) Ein *Minuszeichen* unter V weist auf eine *Zu*nahme der (Netto-)Auslandsposition der Bundesbank hin. Es entsteht dadurch, daß ein positiver Sollposten in der Devisenbilanz unter Wechsel seines Vorzeichens auf die Habenseite gebracht wird. Mit dieser Vorgehensweise wird sichergestellt, daß das Zahlungsbilanzkonto insgesamt *ausgeglichen* ist. – Anders als hier weist die Bundesbank in ihren Monatsberichten eine Zunahme (Abnahme) ihrer Nettoauslandsaktiva mit einem Pluszeichen (Minuszeichen) aus. Dieses mag auf den ersten Blick anschaulicher sein, hat aber den Nachteil, daß das Zahlungsbilanzkonto insgesamt nicht ausgeglichen wird.

[17]) Dementsprechend wird die Position II.1. in der Darstellung des Statistischen Bundesamtes in den Publikationen der Bundesbank in die Positionen II, IV und V aufgespalten.

cher Weise erfaßt werden können, nämlich auf **fob-Basis** (free on board) und auf **cif-Basis** (cost, insurance, freight). Der fob-Wert erfaßt den Warenwert einschließlich der Aufwendungen für Transport und Versicherung bis zur Zollgrenze des *exportierenden* Landes, der cif-Wert den Warenwert einschließlich der Aufwendungen für Transport und Versicherung bis zur Zollgrenze des *importierenden* Landes. Sollen die gehandelten Güter mit ihrem Wert an der Zollgrenze des *Inlands* registriert werden – wie in der *Außenhandelsstatistik* –, dann müssen die Exporte auf fob-Basis und die Importe auf cif-Basis ermittelt werden. Diese Vorgehensweise hat allerdings gewisse Nachteile, wenn die Zollgrenzen des Inlands und Auslands auseinanderliegen. So enthalten die Warenimporte in diesem Fall Bestandteile, die eigentlich in die Dienstleistungsbilanz gehören, nämlich die Kosten des Transports von einer Zollgrenze zur anderen wie Fracht und Versicherung. Außerdem ergibt sich, daß die Exporte des Landes A in das Land B nicht wertgleich sind mit den Importen des Landes B aus dem Land A. Diese Nachteile lassen sich vermeiden, wenn auch die Importe – wie in der *Zahlungsbilanzstatistik* – auf fob-Basis bewertet und die Aufwendungen für Fracht und Versicherung von Zollgrenze zu Zollgrenze dementsprechend als Dienstleistungsimport registriert werden.

Unterschiedliche Bewertungen führen zu Unterschieden in den Handelsbilanz- und Dienstleistungsbilanzsalden, wie auch folgende Zahlen (in Mrd. DM) für das Jahr 1992 zeigen[18]):

	Zahlungsbilanz- statistik	Außenhandels- statistik
Handelsbilanzsaldo	+ 50	+ 35
Dienstleistungsbilanzsaldo	− 39	− 24
Handels- und Dienstleistungsbilanzsaldo	+ 11	+ 11

---

[18]) Angaben wie in der ersten Spalte finden sich in den Jahrbüchern des Statistischen Bundesamtes unter Zahlungsbilanz sowie in den Geschäftsberichten der Deutschen Bundesbank in der Zahlungsbilanzdarstellung. Angaben wie in der zweiten Spalte finden sich in den Jahrbüchern des Statistischen Bundesamtes in der Außenhandelsstatistik sowie in den Monatsberichten der Deutschen Bundesbank unter Außenwirtschaft X.1.

In der zweiten Spalte (d. h. in der Außenhandelsstatistik) ist der Handelsbilanzsaldo um 15 Mrd. kleiner und der Dienstleistungs- bilanzsaldo um 15 Mrd. größer als in der ersten Spalte (d. h. in der Zahlungsbilanzstatistik). Der Unterschied resultiert offensicht- lich daraus, daß die Warenimporte in der zweiten Spalte höher bewertet worden sind (nämlich auf cif-Basis) als in der ersten Spalte und damit Bestandteile enthalten, die eigentlich in die Dienstlei- stungsbilanz gehören.

5. Zahlungsbilanzkonzepte

a) Zahlungsbilanzaufgliederung

Da die Zahlungsbilanz durch Anwendung der doppelten Buchfüh- rung unter Einbeziehung des Postens „Ungeklärte Beträge" insge- samt stets ausgeglichen ist, können sich Aussagen über Defizite und Überschüsse in der Zahlungsbilanz nur auf Teilbilanzen bzw. ag- gregierte Teilbilanzen beziehen. Zur Ermittlung von **Zahlungsbi- lanzsalden** ist also eine Aufgliederung der gesamten Zahlungsbilanz erforderlich. Dabei geben die „*über dem Strich*" registrierten Teil- bilanzen Transaktionen an, die Zahlungsbilanzsalden hervorgerufen haben; „*unter dem Strich*" erscheinen die Transaktionen, die den ausgewiesenen Zahlungsbilanzsaldo ausgleichen.

Wichtige Teilbilanzen und Zahlungsbilanzsalden enthält Tabelle 2 (s. Seite 33).

b) Saldenkonzepte

aa) *Außenbeitrag.* – Der aus der Handels- und Dienstleistungsbi- lanz gebildete Saldo, der **Außenbeitrag**, ist Bestandteil der gesamt- wirtschaftlichen Nachfrage und damit Bestimmungsfaktor des So- zialprodukts. Die Entwicklung des Außenbeitrags ist deshalb auch unter konjunkturpolitischem Aspekt von Bedeutung. Außerdem ist der Außenbeitrag insofern von Interesse, als ein positiver Wert des Außenbeitrags (also ein Exportüberschuß) einen Nettotransfer von Ressourcen vom Inland an das Ausland und ein negativer Wert (also ein Importüberschuß) einen Nettotransfer vom Ausland an das Inland anzeigt.

bb) *Leistungsbilanzsaldo.* – Wird der „Strich" nach unten ver- schoben und unterhalb der Übertragungsbilanz gezogen, dann er-

Tabelle 2: *Zahlungsbilanzkonzepte*

Teilbilanzen[a])	Zahlungsbilanzsalden
Handelsbilanz Dienstleistungsbilanz	Außenbeitrag ... Saldo der Bilanz der laufenden Posten
Übertragungsbilanz	
Langfristiger Kapitalverkehr	... Saldo der Grundbilanz
Kurzfristiger Kapitalverkehr (ohne Geschäftsbanken)	... Saldo der Bilanz der nicht- monetären Transaktionen
Kurzfristiger Kapitalverkehr der Geschäftsbanken	... Saldo der Liquiditätsbilanz Saldo der Gesamtbilanz
Gold- und Devisenbewegungen der Währungsbehörde	... Saldo der Devisenbilanz

[a]) Ausgleichs- und Restposten werden vernachlässigt.

hält man den Saldo der **Bilanz der laufenden Posten** oder der **Leistungsbilanz**. Die Bezeichnung *Leistungsbilanzsaldo* resultiert daher, daß sich dieser auf Grund von Leistungstransaktionen mit dem Ausland verändert, also auf Grund von Transaktionen, die die Nettoforderungen der Volkswirtschaft gegenüber dem Ausland und damit das Geldvermögen der Volkswirtschaft bzw. die Nettoauslandsposition der Inländer[19]) beeinflussen. Wie später[20]) noch genauer hergeleitet wird, weist dabei ein positiver Leistungsbilanzsaldo auf eine Verbesserung und ein negativer Leistungsbilanzsaldo auf eine Verschlechterung der Nettoauslandsposition der Inländer hin.

cc) *Grundbilanz.* – Wird der Saldo der *Leistungsbilanz* und des *langfristigen Kapitalverkehrs* zusammengefaßt, dann ergibt sich der Saldo der **Grundbilanz**. Mit diesem, auch von der Deutschen Bun-

---

[19]) Ein weiteres Synonym hierfür ist *Nettoauslandsvermögen der Volkswirtschaft.*

[20]) Vgl. hierzu Abschnitt II.2.

desbank in ihren Tabellen gelegentlich ausgewiesenen Zahlungsbi-
lanzkonzept will man die Transaktionen erfassen, die auf *längere
Sicht* die Zahlungsbilanzentwicklung bestimmen und von solchen
Transaktionen trennen, die kurzfristig reversibel und stärkeren
Schwankungen unterworfen sind. Deshalb wird der kurzfristige
Kapitalverkehr „unter dem Strich" registriert; denn es wird davon
ausgegangen, daß dieser auf kurzfristig mögliche Veränderungen
der Ertrags- und Kurserwartungen besonders empfindlich reagiert.
Eine Unterscheidung zwischen längerfristig wirksamen und kurzfristig reversiblen Vorgängen erscheint insofern sinnvoll, als bei
grundlegenden Zahlungsbilanzdefiziten eine Korrektur erforderlich wird, z. B. durch eine Dämpfung der gesamtwirtschaftlichen
Nachfrage im Inland oder eine Abwertung, während bei vorübergehenden Defiziten eine Finanzierung genügt, z. B. durch Einsatz eigener Währungsreserven oder mit Hilfe internationaler Kredite.

Zwar erscheint das Motiv für die Ermittlung einer Grundbilanz
plausibel, ihre statistische Abgrenzung ist jedoch nicht frei von Problemen. Einerseits können die zum langfristigen Kapitalverkehr
gehörenden Transaktionen in Anleihen und Aktien starken kurzfristigen Schwankungen unterworfen sein, z. B. auf Grund spekulativer Überlegungen. Zum anderen ist zu beachten, daß der kurzfristige Kapitalverkehr die in Form von Sichtguthaben gehaltenen
„working balances" der Geschäftsbanken als relativ stabiles Ele-
ment enthält und daß kurzfristige Darlehen durch wiederholte Pro-
longation nicht selten de facto langfristigen Charakter annehmen.

dd) *Liquiditätsbilanz*. – Wird der kurzfristige Kapitalverkehr
des Nichtbankensystems der Grundbilanz zugerechnet, dann erhält
man ein Zahlungsbilanzaggregat, das in Zahlungsbilanzdarstellungen der OECD auch als Bilanz der *nicht-monetären Transaktionen*
ausgewiesen wird. Ein Saldo in dieser Bilanz wird ausgeglichen
durch den Saldo der **Liquiditätsbilanz**, die – wie die Positionen „unter dem Strich" erkennen lassen – neben den Veränderungen der
Nettoauslandsaktiva der Währungsbehörde auch die Veränderungen der kurzfristigen Nettoauslandsforderungen der Geschäftsbanken enthalten. Die Liquiditätsbilanz gibt Hinweise über die
Veränderung der sog. internationalen Liquiditätsposition eines
Landes und damit über die Fähigkeit, Zahlungsbilanzdefizite (hier:
bei den nicht-monetären Transaktionen) im Rahmen eines bestimmten, vertraglich vereinbarten oder gewünschten Wechsel-
kursniveaus finanzieren zu können. Sinnvoll erscheint das Konzept

der Liquiditätsbilanz dann, wenn die kurzfristigen Nettoauslandsforderungen der Geschäftsbanken der Kontrolle der Währungsbehörden unterworfen sind und dementsprechend aus Gründen der
Zahlungsbilanzpolitik verändert werden können. Ist eine derartige
Beeinflussung aber nicht gegeben, dann kann die Verwendung des
Konzepts der Liquiditätsbilanz auch zu Fehlbeurteilungen der
Zahlungsbilanzentwicklung führen. Erhöhen die Geschäftsbanken
beispielsweise ihre Nettoauslandsforderungen, weil sie eine Abwertung der heimischen Währung befürchten, und erwerben sie deshalb Devisen aus dem Bestand der Währungsbehörde, dann bleibt
der Saldo der Liquiditätsbilanz unverändert, obwohl die Währungsreserven aus spekulativen Gründen abgenommen haben.

ee) *Devisenbilanz.* – Wird der kurzfristige Kapitalverkehr des
Geschäftsbankensystems dem Saldo der nicht-monetären Transaktionen zugerechnet, dann ergibt sich („über dem Strich") die **Gesamtbilanz** (*„overall balance"*). Weist diese einen Saldo auf, dann
erfolgt der Ausgleich durch den („unter dem Strich" registrierten)
Saldo der **Devisenbilanz**. Mit einer derartigen Abgrenzung wird vor
allem auf die Transaktionen der *Währungsbehörde* zum Ausgleich
der Zahlungsbilanz abgestellt. So resultiert ein Devisenbilanzüberschuß üblicherweise daraus, daß die Währungsbehörde über den
gesamten Berichtszeitraum hinweg im Rahmen von Interventionen
zur Stabilisierung des Wechselkurses mehr Devisen aufgenommen
als abgegeben hat. Insofern gibt die Devisenbilanz auch Hinweise
über Art und Umfang von Ungleichgewichten zwischen Angebot
und Nachfrage auf dem Devisenmarkt während der zurückliegenden Periode und damit über die Stärke oder Schwäche einer Währung. In dieser Hinsicht hat allerdings die Bedeutung des Devisenbilanzsaldos abgenommen, nachdem seit 1973 in vielen Ländern
gegenüber allen oder bestimmten Fremdwährungen schwankende
Wechselkurse existieren. Auf jeden Fall kommt nunmehr auch der
Entwicklung des Wechselkurses als Indikator für die Stärke bzw.
Schwäche einer Währung eine besondere Bedeutung zu.

Abgesehen davon, daß die Entwicklung der Devisenbilanz in ge-
wisser Weise die Situation auf dem Devisenmarkt widerspiegelt, ist
sie auch insofern von Interesse, als Interventionen auf dem Devisenmarkt mit Veränderungen der monetären Basis[21]) verbunden

---

[21]) Die monetäre Basis umfaßt den Bestand an Zentralbankgeld bei Geschäftsbanken und Nichtbanken (einschl. Münzumlauf, aber ohne
Zentralbankeinlagen des öffentlichen Sektors). Vgl. hierzu im einzelnen

sind. Die Devisenbilanz erscheint deshalb von den bisher genannten Zahlungsbilanzkonzepten besonders geeignet zu sein, den Einfluß der Außenwirtschaftsbeziehungen auf die Entwicklung des
heimischen Geldangebots anzugeben.

ff) *Autonome Transaktionen und Anpassungstransaktionen.* – Die
Gegenüberstellung von Gesamtbilanz und Devisenbilanz kommt
der mehr theoretisch orientierten, auf einen Vorschlag des IWF
zurückgehenden Aufteilung der Zahlungsbilanztransaktionen in
autonome Transaktionen und **Anpassungstransaktionen** (*induzierte
Transaktionen*) recht nahe. Als autonome Vorgänge sind dabei alle
privaten sowie diejenigen öffentlichen Transaktionen anzusehen,
die unabhängig von der Zahlungsbilanzsituation vorgenommen
werden (z. B. Exporte, Importe, Beiträge an internationale Einrich-
tungen). Anpassungstransaktionen sind demgegenüber Transaktionen des öffentlichen Sektors, die mit dem Ziel vorgenommen
werden, den („über dem Strich" ausgewiesenen) Saldo der autonomen Transaktionen auszugleichen; sie sind insofern zahlungsbi-
lanzinduziert und werden „unter dem Strich" registriert (wie z. B.
Devisenbewegungen bei der Währungsbehörde).

So einleuchtend eine nach dem genannten Motiv erfolgte Abgrenzung auch erscheinen mag, hinsichtlich der statistischen Ein-
ordnung von Transaktionen dürfte sie aber nicht immer frei von
Problemen sein. Man denke beispielsweise an eine Kreditaufnahme
des öffentlichen Sektors im Ausland, die sowohl aus Gründen der
Budgetfinanzierung als auch in Hinblick auf die Zahlungsbilanzsituation vorgenommen wird.

gg) *Aktuelles und potentielles Defizit.* – Erweist sich schon das
Konzept der autonomen Transaktionen und der Anpassungstransaktionen als nur begrenzt operational, so erscheint eine empirische
Aufgliederung überhaupt nicht mehr möglich, wenn man die analy-
tisch durchaus sinnvolle Unterscheidung zwischen dem sog. **aktuellen** und **potentiellen Defizit** betrachtet. Hinter dieser Abgrenzung
steht die Überlegung, daß ein tatsächliches (aktuelles) Defizit bei
den Anpassungstransaktionen u. U. nur dadurch verhindert wird,
daß der Staat Devisenkontrollen einführt, Importbeschränkungen
beschließt oder eine deflationäre Politik mit Arbeitslosigkeit betreibt. *Ohne* diese speziellen, an der Zahlungsbilanz orientierten

H.-J. Jarchow, Theorie und Politik des Geldes. I. Geldtheorie. 9.,
überarb. u. erw. Aufl. Göttingen 1993. S. 124 ff.

Maßnahmen wäre in diesen Fällen kein Ausgleich möglich bzw. das tatsächliche Defizit größer gewesen. Meade[22]) unterscheidet deshalb das potentielle Defizit vom aktuellen (tatsächlichen) und definiert ersteres sinngemäß als den Devisenbetrag, der zur Stabilisierung des Wechselkurses hätte eingesetzt werden müssen, wenn man auf Devisenkontrollen, Importbeschränkungen oder andere spezielle, zur Verminderung der Devisennachfrage ergriffene Maßnahmen verzichtet hätte. Es liegt auf der Hand, daß die Messung eines so definierten Zahlungsbilanzsaldos in der Zahlungsbilanzstatistik auf unüberwindliche Schwierigkeiten stößt.

Zusammenfassung:

1. Als Zahlungsbilanz eines Landes bezeichnet man die systematische Aufzeichnung aller wirtschaftlichen Transaktionen zwischen Inländern und Ausländern für eine bestimmte Periode.

2. Die Zahlungsbilanztransaktionen lassen sich wie folgt gruppieren: Waren und Dienstleistungsverkehr, Übertragungen, Kapitalverkehr i. e. S., Veränderungen der Auslandsposition der Währungsbehörde, Ausgleichsposten hierzu und „Ungeklärte Beträge".

3. Folgende Zahlungsbilanzsalden sind von Bedeutung: Außenbeitrag (Saldo der Handels- und Dienstleistungsbilanz), Leistungsbilanzsaldo (Außenbeitrag plus Saldo der Übertragungsbilanz), Grundbilanzsaldo (Leistungsbilanzsaldo plus Saldo des langfristigen Kapitalverkehrs), Liquiditätsbilanzsaldo (der den Saldo aus der Grundbilanz und der kurzfristigen Kapitalbilanz der Nichtbanken ausgleichende Saldo) sowie der Devisenbilanzsaldo (der den Saldo aus der Leistungsbilanz und der Kapitalbilanz i. e. S. ausgleichende Saldo). Daneben spielen in der theoretischen Diskussion die Unterscheidung zwischen autonomen Transaktionen und Anpassungstransaktionen (zahlungsbilanzinduzierte Transaktionen) sowie die Meade'schen Konzepte eines aktuellen und potentiellen Defizits eine Rolle.

---

[22]) Vgl. J. E. Meade, The Theory of International Economic Policy. Vol. I: The Balance of Payments. London 1951. S. 15.

II. Zahlungsbilanz, Wirtschaftskreislauf und Nettoauslandsvermögen

1. Außenbeitrag und Wirtschaftskreislauf

Wie bereits erwähnt, ist der *Außenbeitrag* (Saldo der Handels- und Dienstleistungsbilanz) als Komponente der gesamtwirtschaftlichen Nachfrage Einflußfaktor des Sozialprodukts. Daß ein derartiger Zusammenhang besteht, wird bereits aus den ex post-Identitäten der Volkswirtschaftlichen Gesamtrechnung deutlich, wie auch das gesamtwirtschaftliche Produktionskonto der Bundesrepublik Deutschland für das Jahr 1989 erkennen läßt:

Gesamtwirtschaftliches Produktionskonto
(Vorläufige Ergebnisse in Mrd. DM)[1]

1. Indirekte Steuern ./. Subventionen (T_{ind})	233	4. Privater Konsum (C_p)	1213
2. Importe (J)	637	5. Staatlicher Konsum (C_{st})	418
3. Volkseinkommen (Y_f)	1751	6. Nettoinvestitionen (I)	212
		7. Exporte (X)	778

In Gleichungsform geschrieben, ergibt sich aus diesem Konto folgende Identität:

$$Y_f + T_{ind} = C_p + C_{st} + I + X - J$$

bzw.

$$Y = C + I + X - J. \tag{1}$$

In dieser Gleichung bezeichnet Y das Nettosozialprodukt zu Marktpreisen, C die Summe aus privatem und staatlichem Konsum, I die Summe aus privaten und staatlichen Nettoinvestitionen und $(X - J)$ den Außenbeitrag.

Wird Gleichung (1) umgeformt zu

$$Y + J = C + I + X, \tag{2}$$

---

[1] Vgl. zu den Zahlenangaben Statistisches Jahrbuch 1990 für die Bundesrepublik Deutschland. Stuttgart 1990. S. 566, 574.

dann zeigt sich, daß in einer Volkswirtschaft stets nur so viel konsumiert, investiert und exportiert werden kann, wie an Gütern aus eigener Produktion (Y) und Importen (J) zur Verfügung steht. Die Importe sind dabei entweder unmittelbar Bestandteil des gesamtwirtschaftlichen Angebots (wie Direktimporte) oder mittelbar durch Verarbeitung im inländischen Produktionsprozeß. Damit wird deutlich, daß die gesamtwirtschaftlichen Aggregate Konsum, Investition und Exporte auch Güter einschließen, die importiert oder unter Mitwirkung importierter Güter produziert worden sind; die Werte von C, I und X enthalten also einen Importgüteranteil.

Um eine wichtige Aussage über den Außenbeitrag herzuleiten, werden die Gesamtausgaben der Inländer für Konsum und (Netto-) Investition zur sog. **Absorption** E (expenditure) zusammengefaßt und in Gleichung (1) auf die linke Seite gebracht. Man erhält dann:

$$Y - E = X - J. \tag{3}$$

In dieser Gleichung erscheint der Außenbeitrag als Differenz zwischen Sozialprodukt und Absorption der Inländer. Offenbar kann der Außenbeitrag nur dann *positiv* sein, wenn die Absorption der Inländer *geringer* ausfällt als das Sozialprodukt. Umgekehrt muß sich ein *negativer* Außenbeitrag einstellen, wenn die Inländer in Form der Absorption *mehr* Güter beanspruchen, als von ihnen in Form des Sozialprodukts bereitgestellt werden.

2. Leistungsbilanzsaldo und Nettoauslandsvermögen

Weitere gesamtwirtschaftlich bedeutsame Zusammenhänge lassen sich herleiten, wenn von der Aufteilung des Nettosozialprodukts zu Marktpreisen ausgegangen wird:

$$Y = C + S + Tr_{ia}. \tag{4}$$

In dieser Gleichung bezeichnen S die laufende Ersparnis und Tr_{ia} die laufenden Nettotransfers vom Inland an das Ausland. Um neben den laufenden Nettotransfers auch die Nettovermögensübertragungen vom Inland an das Ausland ($\ddot{U}_{ia}$)[2]) zu berücksichtigen, wird Gleichung (4) wie folgt umgeformt:

---

[2]) **Laufende Transfers (laufende Übertragungen)** und **Vermögensübertragungen** zwischen In- und Ausland stimmen darin überein, daß sie ohne

$$Y = C + S - \ddot{U}_{ia} + \dot{U}_{ia} + Tr_{ia} \,.$$

Wird diese Gleichung in (1) eingesetzt, dann ergibt sich:

$$C + S' + (Tr_{ia} + \dot{U}_{ia}) = C + I + (X - J) \,,$$

wobei S' die Differenz $(S - \dot{U}_{ia})$ bezeichnet, bzw.

$$S' - I = (X - J) - (Tr_{ia} + \dot{U}_{ia}) \,. \tag{5}$$

Auf der rechten Seite von (5) bezeichnet die erste Klammer den Saldo der Handels- und Dienstleistungsbilanz (Außenbeitrag) und die zweite Klammer den Saldo der Übertragungsbilanz. Faßt man die beiden Salden zusammen, dann ergibt sich der *Saldo der laufenden Posten* bzw. der *Saldo der Leistungsbilanz*. Offenbar ist der Leistungsbilanzsaldo identisch mit der Differenz zwischen der (um die Nettovermögensübertragungen an das Ausland) bereinigten gesamtwirtschaftlichen Ersparnis und der gesamtwirtschaftlichen Nettoinvestition (also mit dem Finanzierungssaldo sämtlicher inländischer Sektoren). Wie man sieht, setzt ein *positiver* Leistungsbilanzsaldo voraus, daß im Inland *mehr* gespart als investiert wird.

Detailliertere Aussagen zum Leistungsbilanzsaldo sind möglich, wenn Ersparnis und Investition in ihre privaten und staatlichen Komponenten zerlegt werden. Aus (5) ergibt sich dann:

$$S'_{pr} + S'_{st} - I_{pr} - I_{st} = (X - J) - (Tr_{ia} + \dot{U}_{ia}) \,, \tag{6}$$

wobei der Index *pr* bzw. *st* private bzw. staatliche Komponenten bezeichnen. Da die staatliche Ersparnis als Differenz zwischen Steuereinnahmen und Staatsausgaben ausschließlich staatlicher Investitionen definiert ist und der Budgetsaldo (BS) die Differenz zwischen Steuereinnahmen und Staatsausgaben einschließlich staatlicher Investitionen bezeichnet, gilt:

$$S'_{st} - BS = I_{st}$$

ökonomische Gegenleistung erfolgen; sie unterscheiden sich voneinander dadurch, daß erstere Transaktionen sind, die sich wiederholen und nicht als unmittelbar vermögenswirksam angesehen werden (wie Beiträge an internationale Organisationen oder laufende Wiedergutmachungsleistungen), während letztere für Geber und (oder) Empfänger eine einmalige, vermögenswirksame Transaktion darstellen (z. B. Reparationen, Verzicht auf Schuldenrückzahlung). Siehe hierzu Stobbe, a.a.O., S. 271 f., 391 f.

bzw.

$$S'_{st} - I_{st} = BS .$$

Unter Berücksichtigung dieses Zusammenhangs ergibt sich aus (6):

$$S'_{pr} - I_{pr} + BS = (X - J) - (Tr_{ia} + \ddot{U}_{ia}) .$$

Der *Leistungsbilanzsaldo* wird also durch die Summe aus dem Überschuß der privaten (bereinigten) Ersparnis über die private Investition und dem Budgetsaldo bestimmt.

Dem Saldo der Leistungsbilanz entspricht bei Vernachlässigung der Restposten und der Ausgleichsposten dem Betrage nach der Saldo der Kapitalverkehrsbilanz (einschl. Devisenbilanz); genauer gilt:

$$(X - J) - (Tr_{ia} + \ddot{U}_{ia}) = KE . \tag{7}$$

Hierbei bezeichnet die Größe *KE* die Nettokapitalexporte (Kapitalexporte minus Kapitalimporte) von Haushalten, Unternehmen, Staat und Geschäftsbanken *zuzüglich* der Veränderung der Nettoauslandsaktiva der Währungsbehörde (z. B. der Bundesbank). Liegt ein positiver (negativer) Leistungsbilanzsaldo vor, dann ist *KE* positiv (negativ) und das *Nettoauslandsvermögen* der Volkswirtschaft hat in der betrachteten Periode zugenommen (abgenommen), d. h. die Nettoauslandsposition der Inländer hat sich verbessert (verschlechtert)[3].

Zu einer weiteren wichtigen Aussage gelangt man, wenn Gleichung (7) in Gleichung (5) eingesetzt wird. Offenbar gilt:

$$(S - \ddot{U}_{ia}) = I + KE . \tag{8}$$

Gleichung (8) macht deutlich, daß in Höhe der (bereinigten) volkswirtschaftlichen *Ersparnis* zusätzliches Volksvermögen entsteht, das sich aus dem Zugang an Sachvermögen im Inland (in Form von Nettoinvestitionen) sowie aus der Veränderung des Nettoauslandsvermögens zusammensetzt.

---

[3] Ist das Nettoauslandsvermögen positiv (negativ), dann ist das betreffende Land ein **Gläubigerland (Schuldnerland)**. In der Bundesrepublik besteht seit langem eine Nettogläubigerposition (Mitte 1990 in Höhe von rd. 500 Mrd. DM). Sie ist in erster Linie Ergebnis kumulierter Leistungsbilanzüberschüsse. – Zum Vermögensstatus der Bundesrepublik siehe Statistische Beihefte zu den Monatsberichten der Deutschen Bundesbank, Reihe 3 (Zahlungsbilanzstatistik).

Zusammenfassung:

1. Das Nettosozialprodukt zu Marktpreisen entspricht der Summe aus den Gesamtausgaben der Inländer für Konsum und (Netto-) Investition, der Absorption also, und dem Außenbeitrag. Hieraus folgt, daß der Außenbeitrag dann positiv (negativ) ist, wenn die Absorption kleiner (größer) ist als das Sozialprodukt.

2. Ein positiver (negativer) Leistungsbilanzsaldo impliziert eine Zunahme (Abnahme) des Nettoauslandsvermögens einer Volkswirtschaft.

3. Der Leistungsbilanzsaldo wird durch die Summe aus dem Überschuß der privaten (bereinigten) Ersparnis über die private Investition und dem Budgetsaldo bestimmt.

4. In Höhe der (bereinigten) gesamten Ersparnis entsteht zusätzliches Volksvermögen, das sich aus einem Zuwachs an Sachvermögen und der Veränderung des Nettoauslandsvermögens zusammensetzt.

Ausgewählte Literaturangaben zum ersten Teil

H.-J. Jarchow, Zahlungsbilanz, I: Theorie und Politik. In: Handwörterbuch der Wirtschaftswissenschaft (HdWW). Zugleich Neuauflage des Handwörterbuchs der Sozialwissenschaften. Neunter Band. Stuttgart 1982. S. 539ff. (zu I und II).

A. Konrad, Zahlungsbilanztheorie und Zahlungsbilanzpolitik. München 1979 (zu I und II).

P. H. Lindert, International Economics. 8th ed. Homewood, Ill., 1986 (zu I).

K. Rose, K. Sauernheimer, Theorie der Außenwirtschaft. 11., völlig überarb. u. erw. Aufl. München 1992 (zu I und II).

E. Schneider, Zahlungsbilanz und Wechselkurs. Tübingen 1968 (zu I und II).

F. Scholl, Die Zahlungsbilanz. In: Umrisse einer Wirtschaftsstatistik. Festgabe für P. Flaskämper. (Hrsg. v. A. Blind). Hamburg 1966. S. 336ff. (zu I).

R. M. Stern, The Balance of Payments. Theory and Economic Policy. London, Basingstoke 1973 (zu I).

A. Stobbe, Volkswirtschaftslehre I. Volkswirtschaftliches Rechnungswesen. 7., rev. Aufl. Berlin 1989 (zu I und II).

Zweiter Teil:
Eine mikroökonomische Partialanalyse
von Wechselkurs- und Preiseffekten

Wie die Ausführungen im ersten Teil bereits vermuten lassen, beeinflussen die sich im Außenbeitrag niederschlagenden internationalen Güterströme neben dem Devisenbilanzsaldo auch die Höhe des Sozialprodukts und damit die konjunkturelle Entwicklung. Schon deshalb besteht Anlaß, sich mit den internationalen Güterströmen, konkret: mit den Exporten und Importen eines Landes, näher zu befassen. Bei der im folgenden vorzunehmenden Untersuchung handelt es sich um eine *Partialanalyse*, die auf den Export- und Importgütermarkt beschränkt ist. Erst im dritten Teil wird ein Gesamtmodell einer offenen Volkswirtschaft entwickelt. Die Analyse unterliegt einer Reihe vereinfachender Annahmen. So wird unterstellt, daß Export- und Importgüter unter den Bedingungen *vollständiger Konkurrenz* angeboten und nachgefragt werden. Vernachlässigt werden ferner Transportkosten, Zölle und andere Translokationskosten. Schließlich wird – wie auch in allen folgenden Betrachtungen – von der Vorstellung ausgegangen, daß das betrachtete Land (*Inland*) mit dem „Rest der Welt" Außenwirtschaftsbeziehungen unterhält und der Rest der Welt dabei als ein Land (*Ausland*) aufgefaßt werden kann.

III. Wechselkurseffekte, Devisenmarkt und „terms of trade"

Mit den Ausführungen dieses Abschnitts wird insbesondere das Ziel verfolgt, die Auswirkungen von Wechselkursänderungen auf den *Außenbeitrag* und seine Komponenten aufzuzeigen. Veränderungen des Außenbeitrags sind zum einen bedeutsam, weil hiervon Einflüsse auf die gesamtwirtschaftliche Nachfrage und damit auf die Entwicklung von Volkseinkommen, Beschäftigung und Preisniveau ausgehen. Zum anderen beeinflußt der Außenbeitrag die

Währungsreserven und damit die Nettoauslandsaktiva der Währungsbehörde.

Für die Entwicklung der binnenwirtschaftlichen Konjunktur ist die Reaktion des Außenbeitrags in *Inlandswährung (DM)* von Interesse, für die Entwicklung der Nettoauslandsaktiva[1]) die Reaktion des Außenbeitrags in *Auslandswährung ($)*. Letztere bildet zudem die Grundlage für die Analyse des *Devisenmarktes*, d.h. für jenen Markt, auf dem nachgefragte und angebotene Beträge an Devisen (insbesondere Bankguthaben in Auslandswährung) ausgeglichen werden. Da der Wechselkurs den Außenbeitrag in In- und Auslandswährung unterschiedlich beeinflußt, wird im folgenden neben der Reaktion des Außenbeitrags in Inlandswährung auch die Reaktion des Außenbeitrags in Auslandswährung dargestellt.

Bevor jedoch näher auf den eigentlichen Inhalt dieses Kapitels eingegangen wird, erscheint es zweckmäßig, den wichtigen Begriff des *Wechselkurses* ausführlicher zu erläutern. Ganz allgemein gibt der **Wechselkurs** das Austauschverhältnis zwischen in- und ausländischer Währung an. *Genauer* ist der Wechselkurs in **Preisnotierung** der Preis einer ausländischen Währung, ausgedrückt in inländischer Währung, z.B. 2,– DM/$, und in **Mengennotierung** der Preis der inländischen Währung, ausgedrückt in Einheiten einer ausländischen Währung, z.B. 0,5 $/DM. Im folgenden wird der Wechselkursbegriff stets im Sinne der *Preisnotierung* verwendet; denn dieses entspricht der üblichen Praxis in den meisten Ländern (auch in der Bundesrepublik). Die Mengennotierung ist demgegenüber in Großbritannien gebräuchlich; sie spielt auch eine Rolle im Zusammenhang mit den Begriffen Aufwertung und Abwertung. Eine **Aufwertung** der DM bedeutet, daß der Wert *einer* DM, ausgedrückt in $ (also der Wechselkurs in Mengennotierung) steigt; eine **Abwertung** der DM bedeutet, daß der Wert *einer* DM, ausgedrückt in $ sinkt. Eine *Aufwertung* der DM impliziert eine Abwertung des Dollar und damit eine *Senkung* des Wechselkurses in der (üblichen) Preisnotierung; eine *Abwertung* der DM impliziert entsprechend eine Aufwertung des Dollar und damit eine *Erhöhung* des Wechselkurses in Preisnotierung.

---

[1]) Wie später deutlich wird, sind die Nettoauslandsaktiva im Zusammenhang mit Interventionen der Währungsbehörde auf dem Devisenmarkt zur Stabilisierung des Wechselkurses von Interesse.

1. Reaktion des Außenbeitrags in Inlandswährung

a) Angebot und Nachfrage auf dem Export- und Importgüter-markt

Ausgangspunkt der folgenden Betrachtungen ist die Annahme, daß diejenigen Güter, die exportiert und importiert werden, sowohl im Inland als auch im Ausland nachgefragt und angeboten werden. Es liegt deshalb nahe, die Angebots- und Nachfragekurven für die auf dem Weltmarkt gehandelten Export- und Importgüter aus der Angebots- und Nachfragekonstellation auf den entsprechenden nationalen Märkten herzuleiten. Zur Verdeutlichung sei eine graphische Darstellung betrachtet (Fig. 1).

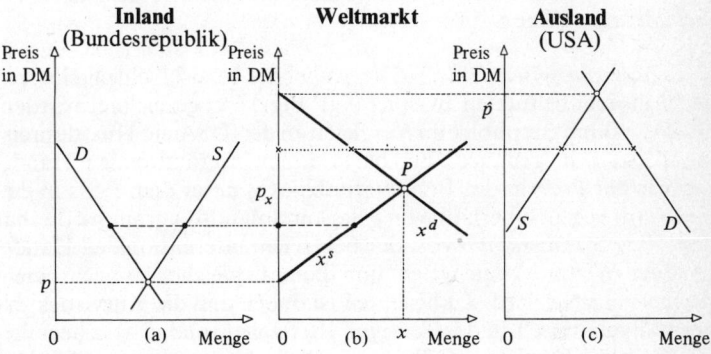

Figur 1

Die Teilfiguren 1a) und 1c) beschreiben die Angebots- und Nachfragekonstellation ein und desselben Gutes im Inland (Bundesrepublik) und im Ausland (USA)[2]. Zwar hängen Angebot und Nachfrage in den *USA* unmittelbar vom Dollar-Preis (p_a) ab, doch läßt sich jeder Dollar-Preis bei gegebenem Wechselkurs (w) in einen entsprechenden DM-Preis (p) umrechnen; denn es gilt $p = wp_a$[3]).

---

[2]) Im Zusammenhang mit Angebotskurven wird das Symbol S bzw. s (supply), mit Nachfragekurven das Symbol D bzw. d (demand) verwendet.

[3]) So entspricht einem Dollar-Preis von $p_a = 3\,\$$ bei einem Wechselkurs von $w = 2\,\text{DM}/\$$ ein DM-Preis von $p = 6\,\text{DM}$.

Man kann deshalb Angebot und Nachfrage in beiden Ländern als Funktionen des Preises in einer Währung, z. B. in DM, ausdrücken. Solange der internationale Handel zwischen der Bundesrepublik und den USA blockiert ist, können sich in beiden Ländern unterschiedliche Preise herausbilden, z. B. in Höhe von p in der Bundesrepublik und in Höhe von $\hat{p}$ in den USA. Sobald aber die Grenzen geöffnet werden, müssen die Preisdifferenzen bei Vernachlässigung der Translokationskosten verschwinden; denn die nationalen Märkte verschmelzen zu *einem* vollkommenen Markt (dem Weltmarkt), auf dem nach dem Gesetz der Unterschiedslosigkeit der Preise nur ein einheitlicher Preis existieren kann (**law of one price**)[4]). Wie sich dieser „Weltmarktpreis" herausbildet, läßt sich mit Hilfe der aus den Angebots- und Nachfragekurven des In- und Auslands hergeleiteten *Angebotsüberschuß*- bzw. *Nachfrageüberschußkurven* zeigen.

aa) *Exportgütermarkt.* – Die Angebots- und Nachfragekurven sind in dem benutzten Beispiel (vgl. Fig. 1) so gezeichnet worden, daß die Bundesrepublik im Vergleich zu den USA ein Niedrigpreisland ist, d. h. genauer: Bei blockiertem internationalen Handel würde der Preis in der Bundesrepublik (p) unter dem Preis in den USA ($\hat{p}$) liegen. Oberhalb von p liegt im Inlandsdiagramm offenbar ein *Angebotsüberschuß* vor, der bei freiem internationalen Handel auf den Weltmarkt ausweicht und damit in gleicher Höhe zu einem *Exportangebot* wird. Zu beachten ist dabei, daß die Kurve des Exportangebots (x^s) in der Teilfigur 1b) flacher (und elastischer) verläuft als die Kurve des Güterangebots in der Bundesrepublik. Der Grund hierfür ist darin zu sehen, daß der Anstieg der Exportangebotskurve nicht nur durch die Zunahme des Güterangebots, sondern auch durch die gleichzeitige Abnahme der Güternachfrage in der Bundesrepublik bestimmt wird.

In den Vereinigten Staaten (dem Hochpreisland) liegt unterhalb von $\hat{p}$ ein *Nachfrageüberschuß* vor, der auf den Weltmarkt ausweicht und damit zu einer *Exportnachfrage* wird. Die Kurve der Exportnachfrage (x^d) in der Teilfigur 1b) verläuft flacher (und elastischer) als die Nachfragekurve in den USA. Dieser flachere Verlauf erklärt sich damit, daß die Neigung der Exportnachfragekurve bei sinkendem Preis nicht nur aus der Zunahme der Güternachfra-

---

[4]) Zur empirischen Überprüfung dieses Gesetzes vgl. Unterabschnitt IX.1 c).

ge, sondern auch aus der Abnahme des Güterangebots in den USA resultiert.

Gleichgewicht auf dem (Welt-)Markt für das betrachtete Exportgut existiert dort, wo das Exportangebot (also das Überschußangebot der Bundesrepublik) und die Exportnachfrage (also die Überschußnachfrage der USA) gleich sind, d.h. im Punkt P. Dem Gleichgewichtspunkt P entspricht ein Gleichgewichtspreis p_x und eine im Gleichgewicht gehandelte Menge an Exportgütern x [5]).

bb) *Importgütermarkt.* – In gleicher Weise wie für ein Exportgut läßt sich auch die Angebots- und Nachfragekonstellation für ein Importgut herleiten. Der *Unterschied* besteht lediglich darin, daß die Bundesrepublik nun Hochpreisland ist und auf dem Weltmarkt in Höhe der Nachfrageüberschüsse eine Nachfrage nach dem betrachteten Import entfaltet, während die USA ein Niedrigpreisland sind und in Höhe der Angebotsüberschüsse auf dem (Welt-)Markt für das betrachtete Importgut anbieten (vgl. Fig. 2). Die sich so ergebenden Kurven der Importnachfrage (m^d) und des Importangebots (m^s) bestimmen den Gleichgewichtspreis p_m und die Gleichgewichtsmenge an Importgütern m.

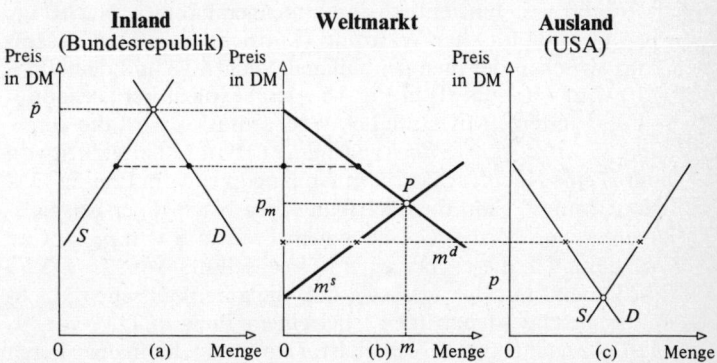

Figur 2

---

[5]) Der Leser beachte, daß zum Gleichgewichtspreis p_x (bzw. zu dem in Dollar umgerechneten Preis p_x/w) nicht nur die international gehandelte Menge x, sondern auch die Binnenhandelsmengen in Deutschland und in den USA abgesetzt werden.

Nachdem die Angebots- und Nachfragekurven für ein *einzelnes* Export- bzw. Importgut dargestellt sind, müßte man die Angebots- und Nachfragekurven für sämtliche Export- und Importgüter zusammenfassen, um so für den Exportgütermarkt und den Importgütermarkt *aggregierte* Angebots- und Nachfragekurven herzuleiten. Da durch die Aggregation der Verlauf der Angebots- und Nachfragefunktionen für individuelle Export- und Importgüter nicht entscheidend geändert wird[6]), wollen wir vereinfachend so tun, als würden die in den Teilfiguren 1b) und 2b) enthaltenen Darstellungen bereits die aggregierten Angebots- und Nachfragekurven für den Export- und Importgütermarkt wiedergeben[7]).

b) Wechselkurseffekte

aa) *Wechselkurseffekte auf dem Exportgütermarkt.* – aaa) Die Basis der weiteren Analyse sind die in der Teilfigur 1b) abgebildeten Angebots- und Nachfragekurven für den *Exportgütermarkt.* Bei der Untersuchung der Auswirkungen von Wechselkursänderungen auf diesen Markt ist zu beachten, daß sich die inländischen (deutschen) Anbieter hinsichtlich ihres mengenmäßigen Angebots am Preis in Inlandswährung (DM) und die ausländischen (amerikanischen) Nachfrager hinsichtlich ihrer mengenmäßigen Nachfrage am Preis in ausländischer Währung ($) orientieren. Der Zusammenhang zwischen der mengenmäßigen Nachfrage und dem *Preis in $ (p_{xa})* wird – anders als in Fig. 1b – jetzt explizit berücksichtigt (siehe Fig. 3 unten). Mit Hilfe des Wechselkurses wird die eingezeichnete *Nachfragekurve für Exportgüter (x^d)* in Abhängigkeit von p_{xa} dann in eine Nachfragekurve in Abhängigkeit vom Preis in DM (p_x) transformiert. Sind die amerikanischen Nachfrager beispielsweise bereit, eine Menge OA bei einem Preis in $ von $p_{xa} = 1$ zu kaufen, dann ist dieses bei einem Wechselkurs von 2,– DM/$ gleichbedeutend mit der Aussage, daß die amerikanischen Nachfrager die gleiche Menge (OA') bei einem Preis in DM von p_x ($= wp_{xa}$) = 2 nachfragen. Deshalb ist B ein Punkt der in der oberen Teilfigur eingezeichneten Nachfragekurve für Exportgüter in Abhängigkeit vom Preis in DM. Offenbar erhält man diese Kurve

---

[6]) Durch die Aggregation werden die Kurven nur flacher.
[7]) Statt gedanklich eine Aggregation durchzuführen, könnte man auch vereinfachend unterstellen, daß nur *ein* Exportgut und *ein* Importgut existieren.

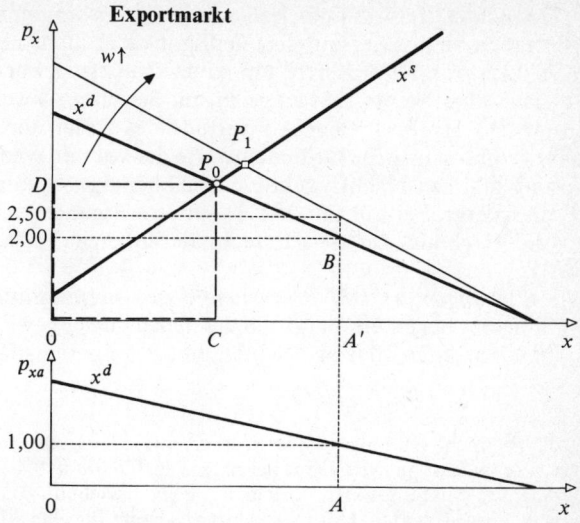

Figur 3

dadurch, daß man die Ordinatenwerte der x^d-Kurve aus der unteren Teilfigur (die Preise in $ ausdrücken) mit dem Wechselkurs multipliziert, d. h. bei $w = 2,- $ DM/$ verdoppelt. Die so hergeleitete Nachfragekurve wird nun in der oberen Teilfigur mit der *Angebotskurve für Exportgüter* in Abhängigkeit vom *Preis in DM* (x_s) geschnitten und dadurch der Gleichgewichtspunkt P_0 bestimmt. Dem Gleichgewicht entspricht ein Exportgüterpreis in Höhe von OD, eine Exportgütermenge in Höhe von OC und ein Exportwert in Höhe von $OD \cdot OC$. Graphisch wird der Exportwert in der oberen Teilfigur durch das gestrichelt gezeichnete Rechteck ODP_0C dargestellt.

bbb) *Verändert* sich nun der *Wechselkurs*, dann wird davon in der oberen Teilfigur nur die Nachfragekurve (x^d) berührt; denn die deutschen Anbieter von Exportgütern kalkulieren in DM und orientieren ihre Dispositionen deshalb am DM-Preis. Zur Veranschaulichung der weiteren Analyse sei eine Veränderung des Wechselkurses von $w = 2,- $ DM/$ auf $w = 2,50$ DM/$, d. h. eine *Aufwertung des Dollar* um 25 v. H. bzw. eine *Abwertung der DM* um 20

v. H. betrachtet[8]). In diesem Fall wären die Ordinatenwerte der Nachfragekurve aus der unteren Teilfigur nicht mehr mit 2, sondern mit 2,5 zu multiplizieren, um zu der Nachfragekurve in Abhängigkeit vom Preis in DM zu gelangen. Bei einer Abwertung der DM um 20 v. H. (bzw. einer Aufwertung des Dollar um 25 v. H.) erfahren somit sämtliche Ordinatenwerte der vor der Wechselkursänderung gültigen Nachfragekurve in Abhängigkeit vom Preis in DM eine Vergrößerung um 25 v. H. ihres Ausgangswertes (siehe dazu die Drehung der x^d-Kurve in der oberen Teilfigur nach oben)[9]).

Die *Wirkungen der DM-Abwertung* lassen sich unmittelbar aus Fig. 3 ablesen. Bei einem Vergleich des neuen Gleichgewichtspunktes P_1 mit dem alten Gleichgewichtspunkt P_0 zeigt sich, daß sowohl

---

[8]) In dem betrachteten Fall sinkt der Wert einer DM, ausgedrückt in $ (d. h. der Wechselkurs in Mengennotierung), von 0,5 $ auf 0,4 $, also um 20 v. H. des Ausgangswerts. – Eine *allgemeine* Beziehung zwischen dem in v. H. ausgedrückten **Auf-** bzw. **Abwertungssatz** für eine ausländische Währung

$$q_a = \frac{\Delta w}{w} \, 100 \qquad (x)$$

und dem in v. H. ausgedrückten **Auf-** bzw. **Abwertungssatz** für die inländische Währung

$$q = \frac{\dfrac{1}{w + \Delta w} - \dfrac{1}{w}}{\dfrac{1}{w}} \, 100 \qquad (xx)$$

ergibt sich, wenn (x) nach Δw aufgelöst und der entsprechende Ausdruck in (xx) eingesetzt wird. Nach einigen Umformungen erhält man

$$q = \frac{-q_a}{100 + q_a} \, 100 \quad \text{und hieraus} \quad q_a = \frac{-q}{100 + q} \, 100.$$

Dabei gilt für eine Aufwertung q (bzw. q_a) > 0, für eine Abwertung q (bzw. q_a) < 0.

[9]) Bei einer Senkung des Wechselkurses von 2,– DM/$ auf 1,60 DM/$, d. h. bei einer *Abwertung des Dollar* um 20 v. H. bzw. einer *Aufwertung der DM* um 25 v. H., wären die Ordinatenwerte der Nachfragekurve um 20 v. H. ihrer Ausgangswerte zu reduzieren.

der Exportgüterpreis in DM als auch die Exportgütermenge im Zuge der Abwertung zugenommen haben. Hieraus folgt, daß auch der Exportwert (in DM) gestiegen ist.

bb) *Wechselkurseffekte auf dem Importgütermarkt.* – aaa) Die Basis der nun folgenden Analyse bilden die in Teilfigur 2b) dargestellten Angebots- und Nachfragekurven für den Importgütermarkt. Zu beachten ist dabei, daß sich die deutschen Nachfrager hinsichtlich ihrer mengenmäßigen Nachfrage am Preis in DM (p_m) und die amerikanischen Anbieter hinsichtlich ihres mengenmäßigen Angebots am Preis in \$ (p_{ma}) orientieren (vgl. Fig. 4 unten).

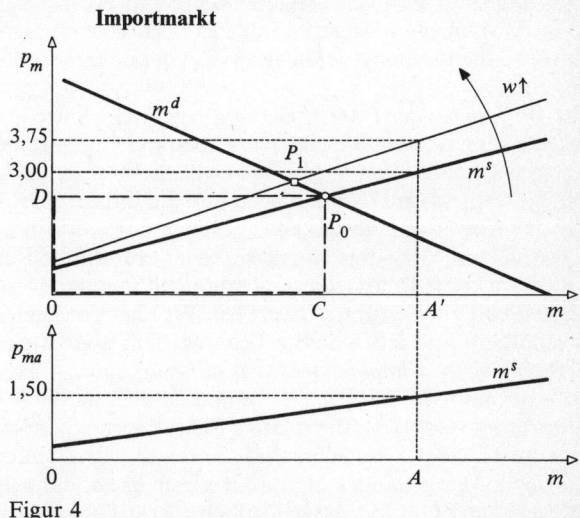

Figur 4

Zunächst wird die in der unteren Teilfigur in Abhängigkeit von p_{ma} eingezeichnete *Angebotskurve für Importgüter* (m^s) entsprechend dem bereits beim Exportgütermarkt angewandten Verfahren in eine Angebotskurve in Abhängigkeit von p transformiert, und zwar bei einem Wechselkurs von $w = 2$ DM/\$ (siehe obere Teilfigur). Der Schnittpunkt von Angebots- und *Nachfragekurve auf dem Importgütermarkt* bestimmt das Gleichgewicht in der Ausgangssituation (siehe P_0) mit dem dazugehörigen Importwert (siehe das gestrichelt gezeichnete Rechteck ODP_0C).

bbb) *Verändert* sich nun der *Wechselkurs*, dann wird hiervon im oberen Diagramm nur die Angebotskurve für Importgüter m^s berührt; denn die (deutschen) Nachfrager nach Importgütern orientieren ihre Dispositionen am DM-Preis. Wenn nun wieder eine Veränderung des Wechselkurses von $w = 2,- \text{DM}/\$$ auf $w = 2,50 \text{ DM}/\$$, d.h. eine Aufwertung des Dollar um 25 v.H. bzw. eine Abwertung der DM um 20 v.H., betrachtet wird, dann sind die Ordinatenwerte in der unteren Teilfigur nicht mehr mit 2, sondern mit 2,5 zu multiplizieren, um zu der Angebotskurve in Abhängigkeit vom Preis in DM zu gelangen. Bei einer Abwertung der DM um 20 v.H. erfahren somit sämtliche Ordinaten der vor der Wechselkursänderung gültigen Angebotskurve in Abhängigkeit vom Preis in DM eine Verlängerung um 25 v.H. ihres Ausgangswerts (siehe dazu die Drehung der m^s-Kurve in der oberen Teilfigur nach oben).

Die *Wirkungen der DM-Abwertung* ergeben sich wieder aus dem Vergleich des neuen Gleichgewichtspunktes P_1 mit dem alten Gleichgewichtspunkt P_0 (vgl. Fig. 4 oben). Es zeigt sich, daß der Importgüterpreis (in DM) gestiegen und die Importgütermenge als Folge der Abwertung gesunken ist. Der Importwert (in DM) wird also durch zwei Vorgänge *entgegengesetzt* beeinflußt: Für sich betrachtet, wirkt die Preissteigerung erhöhend und der Mengenrückgang senkend auf den Importwert ein. Welcher der beiden Effekte letztlich überwiegt, läßt sich nur beantworten, wenn die *Elastizität der (inländischen) Importnachfrage in bezug auf den Preis in DM* (η_m)[10]) bekannt ist. Ist $|\eta_m| > 1$[11]), und ist die relative Mengenänderung damit stärker als die relative Preisänderung, dann sinkt der Importwert. Ist $|\eta_m| = 1$, und sind die relative Preisänderung und die relative Mengenänderung damit gleich groß, dann bleibt der Importwert unverändert. Ist schließlich $|\eta_m| < 1$, und ist die relative Mengenänderung damit kleiner als die relative Preisänderung, dann steigt der Importwert.

cc) *Spezialfälle.* – Bei den bisherigen Untersuchungen wurde von einem normalen Verlauf der Angebots- und Nachfragekurven ausgegangen. Die Analyse soll deshalb durch Berücksichtigung einiger Spezialfälle ergänzt werden, wobei jeweils *spezielle* Nachfra-

---

[10]) Die hier und im folgenden angesprochenen Elastizitäten sind im Anhang A 2), S. 316, formal definiert.

[11]) $|\eta_m|$ bedeutet: η_m, absolut genommen.

geelastizitäten (η) bzw. Angebotselastizitäten (ε) unterstellt werden. Die Wirkungen einer *DM-Abwertung* sind für diese Fälle in Fig. 5 dargestellt.

Eine genauere Betrachtung der graphischen Darstellungen in Fig. 5 läßt erkennen, daß der *Exportwert* in den Fällen a), c) und d)

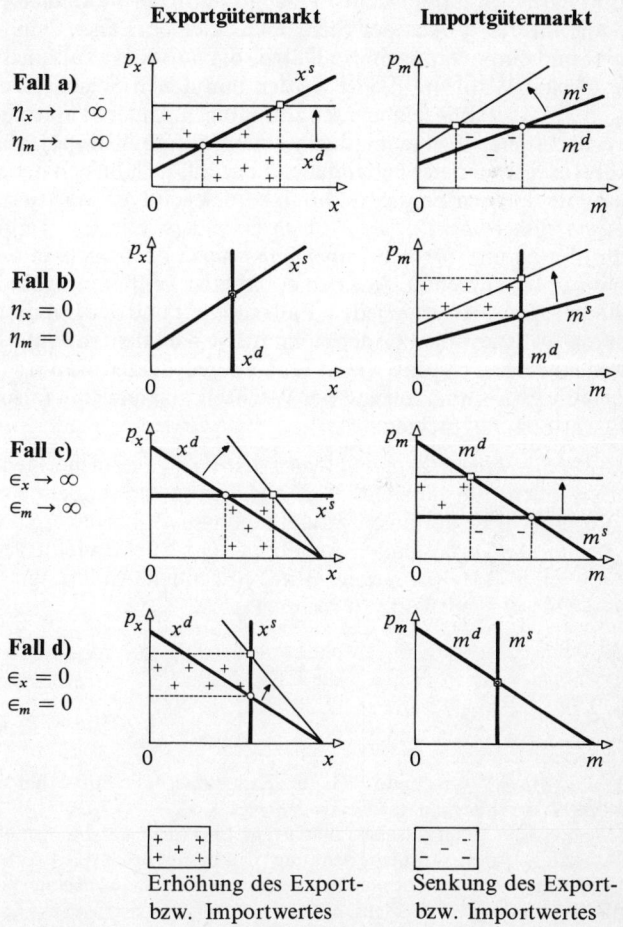

Figur 5

zunimmt und nur im Fall b), d. h. bei $\eta_x = 0$, konstant bleibt[12]). Die Ergebnisse hinsichtlich des *Importwerts* sind weniger eindeutig: Im Fall a) nimmt der Importwert ab, im Fall b) nimmt er zu, im Fall c) ist eine Aussage unabhängig vom Verlauf der Nachfragekurve nicht möglich[13]), und im Fall d) ändert sich der Importwert überhaupt nicht[14]).

Als *weiterer* Spezialfall ist noch die Situation eines „**kleinen Landes**" von Interesse. Aus der Sicht eines kleinen Landes sind die Export- und Importgüterpreise Daten, die auf dem Weltmarkt in ausländischer Währung fixiert werden und denen es sich (wie ein Mengenanpasser) mit seinem mengenmäßigen Angebot an Exportgütern und seiner mengenmäßigen Nachfrage nach Importgütern anpaßt. Im Rahmen der behandelten Spezialfälle läßt sich der Spezialfall eines kleinen Landes dadurch berücksichtigen, daß man für den *Exportgütermarkt* $\eta_x \rightarrow -\infty$ unterstellt (wie in der Teilfigur unter a) links) und für den *Importgütermarkt* $\varepsilon_m \rightarrow \infty$ (wie in der Teilfigur unter c) rechts). Aus den erwähnten Teilfiguren geht hervor, daß der Exportwert in jedem Fall zunimmt und der Importwert abnimmt, konstant bleibt oder zunimmt, je nachdem, ob $|\eta_m| \gtrless 1$. Außerdem zeigt sich, daß die in DM ausgedrückten Export- und Importgüterpreise im Ausmaß der Wechselkursänderung (also der Dollaraufwertung) steigen.

dd) *Wechselkurseffekte und Außenbeitrag.* – Die bisherigen Ergebnisse sollen nun hinsichtlich der Reaktion des Außenbeitrags auf Wechselkursänderungen zusammenfassend ausgewertet werden. Bei *normal* verlaufenden Angebots- und Nachfragekurven ist im Falle einer *DM-Abwertung*[15]) mit folgenden Änderungen (jeweils in DM ausgedrückt) zu rechnen:

---

[12]) Im Fall $\eta_x = 0$ verschiebt sich die Exportnachfragekurve bei einer Wechselkursänderung sozusagen „in sich".

[13]) Bei elastischer (unelastischer) Nachfrage überwiegt der Mengeneffekt (Preiseffekt), und es tritt eine Senkung (Erhöhung) des Importwerts ein.

[14]) Im Fall $\varepsilon_m = 0$ verschiebt sich die Importangebotskurve bei einer Wechselkursänderung sozusagen „in sich".

[15]) Bei einer *DM-Aufwertung* ergeben sich jeweils entgegengesetzte Wirkungen.

Fall	Exportwert	Importwert	Außenbeitrag (Wert)
1	steigt	sinkt bei $|\eta_m| > 1$	steigt
2	steigt	bleibt konstant bei $|\eta_m| = 1$	steigt
3	steigt	steigt bei $|\eta_m| < 1$	steigt, bleibt konstant, sinkt

Als *erstes* wichtiges Ergebnis ist festzuhalten, daß

– *eine Abwertung der DM immer dann zu einer Erhöhung des Außenbeitrags (in DM), d.h. zu einer Verbesserung der Handels- und Dienstleistungsbilanz, führt, wenn* $|\eta_m| \geqq 1$ *(hinreichende Bedingung).*

Eine *Aufwertung der DM* würde entsprechend eine Senkung des Außenbeitrags, d.h. eine Verschlechterung der Handels- und Dienstleistungsbilanz, bewirken. Eine derartige Reaktion des Außenbeitrags auf Wechselkursänderungen wird als Normalfall angesehen. Eine *anomale* Reaktion kann offenbar überhaupt nur dann eintreten, wenn die *Importnachfrageelastizität* – absolut genommen – kleiner ist als eins. Sie tritt ein, z.B. bei einer Abwertung, wenn der Importwert – bedingt durch eine unelastische Importnachfrage – steigt, und zwar um *mehr* als der Exportwert. Die Möglichkeit einer anomalen Reaktion wird offenbar relevant, wenn eine Volkswirtschaft bestimmte Importgüter dringend benötigt und diese nicht oder nur begrenzt substituieren kann (z.B. Nahrungsmittel oder Rohstoffe wie Erdöl).

Eine *zweite* wichtige Schlußfolgerung bezüglich des Außenbeitrags liegt nahe, wenn man die in Fig. 5 dargestellten Spezialfälle a) und b) vergleicht. Bei vollkommen elastischer Nachfrage ergibt sich eine normale Reaktion; denn der Exportwert steigt und der Importwert sinkt. Bei vollkommen unelastischer Nachfrage sinkt demgegenüber der Außenbeitrag (anomale Reaktion); denn der Exportwert ändert sich nicht und der Importwert nimmt zu. Zu vermuten ist deshalb[16]), daß

---

[16]) Diese Vermutung wird im nächsten Unterabschnitt formal abgesichert.

– *eine Abwertung der DM um so eher zu einer Erhöhung des Außenbeitrags (in DM) führt, je elastischer die Nachfrage nach Export- und Importgütern reagiert.*

Eine ähnliche Aussage läßt sich für die Angebotselastizitäten *nicht* herleiten; denn bei einem Vergleich der Spezialfälle c) und d) in Fig. 5 zeigt sich, daß die durch eine Abwertung ausgelöste Änderung des Außenbeitrags bei vollkommen elastischem Angebot größer oder kleiner sein kann als bei vollkommen unelastischem Angebot.

ee) *Robinson- und Marshall-Lerner-Bedingungen.* – aaa) Die Analyse der Wechselkurseffekte läßt sich *algebraisch* präzisieren[17]). Dabei zeigt sich, daß der *Außenbeitrag in Inlandswährung (DM)* bei einer Wechselkursänderung wie folgt reagiert:

$$\frac{dA}{dw} = \frac{(1+\varepsilon_x)\eta_x}{-(\varepsilon_x - \eta_x)} \frac{X}{w} - \frac{(1+\eta_m)\varepsilon_m}{(\varepsilon_m - \eta_m)} \frac{J}{w}, \tag{1}$$

wobei $X(= x p_x)$ bzw. $J(= m p_m)$ den in Inlandswährung ausgedrückten Exportwert bzw. Importwert in der Ausgangslage bezeichnen.

Offenbar ist $\dfrac{dA}{dw} \gtreqless 0$, d.h. bei einer Abwertung nimmt der Außenbeitrag zu, bleibt konstant oder nimmt ab (und bei einer Aufwertung nimmt der Außenbeitrag ab, bleibt konstant oder nimmt zu), je nachdem, ob ·

$$X \frac{\eta_x(1+\varepsilon_x)}{-(\varepsilon_x - \eta_x)} \gtreqless J \frac{\varepsilon_m(1+\eta_m)}{(\varepsilon_m - \eta_m)} . \tag{2}$$

Ungleichung (2) ist mit der **Robinson-Bedingung**[18]) identisch, wenn das für eine *normale Reaktion* des Außenbeitrags erforderliche (fett gedruckte) *Größerzeichen* gilt. Für die weitere Auswertung ist es zweckmäßig, Ungleichung (2) noch in anderer Form zu schreiben. Nach einer Reihe von Zwischenschritten erhält man für eine *normale* Reaktion:

---

[17]) Vgl. hierzu den Anhang A 2), S. 314 ff.
[18]) Die Bedingung geht zurück auf J. Robinson, The Foreign Exchanges. In: Essays in the Theory of Employment. London 1937. S. 194.

$$\eta_m \eta_x \left(\varepsilon_m + \frac{X}{J} \varepsilon_x + \frac{X}{J} \right) + \varepsilon_m \eta_x \left(1 - \frac{X}{J} \right)$$

$$> \varepsilon_x \varepsilon_m \frac{X}{J} \left(\eta_x + \frac{J}{X} \eta_m + \frac{J}{X} \right). \tag{3}$$

Anhand von Gleichung (1) läßt sich zunächst das Ergebnis bestätigen, daß eine Abwertung immer dann zu einer Erhöhung des Außenbeitrags führt, wenn $|\eta_m| \geqq 1$; denn in diesem Fall ist bei $\eta_x < 0$ und $\varepsilon_x, \varepsilon_m > 0$ offenbar $\dfrac{dA}{dw} > 0$. Außerdem läßt sich die geäußerte Vermutung belegen, daß eine normale Reaktion um so eher zu erwarten ist, je größer – absolut genommen – die Nachfrageelastizitäten sind; denn in Ungleichung (2) wird die linke Seite mit steigendem $|\eta_x|$ größer und die rechte Seite mit steigendem $|\eta_m|$ kleiner[19]).

Schließlich kann man mit Hilfe von Ungleichung (2) bzw. (3) auch zu Aussagen über die Reaktion des Außenbeitrags für sämtliche in Fig. 5 dargestellten Spezialfälle gelangen. Im einzelnen erhält man die in der folgenden Tabelle wiedergegebenen Ergebnisse:

Fall	Außenbeitrag
a) $\eta_x \rightarrow -\infty$ $\eta_m \rightarrow -\infty$	nimmt zu; denn $\varepsilon_m + \dfrac{X}{J} \varepsilon_x + \dfrac{X}{J} > 0$[20])
b) $\eta_x = 0$ $\eta_m = 0$	nimmt ab; denn $J > 0$[21])
c) $\varepsilon_x \rightarrow \infty$ $\varepsilon_m \rightarrow \infty$	nimmt zu, wenn $\eta_x \dfrac{X}{J} + \eta_m + 1 < 0$[22])
d) $\varepsilon_x = 0$ $\varepsilon_m = 0$	nimmt zu; denn $X > 0$[21])

---

[19]) Um dieses festzustellen, ist die linke Seite von (2) nach η_x und die rechte Seite nach η_m zu differenzieren und zu beachten, daß $\eta_x, \eta_m < 0$.

[20]) Man erhält dieses Ergebnis, indem man beide Seiten von (3) durch $\eta_m \eta_x$ dividiert und danach $\eta_m, \eta_x \rightarrow -\infty$ einsetzt.

[21]) Die Bedingungen in den Fällen b) und d) ergeben sich unmittelbar aus Ungleichung (2).

[22]) Man erhält dieses Ergebnis, indem man beide Seiten von (3) durch $\varepsilon_x \varepsilon_m$ dividiert und danach $\varepsilon_x, \varepsilon_m \rightarrow \infty$ einsetzt.

Die tabellarische Zusammenstellung ergänzend, sei noch kurz der bereits erwähnte Fall eines **kleinen Landes** betrachtet. Bei den hierfür relevanten Bedingungen ($\eta_x \to -\infty$, $\varepsilon_m \to \infty$) ergibt sich, daß der Außenbeitrag bei einer Abwertung zunimmt (*normale* Reaktion), wenn

$$X(1 + \varepsilon_x) > J(1 + \eta_m)^{23)}.$$

Eine normale Reaktion erfolgt wegen $(1 + \varepsilon_x) > (1 + \eta_m)$ immer dann, wenn der Außenbeitrag in der Ausgangslage positiv oder ausgeglichen ist $(X \geqq J)$. Bei einem negativen Außenbeitrag $(X < J)$ stellt sich eine normale Reaktion um so eher ein, je größer die Werte für die Angebotselastizität ε_x und – absolut genommen – für die Nachfrageelastizität η_m sind.

bbb) Der in Fig. 5 dargestellte Spezialfall mit *unendlich großen Angebotselastizitäten* ($\varepsilon_x, \varepsilon_m \to \infty$) hat in der Literatur besondere Bedeutung erlangt, und zwar unter der zusätzlichen Annahme, daß der *Saldo der Handels- und Dienstleistungsbilanz* in der Ausgangslage *ausgeglichen* ist $(X = J)$. Unter den genannten Bedingungen ergibt sich, daß der Außenbeitrag bei einer Abwertung zunimmt (*normale* Reaktion), wenn

$$\eta_x + \eta_m + 1 < 0 \tag{4}$$

bzw.

$$\eta_x + \eta_m < -1$$

bzw. (wegen $\eta_x, \eta_m < 0$)

$$|\eta_x| + |\eta_m| > 1.$$

Aus der als **Marshall-Lerner-Bedingung**[24]) bezeichneten Ungleichung (4) geht hervor, daß der Außenbeitrag bei unendlich großen Angebotselastizitäten und ausgeglichener Handels- und Dienstleistungsbilanz auf Wechselkursänderungen normal reagiert, wenn die Summe der Nachfrageelastizitäten – absolut genommen – größer ist als eins.

---

[23]) Man erhält dieses Ergebnis, indem man in der Ungleichung (2) den Bruch auf der linken Seite mit $1/\eta_x$ und den Bruch auf der rechten Seite mit $1/\varepsilon_m$ erweitert und dann $\eta_x \to -\infty$ und $\varepsilon_m \to \infty$ einsetzt.

[24]) Siehe A. Marshall, Money Credit and Commerce. London 1923. S. 354. – A. P. Lerner, The Economics of Control. Principles of Welfare Economics. New York 1944. S. 377ff.

2. Reaktion des Außenbeitrags in Auslandswährung

a) Wechselkurseffekte

aa) *Wechselkurseffekte auf dem Exportgütermarkt.* – aaa) Ausgangspunkt der weiteren Analyse ist eine Darstellung des Exportgütermarktes, wie sie im Prinzip in Fig. 1 (S. 45) entwickelt wurde. Der Unterschied besteht lediglich darin, daß die angebotenen und nachgefragten Exportmengen nicht mehr als Funktion des DM-Preises, sondern als Funktion des *Dollar-Preises* erscheinen.

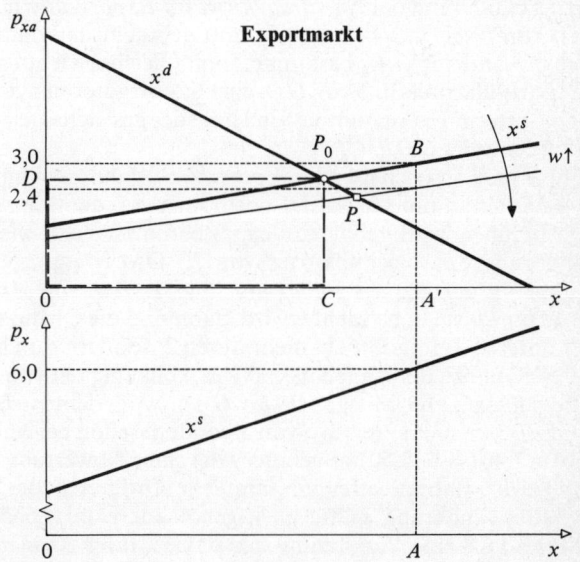

Figur 6

In der unteren Teilfigur ist das *Exportangebot* entsprechend der Kalkulation der deutschen Exporteure in Abhängigkeit vom *Preis in DM* (p_x) dargestellt. Diese Angebotskurve wird mit Hilfe des Wechselkurses $w (= 2,- \text{DM}/\$)$ in eine Angebotskurve für Exportgüter in Abhängigkeit vom Preis in \$ (p_{xa}) transformiert. Ausgangspunkt hierfür ist die Überlegung, daß die (deutschen) Anbieter eine bestimmte Menge – z. B. in Höhe von OA – anbieten, wenn sie einen bestimmten Preis in DM – z. B. in Höhe von $p_x = 6,-$ DM realisieren (vgl. untere Teilfigur). Bei einem Wechselkurs von $w = 2,-$ DM/\$ ist dieses gleichbedeutend mit der Aussage, daß die inländischen Anbieter die Menge $OA (= OA')$ bei einem Preis in \$ von $p_{xa} \left(= \dfrac{p_x}{w} \right) = 3$ anbieten. Deshalb ist B ein Punkt der Exportangebotskurve in Abhängigkeit vom Preis in \$ (siehe obere Teilfigur). Offenbar erhält man diese Kurve dadurch, daß man die Ordinatenwerte der unten eingezeichneten x^s-Kurve (die Preise in DM ausdrücken) durch den Wechselkurs dividiert, d. h. bei $w = 2,-$ DM/\$ halbiert. Die so hergeleitete Angebotskurve wird nun in der oberen Teilfigur mit der *Nachfragekurve für Exportgüter* in Abhängigkeit vom Preis in \$ (x^d) zum Schnitt gebracht und dadurch der Gleichgewichtspunkt P_0 bestimmt. Dem Gleichgewicht entspricht ein Exportgüterpreis in \$ von OD, eine Exportgütermenge in Höhe von OC und ein Exportwert in \$ in Höhe des gestrichelt eingezeichneten Rechtecks ODP_0C.

bbb) *Verändert* sich nun der *Wechselkurs*, dann wird hiervon im p_{xa}/x-Diagramm nur die auf Dispositionen von deutschen Exporteuren beruhende Angebotskurve (x^s) berührt. Wenn wieder eine Veränderung des Wechselkurses von 2,– DM/\$ auf 2,50 DM/\$, d. h. eine *Aufwertung des Dollar* um 25 v. H. bzw. eine *Abwertung der DM* um 20 v. H., betrachtet wird, dann sind die Ordinatenwerte in der unteren Teilfigur nicht mehr durch 2, sondern durch 2,50 zu dividieren, um zu der Angebotskurve in Abhängigkeit vom Preis in \$ zu gelangen. Die Menge $OA (= OA')$ wird dementsprechend nicht mehr bei einem Preis in \$ von 3, sondern schon bei einem Preis in \$ von 2,40 (= 6 : 2,50) angeboten. Bei einer Abwertung der DM um 20 v. H. erfahren offenbar sämtliche Ordinaten der vor der Wechselkursänderung gültigen Angebotskurve in Abhängigkeit vom Preis in \$ eine Verkürzung um 20 v. H. ihrer Ausgangswerte (siehe dazu in der oberen Teilfigur die Drehung der x^s-Kurve nach unten[25]).

Die *Wirkungen der DM-Abwertung* ergeben sich wieder aus dem Vergleich des neuen Gleichgewichtspunktes P_1 mit dem alten

---

[25]) Bei einer Senkung des Wechselkurses von 2,– DM/\$ auf 1,50 DM/\$, d. h. bei einer *Abwertung des Dollar* um 25 v. H. bzw. einer *Aufwertung der DM* um 33,3 v. H., wären die Ordinaten der Angebotskurve entsprechend um 33,3 v. H. ihrer Ausgangswerte zu erhöhen.

Gleichgewichtspunkt P_0 (vgl. Fig. 6 oben). Es zeigt sich, daß der Exportgüterpreis (in $) gesunken und die Exportgütermenge als Folge der Abwertung gestiegen ist. Die Richtung der Änderung des Exportwerts in $ hängt deshalb von der *Elastizität der (ausländischen) Exportnachfrage in bezug auf den Preis in $ (η_x)* ab. Ist $|\eta_x|$ größer als eins, dann steigt der Exportwert. Ist $|\eta_x|$ gleich eins, dann bleibt der Exportwert unverändert. Ist schließlich $|\eta_x|$ kleiner als eins, dann sinkt der Exportwert.

bb) *Wechselkurseffekte auf dem Importgütermarkt.* – aaa) Bei der nun folgenden Analyse muß die auf Dispositionen von deutschen Importeuren zurückgehende Nachfragekurve in Abhängigkeit vom Preis in DM in eine Nachfragekurve in Abhängigkeit vom Preis in $ transformiert werden. Bei einem Wechselkurs von $w = 2,-$ DM/$ erhält man die in Fig. 7 oben eingezeichnete m^d-Kurve.

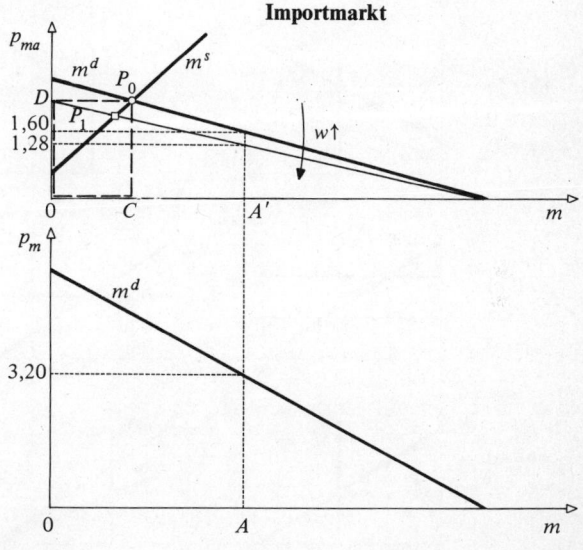

Figur 7

Aus dem Schnittpunkt der oben eingezeichneten m^d-Kurve und der m^s-Kurve ergibt sich der Gleichgewichtspunkt P_0 mit dem dazugehörigen Importwert in $ (siehe das gestrichelt eingezeichnete Rechteck ODP_0C).

bbb) *Verändert* sich der *Wechselkurs*, dann wird hiervon in einem p_{ma}/m-Diagramm nur die auf Dispositionen von deutschen Importeuren beruhende Nachfragekurve berührt. Erfolgt z. B. eine *Abwertung der DM* um 20 v. H. (d. h. w steigt von 2,– DM/\$ auf 2,50 DM/\$), dann wird die Menge $OA(=OA')$ nicht mehr bei einem Preis in \$ von $1,60 (= 3,20:2)$, sondern bei einem Preis in \$ von $1,28 (= 3,20:2,5)$ nachgefragt. Bei einer DM-Abwertung um 20 v. H. erfahren somit sämtliche Ordinaten der vor der Wechsel-

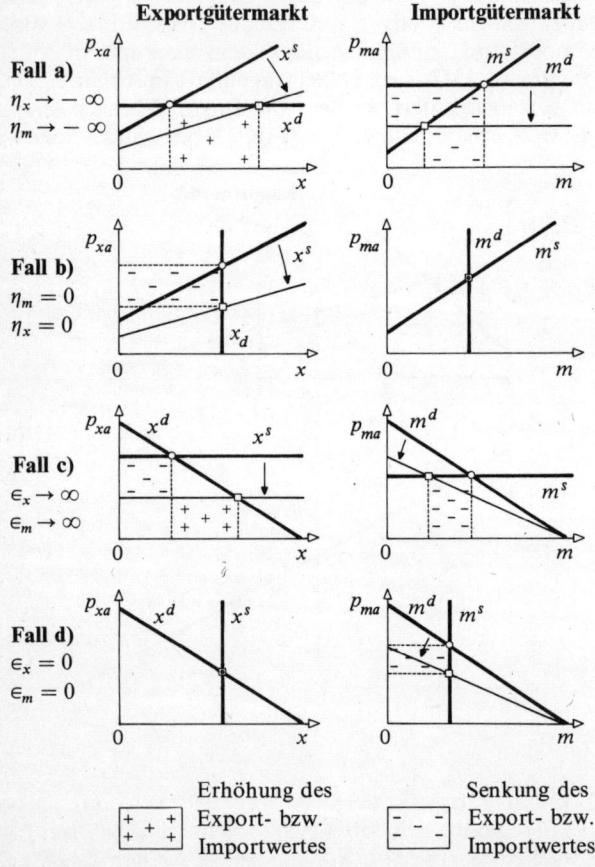

Figur 8

kursänderung gültigen Nachfragekurve in Abhängigkeit vom Preis in $ eine Verkürzung ihrer Ausgangswerte um 20 v. H. (siehe dazu in der oberen Teilfigur die Drehung der m^d-Kurve nach unten).

Die *Wirkungen der DM-Abwertung* ergeben sich wieder aus dem Vergleich des neuen Gleichgewichtspunktes P_1 mit dem alten Gleichgewichtspunkt P_0. Es zeigt sich, daß sowohl der Importgüterpreis (in $) als auch die Importgütermenge gesunken sind. Hieraus folgt, daß auch der Importwert (in $) abgenommen hat.

cc) *Spezialfälle.* – Die bisherige Analyse der *Abwertungseffekte* ergänzend, sollen jetzt wieder die bereits bekannten Spezialfälle graphisch untersucht werden (vgl. dazu Fig. 8).

Die Wirkungen einer Abwertung auf Export- und Importwert (jeweils in $) sind unmittelbar aus den Darstellungen ablesbar. Zu erwähnen ist nur noch der Fall eines *kleinen Landes*, der durch die Teilfigur unter a) links mit $\eta_x \to -\infty$ und durch die Teilfigur unter c) rechts mit $\varepsilon_m \to \infty$ beschrieben wird. Wie man sieht, nimmt der Exportwert zu und der Importwert ab, und zwar jeweils bei unveränderten in $ fixierten (Weltmarkt-)Preisen.

dd) *Wechselkurseffekte und Außenbeitrag.* – Die in den Unterabschnitten aa) und bb) durchgeführten Untersuchungen bei *normal* verlaufenden Angebots- und Nachfragekurven führen im Fall einer *DM-Abwertung* zu folgenden Änderungen des Exportwerts, des Importwerts und des Außenbeitrags (jeweils in $ ausgedrückt).

Fall	Exportwert	Importwert	Außenbeitrag (Wert)
1	steigt bei $|\eta_x| > 1$	sinkt	steigt
2	bleibt konstant bei $|\eta_x| = 1$	sinkt	steigt
3	sinkt bei $|\eta_x| < 1$	sinkt	steigt, bleibt konstant, sinkt

Als *erstes* wichtiges Ergebnis ist festzuhalten, daß

– *eine Abwertung der DM immer dann zu einer Erhöhung des Außenbeitrags in $ führt, wenn $|\eta_x| \geqq 1$ (hinreichende Bedingung).*

Führt eine Abwertung zu einer Erhöhung (eine Aufwertung entsprechend zu einer Senkung) des Außenbeitrags in $, dann handelt es sich wieder um eine *normale* Reaktion. Eine *anomale* Reaktion kann überhaupt nur eintreten, wenn die Exportnachfrageelastizität – absolut genommen – kleiner ist als eins. Sie tritt ein (z. B. bei einer Abwertung), wenn der Exportwert – bedingt durch eine unelastische Exportnachfrage – sinkt, und zwar um *mehr* als der Importwert.

Eine *zweite*, bereits für die Reaktion des Außenbeitrags in Inlandswährung abgeleitete Schlußfolgerung legt wieder ein Vergleich der Spezialfälle a) und b) nahe. Offenbar führt

– *eine Abwertung der DM um so eher zu einer Erhöhung des Außenbeitrags in $, je elastischer die Nachfrageelastizitäten für Export- und Importgüter sind.*

ee) *Robinson- und Marshall-Lerner-Bedingungen.* – Auch die Reaktion des Außenbeitrags in Auslandswährung ($) ist im Anhang A2) algebraisch präzisiert worden. Dabei zeigt sich, daß sich der Außenbeitrag in $ (A_a) bei einer Wechselkursänderung wie folgt ändert[26]:

$$\frac{dA_a}{dw} = \frac{\varepsilon_x (1 + \eta_x)}{-(\varepsilon_x - \eta_x)} \frac{X}{w^2} - \frac{\eta_m (1 + \varepsilon_m)}{\varepsilon_m - \eta_m} \frac{J}{w^2}. \tag{5}$$

Offenbar ist $\frac{dA_a}{dw} \gtreqless 0$, d. h., bei einer Abwertung nimmt der Außenbeitrag zu, bleibt konstant oder nimmt ab (und bei einer Aufwertung nimmt der Außenbeitrag ab, bleibt konstant oder nimmt zu), je nachdem, ob

$$X_a \frac{\varepsilon_x (1 + \eta_x)}{-(\varepsilon_x - \eta_x)} \gtreqless J_a \frac{\eta_m (1 + \varepsilon_m)}{(\varepsilon_m - \eta_m)}, \tag{6}$$

wobei $X_a = \frac{X}{w}$ und $J_a = \frac{J}{w}$.

Ungleichung (6) entspricht der *Robinson-Bedingung*, wenn das für eine *normale Reaktion* des Außenbeitrags erforderliche (fett gedruckte) *Größer-Zeichen* gilt. Für weitere Untersuchungen wird Ungleichung (6) umgeformt. Nach einer Reihe von Zwischenschritten erhält man für eine *normale* Reaktion

---

[26]) Siehe S. 317.

$$\eta_m \eta_x \left(\varepsilon_m + \varepsilon_x \frac{X_a}{J_a} + 1 \right) - \left(1 - \frac{X_a}{J_a} \right) \eta_m \varepsilon_x$$
$$> \varepsilon_x \varepsilon_m \frac{X_a}{J_a} \left(\eta_m \frac{J_a}{X_a} + \eta_x + 1 \right). \tag{7}$$

Ungleichung (7) zeigt im Vergleich mit Ungleichung (3) auf S. 57, daß zwischen der Reaktion des Außenbeitrags in In- und Auslandswährung offenbar dann *kein* Unterschied besteht, wenn die Handels- und Dienstleistungsbilanz in der Ausgangslage ausgeglichen ist (d. h. $X = J$ bzw. $X_a = J_a$). Da die *Marshall-Lerner-Bedingung* (siehe Gleichung (4) auf S. 58) unter dieser Annahme abgeleitet wurde, gilt diese (spezielle) Bedingung gleichermaßen für die Reaktion des Außenbeitrags in Inlandswährung (DM) und für die Reaktion des Außenbeitrags in Auslandswährung ($).

Mit Gleichung (5) und den Ungleichungen (6) bzw. (7) kann man die beiden Aussagen des Unterabschnitts dd) formal bestätigen und die Reaktion des Außenbeitrags in den Spezialfällen präzisieren. Da die Vorgehensweise jedoch aus der Behandlung der Reaktion des Außenbeitrags in Inlandswährung bekannt ist (vgl. S. 57 f.) wird auf eine entsprechende Analyse verzichtet.

b) *Devisenmarkt*

aa) *Devisenangebot und -nachfrage.* – Die Verbindung zwischen dem Devisenmarkt und dem vorhergehenden Abschnitt entsteht dadurch, daß Exporterlöse in Höhe des $-Wertes zu einem $-Angebot und Importaufwendungen in Höhe des $-Wertes zu einer $-Nachfrage auf dem Devisenmarkt führen[27]). Da vorerst noch davon ausgegangen wird, daß Angebot bzw. Nachfrage auf dem Devisenmarkt allein aus Exporten bzw. Importen resultieren[28]), las-

---

[27]) Wird bei den deutschen *Exporten* nicht in $, sondern in DM fakturiert (wie es überwiegend der Fall ist), dann bieten nicht die deutschen Exporteure, sondern die ausländischen Abnehmer auf dem Devisenmarkt Dollar an, um sich so die benötigten DM zu beschaffen. Wird bei den deutschen *Importen* nicht in $, sondern in DM fakturiert, dann fragen nicht die inländischen Importeure, sondern die ausländischen Anbieter von Importgütern Dollar nach, in die sie die erworbenen DM umtauschen wollen.

[28]) Kapitalbewegungen werden erst später in der Modellanalyse berücksichtigt.

sen sich Angebots- und Nachfragekurven für den Devisenmarkt in Abhängigkeit vom Wechselkurs konstruieren, wenn der Zusammenhang zwischen Export- und Importwert in $ einerseits und alternativen Wechselkursen anderseits bekannt ist. Die entsprechenden Zusammenhänge lassen sich aus den graphischen Darstellungen des vorhergehenden Abschnitts ermitteln.

aaa) Wie aus Fig. 6 hervorgeht, wird die Entwicklung des Exportwerts in $ bei steigendem Wechselkurs (Abwertung) dadurch bestimmt, daß sich die Exportangebotskurve nach unten verlagert. Dieser Zusammenhang findet in Fig. 9 Berücksichtigung, die die Grundlage für die Ableitung des *Devisenangebots* bildet.

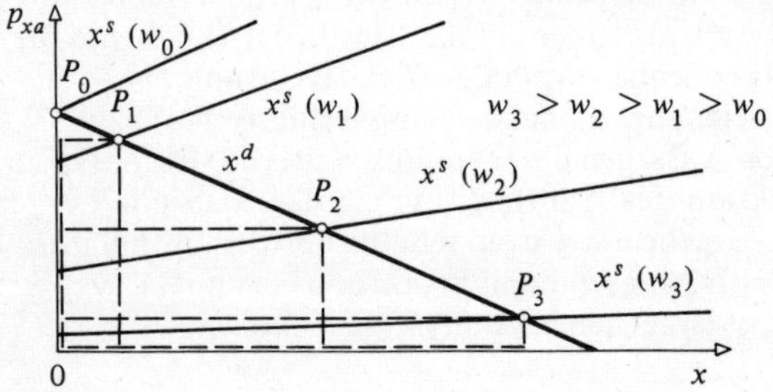

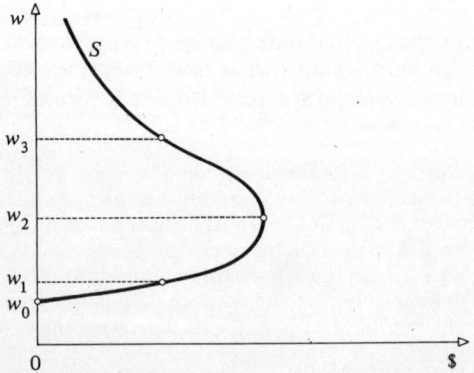

Figur 9

Figur 10

Zunächst sei ein Wechselkurs betrachtet (nämlich w_0), der so klein ist, daß die x^s-Kurve die x^d-Kurve gerade auf der Ordinatenachse (in P_0) schneidet. Da die Exportgütermenge bei diesem (für die ausländischen Nachfrager sehr ungünstigen) Wechselkurs gleich Null ist, muß auch der Exportwert in $ und demzufolge auch das daraus resultierende Devisenangebot gleich Null sein (siehe Fig. 10).

Steigt der Wechselkurs, z. B. auf w_1, dann ergibt sich in P_1 ein neuer Gleichgewichtspunkt mit einem positiven Exportwert in $ (siehe das gestrichelt umrandete Rechteck bei P_1). Dem positiven Exportwert entspricht in gleicher Höhe ein positives Dollarangebot (siehe Fig. 10). Der Exportwert erreicht bei steigendem Wechselkurs ein Maximum, wenn die Hälfte der Sättigungsmenge realisiert wird (in Fig. 9 bei P_2, d. h. bei einem Wechselkurs w_2)[29]). Dem entspricht ein maximales Devisenangebot bei w_2. Steigt der Wechselkurs über w_2 hinaus (z. B. auf w_3), dann sinkt der Exportwert wieder. Mit immer größer werdendem Wechselkurs verschiebt sich die x^s-Kurve immer weiter nach unten, und der Exportwert nähert sich dabei schließlich asymptotisch dem Wert Null an[30]). Dem entspricht der weitere Verlauf der in Fig. 10 eingezeichneten *Devisenangebotskurve (S)*.

bbb) Der Verlauf der *Devisennachfragekurve (D)* kann unmittelbar aus der Darstellung des Importgütermarktes in Fig. 7 von S. 61 abgeleitet werden. Wie man sieht, nehmen mit steigendem Wechselkurs sowohl die Importgütermenge als auch der Importgüterpreis (in $) ab. Folglich sinkt bei steigendem Wechselkurs auch der Importwert (in $) und damit die Dollarnachfrage. Wird dieser Zusammenhang zwischen Dollarnachfrage und Wechselkurs durch eine lineare Beziehung angenähert[31]), dann erhält man eine Devisennachfragekurve, wie sie z. B. in Fig. 11 durch die D_0-Kurve wiedergegeben wird.

bb) *Ausgleichsmechanismus flexibler Wechselkurse. –*

aaa) *Gleichgewicht* auf dem Devisenmarkt stellt sich bei demjenigen Wechselkurs ein, bei dem Angebot und Nachfrage gleich

---

[29]) Diese Feststellung entspricht dem bekannten Zusammenhang, daß die zu einer linearen Nachfragekurve gehörende Ausgaben- bzw. Umsatzkurve ihr Maximum bei der Hälfte der Sättigungsmenge erreicht.

[30]) Der Exportgüterpreis in $ tendiert gegen Null.

[31]) Die (negativ geneigte) Devisennachfragekurve verläuft streng genommen konvex zum Ursprung.

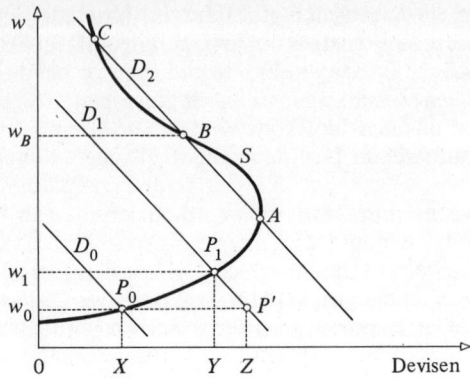

Figur 11

sind. In Fig. 11 bestimmt dementsprechend der Schnittpunkt aus der D_0-Kurve und der S-Kurve den Gleichgewichtskurs (w_0).

Offenbar liegt bei P_0 ein **stabiles Gleichgewicht** vor; denn Abweichungen vom Gleichgewicht lösen einen Anpassungsprozeß aus, der zum Gleichgewicht zurückführt: Liegt der Wechselkurs etwas oberhalb von w_0, dann existiert ein Angebotsüberschuß, der den Wechselkurs drückt; umgekehrt ist ein Wechselkurs etwas unterhalb von w_0 mit einem Nachfrageüberschuß verbunden, der den Wechselkurs nach oben zieht.

Aus Fig. 11 geht weiter hervor, daß auch *mehrere* Gleichgewichtspunkte denkbar sind. Gilt z. B. die Devisennachfragekurve D_2, dann ergeben sich als Schnittpunkte mit der Devisenangebotskurve S die Punkte A, B und C. Während A und C *stabile* Gleichgewichtspunkte darstellen, ist das Gleichgewicht bei B **labil**: Liegt der Wechselkurs etwas oberhalb von w_B, dann entsteht ein Nachfrageüberschuß, und der Wechselkurs entfernt sich weiter von w_B. Er steigt, bis der Punkt C erreicht ist. Liegt der Wechselkurs etwas unterhalb von w_B, dann entsteht ein Angebotsüberschuß und der Wechselkurs entfernt sich von w_B. Er sinkt, bis der Punkt A erreicht ist.

Ausgehend vom Punkt B, führt somit eine Erhöhung von w, d. h. eine *Abwertung* der DM, zu einem Nachfrageüberschuß auf dem Devisenmarkt, und eine Senkung von w, d. h. eine *Aufwertung* der DM, zu einem Angebotsüberschuß. Da der Nachfrageüberschuß auf eine *Verschlechterung* und der Angebotsüberschuß auf eine

Verbesserung der (vorher ausgeglichenen[32])) Handels- und Dienstleistungsbilanz (in $) zurückzuführen ist, folgt, daß eine Abwertung (ebenso wie eine Aufwertung) im Punkt *B* eine anomale Reaktion des Außenbeitrags auslöst. Das *labile Gleichgewicht* im Punkt *B* impliziert also, daß die für eine normale Reaktion erforderliche *Robinson-Bedingung* nicht erfüllt wird.

bbb) Wie das freie Spiel des Wechselkurses im Falle einer stabilen Anpassung nach einer Störung einen Ausgleich zwischen Devisenangebot und Devisennachfrage und damit *Devisenbilanzausgleich* herbeiführt, läßt sich ebenfalls an Hand von Fig. 11 illustrieren: Das in der Ausgangslage vorliegende (stabile) Gleichgewicht bei P_0 soll dadurch gestört werden, daß sich die Importe unabhängig vom Wechselkurs erhöhen (z. B. als Folge steigender Präferenzen für ausländische PKWs oder für Auslandsreisen). Der hiermit einhergehende *Anstieg der Devisennachfrage* bewirkt eine Rechtsverschiebung der Nachfragekurve (aus D_0 wird z. B. D_1), so daß beim Wechselkurs w_0 eine *Überschußnachfrage* ᴰd damit ein *Devisenbilanzdefizit* entsteht. Das Ungleichgewichᴛ in der Devisenbilanz wird dadurch beseitigt, daß der Nachfrageüberschuß (*XZ*) zu einem Anstieg des Wechselkurses führt (von w_0 auf w_1) und sich als Folge der *Abwertung* eine Abnahme des Importwertes in Höhe von *YZ* und eine Zunahme des Exportwertes in Höhe von *XY* (jeweils in $) einstellen. Dadurch ergibt sich eine wechselkursinduzierte Erhöhung des wertmäßigen, in $ ausgedrückten Außenbeitrags in Höhe von *XZ*, durch die die anfängliche, wechselkursunabhängige Zunahme des Importwertes wieder ausgeglichen wird. Der hier beschriebene **Zahlungsbilanzausgleichsmechanismus** flexibler Wechselkurse besteht also darin, daß Devisenbilanzungleichgewichte Wechselkursänderungen auslösen, die die Devisenbilanz durch eine Anpassung von Exporten und Importen wieder ins Gleichgewicht bringen.

cc) *Kritische Anmerkungen.* – Die Vorstellung, daß ein Devisenmarktgleichgewicht nach einer Störung durch eine wechselkursinduzierte Anpassung von Exporten und Importen *kurzfristig* wiederhergestellt werden kann, erscheint problematisch. Zu bedenken

---

[32]) Die Handels- und Dienstleistungsbilanz (in $) ist im Punkt B ausgeglichen, weil das aus dem Exportwert in $ resultierende Dollarangebot und die aus dem Importwert in $ resultierende Dollarnachfrage gleich groß sind.

ist nämlich, daß Exporteure und Importeure eine gewisse Zeit für ihre mengenmäßige Reaktion benötigen. Deshalb ist auch nicht zu erwarten, daß eine an einem bestimmten Tag entstehende Überschußnachfrage nach Devisen am gleichen Tag dadurch ausgeglichen wird, daß auf Grund einer Abwertung Exporte zunehmen und Importe abnehmen und hierdurch die Überschußnachfrage sogleich wieder beseitigt wird. Zu fragen bleibt somit, wie der Ausgleich am Devisenmarkt *kurzfristig* zustande kommt. Plausibel erscheint z. B. die Vorstellung, daß eine Abwertung der heimischen Währung von einem bestimmten Punkt an zunehmend Wirtschaftssubjekte veranlaßt, die im Kurs gestiegene ausländische Währung in der Erwartung zu verkaufen, sie später zu einem niedrigeren Kurs zurückkaufen zu können[33]). Auf diese Weise ergibt sich ein spekulativ bedingtes zusätzliches Devisenangebot. Derartige Spekulationsgeschäfte und andere Kapitaltransaktionen wurden in der bisherigen Betrachtung nicht berücksichtigt. Sie sind es aber, die die *kurzfristige* Anpassung des Wechselkurses entscheidend beeinflussen. Ihrer besonderen Rolle für die Wechselkursbildung wird mit der Devisenmarktanalyse im vierten und dem Finanzmarktmodell[34]) im fünften Teil Rechnung getragen.

3. Elastizitätspessimismus und -optimismus

Wie die bisherige Analyse der Wechselkurseffekte zeigte, müssen die Preiselastizitäten des Angebots und der Nachfrage von Export- und Importgütern bestimmten *Bedingungen* genügen, damit der Außenbeitrag auf Wechselkursänderungen *normal* reagiert und

---

[33]) Auch Außenhandelsunternehmungen reagieren *kurzfristig* auf veränderte Wechselkurserwartungen mit finanziellen Dispositionen. Entsteht z. B. eine Abwertungserwartung für die ausländische Währung und damit eine Aufwertungserwartung für die inländische Währung, dann werden bei Fixierung von Exportkontrakten in inländischer Währung ausländische Abnehmer vermehrt Vorauszahlungen leisten und bei Fixierung in ausländischer Währung inländische Exporteure die von ihnen gewährten Zahlungsziele verkürzen. Beides bedeutet, daß sich ein *Kapitalimport* einstellt und damit ein zusätzliches Devisenangebot.

[34]) Der Finanzmarktansatz beschreibt die kurzfristige Anpassung von Wechselkurs und Zinssatz auf Grund von Dispositionen über Finanzaktiva.

sich dementsprechend auch die Anpassungsvorgänge auf dem Devisenmarkt als stabil erweisen. Auf Grund früherer empirischer Untersuchungen, in denen sehr niedrige (absolute) Werte für die Nachfrageelastizitäten ermittelt wurden[35]), war bis zu Beginn der fünfziger Jahre die Befürchtung verbreitet, daß diese Bedingungen häufig *nicht* erfüllt werden[36]). Zweifel am vorherrschenden **Elastizitätspessimismus** entstanden, als zunehmend erkannt wurde, daß die in den früheren empirischen Arbeiten ermittelten Elastizitäten wahrscheinlich systematisch unterschätzt worden sind[37]). Hinzu kam, daß in einer Reihe neuerer ökonometrischer Untersuchungen[38]) merklich höhere Nachfrageelastizitäten ermittelt wurden. Als Erklärung hierfür mag, abgesehen von statistischen Gründen, auch eine Rolle spielen, daß der Anteil relativ preiselastischer gewerblicher Produkte am Welthandel zu- und der Anteil relativ preisunelastischer Rohstoffe abgenommen hat[39]).

Zur Illustration der *empirischen Aussagen* sollen die Schätzungen von Goldstein und Khan herangezogen werden, aus deren Ar-

---

[35]) Die entsprechenden Werte lagen in den meisten Fällen zwischen 0 und −0,5 (siehe D. M. Heien, Structural Stability and the Estimation of International Import Price Elasticities. „Kyklos", Vol. 21 (1968), S. 695. − Um eine Normalreaktion des Außenbeitrags zu garantieren, sind nach Heien (a.a.O.) Werte zwischen −0,5 und −1 erforderlich.

[36]) Vgl. P. H. Lindert, Ch. P. Kindleberger, International Economics. 7th ed. Homewood, Ill., 1982. S. 294.

[37]) Hervorzuheben ist hierbei der Artikel von G. H. Orcutt (Measurement of Price Elasticities in International Trade. „The Review of Economics and Statistics", Vol. 32 (1950), S. 117ff.). − Siehe auch E. E. Leamer, R. M. Stern, Quantitative International Economics. Chicago 1976. S. 28ff.

[38]) Siehe hierzu z. B. Heien, a.a.O., S. 695ff. − F. G. Adams, H. B. Junz, The Effect of the Business Cycle on Trade Flows of Industrial Countries. „The Journal of Finance", Vol. 26 (1971), S. 267f. − M. Goldstein, M. S. Khan, Large Versus Small Price Changes and the Demand for Imports. „IMF Staff Papers", Vol. 23 (1976), S. 200ff. − Dieselben, The Supply and Demand for Exports: A Simultaneous Approach. „The Review of Economics and Statistics", Vol. 60 (1978), S. 275ff. − Die in der weiter zurückliegenden Untersuchung von H. S. Houthakker, S. P. Magee, (Income and Price Elasticities in World Trade. „The Review of Economics and Statistics", Vol. 51 (1969), S. 111ff.) gemessenen Elastizitäten erscheinen demgegenüber nur z. T. verläßlich und hoch genug, um eine normale Reaktion erwarten zu lassen.

[39]) Vgl. Lindert, Kindleberger, a.a.O., S. 294.

beiten[40]) einige Ergebnisse für die Bundesrepublik und ihre wichtigsten Handelspartner, geordnet nach ihrer Bedeutung im westdeutschen Außenhandel[41]), in Tabelle 3 zusammengestellt worden sind.

Tabelle 3: *Import- und Exportelastizitäten*[a])

Land	η_m	η_x
Bundesrepublik	$-0{,}653$	$-0{,}831$
Frankreich	$-1{,}310$	$-1{,}334$
Niederlande	$-0{,}382$	$-2{,}728$
USA	$(-0{,}018)$	$-2{,}319$
Italien	$-1{,}053$	$-3{,}290$
Vereinigtes Königreich	$(0{,}028)$	$-1{,}323$
Belgien/Luxemburg	$-0{,}956$	$-1{,}572$

[a]) Den Messungen liegen *unverzögerte* Quartalswerte für den Zeitraum 1955–1970 zugrunde. – Alle Schätzungen sind signifikant auf einem 5 v. H.-Niveau, ausgenommen die beiden eingeklammerten Werte für die USA und das Vereinigte Königreich.

Die Tabelle enthält in der ersten Spalte Nachfrageelastizitäten für Importgüter (η_m) und in der zweiten Spalte Nachfrageelastizitäten für Exportgüter (η_x). Die Summe der Nachfrageelastizitäten ist bei allen aufgeführten Ländern – absolut genommen – größer als eins, so daß die Marshall-Lerner-Bedingung als erfüllt angesehen werden kann. Dieses Ergebnis deckt sich mit der heute vorherrschenden Meinung, wonach es auf Grund empirischer Messungen gerechtfertigt erscheint, eher ein „Elastizitätsoptimist" als ein „Ela-

---

[40]) Siehe Goldstein, Khan, Large Versus Small ..., a.a.O., S. 221 und Goldstein, Khan, The Supply and Demand ..., a.a.O., S. 279, 282. In dem zuletzt genannten Beitrag werden auch *Angebotselastizitäten* für Exportgüter geschätzt. Für die meisten der untersuchten Länder lieferten die Schätzungen Werte zwischen 1 und 5 v. H. Ökonometrische Untersuchungen von H. Möller, H.-J. Jarchow ergaben für westdeutsche Exporte eine Angebotselastizität von rd. 3 v. H. und führten für westdeutsche Importe zu der Vermutung eines vollkommen elastischen Angebots (Demand and Supply Funktions for West German Exports. „Jahrbücher für Nationalökonomie und Statistik", Bd. 207 (1990), S. 534 ff.).

[41]) Gemessen durch den Quotienten aus dem Warenhandel (Exporte plus Importe) mit einem Land und dem gesamten Warenhandel der Bundesrepublik.

stizitätspessimist"[42]) zu sein. Bei dieser Feststellung sollte man allerdings bedenken, daß den in Tabelle 3 angeführten Elastizitäten Messungen zugrunde liegen, die die Möglichkeit einer *verzögerten Anpassung* der Export- und Importnachfrage an Wechselkursänderungen *nicht* berücksichtigen. Wie bereits erwähnt, ist aber zu vermuten, daß sich Exporteure und Importeure mit den Mengen nicht sofort und vollständig anpassen und die Nachfrageelastizitäten dementsprechend erst nach einer gewissen Anpassungszeit auf Werte anwachsen, bei denen eine normale Reaktion des Außenbeitrags eintritt[43]). Deshalb erscheint es plausibel, daß nach einer Wechselkursänderung auf kurze Frist zunächst eine anomale und erst danach eine normale Reaktion der Handels- und Dienstleistungsbilanz eintritt[44]). Weiter ist zu beachten, daß die letztlich zu erwartende normale Reaktion des Außenbeitrags nur als *Nahwirkung* einer

---

[42]) Eine eindeutige Auffassung vertritt R. M. Stern (The Balance of Payments. Theory and Economic Policy. London, Basingstoke 1973, S. 149), indem er feststellt, daß „it seems quite reasonable to be an ‚elasticity optimist' these days on the basis of empirically estimated price elasticities". Gestützt wird diese Auffassung durch die empirische Aussage von R. M. Stern, J. Francis, B. Schumacher (Price Elasticities in International Trade. An Annotated Bibliography. London, Basingstoke 1976, S. 14), wonach „typische" Nachfrageelastizitäten zwischen −0,5 und −1,5 für Importgüter und zwischen −0,5 und −2,0 für Exportgüter variieren. – Vgl. hierzu auch M. Goldstein, M. S. Khan, Income and Price Effects in Foreign Trade. In: Handbook of International Economics. Vol. II. (Ed. by R. W. Jones, P. B. Kenen). Amsterdam, New York, Oxford 1985. S. 1076 ff.

[43]) In den zitierten Beiträgen von Goldstein und Khan werden auch Schätzungen für eine *verzögerte Anpassung* durchgeführt. Aus den entsprechenden Ergebnissen (Large Versus Small ..., a.a.O., S. 210, The Supply and Demand ..., a.a.O., S. 280) geht hervor, daß die durchschnittliche Verzögerung bei den Exportmengen in der Bundesrepublik etwa fünf Quartale und bei den Importmengen etwa zwei Quartale beträgt. Weiter zeigt sich, daß die Nachfrageelastizitäten für das laufende Quartal niedriger als die in Tabelle 3 genannten Werte und in der Summe – absolut genommen – nicht größer als eins sind (Large Versus Small ..., a.a.O., S. 222, The Supply and Demand ..., a.a.O., S. 280).

[44]) Im Kern entspricht dieser Verlauf dem sog. **J-Kurveneffekt**. Diese Bezeichnung rührt daher, daß die Entwicklung des Außenbeitrags im Zeitablauf bei einer Abwertung einer *J*-ähnlichen Kurve folgt, wenn zunächst eine anomale Reaktion eintritt. Einzelheiten zum *J*-Kurveneffekt siehe W. Schäfer, Anmerkungen zur *J*-Kurve. „Kredit und Kapital", Jg. 18 (1985), S. 490 ff.

Wechselkursänderung angesehen werden kann. Durch Wechselkursänderungen und die Reaktion von Exporten und Importen werden nämlich *Fernwirkungen* (über inländische Preise und das Volkseinkommen) ausgelöst, die den primären Erfolg einer Abbzw. Aufwertung in Frage stellen können. Hierauf wird jedoch erst später genauer einzugehen sein.

4. Wechselkurseffekte, Preisänderungen und „terms of trade"

a) Wechselkursänderungen und Inlandspreise

Wie eine Abwertung den Export- und Importgütermarkt beeinflußt, ist graphisch an Hand der Fig. 3 (S. 49) und 4 (S. 51) beschrieben worden. Aus den Darstellungen ist unmittelbar ersichtlich, daß bei normalem Verlauf der Angebots- und Nachfragekurven als Folge einer Abwertung sowohl eine *Erhöhung des Exportgüterpreises* als auch des *Importgüterpreises*, jeweils in inländischer Währung, eintritt[45]). Um zu erklären, wie hieraus ein allgemeiner Anstieg des inländischen Preisniveaus hervorgeht, ist es zweckmäßig, zwischen *internationalen Gütern (traded goods)* und *nationalen Gütern (nontraded goods)* zu unterscheiden. **Internationale Güter** bestehen aus den im In- und Ausland abgesetzten Exportgütern, den importierten Gütern und den unmittelbar mit importierten Gütern konkurrierenden Produkten des Inlands[46]). **Nationale Güter** (wie insbesondere Dienstleistungen und Erzeugnisse des Baugewerbes) werden demgegenüber nur im Inland produziert und abgesetzt und stehen auch nicht in einer unmittelbaren Konkurrenzbeziehung zu importierten und exportierten Gütern[47]).

Solange exportierte Güter – wie angenommen – auch im Inland als *Endprodukte* abgesetzt werden, resultiert hieraus unmittelbar eine Erhöhung des heimischen Preisniveaus. Entsprechendes gilt für die aus dem Ausland importierten Güter und die mit den importierten Gütern unmittelbar konkurrierenden Produkte des Inlands. Der Preisanstieg im Inland bleibt jedoch nicht auf den Bereich internationaler Güter beschränkt: Handelt es sich bei den im Inland

---

[45]) Für den Fall einer Aufwertung gilt wieder das umgekehrte Ergebnis. –
Das genaue Ausmaß der Preisänderungen wird durch die Ableitungen
(8) und (9) im Anhang A2) angegeben.

[46]) Vgl. A. Konrad, Zahlungsbilanztheorie und Zahlungsbilanzpolitik.
München 1979. S. 68.

[47]) Vgl. ebenda, S. 240 unter Binnenhandelsgüter.

abgesetzten internationalen Gütern um *Vorprodukte* (z. B. importierte Rohstoffe), dann ergibt sich auf Grund einer *Kostensteigerung* auch bei den nationalen Gütern ein Preisanstieg. Ein kosteninduzierter Preisanstieg bei den nationalen Gütern ist aber auch deshalb zu erwarten, weil die inländischen Unternehmungen, die internationale Güter anbieten, wegen der höheren Preise und der damit einhergehenden verbesserten Gewinnsituation mehr produzieren wollen und demzufolge auch mehr Produktionsfaktoren, z. B. Arbeitskräfte, nachfragen. Dabei werden sie auch bereit sein, Forderungen nach höheren Löhnen[48]) nachzugeben. Dieses wiederum dürfte die in anderen Wirtschaftszweigen tätigen Arbeitnehmer bzw. die Gewerkschaften veranlassen, auch dort höhere Löhne zu fordern. Schließlich ist zu vermuten, daß sich bei den nationalen Gütern neben dem kosteninduzierten, noch ein *nachfrageinduzierter* Preisauftrieb einstellt; denn nach der Verteuerung der im Inland abgesetzten internationalen Güter dürfte sich ein Teil der heimischen Nachfrage nationalen Gütern zuwenden.

Die Betrachtungen zusammenfassend, ist also damit zu rechnen, daß sich die im Zuge der *Abwertung* einstellende Erhöhung der Export- und Importgüterpreise auf die gesamte Volkswirtschaft ausbreitet und so eine allgemeine *Erhöhung* des *inländischen Preisniveaus* bewirkt. Wie empirisch bedeutsam diese aus einer Abwertung resultierende Konsequenz ist, zeigen die mehrjährigen Erfahrungen des Vereinigten Königreichs und Italiens um die Mitte der siebziger Jahre.

b) Wechselkursänderungen und „terms of trade"

aa) *Der Begriff der „terms of trade".* – Wechselkursinduzierte Veränderungen der Außenhandelspreise sind auch insofern von Bedeutung, als die Entwicklung der Export- und Importgüterpreise die Entwicklung der sog. „*terms of trade*" bestimmt. Die **terms of trade** (reales Austauschverhältnis) sind als Verhältnis des Exportgüterpreises zum Importgüterpreis – jeweils in Inlandswährung (DM) oder Auslandswährung ($) – definiert, d. h.:

$$t = \frac{p_x}{p_m} = \frac{p_{xa}}{p_{ma}}.$$

---

[48]) Mit solchen Forderungen ist u. a. auch deshalb zu rechnen, weil die Verteuerung importierter Endprodukte den Lebenshaltungskostenindex erhöht. Vgl. hierzu auch den Unterabschnitt VIII. 3a) aa).

Was diese Größe letztlich beinhaltet, läßt sich am besten veranschaulichen, wenn man vereinfachend unterstellt, daß ein Land nur ein Gut exportiert, z. B. Volkswagen, und nur ein Gut importiert, z. B. Rohöl. Würde der Preis des Volkswagens beispielsweise 15 000 DM und der Preis für ein Faß Rohöl 100 DM betragen, dann würden sich die terms of trade auf 150 belaufen. Diese Zahl besagt, daß man für einen exportierten Volkswagen 150 Faß Rohöl importieren kann. Steigt der Preis für Rohöl (also des Importguts), dann verschlechtert sich das reale Austauschverhältnis (d. h. t sinkt), steigt der Preis für einen Volkswagen (also des Exportgutes), dann verbessert sich das reale Austauschverhältnis (d. h. t steigt).

In der Realität wird ein Land eine Vielzahl von Gütern exportieren bzw. importieren. Die terms of trade werden deshalb in der Praxis durch den Quotienten aus dem *Exportgüterpreisindex* und dem *Importgüterpreisindex* bzw. aus den Durchschnittswerten der Exporte und Importe ermittelt[49]). Sie geben dann an, wie viele Importgüterbündel die Volkswirtschaft für ein Exportgüterbündel erhält. Eine Vorstellung von der tatsächlichen Entwicklung der terms of trade für die Bundesrepublik vermittelt das Schaubild 1.

Die Graphik verdeutlicht die abrupte Verschlechterung der terms of trade für die Bundesrepublik nach den beiden starken Ölpreisschüben 1973/74 und 1978/80 sowie die ebenso abrupte Verbesserung auf Grund des starken Ölpreisrückgangs 1985/86.

bb) *Änderungen der „terms of trade".* – aaa) Nach Erläuterung des Begriffs der „terms of trade" soll nun untersucht werden, wie sich diese Größe durch eine Wechselkursveränderung, z. B. eine *Abwertung* der heimischen Währung, verändert. Da sich durch eine Abwertung bei normalem Verlauf der Angebots- und Nachfragekurven sowohl der Exportgüterpreis als auch der Importgüterpreis in Inlandswährung erhöht, kann eine eindeutige Antwort ohne genaue Kenntnis der Angebots- und Nachfragekurven nicht gegeben werden. Doch auch unabhängig davon lassen sich gewisse Aussagen herleiten, wie schon eine genauere Betrachtung der graphischen Darstellung der Spezialfälle in Fig. 5 auf S. 53 vermuten läßt. Offenbar ergibt sich bei einer Abwertung

---

[49]) Vgl. hierzu H. Hartwig, Indexzahlen für den Außenhandel. In: Umrisse einer Wirtschaftsstatistik. Festgabe für P. Flaskämper. (Hrsg. v. A. Blind). Hamburg 1966. S. 176f.

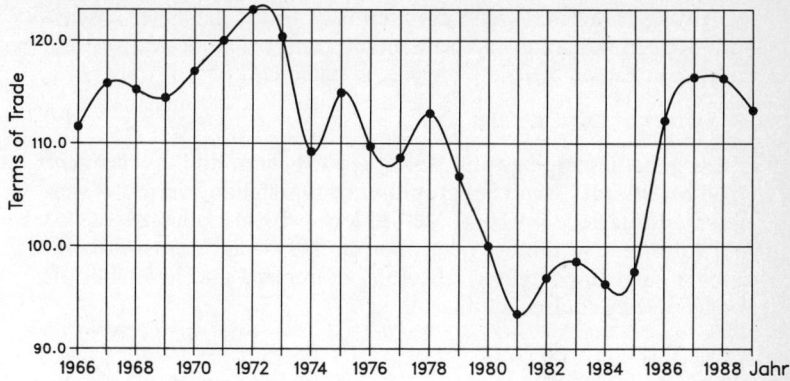

Schaubild 1: *Die Entwicklung der terms of trade in der Bundesrepublik Deutschland 1966–1989*[50])

- im Fall a), d.h. bei $\eta_x \to -\infty$, $\eta_m \to -\infty$,
  daß p_x steigt, p_m konstant bleibt und *t damit größer wird*,
- im Fall b), d.h. bei $\eta_x = 0$, $\eta_m = 0$,
  daß p_x konstant bleibt, p_m steigt und *t damit kleiner wird*.

Insofern kann man vermuten, daß sich die terms of trade (*t*) nach einer Abwertung um so eher *verbessern* (erhöhen) werden, je *größer* die *Nachfrageelastizitäten* – absolut genommen – sind. Weiter ergibt sich im Fall einer Abwertung

- im Fall c), d.h. bei $\varepsilon_x \to \infty$, $\varepsilon_m \to \infty$,
  daß p_x konstant bleibt, p_m steigt und *t damit kleiner wird*,
- im Fall d), d.h. bei $\varepsilon_x = 0$, $\varepsilon_m = 0$,
  daß p_x steigt, p_m konstant bleibt und *t damit größer wird*.

Man kann also auch vermuten, daß sich die terms of trade nach einer Abwertung um so eher *verbessern*, je *kleiner* die *Angebotselastizitäten* sind.

bbb) Die Aussagen, die durch die graphische Analyse nahegelegt werden, lassen sich *algebraisch* präzisieren. Die entsprechenden

---

[50]) Die Jahreszahlen wurden aus saisonbereinigten Quartalswerten der terms of trade (auf Basis der Durchschnittswerte) berechnet. Diese wurden einem Datenträgerband der Deutschen Bundesbank entnommen.

Ableitungen zeigen[51]), daß die „terms of trade" bei einer Abwertung steigen, konstant bleiben, sinken (und bei einer Aufwertung sinken, konstant bleiben, steigen), je nachdem, ob

$$\eta_m \eta_x \gtreqless \varepsilon_x \varepsilon_m{}^{52}) \, . \tag{9}$$

Diese Bedingung bestätigt somit ein *Ergebnis*, daß der Tendenz nach bereits auf Grund der graphischen Darstellung vermutet werden konnte: Die „terms of trade" ändern sich um so eher zugunsten des abwertenden Landes, je größer die Nachfrageelastizitäten für Export- und Importgüter (absolut genommen) und je kleiner die Angebotselastizitäten sind.

Zusammenfassung

1. Als Folge einer Abwertung ergibt sich (von Spezialfällen abgesehen)
   – bei Betrachtung in Inlandswährung,
   daß der Exportwert steigt, während der Importwert sinkt, konstant bleibt oder steigt, je nachdem, ob die Elastizität der (inländischen) Importnachfrage (absolut genommen) größer, gleich oder kleiner eins ist, und
   – bei Betrachtung in Auslandswährung,
   daß der Importwert sinkt, während der Exportwert steigt, konstant bleibt oder sinkt, je nachdem, ob die Elastizität der (ausländischen) Exportnachfrage (absolut genommen) größer, gleich oder kleiner eins ist.

2. Eine Abwertung der heimischen Währung führt um so eher zu einer Erhöhung des Außenbeitrags, d. h. zu einer normalen Reaktion des Außenbeitrags, je elastischer die Nachfrage nach Export- und Importgütern reagiert.

3. Die genaueren Bedingungen für eine normale Reaktion des Außenbeitrags werden durch die sog. Robinson-Bedingungen formuliert. Aus den Robinson-Bedingungen wird die speziellere Marshall-Lerner-Bedingung, wenn vereinfachend unterstellt wird, daß die Handels- und Dienstleistungsbilanz

---

[51]) Vgl. hierzu den Anhang A 3), S. 318.
[52]) Die Bedingung geht zurück auf J. Robinson, Beggar-my-Neighbour Remedies for Unemployment. In: Essays ..., a.a.O., S. 219.

in der Ausgangslage ausgeglichen ist und die Angebotselastizitäten gegen unendlich tendieren. Unter diesen Bedingungen erfolgt eine normale Reaktion, wenn die Summe der
Nachfrageelastizitäten für Export- und Importgüter – absolut
genommen – größer als eins ist. Entgegen dem „Elastizitätspessimismus" der vierziger Jahre ist man heute überwiegend
der Ansicht, daß diese Bedingung – zumindest längerfristig –
in der Realität erfüllt wird.

4. Ein Gleichgewicht auf dem Devisenmarkt erweist sich (bei
   Vernachlässigung von Kapitalbewegungen) als stabil, wenn
   die Robinson-Bedingungen erfüllt sind, als labil, wenn die
   Robinson-Bedingungen nicht erfüllt sind.

5. Im Zuge einer Abwertung steigen Export- und Importgüterpreise und dadurch bedingt das heimische Preisniveau.

6. Bei einer Abwertung erhöhen (verbessern) sich die „terms of
   trade", d. h. das Verhältnis von Exportgüterpreis zu Importgüterpreis (jeweils gemessen in gleichen Währungseinheiten),
   um so eher, je größer die Nachfrageelastizitäten (absolut genommen) und je kleiner die Angebotselastizitäten für Export-
   und Importgüter sind.

7. Wird nicht eine Abwertung, sondern eine Aufwertung betrachtet, dann gelten jeweils die umgekehrten Ergebnisse.

IV. Preiseffekte

Das bisher verwendete Instrumentarium der mikroökonomischen
Partialanalyse soll im folgenden dazu benutzt werden, die Wirkungen von *preisverändernden* (exogenen) Vorgängen (z. B. Nachfrage-
änderungen) im *Inland* oder *Ausland* bei nunmehr konstant gehaltenem Wechselkurs aufzuzeigen. Derartige Vorgänge beeinflussen
die *Preise*, die letztlich auf den (Welt-)Märkten für Export- und
Importgüter gebildet werden und die für In- und Ausländer – wie
bereits erläutert – gleich sind. Im Zusammenhang damit verändert
sich auch der hier insbesondere interessierende *Außenbeitrag* (in
Inlandswährung)[1]) und seine Komponenten.

---

[1]) Der Außenbeitrag in *Auslandswährung* ($A_a = A/w$) entwickelt sich stets
gleichgerichtet, da der Wechselkurs unverändert bleibt.

Bei der Analyse wird ausschließlich eine graphische Darstellungsweise benutzt[2]). Ausgangspunkt hierfür ist das aus der Analyse der Wechselkurseffekte bereits bekannte Drei-Quadranten-System (siehe Unterabschnitt III. 1a)).

1. Nachfrageerhöhung im Inland

a) Preiseffekte auf dem Exportgütermarkt

Für die weitere Analyse sei unterstellt, daß sich auf dem *Inlandsmarkt Preisauftriebstendenzen* zeigen, die aus einer Zunahme der Nachfrage (z. B. im Zuge eines Konjunkturaufschwungs) resultieren und auf dem Inlandsmarkt zu einer *Rechtsverschiebung der Nachfragekurve* (D) führen[3]) (vgl. Fig. 12 links). Handelt es sich bei

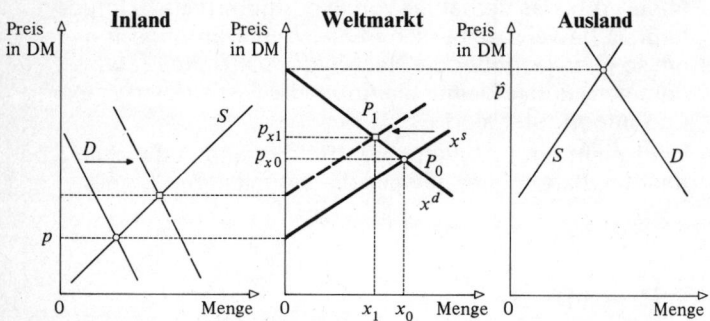

Figur 12

---

[2]) Eine algebraische Analyse einer Nachfrageerhöhung im Ausland findet sich bei H. Siebert, Außenwirtschaft. 5., überarb. Aufl. Stuttgart 1991. S. 260 f., 274 f.
[3]) Dieses impliziert die Vorstellung, daß bei gegebenen Preisen höhere Mengen nachgefragt werden. – Neben nachfrageinduzierten Preisauftriebstendenzen können preistreibende Impulse aber auch daraus resultieren, daß sich die *Angebotskurve* (auf Grund von Kostensteigerungen) nach oben verlagert. Die Ergebnisse sind jedoch bei normal verlaufenden Angebots- und Nachfragekurven gleich. Unterschiede ergeben sich lediglich, wenn ein vollkommen elastisches Angebot vorliegt (siehe hierzu auch die Fußnoten 7), S. 82, und 8), S. 84.)

dem betrachteten Gut um ein *Exportgut* des Inlands (wie in dem dargestellten Fall)[4]), dann werden hierdurch die auf den Weltmarkt ausweichenden Angebotsüberschüsse reduziert und es ergibt sich demzufolge eine *Linksverschiebung der Exportangebotskurve* x^s (vgl. Fig. 12 Mitte)[5]).

Wie ein Vergleich des neuen Gleichgewichtspunktes P_1 mit dem alten Gleichgewichtspunkt P_0 zeigt, steigt der Exportgüterpreis (von p_{x0} auf p_{x1}) und die Exportgütermenge sinkt (von x_0 auf x_1). Die Richtung der Änderung des Exportwerts hängt deshalb von der *Elastizität der (ausländischen) Exportnachfrage* (η_x) ab. Ist $|\eta_x|$ größer als eins, dann sinkt der Exportwert. Ist $|\eta_x|$ gleich eins, dann bleibt der Exportwert konstant. Ist schließlich $|\eta_x|$ kleiner als eins, dann erhöht sich der Exportwert.

b) Preiseffekte auf dem Importgütermarkt

Handelt es sich bei dem betrachteten Gut um ein *Importgut* des Inlands (wie in dem in Fig. 13 dargestellten Fall[6]), dann führt die preissteigernde Erhöhung der Inlandsnachfrage dazu, daß die auf

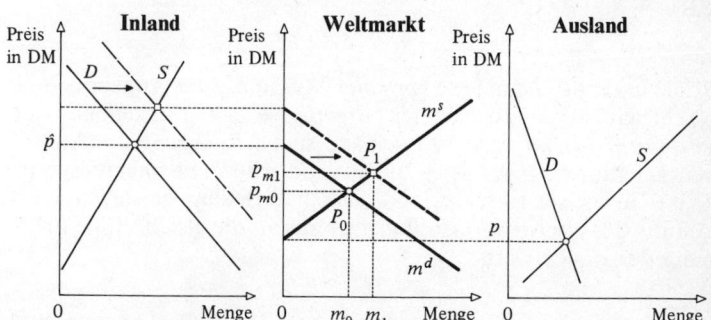

Figur 13

---

4) Bei blockierten Handelsbeziehungen wäre das Gut im Ausland teurer als im Inland (dem Niedrigpreisland).

5) Der Leser sei daran erinnert, daß die x^s-Kurve als Kurve der (oberhalb von p existierenden) Angebotsüberschüsse auf dem Inlandsmarkt und die x^d-Kurve als Kurve der (unterhalb von $\hat{p}$ existierenden) Nachfrageüberschüsse auf dem Auslandsmarkt abgeleitet wurden.

6) Bei blockierten Handelsbeziehungen wäre das Gut im Ausland billiger als im Inland (dem Hochpreisland).

den Weltmarkt ausweichenden Nachfrageüberschüsse größer werden und demzufolge eine *Rechtsverschiebung* der *Importnachfragekurve* m^d eintritt (vgl. Fig. 13 Mitte).

Wie die Bewegung des Gleichgewichtspunktes von P_0 nach P_1 zeigt, steigen der Importgüterpreis (von p_{m0} auf p_{m1}), die Importgütermenge (von m_0 auf m_1) und damit auch der Importwert.

c) Preiseffekte und Außenbeitrag

Die Auswirkungen preissteigernder, exogener Nachfrageerhöhungen im Inland sollen nun in Hinblick auf den Außenbeitrag in Form einer tabellarischen Übersicht zusammengefaßt werden:

Fall	Exportwert	Importwert	Außenbeitrag (Wert)
1	sinkt bei $\lvert\eta_x\rvert > 1$	steigt	sinkt
2	bleibt konstant bei $\lvert\eta_x\rvert = 1$	steigt	sinkt
3	steigt bei $\lvert\eta_x\rvert < 1$	steigt	sinkt, bleibt konstant, steigt

Die unter der Annahme *normaler* Verläufe[7]) der Angebots- und Nachfragekurven abgeleiteten Ergebnisse lassen erkennen, daß *Preisauftriebstendenzen im Inland* zu einem *Rückgang* des Außenbeitrags führen, *es sei denn*, die ausländische Exportnachfrage reagiert unelastisch (d. h. $\lvert\eta_x\rvert < 1$) *und* die sich dann einstellende Erhöhung des Exportwerts fällt größer aus als die gleichzeitige Erhöhung des Importwerts.

---

[7]) Die graphische Analyse der auf S. 53 angeführten Sonderfälle sei dem speziell interessierten Leser überlassen. Zu beachten ist dabei lediglich, daß bei $\varepsilon_x \to \infty$ der Exportwert und bei $\lvert\eta_m\rvert \to \infty$ der Importwert unverändert bleiben. Hierzu ist jedoch anzumerken, daß sich im ersten Fall eine Erhöhung oder Senkung des Exportwerts einstellen wird, wenn der preistreibende Impuls aus einer Verlagerung der *Angebotskurve* nach oben resultiert. – Zum *Spezialfall* eines *kleinen Landes* siehe J. Schröder, Zur partialanalytischen Darstellung des direkten internationalen Preiszusammenhangs. Bemerkungen zu einem Aufsatz von O. Issing. „Jahrbücher für Nationalökonomie und Statistik", Bd. 183 (1969/70), S. 306ff.

2. Nachfrageerhöhung im Ausland

a) Preiseffekte auf dem Exportgütermarkt

Analog zur Vorgehensweise bei inländischen Preissteigerungen sei nun unterstellt, daß sich auf dem *Auslandsmarkt Preisauftriebstendenzen* zeigen, die aus einer Zunahme der Nachfrage resultieren und auf dem Auslandsmarkt eine *Rechtsverschiebung* der *Nachfragekurve* (*D*) bewirken. Wie aus Fig. 14 unmittelbar ersichtlich ist, entsteht hieraus für den Exportgütermarkt eine zusätzliche Nachfrage, die die x^d-Kurve nach *rechts* verschiebt.

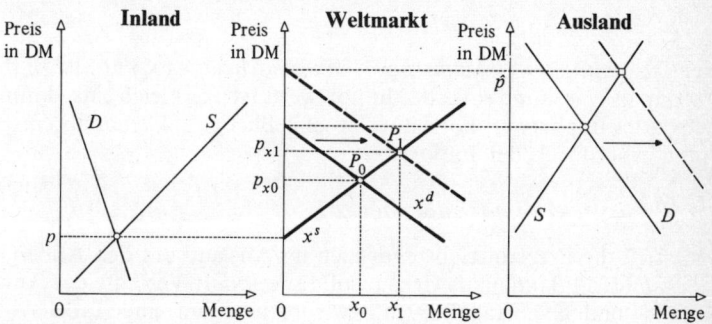

Figur 14

Wie die Bewegung des Gleichgewichtspunktes von P_0 auf P_1 erkennen läßt, steigen der Exportgüterpreis (von p_{x0} auf p_{x1}), die Exportgütermenge (von x_0 auf x_1) und damit auch der Exportwert.

b) Preiseffekte auf dem Importgütermarkt

Handelt es sich bei dem betrachteten Gut um ein *Importgut* des Inlands, dann führt die preissteigernde Erhöhung der Nachfrage im Ausland dazu, daß die auf den Weltmarkt ausweichenden Angebotsüberschüsse kleiner werden und sich demzufolge eine *Linksverschiebung* der *Angebotskurve* für Importgüter m^s einstellt (vgl. Fig. 15 Mitte).

Wie ein Vergleich des neuen Gleichgewichtspunktes P_1 mit dem alten Gleichgewichtspunkt P_0 zeigt, steigt der Importgüterpreis (von p_{m0} auf p_{m1}) und die Importgütermenge sinkt (von m_0 auf m_1). Die Richtung der Änderung des Importwerts hängt deshalb von

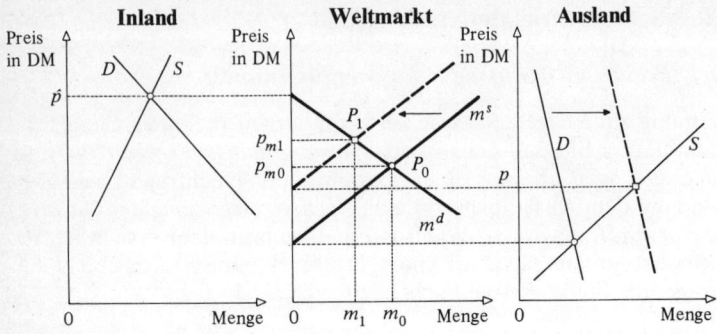

Figur 15

der *Elastizität der (inländischen) Importnachfrage* (η_m) ab. Ist $|\eta_m|$ größer als eins, dann sinkt der Importwert. Ist $|\eta_m|$ gleich eins, dann bleibt der Importwert konstant. Ist schließlich $|\eta_m|$ kleiner als eins, dann erhöht sich der Importwert.

c) Preiseffekte und Außenbeitrag

Wie sich die Preisauftriebstendenzen im Ausland auf den Außenbeitrag (des Inlands) auswirken, soll für *normale* Verläufe der Angebots- und Nachfragekurven[8]) wieder in Form einer tabellarischen Übersicht dargestellt werden:

Fall	Exportwert	Importwert	Außenbeitrag (Wert)
1	steigt	sinkt bei $|\eta_m| > 1$	steigt
2	steigt	bleibt konstant bei $|\eta_m| = 1$	steigt
3	steigt	steigt bei $|\eta_m| < 1$	steigt, bleibt konstant, sinkt

---

[8]) Die graphische Analyse der auf S. 53 aufgeführten Sonderfälle sei wieder dem speziell interessierten Leser überlassen. Zu beachten ist dabei lediglich, daß bei $|\eta_x| \to \infty$ der Exportwert und bei $\varepsilon_m \to \infty$ der Importwert unverändert bleiben. Hierzu ist jedoch anzumerken, daß sich im zweiten Fall eine Erhöhung oder Senkung des Importwerts einstellt, wenn der preistreibende Impuls im Ausland aus einer Verlagerung der *Angebotskurve* nach oben resultiert.

Offensichtlich führt ein Preisauftrieb im Ausland zu einem Anstieg des (inländischen) Außenbeitrags, *es sei denn*, die inländische Importnachfrage reagiert unelastisch (d. h. $|\eta_m| < 1$) *und* die sich dann ergebende Erhöhung des Importwerts fällt größer aus als die gleichzeitige Zunahme des Exportwerts. Eine derartige Möglichkeit muß offenbar in Betracht gezogen werden, wenn eine Volkswirtschaft bestimmte Importgüter dringend benötigt und diese nur begrenzt oder gar nicht substituieren kann (z. B. bestimmte Nahrungsmittel oder Rohstoffe wie Erdöl).

d) Direkter internationaler Preiszusammenhang

Wie aus den Fig. 14 und 15 unmittelbar ersichtlich wird, führt eine preissteigernde autonome Nachfrageausweitung im Ausland i. d. R. zu einer Erhöhung der Exportgüter- und Importgüterpreise[9]. Die Preiserhöhungen bei den internationalen Gütern werden sich aus den auf S. 74 f. genannten Gründen auf die nationalen Güter in der heimischen Volkswirtschaft ausweiten, so daß letztlich die Preisauftriebstendenzen im Ausland auf das allgemeine Preisniveau des Inlands übertragen werden. Dieser durch Anpassungsvorgänge auf Wettbewerbsmärkten bewirkte Preisübertragungsmechanismus wird auch als **direkter internationaler Preiszusammenhang**[10] bezeichnet. Er besteht *unabhängig* davon, ob der Außenbeitrag als Folge der Preisauftriebstendenzen im Ausland zunimmt (wie im Normalfall) oder abnimmt. Auch bei einer Abnahme des Außenbeitrags kann eine Inflationsübertragung auf dem genannten Weg erfolgen. Erforderlich ist dafür offenbar, daß der Importwert steigt (d. h. $|\eta_m| < 1$), und zwar um mehr als der Exportwert.

Die Möglichkeit eines Inflationsimports bei *anomaler* Reaktion des Außenbeitrags ist insofern von Interesse, als nach traditionel-

---

[9]) Eine Preiserhöhung bleibt auf dem *Exportgütermarkt* nur dann aus, wenn das inländische Exportangebot vollkommen elastisch ist, und auf dem *Importgütermarkt*, wenn die inländische Importnachfrage vollkommen elastisch ist.

[10]) Der internationale Preiszusammenhang wurde schon von klassischen Nationalökonomen gesehen. Siehe hierzu J. Viner, Studies in the Theory of International Trade. New York, London 1937. S. 311ff., insbesondere S. 316. Die neuere Diskussion geht auf W. Stützel zurück (Ist die schleichende Inflation durch monetäre Maßnahmen zu beeinflussen? „Beihefte der Konjunkturpolitik". H. 7 (1960), S. 29f.).

ler, auf makroökonomischen Überlegungen basierender Ansicht nur bei einer Verbesserung des Saldos der Handels- und Dienstleistungsbilanz inflatorische Impulse wirksam werden, während eine Verschlechterung demgegenüber preisdämpfend wirkt[11]). Da der direkte internationale Preiszusammenhang jedoch unabhängig von derartigen Saldeneffekten besteht, ist es denkbar, daß sich auch bei anomaler Reaktion des Außenbeitrags ein Inflationsimport ergibt[12]), da der direkte internationale Preiszusammenhang u. U. stärker ist als der preisdämpfende Saldeneffekt aufgrund eines abnehmenden Außenbeitrags.

Zusammenfassung

1. Ein preissteigernder Vorgang im Inland (z. B. eine Ausweitung der Nachfrage) bewirkt, daß der Importwert steigt, während der Exportwert abnimmt, konstant bleibt oder zunimmt, je nachdem, ob die Elastizität der ausländischen Exportnachfrage (absolut genommen) größer, gleich oder kleiner eins ist.

2. Ein preissteigernder Vorgang im Ausland bewirkt, daß der Exportwert steigt, während der Importwert abnimmt, konstant bleibt oder zunimmt, je nachdem, ob die Elastizität der (inländischen) Importnachfrage größer, gleich oder kleiner eins ist.

3. Preisauftriebstendenzen im Ausland werden durch den Mechanismus internationaler (Wettbewerbs-) Märkte unmittelbar auf das Inland übertragen. Ein derartiger direkter internationaler Preiszusammenhang ist unabhängig davon wirksam, ob der Außenbeitrag zunimmt, konstant bleibt oder abnimmt.

---

[11]) Die entsprechenden Zusammenhänge resultieren aus einer Änderung der gesamtwirtschaftlichen Nachfrage (über den Außenbeitrag), u. U. auch aus einer Änderung der Geldmenge (auf Grund von Devisenmarktinterventionen).

[12]) Vgl. auch K. Rose, K. Sauernheimer, Theorie der Außenwirtschaft. 11., völlig überarb. u. erw. Aufl. München 1992. S. 283 ff. und Schröder, Zur partialanalytischen Darstellung ..., a. a. O., S. 306 ff.

Ausgewählte Literaturangaben zum zweiten Teil

H. Adebahr, Währungstheorie und Währungspolitik. Einführung in die monetäre Außenwirtschaftslehre. Außenwirtschaft Band I. Berlin 1978 (zu **III** und **IV**).

G. Haberler, The Market for Foreign Exchange and the Stability of the Balance of Payments. A Theoretical Analysis. „Kyklos", Vol. 3 (1949). S. 193 ff. Übersetzt in: Theorie der internationalen Wirtschaftsbeziehungen. (Hrsg. von K. Rose). Köln, Berlin 1965. S. 214 ff. (zu **III**).

–, Currency Depreciation and the Terms of Trade. In: Wirtschaftliche Entwicklung und soziale Ordnung. (Hrsg. von E. Lagler und J. Messner). Wien 1952. S. 149 ff. Übersetzt in: Theorie der internationalen Wirtschaftsbeziehungen ..., a.a.O., S. 239 ff. (zu **III**).

A. Konrad, Zahlungsbilanztheorie und Zahlungsbilanzpolitik. München 1979 (zu **III** und **IV**).

P. H. Lindert, C. P. Kindleberger, International Economics. 7th ed. Homewood, Ill., 1982 (zu **III**).

J. Robinson, The Foreign Exchanges. In: Essays in the Theory of Employment. London 1937. S. 183 ff. (zu **III**).

K. Rose, Wechselkurs. In: Handwörterbuch der Wirtschaftswissenschaft (HdWW). Zugleich Neuauflage des Handwörterbuchs der Sozialwissenschaften. Achter Band. Stuttgart 1980. S. 605 ff. (zu **III** und **IV**).

K. Rose, K. Sauernheimer, Theorie der Außenwirtschaft. 11., völlig überarb. u. erw. Aufl. München 1992 (zu **III** und **IV**).

H. Siebert, Außenwirtschaft. 5., überarb. Aufl. Stuttgart 1991 (zu **III** und **IV**).

R. M. Stern, The Balance of Payments. Theory and Economic Policy. London, Basingstoke 1973 (zu **III**).

Dritter Teil:
Eine Keynesianische bzw. Postkeynesianische Totalanalyse einer offenen Volkswirtschaft

Während sich die Analyse im zweiten Teil im wesentlichen auf Vorgänge auf den Export- und Importgütermärkten beschränkte, werden die Betrachtungen im dritten Teil auf die gesamte Volkswirtschaft ausgedehnt. Dabei soll im Rahmen eines Systems fester und flexibler Wechselkurse insbesondere gezeigt werden,

– wie Volkseinkommen, Beschäftigung und Preisniveau sowie Zahlungsbilanzsaldo und Währungsreserven bzw. Wechselkurs im *Gleichgewicht* bestimmt *und*

– wie diese wirtschaftspolitisch bedeutsamen Variablen durch Änderung exogener Größen, vor allem im Zusammenhang mit Maßnahmen der *Stabilisierungspolitik*, beeinflußt werden.

Mit der Erweiterung der Fragestellung auf eine *gesamtwirtschaftliche* Betrachtungsweise verändert sich auch die angewandte Analysetechnik: An die Stelle der mikroökonomischen Partialanalyse tritt eine *makroökonomische Totalanalyse*, wobei diese als eine Erweiterung des ursprünglichen Keynes-Modells einer geschlossenen Volkswirtschaft zu einem Modell für eine offene Volkswirtschaft unter Berücksichtigung internationaler Kapitalbewegungen anzusehen ist. Die im Rahmen dieser Keynesianischen Analyse betrachtete (heimische) Volkswirtschaft produziert – so muß man sich das Modell vorstellen – nur *ein* Gut (bzw. ein Güterbündel), das nicht nur im Inland abgesetzt, sondern auch ins Ausland exportiert wird. Ein *weiteres* Gut (bzw. Güterbündel) wird im Ausland hergestellt und vom Inland importiert. Dieses Importgut wird vollkommen elastisch angeboten, kann also vom Inland zu einem *konstanten* Auslandspreis (p_a) bezogen werden. Beide Güter sind Endprodukte. Hinsichtlich der Nachfrage wird unterstellt, daß die im In- und Ausland produzierten Güter unvollkommene Substitute sind, die im In- und Ausland miteinander konkurrieren.

Das letztlich verwendete makroökonomische Modell wird

schrittweise entwickelt. Zunächst wird nur der güterwirtschaftliche Bereich einer offenen Volkswirtschaft (kurz: der *Gütermarkt*) und der dazu gehörende Außenwirtschaftssektor berücksichtigt, wobei ein System fester Wechselkurse unterstellt wird (Kapitel V). Danach werden neben dem Gütermarkt der *Geldmarkt* und der *Devisenmarkt* (unter Berücksichtigung internationaler Kapitalbewegungen) bei zunächst noch konstantem Preisniveau in das Modell einbezogen und dabei das makroökonomische Gleichgewicht bei festen und flexiblen Wechselkursen bestimmt (Kapitel VI). Das so vervollständigte Keynesianische Grundmodell bildet dann den Rahmen für die Analyse der Stabilisierungspolitik in einer offenen Volkswirtschaft (Kapitel VII), die dann durch Berücksichtigung eines flexiblen Preisniveaus (Kapitel VIII) noch erweitert wird.

V. Gütermarktgleichgewicht und Einkommenseffekte

Im Rahmen der folgenden Ausführungen wird unter vereinfachenden Annahmen untersucht, wie das *Volkseinkommen* durch bestimmte Vorgänge (z. B. eine autonome Erhöhung der Investitionen) verändert wird und welche Wirkungen sich hieraus für den Außenbeitrag und damit für die *Zahlungsbilanz* (im Sinne der Devisenbilanz) ergeben. Ausgangspunkt der entsprechenden Analyse ist die Gleichgewichtsbedingung für den Gütermarkt. Diese Bedingung wird zunächst in allgemeiner Form hergeleitet (Abschnitt 1) und erst danach durch spezielle Annahmen vereinfacht (Abschnitt 2). Auf diese Weise werden zum einen wichtige Vorarbeiten für das im VI. Kapitel zu konzipierende Totalmodell geleistet, zum anderen wird dem Leser aber auch vor Augen geführt, an welcher Stelle im V. Kapitel Vereinfachungen vorgenommen werden.

1. Gütermarktgleichgewicht

Bei der Formulierung der Gleichgewichtsbedingung für den Gütermarkt kann auf Gleichung (1) aus dem II. Kapitel zurückgegriffen werden:

$$Y = C + I + X - J. \tag{1}$$

Diese aus dem gesamtwirtschaftlichen Produktionskonto abgeleitete Beziehung stellt eine *ex post-Identität* dar. Sie enthält neben
geplanten bzw. erwarteten Bestandteilen auch *ungeplante* bzw. unerwartete Bestandteile[1]). Enthält eine Gleichung ungeplante (bzw.
unerwartete) Bestandteile, dann kann es sich *nicht* um eine Gleichgewichtsbedingung handeln, denn ungeplante (bzw. unerwartete)
Größen geben Anlaß zu Planrevisionen. Eine Gleichgewichtsbedingung, die impliziert, daß ein wirtschaftlicher Anpassungsprozeß
abgeschlossen ist und sich die entsprechenden Variablen dementsprechend nicht mehr ändern, kann nur *geplante* (bzw. erwartete)
Größen enthalten. Um Gleichung (1) als Gleichgewichtsbedingung
verwenden zu können, müssen also sämtliche in ihr enthaltenen
Größen als geplante (bzw. erwartete) Größen aufgefaßt werden.
Das auf der *linken* Seite von (1) angegebene nominale (d.h. wertmäßige) Nettosozialprodukt zu Marktpreisen (das hier auch kürzer als
Volkseinkommen bezeichnet werden kann[2])) ist dann ein Ausdruck für das (geplante) *gesamtwirtschaftliche Güterangebot* aus
heimischer Produktion, ausgedrückt als nominale Größe, und die
rechte Seite enthält die verschiedenen Komponenten der *gesamtwirtschaftlichen Nachfrage*, ebenfalls ausgedrückt als nominale
Größen. Gütermarktgleichgewicht erfordert somit, daß das gesamtwirtschaftliche Güterangebot und die gesamtwirtschaftliche
Güternachfrage für das Inlandsgut gleich groß sind.

In Hinblick auf die weitere Analyse ist zu beachten, daß die Größen C und I in Gleichung (1) die Nachfrage der Inländer sowohl
nach *inländischen* Konsumgütern (C_i) und Investitionsgütern (I_i)
als auch nach *ausländischen* Konsumgütern (C_a) und Investitionsgütern (I_a) umfassen. Gleichung (1) kann deshalb auch in folgender
Form geschrieben werden:

---

[1]) Steigt z. B. die autonome Nachfrage nach Investitionsgütern, dann kann
hieraus ein *ungeplanter* Lagerabbau (also eine ungeplante negative Investition) resultieren, wenn die Produzenten nicht mit den zusätzlichen
Aufträgen gerechnet haben; *unerwartete* Einkommen entstehen, wenn
die Produzenten die Mehrnachfrage durch eine Erhöhung der Produktion sogleich befriedigen, die Haushalte diese Entwicklung (und die damit verbundenen zusätzlichen Einkommen) aber nicht vorhergesehen
haben.

[2]) Indirekte Steuern und Subventionen werden vernachlässigt. In diesem
Fall ist das Volkseinkommen, das genaugenommen dem Nettosozialpro-
dukt zu Faktorkosten entspricht, gleich dem Nettosozialprodukt zu
Marktpreisen.

$$Y = C_i + C_a + I_i + I_a + X - J, \tag{2}$$

wobei

$$C_a + I_a = J.$$

Da im folgenden nicht das nominale Volkseinkommen (Y), sondern die letztlich für die Beschäftigung maßgebliche gesamtwirtschaftliche Produktion des Inlands und damit das *reale Volkseinkommen* (Y^r) von Interesse sind, müssen die in Gleichung (2) enthaltenen nominalen (in Inlandswährung gemessenen) Größen durch Deflationierung mit dem heimischen Preisniveau (p) in reale Größen umgerechnet werden. Dazu werden die in Gleichung (2) enthaltenen nominalen Größen in einem *ersten* Schritt jeweils in Mengen- und Preiskomponenten zerlegt:

$$p\,Y' = p\,C_i' + p_a\,w\,C_a' + p\,I_i' + p_a\,w\,I_a' + p\,X' - p_a\,w\,J'. \tag{3}$$

In dieser Gleichung bezeichnen Y', C_i', I_i' und X' physische Mengen vom Inlandsgut, C_a', I_a' und J' physische Mengen vom Auslandsgut, p den Inlandspreis und $p_a\,w$ den in Inlandswährung umgerechneten Auslandspreis. Werden nun beide Seiten von (3) in einem *zweiten* Schritt durch p dividiert, also alle nominalen Größen in (3) mit dem Inlandspreis deflationiert, dann erhält man die Gleichgewichtsbedingung für den Gütermarkt in *realen* Größen:

$$Y^r = \underbrace{C_i^r + \frac{p_a\,w}{p}\,C_a'}_{C^r} + \underbrace{I_i^r + \frac{p_a\,w}{p}\,I_a'}_{I^r} + X^r - \underbrace{\frac{p_a\,w}{p}\,J'}_{J^r}. \tag{4}$$

Wie man erkennt, sind physische Mengen und reale Größen im Falle von Inlandsgütern (Y', $C_i'\,I_i'$ und X') *identisch*, im Falle von Auslandsgütern (C_a', I_a' und J') aber *nicht*. Offenbar werden Mengen vom Auslandsgut erst durch Multiplikation mit dem Faktor $\frac{p_a\,w}{p}$ [3]) in reale Größen, d. h. in äquivalente Mengen des Inlandsguts,

---

[3]) Da das In- und Ausland jeweils nur ein Gut produzieren, also der Inlandspreis (p) mit dem Exportgutpreis und der Auslandspreis, umgerechnet in Inlandswährung ($w\,p_a$), mit dem Importgutpreis übereinstimmt, entspricht dieser Faktor dem Kehrwert der terms of trade. Der Faktor selbst läßt sich als realer Wechselkurs auf der Basis von Erzeugerpreisen interpretieren.

umgerechnet[4]). Ohne diese Umrechnung wäre Gleichung (4) dimensionsmäßig nicht homogen; man würde sozusagen „Äpfel und Birnen" addieren.

Wird zunächst von der wirtschaftlichen Aktivität des Staates abstrahiert, dann stellen die Größen C^r und I^r Nachfragegrößen des *privaten* Sektors dar. Hinsichtlich der zu formulierenden *Verhaltensannahmen* legt Gleichung (4) die Vermutung nahe, daß die Gesamtnachfrage nach Konsumgütern (C^r) und Investitionsgütern (I^r) von den *terms of trade* $\left(\dfrac{p}{p_a w}\right)$[5]) abhängt, da diese Größe (mit ihrem Kehrwert) explizit in den Ausdrücken für C^r und I^r enthalten ist. Eine derartige Hypothese wird im Rahmen eines Anhangs[6]) genauer begründet. Im folgenden wird jedoch ein möglicher Einfluß der terms of trade auf die Höhe der *gesamten* Nachfrage nach Konsum- und Investitionsgütern vernachlässigt und vereinfachend unterstellt, daß der (private) reale Konsum (C^r) ausschließlich in Abhängigkeit vom realen Volkseinkommen (Y^r)[7]) geplant wird

---

[4]) Die Ermittlung äquivalenter Mengen des Inlands- und des Auslandsguts soll an einem *Beispiel* veranschaulicht werden. Angenommen, das Inland produziert Weizen, gemessen in Kilogramm (kg), das Ausland Benzin, gemessen in Litern (l), und es gelten die Preise $p = 0{,}5$ (DM/kg), $p_a = 1$ (\$/l) bei einem Wechselkurs $w = 2$ (DM/\$). Die einer bestimmten Importmenge J', z. B. 100 l Benzin, wertmäßig äquivalente Menge Weizen J^r ergibt sich dann aus folgender Rechnung:

$$p J^r \left[\frac{\text{DM}}{\text{kg}}\,\text{kg}\right] = p_a w J' \left[\frac{\$}{l}\,\frac{\text{DM}}{\$}\,l\right]$$

$$J^r = \frac{p_a w J'}{p} \left[\frac{\$}{l}\,\frac{\text{DM}}{\$}\,l\,\frac{\text{kg}}{\text{DM}}\right] = \frac{200}{0{,}5}\,\text{kg} = 400\,\text{kg}.$$

Die importierten 100 Liter Benzin stellen bei den herrschenden Preisen und dem bestehenden Wechselkurs den gleichen Wert dar wie 400 kg Weizen oder anders ausgedrückt: Sie entsprechen *real* einer Menge von 400 kg Weizen.

[5]) Vgl. Fußnote 3.

[6]) Vgl. Anhang A 4), S. 319 ff.

[7]) Über diese Vereinfachung hinausgehend, erscheint die Annahme plausibel, daß das *kaufkraftmäßige* Volkseinkommen die entscheidende Einflußgröße darstellt. Das kaufkraftmäßige Volkseinkommen ergibt sich, wenn das nominale Volkseinkommen (Y) mit einem gewogenen Durchschnitt aus dem Inlandspreis (p) und dem Auslandspreis in Inlandswährung ($w p_a$) deflationiert wird. Vgl. im einzelnen hierzu Anhang A 4).

und die (private) reale Nettoinvestition (I^r) eine gegebene Größe darstellt. Somit gelten folgende Beziehungen:

$$C^r = C^r(\overset{+}{Y^r}) \tag{5}$$

und

$$I^r = \overline{I^r}, \tag{6}$$

wobei das Pluszeichen in Gleichung (5) bedeutet, daß die Ableitung $\dfrac{\partial C^r}{\partial Y^r}$ positiv ist, der private reale Konsum also mit dem realen Volkseinkommen ansteigt.

Läßt man die *terms of trade* wie in den Gleichungen (5) und (6) als Einflußfaktor für den *gesamten* Konsum und die *gesamten* Nettoinvestitionen außer Betracht, dann besagt dieses natürlich nicht, daß sie auch als unwichtig für die *Aufteilung* der Gesamtnachfrage auf in- und ausländische Güter angesehen werden. Es wird vielmehr davon ausgegangen, daß die terms of trade unter diesem Aspekt von zentraler Bedeutung sind. Konkret ist z. B. anzunehmen, daß innerhalb der Gesamtnachfrage inländische Güter durch ausländische ersetzt und damit mehr Güter importiert werden, wenn der Inlandspreis in Relation zum Auslandspreis größer wird, die terms of trade also *steigen*. Umgekehrt werden innerhalb der Gesamtnachfrage ausländische Güter durch inländische Güter ersetzt und damit *weniger* Güter importiert, wenn der Inlandspreis in Relation zum Auslandspreis kleiner wird, die terms of trade also *sinken*.

Die geschilderten Zusammenhänge machen deutlich, daß der Einfluß der terms of trade auf die Zusammensetzung der Gesamtnachfrage der Inländer einen Einfluß auf die Nachfrage nach Importgütern impliziert, wobei die Importe mengenmäßig offenbar zunehmen (abnehmen), wenn die terms of trade steigen (sinken). Neben den terms of trade wird die Nachfrage nach Importgütern auch *positiv* vom (realen) Volkseinkommen beeinflußt, da diese Größe Bestimmungsfaktor des realen Konsums ist und dieser auch den Verbrauch importierter Konsumgüter umfaßt. Die Überlegungen zusammenfassend, läßt sich die mengenmäßige Nachfrage nach *Importgütern* (J') also wie folgt spezifizieren:

$$J' = J'\left(\overset{+}{\dfrac{p}{p_a w}}, \overset{+}{Y^r}\right). \tag{7}$$

Da die Nachfrage nach *Exportgütern* aus der Sicht des Auslands (USA) eine Nachfrage nach importierten Gütern darstellt, kann man die oben angestellten Überlegungen auch auf die Exportnachfrage des Auslands übertragen. Beispielsweise ist anzunehmen, daß in den USA amerikanische Güter durch deutsche Güter substituiert werden, wenn das Preisniveau in den USA (p_a) in Relation zu dem in \$ ausgedrückten Preisniveau in der Bundesrepublik (p/w) größer wird. Außerdem kann davon ausgegangen werden, daß die Nachfrage der USA nach Exportgütern der Bundesrepublik steigt, wenn das reale Volkseinkommen in den USA (Y_a^r) zunimmt. Für die mengenmäßige (reale) Nachfrage nach *Exportgütern* (X^r) ergibt sich also folgende Beziehung:

$$X^r = X^r \left(\overset{+}{\frac{p_a}{p/w}}, \overset{+}{Y_a^r} \right) \tag{8'}$$

bzw. anders formuliert

$$X^r = X^r \left(\overset{-}{\frac{p}{p_a w}}, \overset{+}{Y_a^r} \right)^{8)}. \tag{8}$$

Gleichung (8) besagt also, daß die reale Nachfrage nach Exportgütern *steigt*, wenn die terms of trade *sinken* (das Inlandsgut also vergleichsweise billiger wird) und (oder) das reale Volkseinkommen im Ausland *zunimmt*.

Die verschiedenen Komponenten der (realen) gesamtwirtschaftlichen Nachfrage sollen nun unter Berücksichtigung der formulierten Verhaltensannahmen in die als *Gleichgewichtsbedingung* zu interpretierende Beziehung (4) eingesetzt werden. Es ergibt sich dann:

$$Y^r = C^r(Y^r) + \overset{+}{\bar{I}} + X^r \left(\overset{-}{\frac{p}{p_a w}}, \overset{+}{Y_a^r} \right) - \frac{p_a w}{p} J' \left(\overset{+}{\frac{p}{p_a w}}, \overset{+}{Y^r} \right). \tag{9}$$

Das hier betrachtete Gütermarktmodell wird vollständig, wenn Gleichung (9) durch eine weitere Beziehung ergänzt wird, die den Devisenbilanzsaldo beschreibt und damit die Änderungen der Net-

---

[8]) Da in (8) der Kehrwert von $\frac{p_a}{p/w}$ erscheint, wird aus dem Pluszeichen in (8') ein Minuszeichen in (8).

toauslandsaktiva der Währungsbehörde (also insbesondere die Entwicklung der Währungsreserven) erfaßt. Da der Kapitalverkehr noch vernachlässigt wird, entspricht der Devisenbilanzsaldo[9]) hier dem Saldo der Handels- und Dienstleistungsbilanz bzw. dem Außenbeitrag, ausgedrückt in nominalen (in Inlandswährung bewerteten) Größen, und es gilt:

$$A = p X^r \left(\overset{-}{\frac{p}{p_a w}}, \overset{+}{Y_a^r} \right) - p_a w J' \left(\overset{+}{\frac{p}{p_a w}}, \overset{+}{Y^r} \right). \tag{10}$$

Für gegebene Werte von p, p_a, w und Y_a^r bestimmen die Gleichungen (9) und (10) die beiden (endogenen) Variablen des Gütermarktmodells: das reale Volkseinkommen Y^r und den nominalen Außenbeitrag A[10]).

2. Einkommenseffekte ohne internationale Rückwirkungen

In diesem Abschnitt werden *Einkommensänderungen* im Inland und damit einhergehende Zahlungsbilanzänderungen unter der Annahme analysiert, daß hiervon das Volkseinkommen des Auslands unberührt bleibt. Rückwirkungen über das ausländische Volkseinkommen Y_a^r bleiben deshalb bei der Analyse zunächst *außer Betracht.* Außerdem werden im gesamten V. Kapitel Wechselkurs (w), Inlandspreis (p) und Auslandspreis (p_a) als *konstant* angesehen und zur Vereinfachung gleich eins gesetzt, d. h. genauer: Die ausländische Währungseinheit und die Mengeneinheiten, in denen das Inlandsgut und das Auslandsgut gemessen werden, sind so dimensioniert, daß sich für den Wechselkurs, den Inlandspreis und den Auslandspreis der Wert eins ergibt[11]).

---

[9]) Der Devisenbilanzsaldo wird häufig auch als *Zahlungsbilanzsaldo* bezeichnet.

[10]) Das aus den Gleichungen (9) und (10) bestehende Modell ist sehr einfach, da es *rekursiv* ist: Durch (9) wird Y^r bestimmt. Ist Y^r bestimmt, dann kann man A in einem weiteren Schritt durch (10) bestimmen.

[11]) Zwei einfache *Beispiele* mögen dieses veranschaulichen: Bei einem Wechselkurs von $w = 2,-$ DM/$ wäre z. B. ein halber Dollar als Bezugsbasis für die Kursnotierung zu wählen, damit $w = 1$. Bei einem Preis für Zucker von 2,– DM/kg wäre ein halbes Kilo (ein Pfund) als Bezugsbasis für die Preisnotierung zu wählen, damit $p = 1$.

Ausgangspunkt der folgenden Betrachtungen bilden die Gleichungen (9) und (10), in denen w, p und p_a gleich eins gesetzt werden und Y_a^r vernachlässigt wird. Außerdem wird der Index r bei allen Variablen weggelassen, da man wegen des konstanten Inlandspreises ($p = 1$) nicht zwischen nominalen und realen Größen zu unterscheiden braucht. Werden schließlich noch alle autonomen (von anderen Variablen unabhängigen) Größen durch einen Querstrich gekennzeichnet, dann erhält man aus (9) und (10) als *formales Gerüst* des zu betrachtenden Gütermarktmodells die Gleichungen

$$Y = C(Y) + \bar{I} + \bar{X} - (\bar{J} + J(Y)) \tag{11}$$

und

$$A = \bar{X} - (\bar{J} + J(Y)), \tag{12}$$

wobei mit $\bar{J}$ explizit autonome Importe berücksichtigt werden.

Diese beiden Gleichungen sollen im folgenden in *linearisierter* Form ausgewertet werden. Dementsprechend wird als *Konsumfunktion* die Beziehung

$$C = \bar{C} + c\,Y, \qquad 0 < c < 1, \tag{13}$$

und als *Importfunktion* die Beziehung

$$J = \bar{J} + m\,Y, \qquad 0 < m < c, \tag{14}$$

verwendet. Die Annahme $c < 1$ impliziert eine marginale Sparquote ($s = 1 - c$), die positiv ist, und $m < c$ ist zu fordern, da die vom Einkommen abhängigen Importe Teil des vom Einkommen abhängigen Konsums sind.

a) Bestimmung des Gleichgewichts

aa) *Importfunktion und Importquoten.* – aaa) Bevor das Gleichgewichtseinkommen ermittelt wird, erscheint es zweckmäßig, noch etwas genauer auf die *Importfunktion* einzugehen. Ihr wichtigster Parameter ist die **marginale Importquote**. Diese Größe gibt an, um wieviel sich die Importe ändern, wenn das Volkseinkommen eine Änderung um eine Einheit erfährt. In graphischer Darstellung wird die marginale Importquote durch die Steigung der Importfunktion wiedergegeben (in Fig. 16 durch tg α).

Die marginale Importquote unterscheidet sich i. d. R. von der **durchschnittlichen Importquote** $\left(\dfrac{J}{Y}\right)$. Soll die durchschnittliche Importquote für ein bestimmtes Volkseinkommen (z. B. für Y_0) graphisch ermittelt werden, dann ist der entsprechende Punkt auf der Importfunktion (z. B. P_0) mit dem Nullpunkt zu verbinden. Die Steigung des so bestimmten Fahrstrahls (z. B. tg β) mißt dann die

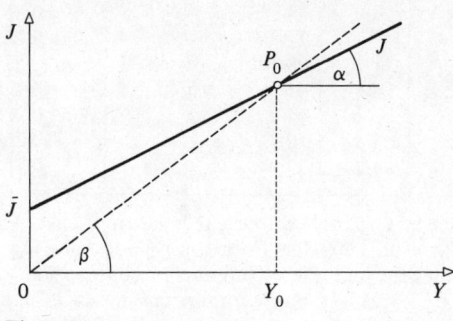

Figur 16

durchschnittliche Importquote für das betrachtete Volkseinkommen. Wie man sieht, ist die (sich mit dem Volkseinkommen ändernde) durchschnittliche Importquote bei dem in Fig. 16 eingezeichneten Verlauf der (linearisierten) Importfunktion stets *größer* als die (konstante) marginale Importquote[12]).

bbb) Die *tatsächlichen* Werte für die marginale Importquote sind von Land zu Land recht unterschiedlich. Dabei zeigt sich als deutliche Tendenz, daß große Länder (wie die USA) niedrige und kleine Länder (wie die Niederlande und Belgien) hohe marginale Importquoten aufweisen[13]).

Dieser empirische Befund wird auch durch Tabelle 4 bestätigt, in der die marginalen Importquoten für die Bundesrepublik und ihre wichtigsten Handelspartner aufgeführt sind.

---

[12]) Durchschnittliche und marginale Importquote sind *gleich*, wenn keine autonomen Importe existieren, die Importfunktion also im Nullpunkt beginnt.

[13]) Diese Beobachtung dürfte zu einem wesentlichen Teil schon damit zu erklären sein, daß bei kleineren Ländern die Marktgrenzen aufgrund der geringeren räumlichen Ausdehnung eher über die Staatsgrenzen hinausreichen als bei größeren Ländern. Siehe hierzu M. Borchert, Außenwirtschaftslehre. Theorie und Politik. 4., überarb. u. erw. Aufl. Wiesbaden 1992. S. 150 ff.

Tabelle 4: *Marginale Importquoten der Bundesrepublik und ihrer wichtigsten Handelspartner.*

Land	Einkommenselastizitäten für Importe[a]	Marginale Importquote[b]
Bundesrepublik	1,34	0,362
Frankreich	1,24	0,223
Niederlande	1,08	0,577
USA	1,47	0,129
Italien	1,07	0,227
Großbritannien	1,10	0,264
Belgien	1,33	0,751

[a]) Aus statistischen Gründen wurde ein logarithmischer Ansatz geschätzt, und zwar in der einfachen Form $\log J = \log \bar{J} + m \log Y$, wobei J (nominale) Importe und Y das (nominale) Nettosozialprodukt zu Marktpreisen bezeichnen (im Falle Frankreichs das Bruttoinlandsprodukt und im Falle Großbritanniens das Bruttosozialprodukt). Die entsprechenden Zahlen für 1960 bis 1992 (im Falle Italiens und Belgiens von 1960–91 wurden den International Financial Statistics, Vol. XLVI, No. 10, October 1993, des International Monetary Fund entnommen. – Alle Schätzungen wurden um Autokorrelation erster Ordnung bereinigt.

[b]) Ermittelt durch Multiplikation der geschätzten Elastizität $\left(\dfrac{\partial J}{\partial Y} \cdot \dfrac{Y}{J}\right)$ mit dem arithmetischen Mittel aus den durchschnittlichen Importquoten $\left(\dfrac{J}{Y}\right)$ der Jahre des Betrachtungszeitraums. –

bb) *Gleichgewichtseinkommen und Zahlungsbilanzsaldo.* – aaa) Das Gleichgewichtseinkommen wird im Rahmen des vereinfachten Gütermarktmodells dadurch bestimmt, daß die Beziehungen (13) und (14) in die Gleichgewichtsbedingung für den Gütermarkt (11) eingesetzt werden. Man erhält dann:

$$Y = \bar{C} + c\,Y + \bar{I} + \bar{X} - \bar{J} - m\,Y. \tag{15}$$

Aufgelöst nach Y, ergibt sich als Gleichgewichtseinkommen:

$$Y = \frac{\bar{C} + \bar{I} + \bar{X} - \bar{J}}{1 - c + m}. \tag{16}$$

Zur Ermittlung des Gleichgewichtseinkommens bietet sich auch eine *graphische Darstellung* an, zumal diese dann als Ausgangspunkt für weitergehende Betrachtungen benutzt werden soll. Basis der entsprechenden Darstellung ist Gleichung (15) oder alternativ dazu die aus Gleichung (15) abgeleitete Gleichung

$$Y - \bar{C} - c\,Y - \bar{I} = \bar{X} - \bar{J} - m\,Y$$

bzw.

$$\underbrace{\bar{S} + s\,Y - \bar{I}}_{S} = \underbrace{\bar{X} - \bar{J} - m\,Y}_{A},^{14)} \tag{17}$$

wobei $\bar{S} = -\bar{C}$ und $s = (1 - c)$. Wie man sieht, ist Gleichung (15) so umformuliert worden, daß die linke Seite die *Differenz aus Ersparnis und Investition* $(S - \bar{I})$ und die rechte Seite den *Außenbeitrag* angibt. Die beiden durch (15) und (17) beschriebenen alternativen Formen der Gleichgewichtsbestimmung sind untereinander in Fig. 17 abgebildet.

In Fig. 17 oben wird von dem durch Gleichung (15) beschriebenen Ansatz ausgegangen. Gütermarktgleichgewicht (für das Inlandsgut) existiert bei dem Volkseinkommen, bei dem die *gesamtwirtschaftliche Nachfrage D*, gegeben durch $C + \bar{I} + \bar{X} - J$, gleich ist dem *gesamtwirtschaftlichen Angebot Y*, das durch die 45°-Linie dargestellt wird. Dem so bestimmten Gleichgewichtspunkt P_0 entspricht das *Gleichgewichtseinkommen* Y_0.

Das zweite Verfahren (vgl. Fig. 17 unten) ist etwas umständlicher als das erste; es hat dafür aber den Vorteil, daß neben dem Volkseinkommen auch die zweite wichtige Variable des Modells, der *Außenbeitrag (A)*, unmittelbar bestimmt wird. Nach diesem Ansatz ergibt sich der Gleichgewichtspunkt dort, wo die $(S - \bar{I})$-*Kurve* die *A-Kurve* schneidet, also bei P_0. Zu diesem Punkt gehören die Gleichgewichtswerte für das *Volkseinkommen* (Y_0) und den *Außenbeitrag* (A_0), der im vorliegenden Fall offenbar einen *Überschuß* in der Handels- und Dienstleistungsbilanz ausweist (denn $A_0 > 0$).

bbb) Die bisherige Analyse beschränkte sich auf eine Gleichgewichtsbetrachtung. Die Relevanz einer auf Gleichgewichtspunkte konzentrierten Analyse hängt davon ab, ob bei Abweichungen vom Gleichgewicht Anpassungsvorgänge wirksam werden, die wieder

---

[14]) Gleichung (17) entspricht der im ersten Teil auf S. 40 abgeleiteten ex post-Identität (5) für Tr_{ia}, $\ddot{U}_{ia} = 0$.

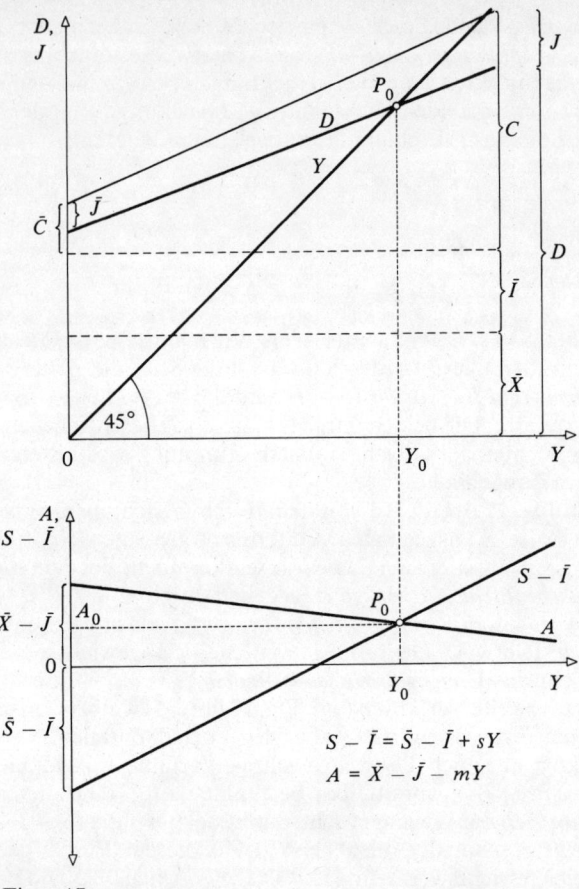

Figur 17

zum Gleichgewicht hinführen. Die Klärung dieser Frage läuft auf eine Überprüfung der *Stabilität* des betrachteten Gütermarktgleichgewichts hinaus[15]). Wie Fig. 17 oben zeigt, bedeutet ein Volkseinkommen, das *kleiner* ist als das Gleichgewichtseinkom-

---

[15]) Fragen der Stabilität von Gleichgewichten spielten bereits im mikroökonomischen Teil eine Rolle. Vgl. dazu S. 68.

men (Y_0), daß die gesamtwirtschaftliche Nachfrage (D) über das gesamtwirtschaftliche Angebot (Y) hinausgeht; umgekehrt bedeutet ein Volkseinkommen, das *größer* ist als das Gleichgewichtseinkommen, daß die gesamtwirtschaftliche Nachfrage (D) hinter dem gesamtwirtschaftlichen Angebot (Y) zurückbleibt. Im ersten Fall kommt es zu einem ungeplanten Lagerabbau, worauf die Unternehmungen mit einer *Erhöhung* der Produktion reagieren; im zweiten Fall tritt eine ungeplante Zunahme der Läger ein, die die Unternehmungen zu einer *Einschränkung* der Produktion veranlaßt. Mit diesen Anpassungsvorgängen ist im ersten Fall eine *Erhöhung* und im zweiten Fall eine *Senkung* des Volkseinkommens verbunden, also in beiden Fällen eine Bewegung hin zum Gleichgewichtspunkt P_0. Die so festgestellte Stabilität des Gütermarktgleichgewichts ist allerdings an die in Fig. 17 (oben) erfüllte Voraussetzung gebunden, daß die D-Kurve *flacher* verläuft als die Y-Kurve (bzw. die 45°-Linie). Für Stabilität muß demnach gelten:

$$c - m < 1^{16}).$$

Diese Bedingung wird erfüllt, da $c < 1$ und $m > 0$.

b) Änderungen des Gleichgewichts

Im folgenden soll nacheinander untersucht werden, wie eine autonome Veränderung der Investitionen und der Exporte Volkseinkommen und Zahlungsbilanzsaldo beeinflussen.

aa) *Die Wirkungen geänderter Investitionen.* – aaa) Eine Änderung der (autonomen) Investitionen ($\bar{I}$), z. B. eine *Erhöhung*, wird in Fig. 17 oben durch eine Parallelverschiebung der D-Kurve um $\Delta \bar{I}$ nach *oben* und in Fig. 17 unten durch eine Parallelverschiebung der $(S - \bar{I})$-Kurve um $\Delta \bar{I}$ nach *unten* dargestellt. Die Wirkungen auf das Volkseinkommen und den Außenbeitrag sollen anhand der unteren Teilfigur aufgezeigt werden (vgl. Fig. 18).

Wie aus der Graphik unmittelbar hervorgeht, bewirkt eine autonome Erhöhung der Investitionen eine *Zunahme* des *Volkseinkommens* (von Y_0 auf Y_1) und eine *Abnahme* des *Außenbeitrags* (von A_0 auf A_1)^{17}).

---

[16]) Die Steigung der D-Kurve ergibt sich durch Differentiation der rechten Seite von (15) nach Y, und die Steigung der 45°-Linie ist 1.

[17]) Für den Fall einer autonomen *Senkung* der Investitionen ergeben sich die umgekehrten Ergebnisse.

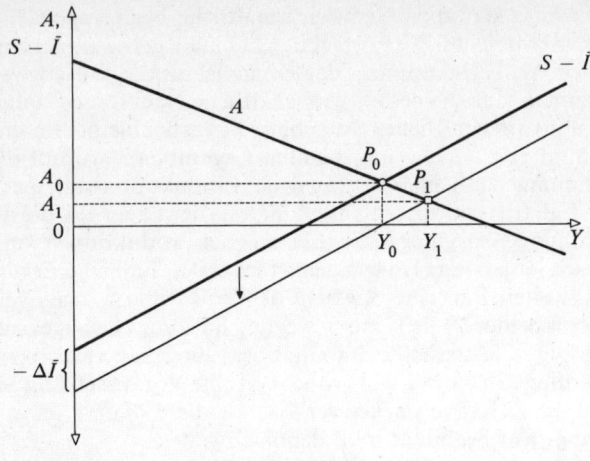

Figur 18

bbb) Eine genauere Untersuchung und Auswertung der graphisch skizzierten Effekte auf das Volkseinkommen und den Zahlungsbilanzsaldo soll auf algebraischem Weg vorgenommen werden. Dazu wird Gleichung (16) nach $\bar{I}$ differenziert. Man erhält:

$$dY = \frac{1}{s+m} d\bar{I}, \tag{18}$$

wobei $s = 1 - c$. Aus Gleichung (18) geht hervor, daß eine autonome Zunahme der Investitionen eine Erhöhung des *Volkseinkommens* bewirkt, die immer höher ausfällt als die autonome Zunahme der Investitionen; denn der Multiplikator $\frac{1}{s+m}$ ist größer als eins, da $s + m = 1 - c + m < 1$ (wegen der Annahme $m < c$ auf S. 96). Die ökonomische Interpretation des durch Formel (18) erfaßten Einkommenseffektes wird erleichtert, wenn die verschiedenen *Perioden des Anpassungsprozesses* ($t = 0, 1, 2, \ldots, n$) genauer betrachtet werden: Die in der Ausgangslage ($t = 0$) eingetretene (autonome) Erhöhung der Nachfrage nach Investitionsgütern um den (endlichen) Betrag $\Delta \bar{I}$ führt – so sei unterstellt – in der *folgenden* Periode ($t = 1$) zu einer entsprechenden Mehrproduktion. Dementsprechend steigt das Volkseinkommen in der Periode $t = 1$ ebenfalls um $\Delta \bar{I}$. Die Erhöhung des Volkseinkommens induziert in der gleichen

Periode eine Mehrnachfrage nach Konsumgütern in Höhe von $c\,\Delta\bar{I}$; der Rest der Einkommenserhöhung $((1-c)\,\Delta\bar{I})$ „versickert" in Form einer zusätzlichen Ersparnis. Weitere *Sickerverluste* *(„leakages")* ergeben sich dadurch, daß auf Grund der Einkommenserhöhung die Importe zunehmen (und zwar um $m\,\Delta\bar{I}$) und dadurch ein Teil der zusätzlichen Konsumgüternachfrage nicht im Inland produktions- und einkommenswirksam wird. Somit steigt die Nachfrage nach *im Inland* produzierten Konsumgütern während der Periode $t=1$ letztlich nur um $c\,\Delta\bar{I}-m\,\Delta\bar{I}=(c-m)\,\Delta\bar{I}$. Um diesen Betrag steigt dann die Inlandsproduktion in der folgenden Periode $t=2$ und damit auch das Volkseinkommen. Der Multiplikatorprozeß setzt sich in der Periode $t=3$ in der Weise fort, daß die in der Periode $t=2$ durch den Einkommensanstieg induzierte Mehrnachfrage nach inländischen Konsumgütern in Höhe von $c\,[(c-m)\,\Delta\bar{I}]-\mathrm{m}\,[(c-m)\,\Delta\bar{I}]$ durch eine entsprechende Ausweitung der Inlandsproduktion befriedigt wird und das Volkseinkommen demzufolge um den gleichen Betrag zunimmt. Offenbar ergibt sich über die verschiedenen Runden des *Multiplikatorprozesses* eine Kette von Einkommenserhöhungen, die sich insgesamt auf folgenden Betrag belaufen:

$$\Delta Y = \Delta\bar{I} + (c-m)\,\Delta\bar{I} + (c-m)^2\,\Delta\bar{I} + \dots$$

$$= [1 + (c-m) + (c-m)^2 + \dots]\,\Delta\bar{I}. \qquad (19)$$

Der Ausdruck auf der rechten Seite von (19) läßt sich mit Hilfe der Summenformel für eine geometrische Reihe[18]) zusammenfassen, so daß man (19) auch in folgender Form schreiben kann:

$$\Delta Y = \frac{1}{1-(c-m)}\,\Delta\bar{I}$$

$$= \frac{1}{s+m}\,\Delta\bar{I}. \qquad (20)$$

Dieser Ausdruck entspricht der Formel (18), wenn nicht endliche Änderungen (wie $\Delta\bar{I}$), sondern infinitesimale Änderungen (wie $d\bar{I}$) betrachtet werden.

---

[18]) Die Summe $s_n = a + aq + aq^2 + \dots + aq^n$ konvergiert bei $|q| < 1$ gegen $s_n = \dfrac{a}{1-q}$.

Wie aus Gleichung (20) bzw. (18) hervorgeht, sind die multiplikativen Wirkungen einer Investitionserhöhung im Vergleich zu einer *geschlossenen* Volkswirtschaft, für die sich bekanntlich der Multiplikator $\dfrac{1}{s}$ ergibt, kleiner; denn der Nenner des Multiplikators ist um die marginale Importquote (m) größer. Die ökonomische Erklärung für den *dämpfenden Effekt* in einer offenen Volkswirtschaft ist darin zu sehen, daß bei einem Expansionsprozeß Sickerverluste nicht nur in Form von Ersparnissen sondern – wie bereits erwähnt – auch in Form von *Importen* auftreten.

Um festzustellen, wie sich die in (18) abgeleiteten Einkommensänderungen genauer auf den Außenbeitrag auswirken, wird die Bestimmungsgleichung für den *Außenbeitrag* (siehe Gleichung (12) von S. 9o nunmehr in die Betrachtungen einbezogen. Dabei wird die allgemein formulierte Importfunktion $J(Y)$ durch die *lineare* Beziehung $J = \bar{J} + mY$ ersetzt, so daß man aus (12) erhält

$$A = \bar{X} - \bar{J} - mY.$$

Werden marginale Änderungen betrachtet, dann ergibt sich hieraus:

$$dA = d\bar{X} - d\bar{J} - m\,dY. \tag{21}$$

Da gezeigt werden soll, wie sich eine Einkommensänderung auf Grund einer autonomen Änderung der Investitionen bei konstanten Exporten und konstanten autonomen Importen auf den Außenbeitrag auswirkt, wird für dY der unter (18) angegebene Ausdruck übernommen und für $d\bar{X}$ und $d\bar{J}$ der Wert Null eingesetzt. Man erhält dann:

$$dA = -\frac{m}{s+m}\,d\bar{I}. \tag{22}$$

Wie bereits aus der graphischen Darstellung ersichtlich wurde (vgl. Fig. 18), führt eine durch Investitionserhöhung ausgelöste Einkommenssteigerung zu einer Abnahme des Außenbeitrags (und umgekehrt). Der *ökonomische Grund* für diesen Einkommenseffekt ist darin zu sehen, daß die Einkommenserhöhung zusätzliche Importe induziert. Unter konjunkturpolitischen Aspekten sind diese Zusammenhänge insofern von Interesse, als sie nahelegen, daß eine z. B. auf Grund von Arbeitslosigkeit vorgenommene expansive Politik mittels Förderung von privaten und öffentlichen Investitionen

auf Grund einer Abnahme des Außenbeitrags zu Zahlungsbilanz-
schwierigkeiten führen kann und deshalb u. U. vorzeitig abgebro-
chen werden muß. Mit der Problematik einer derartigen *„go and
stop"-Politik* ist insbesondere das Vereinigte Königreich in Zeiten
stabiler Wechselkurse während der fünfziger und sechziger Jahre
verschiedentlich konfrontiert gewesen.

bb) *Die Wirkungen geänderter Exporte.* – aaa) Eine Änderung
der (autonomen) Exporte ($\bar{X}$), z. B. eine Erhöhung, wird in der auf
S. 100 abgebildeten Graphik 17 in der oberen Teilfigur – wie im Fall
einer autonomen Erhöhung der Investitionen – durch eine Parallelverschiebung der *D*-Kurve nach *oben* und in der unteren Teilfigur
durch eine Parallelverschiebung der *A*-Kurve (um $\Delta \bar{X}$) nach *oben*
dargestellt. Die Wirkungen auf das Volkseinkommen und den Außenbeitrag sollen wieder anhand der unteren Teilfigur dargestellt
werden (vgl. Fig. 19).

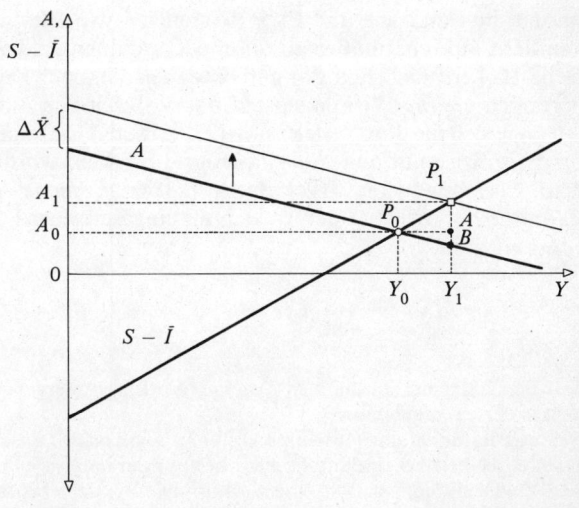

Figur 19

Aus der Graphik geht unmittelbar hervor, daß eine autonome
Erhöhung der Exporte eine *Zunahme* des *Volkseinkommens* (von
Y_0 auf Y_1) und einen *Anstieg* des *Außenbeitrags* (von A_0 auf A_1) zur

Folge hat[19]). Fig. 19 läßt weiter erkennen, daß die Erhöhung des Außenbeitrags geringer ausfällt als die autonome Erhöhung der Exporte; denn $(A_1 - A_0) = \overline{P_1 A}$ ist kleiner als $\Delta \bar{X} = \overline{P_1 B}$.

bbb) Eine genauere Untersuchung und Auswertung der graphisch skizzierten Effekte auf das Volkseinkommen und den Außenbeitrag soll wieder auf algebraischem Weg vorgenommen werden. Dazu wird Gleichung (16) von S. 98 nach $\bar{X}$ differenziert. Man erhält:

$$dY = \frac{1}{s+m} d\bar{X}. \tag{23}$$

Gleichung (23) bestätigt das bereits graphisch hergeleitete Ergebnis: Eine autonome Erhöhung der Exporte führt zu einem Anstieg des *Volkseinkommens*[20]). Wie ein Vergleich mit Beziehung (18) weiter zeigt, hat eine gleich große autonome Erhöhung von Exporten und Investitionen eine gleich große Erhöhung des Volkseinkommens zur Folge. Dieses Ergebnis kann nicht überraschen, denn autonome Investitionen und Exporte stellen – wie Gleichung (15) verdeutlicht – gleichermaßen autonome Komponenten der gesamtwirtschaftlichen Nachfrage dar und bewirken demnach bei *gleichen* Änderungen *gleiche* Wirkungen auf das Volkseinkommen[21]).

ccc) Wie sich die durch Gleichung (23) erfaßten Einkommensänderungen präzise auf den *Außenbeitrag* auswirken, wird deutlich, wenn in Gleichung (21) für dY der in (23) angegebene Ausdruck übernommen und für $d\bar{J}$ der Wert Null eingesetzt wird. Man erhält dann:

$$dA = d\bar{X} - \frac{m}{s+m} d\bar{X}$$

---

[19]) Für den Fall einer autonomen *Senkung* der Exporte ergeben sich die umgekehrten Ergebnisse.

[20]) Wie aus der Beziehung (16) durch Differentiation nach $\bar{J}$ unschwer herzuleiten ist, bewirkt eine autonome Erhöhung der *Importe* eine Senkung des Volkseinkommens mit einem Multiplikator, der ebenfalls durch den Ausdruck $\frac{1}{s+m}$ bestimmt wird.

[21]) In graphischer Betrachtung erhält man dieses Ergebnis dadurch, daß sich die *D*-Kurve in Fig. 17 oben bei einer gleich großen Erhöhung der autonomen Investitionen und Exporte um jeweils den gleichen Betrag parallel nach oben verschiebt.

bzw.

$$dA = \frac{s+m}{s+m}\,d\bar{X} - \frac{m}{s+m}\,d\bar{X}$$

bzw.

$$dA = \frac{s}{s+m}\,d\bar{X}. \tag{24}$$

Es zeigt sich, daß eine autonome Erhöhung der Exporte (bewirkt z. B. durch eine Subventionierung der Exporte) erwartungsgemäß eine Zunahme des Außenbeitrags zur Folge hat. Die hiermit verbundene Verbesserung der Devisenbilanz ist allerdings – wie schon anhand der Graphik erläutert – geringer als die autonome Erhöhung der Exporte; denn $\frac{s}{s+m} < 1$. Offenbar wird die durch den Exportanstieg bewirkte Erhöhung des Außenbeitrags und die damit einhergehende Verbesserung der Devisenbilanz durch *einkommensinduzierte* Importe z. T. wieder kompensiert.

3. Einkommenseffekte mit internationalen Rückwirkungen

Bei den bisherigen Betrachtungen wurde außer acht gelassen, daß autonome Änderungen der inländischen Investitionen oder Exporte bestimmte Veränderungen im Ausland induzieren, die Rückwirkungen für das Inland zur Folge haben. Bedingt sind solche *Rückwirkungen* dadurch, daß *Importe* des Inlands Exporte für das Ausland darstellen, die – für sich gesehen – bei einer Zunahme expansiv auf das ausländische Volkseinkommen einwirken. Dadurch erfahren die ausländischen Importe, d. h. die inländischen Exporte, eine Zunahme, wodurch eine expansive Rückwirkung für das Inland entsteht. Ebenso sind *Exporte* des Inlands identisch mit Importen für das Ausland, die bei einer Zunahme kontraktiv auf das ausländische Volkseinkommen einwirken, damit eine Abnahme der Importe des Auslands bzw. der Exporte des Inlands induzieren und so kontraktiv auf das Inland zurückwirken.

a) Gleichgewichtsmodell

Werden die einführend erläuterten Rückwirkungen aus dem Ausland in die Betrachtungen einbezogen, dann entsteht ein sog. Zwei-

Länder-Modell. Das formale Gerüst dieses Ansatzes läßt sich aus den beiden auf S. 94 f. angeführten Basisgleichungen des Gütermarktmodells (9) und (10) entwickeln, wenn (wie schon bisher) w, p und p_a konstant und gleich eins gesetzt werden und der Index r weggelassen wird. Berücksichtigt man außerdem explizit autonome Exporte ($\bar{X}$) und Importe ($\bar{J}$), dann erscheint Gleichung (9) in folgender Form:

$$Y = C(Y) + \bar{I} + \bar{X} + X(Y_a) - \bar{J} - J(Y). \qquad (25)$$

Für das *Ausland* läßt sich eine entsprechende Gleichgewichtsbedingung formulieren:

$$Y_a = C_a(Y_a) + \bar{I}_a + \bar{X}_a + X_a(Y) - \bar{J}_a - J_a(Y_a). \qquad (26)$$

Das Modell wird vollständig, wenn die der Beziehung (10) entsprechende Bestimmungsgleichung für den Außenbeitrag des Inlands[22] einbezogen wird. Sie lautet:

$$A = \bar{X} + X(Y_a) - \bar{J} - J(Y). \qquad (27)$$

Bei der Auswertung des Modells ist zu berücksichtigen, daß die Exporte des Inlands (X) Importe des Auslands (J_a) und die Exporte des Auslands (X_a) Importe des Inlands (J) darstellen, d. h.:

$$\bar{X} + X(Y_a) = \bar{J}_a + J_a(Y_a)$$

und

$$\bar{X}_a + X_a(Y) = \bar{J} + J(Y).$$

Werden diese Zusammenhänge in (25), (26) und (27) berücksichtigt, dann erhält man folgendes Gleichungssystem:

$$Y = C(Y) + \bar{I} + \bar{J}_a + J_a(Y_a) - \bar{J} - J(Y), \qquad (28)$$

$$Y_a = C_a(Y_a) + \bar{I}_a + \bar{J} + J(Y) - \bar{J}_a - J_a(Y_a), \qquad (29)$$

$$A = \bar{J}_a + J_a(Y_a) - \bar{J} - J(Y)^{23}. \qquad (30)$$

---

[22] Dem Außenbeitrag des Inlands entspricht der Außenbeitrag des Auslands mit einem negativen Vorzeichen, da $w = 1$ unterstellt wird.

[23] Das Gleichungssystem (28) bis (30) ist z. T. interdependent, z. T. rekursiv: Die Gleichungen (28) und (29) bestimmen simultan Y und Y_a (interdependenter Teil). Sind Y und Y_a bestimmt, dann kann man A in einem weiteren Schritt durch (30) bestimmen (rekursiver Teil).

Für gegebene Werte von $\bar{I}$, $\bar{J}$, $\bar{I}_a$ und $\bar{J}_a$ bestimmen die drei Gleichungen die Gleichgewichtswerte des Volkseinkommens im Inland (Y), des Volkseinkommens im Ausland (Y_a) und des Außenbeitrags (A). Die Gleichungen (28) und (29) lassen außerdem erkennen, daß das inländische Volkseinkommen (Y) und das ausländische Volkseinkommen (Y_a) interdependente Größen darstellen. Sie stützen damit die Vermutung, daß sich die Konjunktur im In- und Ausland *nicht unabhängig* voneinander entwickelt. Dieser Zusammenhang wird im folgenden eine wichtige Rolle spielen.

b) Änderungen des Gleichgewichts

Der Vorgehensweise im Modell ohne internationale Rückwirkungen entsprechend, soll im folgenden untersucht werden, wie sich autonome Änderungen von Investitionen und Exporten auf die Gleichgewichtswerte der relevanten Variablen (hier: Y, Y_a ind A) auswirken. Bevor die Auswirkungen quantitativ durch eine formale Analyse präzisiert werden, erscheint es sinnvoll, die Ökonomie der Anpassungsvorgänge und die Wechselwirkungen zwischen In- und Ausland durch eine ausführliche verbale Beschreibung deutlicher herauszuarbeiten.

aa) *Verbale Darstellung.* – aaa) Erfolgt eine autonome Erhöhung der *inländischen Investitionen*, dann lassen sich die dadurch ausgelösten Anpassungsvorgänge wie folgt skizzieren:

Vorgang	Inland (a)	Ausland (b)
1	Investitionserhöhung	
2	Einkommenserhöhung	
3	Importzunahme – – – – – – – →	Exportzunahme
4		Einkommenserhöhung
5	Exportzunahme ← – – – – –	Importzunahme
6	Einkommenserhöhung	
7	Importzunahme	
usw.		

Die Vorgänge 1a bis 3a treten auch im Modell ohne Rückwirkungen aus dem Ausland auf. Wie schon bekannt, bewirken sie eine

Einkommenserhöhung und einen Rückgang des Außenbeitrags. *Hinzu* kommt die unter 5a angegebene *Exportzunahme* im Inland. Hiervon geht zum einen ein zusätzlicher expansiver Impuls auf das Volkseinkommen aus. Zum anderen erhöht die Exportzunahme den Außenbeitrag, und zwar auch unter Berücksichtigung einkommensinduzierter Importe (wie unter 7a)[24]. Die Exportzunahme 5a kann allerdings die vorgelagerte Importzunahme 3a in Hinblick auf den Außenbeitrag nicht kompensieren[25]. Somit ergibt sich für die Entwicklung im *Inland* als Schlußfolgerung:

– *erstens*, daß das Volkseinkommen steigt, und zwar stärker als bei Vernachlässigung von Rückwirkungen, und .

– *zweitens*, daß der Außenbeitrag abnimmt, aber um weniger als bei Vernachlässigung von Rückwirkungen.

Für die Entwicklung des Volkseinkommens im *Ausland* ist wesentlich, daß durch die *Exportzunahme* 3b ein expansiver Multiplikatorprozeß ausgelöst wird. Somit bewirkt eine autonome Erhöhung der Investitionen im Inland (ebenso wie eine autonome Erhöhung des Konsums),

– *drittens*, daß sich mit dem inländischen Volkseinkommen auch das Volkseinkommen im Ausland erhöht.

Der auf Wechselwirkungen zwischen In- und Ausland beruhende *Konjunkturzusammenhang* wird auch wirksam, wenn im Inland die Investitionen (autonom) zurückgehen und dadurch das Volkseinkommen sinkt. In diesem Fall gehen auf das Volkseinkommen im Ausland kontraktive Impulse aus[26].

Neben der Wirkung auf das Volkseinkommen ist für das *Ausland* bedeutsam, daß sich bei Änderung der Investitionen im Inland auch die *Handels- und Dienstleistungsbilanz* verändert, genauer: Sie verbessert sich aus der Sicht des Auslands, wenn Investitionen (oder Konsum) im Inland eine autonome Erhöhung erfahren. Da in

---

[24] Dieses Ergebnis ist aus der Ableitung (24) bekannt.

[25] Die durch Rückwirkungen induzierte Exportzunahme 5a ist kleiner als die Importzunahme 3a, weil im Ausland die Exportzunahme 3b (= 3a) größer ist als die (einkommensinduzierte) Importzunahme 5b (= 5a).

[26] Dementsprechend stellt Lindert (a. a. O., S. 442) recht anschaulich fest: "Throughout the 20th century, when America has sneezed, Europe and Japan have caught cold, and nowadays vice versa".

diesem Fall außerdem Produktion und Volkseinkommen positiv beeinflußt werden, liegt es nur nahe, daß vom Ausland bei defizitärer Zahlungsbilanzentwicklung und Unterbeschäftigung expansive Maßnahmen des Inlands gefordert werden, und zwar insbesondere dann, wenn es sich beim Inland um eine Volkswirtschaft handelt, die im Rahmen der Weltwirtschaft eine bedeutsame Rolle spielt[27]).

bbb) Nach der Analyse der durch eine Investitionserhöhung ausgelösten Einkommenseffekte, sollen die Anpassungsvorgänge behandelt werden, die im Zusammenhang mit einer autonomen Erhöhung der *inländischen Exporte* auftreten. Dazu wird wieder eine tabellarische Darstellung herangezogen:

Vorgang	Inland (a)	Ausland (b)
1	Exportzunahme – – – – – – →	Importzunahme
2	Einkommenserhöhung	Einkommenssenkung
3	Importzunahme	Importabnahme
4	Exportabnahme ←	→ Exportzunahme
5	Einkommenssenkung	Einkommenserhöhung
6 usw.	Importabnahme	Importzunahme

Die Vorgänge 1a bis 3a treten auch im Modell ohne Rückwirkungen aus dem Ausland auf. Wie schon bekannt, bewirken sie eine Einkommenserhöhung und einen Anstieg des Außenbeitrags. *Hinzu* kommt die auf Rückwirkungen aus dem Ausland beruhende *Exportabnahme* 4a. Diese nachgelagerte Exportabnahme wirkt der primären Exportzunahme (1a) entgegen; sie kann die Entwicklung aber nicht umkehren[28]). Somit ergibt sich für die Entwicklung im *Inland* als Schlußfolgerung:

---

[27]) Dem entspricht die Forderung, daß weltwirtschaftlich bedeutsame Länder (wie die USA oder auch die Bundesrepublik) in Zeiten einer weltweiten Rezession (wie Mitte der siebziger Jahre) in der Konjunkturpolitik eine Art „*Lokomotivfunktion*" übernehmen sollen.

[28]) Die Begründung hierfür ergibt sich daraus, daß die primäre Importzunahme 1b (= 1a) größer ist als die einkommensinduzierte Importabnahme 3b (= 4a).

– *viertens*, daß das Volkseinkommen steigt, aber schwächer als bei
Vernachlässigung von Rückwirkungen, und

– *fünftens*, daß sich der Außenbeitrag erhöht, aber um weniger als
bei Vernachlässigung von Rückwirkungen.

Aus der ersten und vierten Folgerung ergibt sich, daß das Volkseinkommen im Inland bei einer Investitionserhöhung (anders als
bei Vernachlässigung von Rückwirkungen) *stärker* steigt als bei einer gleich großen Erhöhung der Exporte.

Für die Entwicklung des Volkseinkommens im *Ausland* ist wesentlich, daß durch die *Importzunahme* 1b ein kontraktiver Multiplikatorprozeß ausgelöst wird. Zwar wirkt die nachgelagerte Exportzunahme 4b der Kontraktion entgegen, sie kann die Entwicklung aber nicht umkehren[29]). Somit bewirkt eine autonome Erhöhung der Exporte im Inland

– *sechstens*, daß das Volkseinkommen im Ausland zurückgeht.

Eine solche die Handelspartner schädigende „beggar my
neighbour"-Politik[30]) dürfte im allgemeinen nicht ohne Reaktion
bei den betroffenen Ländern bleiben. Deshalb muß bei einer Be-
schäftigungspolitik durch Exporterhöhung damit gerechnet werden, daß das Ausland Gegenmaßnahmen ergreift. Angewendet auf
den Fall, daß die Exporte des Inlands durch eine Abwertung der
heimischen Währung gesteigert werden, kann dieses bedeuten, daß
auch das Ausland abwertet und es letztlich zu Abwertungswettläu-
fen kommen kann, wie sie auch aus der Zeit der dreißiger Jahre
während der Weltwirtschaftskrise bekannt sind.

bb) *Formale Analyse.* – aaa) Die Grundlage der formalen Analyse bilden die Gleichungen (28), (29) und (30). Aus diesen Gleichungen lassen sich für den Fall einer autonomen Erhöhung der
inländischen *Investitionen* folgende *Multiplikatoren* hinsichtlich des
Volkseinkommens im Inland (Y), des Volkseinkommens im Ausland (Y_a) und des Außenbeitrags (A) herleiten[31]):

---

[29]) Die Begründung hierfür ergibt sich daraus, daß im Inland die primäre
Exportzunahme 1a (= 1b) größer ist als die einkommensinduzierte Importzunahme 3a (= 4b).

[30]) Dieser Begriff geht auf J. Robinson (Beggar-my-Neighbour Remedies ... a.a.O., S. 210ff.) zurück.

[31]) Siehe dazu den Anhang A 5). – Die Ableitungen ergeben sich aus den
Gleichungen (1), (2) und (3) dieses Anhangs für $d\bar{J}_a = 0$.

$$\frac{dY}{d\overline{I}} = \frac{s_a + m_a}{ss_a + sm_a + ms_a},\tag{31}$$

$$\frac{dA}{d\overline{I}} = \frac{-ms_a}{ss_a + sm_a + ms_a}{}^{32}),\tag{32}$$

$$\frac{dY_a}{d\overline{I}} = \frac{m}{ss_a + sm_a + ms_a},\tag{33}$$

wobei mit s bzw. m die marginale Spar- bzw. Importquote im Inland und mit s_a bzw. m_a die marginale Spar- bzw. Importquote im Ausland bezeichnet werden.

Die Gleichungen (31), (32) und (33) bestätigen die bei der verbalen Darstellung formulierten ersten drei Schlußfolgerungen:

– Aus Gleichung (31) geht hervor, daß das Volkseinkommen im Inland steigt. Außerdem läßt sich zeigen, daß der unter (31) angegebene Multiplikator *größer* ist als der entsprechende Multiplikator bei Vernachlässigung von Rückwirkungen $\left(\dfrac{1}{s+m}\right)^{33})$.

– Aus Gleichung (32) geht hervor, daß sich der Außenbeitrag für das Inland verringert. Außerdem läßt sich zeigen, daß der unter (32) angegebene Multiplikator – absolut genommen – *kleiner* ist als der entsprechende Multiplikator bei Vernachlässigung von Rückwirkungen $\left(\dfrac{-m}{s+m}\right)^{34})$.

---

[32]) Aus den Gleichungen (31) und (32) lassen sich die entsprechenden Multiplikatoren bei Vernachlässigung von Rückwirkungen herleiten, indem man $m_a = 0$ setzt.

[33]) Es ist

$$\frac{s_a + m_a}{ss_a + sm_a + ms_a} > \frac{1}{s+m}\,;\ \text{denn}$$

$$ss_a + sm_a + ms_a + mm_a > ss_a + sm_a + ms_a.$$

[34]) Es ist

$$\left|\frac{-ms_a}{ss_a + sm_a + ms_a}\right| < \left|\frac{-m}{s+m}\right|\,;\ \text{denn}$$

$$sms_a + m^2 s_a < mss_a + msm_a + m^2 s_a.$$

– Aus Gleichung (33) geht hervor, daß auch das Volkseinkommen im Ausland steigt.

bbb) Aus den Gleichungen (28) bis (30) lassen sich für den Fall einer autonomen Erhöhung der (heimischen) *Exporte* ($\bar{X} = \bar{J}_a$) folgende *Multiplikatoren* hinsichtlich des Volkseinkommens im Inland, des Volkseinkommens im Ausland und des Außenbeitrags herleiten[35]:

$$\frac{dY}{d\bar{X}} = \frac{s_a}{ss_a + sm_a + ms_a}, \tag{34}$$

$$\frac{dA}{d\bar{X}} = \frac{ss_a}{ss_a + sm_a + ms_a}\,^{36}), \tag{35}$$

$$\frac{dY_a}{d\bar{X}} = \frac{-s}{ss_a + sm_a + ms_a}. \tag{36}$$

Die Gleichungen (34), (35) und (36) bestätigen die im Rahmen der verbalen Darstellung formulierte vierte, fünfte und sechste Schlußfolgerung:

– Aus Gleichung (34) geht hervor, daß das Volkseinkommen im Inland ansteigt. Außerdem läßt sich zeigen, daß der unter (34) angegebene Multiplikator *kleiner* ist als der entsprechende Multiplikator bei Vernachlässigung von Rückwirkungen $\left(\dfrac{1}{s+m}\right)^{37}$).

– Aus Gleichung (35) geht hervor, daß sich der Außenbeitrag für das Inland erhöht. Außerdem läßt sich zeigen, daß der unter (35)

---

[35]) Siehe dazu den Anhang A 5). – Die Ableitungen ergeben sich aus den Gleichungen (1), (2) und (3) dieses Anhangs für $d\bar{X} = d\bar{J}_a$ und $d\bar{I} = 0$.

[36]) Aus den Gleichungen (34) und (35) lassen sich die entsprechenden Multiplikatoren bei Vernachlässigung von Rückwirkungen herleiten, indem man $m_a = 0$ setzt.

[37]) Es ist

$$\frac{s_a}{ss_a + sm_a + ms_a} < \frac{1}{s+m};$$

denn

$$s_a s + s_a m < ss_a + sm_a + ms_a.$$

angegebene Multiplikator *kleiner* ist als der entsprechende Multiplikator ohne Rückwirkungen $\left(\dfrac{s}{s+m}\right)$[38]).

– Aus Gleichung (36) geht hervor, daß das Volkseinkommen im Ausland sinkt.

cc) *Empirische Hinweise.* – Die theoretischen Überlegungen zum Zwei-Länder-Fall sollen abschließend mit den Ergebnissen *empirischer* Untersuchungen weltwirtschaftlicher Zusammenhänge konfrontiert werden. Dazu wird auf das *OECD International Linkage Model*[39]) zurückgegriffen. Dieses Modell bietet die Möglichkeit, die Wirkungen einer autonomen Änderung der gesamtwirtschaftlichen Nachfrage (in der OECD-Studie: der realen Staatsausgaben[40])) in einem Land auf das Sozialprodukt und den Außenbeitrag dieses Landes *sowie* auf das Sozialprodukt und den Außenbeitrag anderer Länder abzuschätzen (vgl. Tab. 5).

Tabelle 5 beschreibt die Auswirkungen einer *einprozentigen* autonomen Erhöhung der gesamtwirtschaftlichen Nachfrage in den links aufgeführten Ländern auf die in der Kopfzeile aufgeführten Länder. Dabei gibt die *obere* Zahl die Wirkung auf das Wachstum des *Bruttosozialprodukts* und die *untere* (eingeklammerte) Zahl die Wirkung auf den *Außenbeitrag* an. Genauer führt z. B. eine einprozentige autonome Erhöhung der gesamtwirtschaftlichen Nachfrage in der *Bundesrepublik* zu einer Erhöhung der Wachstumsrate des Sozialprodukts in der Bundesrepublik um 1,25, in Frankreich um 0,19, in den Niederlanden um 0,33 Prozentpunkte und bewirkt in der Bundesrepublik einen Rückgang des Außenbeitrags um 3,04 Mrd. $ sowie eine Erhöhung des Außenbeitrags in Frankreich um 0,33 Mrd. $, in den Niederlanden um 0,36 Mrd. $ usw. Die geschätzten Änderungen von Sozialprodukt und Außenbeitrag ent-

---

[38]) Es ist

$$\frac{ss_a}{ss_a + sm_a + ms_a} < \frac{s}{s+m} \, ;$$

denn

$$s^2 s_a + mss_a < s^2 s_a + s^2 m_a + ms_a s \, .$$

[39]) Siehe OECD Economic Outlook. Occasional Studies. The OECD International Linkage Model. January 1979. S. 3ff.

[40]) Eine autonome Erhöhung der Staatsausgaben wirkt wie eine autonome Erhöhung der Investitionen.

Tabelle 5: *Einkommens- und Außenbeitragsänderungen*[a] *im OECD-Modell für das Jahr 1978*

Land	Bundes-republik	Frank-reich	Nieder-lande	Italien	Belgien/ Luxemburg	USA	Verein. Königreich	EG-Länder	OECD-Länder
Bundes-republik	1,25 (−3,04)	0,19 (0,33)	0,33 (0,36)	0,26 (0,24)	0,47 (0,05)	0,05 (0,61)	0,16 (0,11)	0,57 (−1,91)	0,23 (−0,53)
Frank-reich	0,21 (0,45)	1,21 (−2,6)	0,18 (0,21)	0,21 (0,19)	0,44 (0,05)	0,04 (0,5)	0,14 (0,1)	0,45 (−1,57)	0,18 (−0,47)
Nieder-lande	0,05 (0,1)	0,03 (0,04)	0,73 (−0,56)	0,03 (0,03)	0,11 (0,01)	0,01 (0,12)	0,04 (0,02)	0,09 (−0,34)	0,04 (−0,09)
Italien	0,09 (0,2)	0,08 (0,14)	0,07 (0,09)	1,24 (−1,26)	0,11 (0,01)	0,02 (0,25)	0,06 (0,05)	0,22 (−0,77)	0,09 (−0,24)
Belgien/ Luxemburg	0,06 (0,12)	0,05 (0,09)	0,08 (0,09)	0,04 (0,04)	0,96 (−0,76)	0,01 (0,13)	0,05 (0,03)	0,10 (−0,38)	0,04 (−0,11)
USA	0,23 (0,51)	0,15 (0,28)	0,17 (0,21)	0,22 (0,22)	0,31 (0,03)	1,47 (−4,92)	0,28 (0,19)	0,22 (1,5)	0,74 (−1,06)
Verein. Königreich	0,11 (0,26)	0,09 (0,16)	0,13 (0,15)	0,11 (0,12)	0,18 (0,02)	0,04 (0,47)	1,17 (−2,23)	0,28 (−1,49)	0,13 (−0,39)
EG-Länder	1,81 (−1,72)	1,66 (−2,16)	1,55 (0,12)	1,91 (0,41)	2,31 (−0,09)	0,17 (2,12)	1,68 (−2,11)	1,77 (−6,51)	0,73 (−1,75)
OECD-Länder[b]	2,38 (−0,16)	2,03 (−1,65)	1,96 (0,43)	2,43 (0,18)	3,01 (0,18)	1,81 (−2,31)	2,32 (−1,12)	2,30 (−2,08)	2,04 (−3,47)

[a] Die *Einkommensänderungen* sind als Änderungen der jährlichen Wachstumsraten des Bruttosozialprodukts in Prozentpunkten ausgedrückt und werden durch die *nicht eingeklammerten* Zahlen angegeben. Die *Außenbeitragsänderungen* sind in Milliarden US-Dollar ausgedrückt und werden durch die *eingeklammerten* Zahlen angegeben. Sie wurden aus der zitierten OECD-Studie nach dem dort angegebenen Verfahren (S. 23f.) berechnet.
[b] Zu den OECD-Ländern gehören neben den EG-Ländern u.a. die USA, Kanada, Japan, Australien.

sprechen der Richtung nach den theoretischen Erwartungen[41]).
Gleiches gilt für die durch andere Länder ausgelösten Wirkungen.
Betrachtet man den von einer autonomen Nachfrageerhöhung in
einzelnen Ländern ausgehenden *Gesamteffekt* auf das Wachstum
der OECD-Länder als Gruppe, dann machen die Werte in der letzten Spalte deutlich, welche wichtige Rolle die USA als stärkste
Wirtschaftsmacht für die weltwirtschaftliche Konjunkturentwick-
lung spielen. So zeigt sich, daß eine einprozentige Erhöhung der
autonomen Nachfrage in den *USA* das Wachstum des Sozialprodukts der OECD-Länder (einschl. USA) um 0,74 Prozentpunkte
erhöht und damit unter allen Ländern den bei weitem stärksten
Konjunkturimpuls darstellt. Der Bundesrepublik kommt in dieser
Hinsicht die zweitgrößte, wenn auch erheblich geringere Bedeutung
zu. Dem widerspricht nicht, daß eine autonome Nachfrageexpansion in der Bundesrepublik bei einer Reihe von Ländern stärkere
Wachstumsimpulse auslöst als eine Expansion in den USA. Naheliegenderweise ist das bei den Ländern der ᴿall, die mit der Bundesrepublik wirtschaftlich besonders eng ver. 'ochten sind wie Frankreich, die Niederlande, Italien und Belgien/Luxemburg[42]).
Schließlich sei noch der Fall betrachtet, daß *alle* Länder innerhalb der OECD ihre gesamtwirtschaftliche Nachfrage um 1 v.H.
steigern. In diesem Fall erhöht sich offenbar die Wachstumsrate des
Sozialprodukts in der *Bundesrepublik* um 2,38 Prozentpunkte und
damit wesentlich stärker als bei einer isolierten Nachfrageexpansion in der Bundesrepublik. Auch der *Gesamteffekt* auf das Wachstum der OECD-Länder als Gruppe ist mit einem Anstieg des Wachs-
tums um 2,04 v.H. deutlich größer als bei einer isolierten Nachfrageexpansion in irgendeinem der angeführten Länder. Offenbar bewirkt eine gleichzeitige Nachfrageexpansion in allen Ländern, daß
sich mehrere expansive Multiplikatorprozesse überlagern und so zu
einer kumulierten Wirkung auf das Sozialprodukt führen. Die star-
ke Expansion des Sozialprodukts bei den OECD-Ländern wirkt
sich naheliegenderweise auf den Saldo der *Handels- und Dienstleistungsbilanz* dieser Gruppe aus und führt dort mit $(-3,47)$ Mrd. $
zu einer Verschlechterung gegenüber den Nicht-OECD-Ländern,

---

[41]) Siehe dazu die Vorzeichen der unter (31), (32) und (33) angegebenen
    Multiplikatoren.
[42]) Die für diese Länder in der ersten Reihe ausgewiesenen (nicht einge-
    klammerten) Zahlen sind *größer* als die entsprechenden Zahlen in der
    sechsten Reihe.

die erwartungsgemäß größer ist als bei einer autonomen Nachfrageerhöhung in irgendeinem einzelnen Land.

4. Exkurs zur Transfertheorie

Während im vorhergehenden Abschnitt untersucht wurde, wie eine autonome Änderung der Investitionen bzw. Exporte das Volkseinkommen im Inland und Ausland sowie den Außenbeitrag beeinflußt, geht es im folgenden um die Auswirkungen *internationaler Kapitaltransfers* (wie Reparations- bzw. Wiedergutmachungszahlungen, internationale finanzielle Schenkungen oder internationale Anleihen). Die ökonomische Relevanz von Transferzahlungen wurde spätestens deutlich, als das deutsche Reich nach dem ersten Weltkrieg zu umfangreichen Reparationszahlungen an die Siegermächte verpflichtet wurde[43]). Diskutiert wurde damals insbesondere die Frage, ob das Deutsche Reich in der Lage sein würde, die für einen längeren Zeitraum zu leistenden Transferzahlungen zu bewerkstelligen[44]). Losgelöst von dem angesprochenen Fall ist dieses Problem insbesondere unter *zwei Aspekten* zu sehen: Der erste Aspekt betrifft den **monetären Transfer** und damit die Frage, ob das transferierende Land in der Lage ist, die zu transferierende Summe im Inland aufzubringen und den mit der Übertragung an das Aus-

---

[43]) Weitere empirisch bedeuts. ne Beispiele für Transferzahlungen finden sich bei Ch. P. Kindlebc ̦er, International Economics. 3rd ed. Homewood, Ill., 1963. S. 373ff. – Stern, a.a.O., S. 256ff.

[44]) Häufig zitiert wird in diesem Zusammenhang die *Keynes-Ohlin-Diskussion* (J. M. Keynes, The German Transfer Problem. „The Economic Journal", Vol. 39 (1929), S. 1ff. Abgedruckt in: Readings in the Theory of International Trade. (Ed. by H. S. Ellis, L. A. Metzler) London 1950. S. 161ff., B. Ohlin, The Reparation Problem: A Discussion. „The Economic Journal", Vol. 39 (1929), S. 172ff. Abgedruckt in: Readings in the Theory ..., a.a.O., S. 170ff.). Dogmenhistorisch interessant an dieser Diskussion ist, daß Keynes bei seiner Argumentation Preiseffekte betonte und damit eher eine „klassische Position" einnahm, während Ohlin auch Einkommenseffekte berücksichtigte und damit als Vorläufer der sog. Keynesianischen Transfertheorie angesehen werden kann. Vgl. J. Schröder, Transfertheorie. In: Handwörterbuch der Wirtschaftswissenschaft (HdWW). Zugleich Neuauflage des Handwörterbuchs der Sozialwissenschaften. Achter Band. Stuttgart 1980. S. 11.

land im allgemeinen verbundenen Devisenbedarf zu finanzieren[45]). Der üblichen Vorgehensweise folgend, wird der monetäre Transfer als gelungen angesehen, so daß sich das Interesse auf den zweiten Aspekt konzentrieren kann: den **realen Transfer**. Das *reale Transferproblem* stellt den Kern der Transfertheorie dar[46]) und beinhaltet die Frage,

– ob der monetäre Transfer Anpassungskräfte auslöst, die bewirken, daß die durch den monetären Transfer bedingte Verschlechterung der Devisenbilanz durch vermehrte Exporte und (oder) verminderte Importe wieder ausgeglichen wird.

Die Frage, ob und inwieweit ein monetärer Transfer einen realen Transfer nach sich zieht (konkret: eine Erhöhung des Außenbeitrags zu Folge hat), soll mit den Mitteln der *Keynesianischen Transfertheorie*[47]) behandelt werden. Dieser Ansatz stellt einen Anwendungsfall für das *Zwei-Länder-Modell* dar und knüpft insofern methodisch an den vorhergehenden Abschnitt an. Im Rahmen des Modells soll neben der Reaktion des *Außenbeitrags* auch untersucht werden, wie ein monetärer Transfer das *Volkseinkommen* im Inland und Ausland beeinflußt.

a) Keynesianisches Transfermodell

Das formale Gerüst des Transfermodells bildet das durch die Gleichungen (28), (29) und (30) beschriebene Gleichgewichtsmodell[48]),

---

[45]) Auch wenn der monetäre Transfer in heimischer Währung erfolgt, ist mit einem Devisenbedarf zu rechnen, da das Empfängerland i. d. R. zumindest einen Teil der Transfersumme in die eigene (oder in andere Fremdwährungen) umtauscht.

[46]) Vgl. Schröder, Transfertheorie, a.a.O., S. 8.

[47]) In der Lehrbuchliteratur findet man auch häufiger eine *klassische Variante* der Transfertheorie. Siehe hierzu z. B. H. Adebahr, Währungstheorie und Währungspolitik. Außenwirtschaft Band I. Berlin 1978. S. 242ff. – Stern, a.a.O., S. 243ff. – Die *Keynesianische Transfertheorie* geht zurück auf L. A. Metzler (The Transfer Problem Reconsidered. „The Journal of Political Economy", Vol. 50 (1942), S. 397ff. Abgedruckt in: Readings in the Theory ..., a.a.O., S. 179ff.) und wurde erweitert von H. G. Johnson, The Transfer Problem and Exchange Stability. In: International Trade and Economic Growth. London 1958. S. 169ff.

[48]) Vgl. Unterabschnitt V. 3a).

an dem zuvor zwei kleinere *Modifikationen* vorgenommen werden:

1. Es wird unterstellt, daß die Nettoinvestitionen zum Teil einkommensabhängig sind. Dieser Teil wird zusammen mit dem einkommensabhängigen Konsum (C) zur (einkommensabhängigen) Absorption E zusammengefaßt. An die Stelle von $C(Y)$ tritt dementsprechend $E(Y)$.

2. Es wird unterstellt, daß neben den autonomen Investitionen $\bar{I}$ auch autonomer Konsum ($\bar{C}$) und autonome Staatsausgaben ($\bar{G}$) existieren. Die Größen $\bar{I}$, $\bar{C}$ und $\bar{G}$ werden zur autonomen Absorption $\bar{E}$ zusammengefaßt. An die Stelle von $\bar{I}$ tritt dementsprechend $\bar{E}$.

Unter Berücksichtigung dieser Modifikationen erhält man:

$$Y = \bar{E} + E(Y) + \bar{J}_a + J_a(Y_a) - \bar{J} - J(Y), \qquad (37)$$

$$Y_a = \bar{E}_a + E_a(Y_a) + \bar{J} + J(Y) - \bar{J}_a - J_a(Y_a), \qquad (38)$$

$$A = \bar{J}_a + J_a(Y_a) - \bar{J} - J(Y), \qquad (39)$$

also *drei* Gleichungen, mit denen sich das Volkseinkommen im Inland (Y), das Volkseinkommen im Ausland (Y_a) und der Außenbeitrag (A) bestimmen läßt. Wie sich die durch einen *monetären Transfer* ausgelöste Störung im Rahmen des Modells auswirkt, hängt davon ab, ob der Transfer einmalig oder andauernd erfolgt *und* wie der Transferbetrag im Geberland (Inland) aufgebracht und im Empfängerland (Ausland) verwendet wird. Im folgenden wird von einem *andauernden* (sich also wiederholenden) Transfer ausgegangen. Bei einem einmaligen monetären Transfer würde – wie bei einer nur vorübergehenden Veränderung der autonomen Investitionen oder Exporte – kein dauerhafter Effekt auf die Gleichgewichtswerte des in- und ausländischen Volkseinkommens und des Außenbeitrags eintreten[49]). Hinsichtlich der *Aufbringung und Verwendung* des monetären Transfers werden aus der Vielzahl der verschiedenen Möglichkeiten zunächst *drei Fälle* ausgewählt und näher untersucht, nämlich:

Fall a)   Der monetäre Transfer wird im Geberland aus finanziellen Reserven, z.B. aus akkumulierten Budgetüberschüssen des Staates, aufgebracht und im Empfängerland für

---

[49]) Einzelheiten zu den durch einen *einmaligen* Transfer ausgelösten Effekten siehe Rose, Sauernheimer, a.a.O., S. 165 ff.

zusätzliche Käufe von Gütern des Empfängerlandes verwendet, z. B. im Zuge einer Staatsausgabenerhöhung.

Fall b) Der monetäre Transfer wird durch Einschränkung von Käufen inländischer Güter aufgebracht, z. B. im Zuge einer Staatsausgabensenkung, und im Empfängerland für die Aufstockung finanzieller Reserven verwendet (und somit stillgelegt).

Fall c) Der monetäre Transfer wird durch Einschränkung von Käufen inländischer Güter aufgebracht, z. B. im Zuge einer Staatsausgabensenkung, und im Empfängerland für zusätzliche Käufe von Gütern des Empfängerlandes verwendet.

b) Anpassungsvorgänge im Transfermodell

Bevor die Auswirkungen eines vom Inland zu leistenden monetären Transfers anhand formaler Ableitungen genauer untersucht werden, erscheint es sinnvoll, die Anpassungsvorgänge und gewisse Schlußfolgerungen vorweg im Rahmen einer verbalen Betrachtung zu beschreiben.

aa) *Verbale Darstellung.* – aaa) Unter den Annahmen des *Falles a)* tritt primär nur eine Störung des gesamtwirtschaftlichen Gleichgewichts im *Ausland* ein, da hier die gesamtwirtschaftliche Nachfrage infolge zusätzlicher Staatsausgaben steigt. Im *Inland* dagegen erfolgen unmittelbar keine Einkommenseffekte; denn der monetäre Transfer wird aus finanziellen Reserven aufgebracht. Das Inland wird jedoch durch Rückwirkungen aus dem Ausland in den Anpassungsprozeß einbezogen, wie auch die folgende tabellarische Übersicht verdeutlicht:

Vorgang	Inland (a)	Ausland (b)
1	Monetärer Transfer – – – – –→ Staatsausgabenerhöhung (Auflösung von Reserven)	
2		Einkommenserhöhung
3	Exportzunahme ← – – – – – Importzunahme	
4	Einkommenserhöhung	
5 usw.	Importzunahme – – – – – – –→Exportzunahme	

Aus der Darstellung der Anpassungsvorgänge[50]) ergibt sich unmittelbar als Schlußfolgerung:

- *erstens*, daß das Volkseinkommen im Ausland steigt (wegen der Staatsausgabenerhöhung 1b und der Exportzunahme 5b),
- *zweitens*, daß das Volkseinkommen auch im Inland steigt (wegen der Exportzunahme 3a) und
- *drittens*, daß sich der Außenbeitrag des Inlands erhöht (weil die Exportzunahme 3a größer ist als die einkommensinduzierte Importzunahme 5a).

Die wichtige Frage, inwieweit die Erhöhung des Außenbeitrags die durch den monetären Transfer bedingte Verschlechterung der Devisenbilanz kompensiert, wird hier – ebenso wie bei der anschließenden Behandlung der beiden anderen Fälle – zunächst zurückgestellt. Erst die Analyse der formalen Ableitungen wird eine Antwort darauf geben, ob dem *monetären* Transfer in den betrachteten drei Fällen ein *realer* Transfer in gleicher Höhe folgt.

bbb) Unter den Annahmen des *Falles b)* tritt primär nur eine Störung des gesamtwirtschaftlichen Gleichgewichts im *Inland* ein, da hier die gesamtwirtschaftliche Nachfrage infolge sinkender Staatsausgaben zurückgeht. Im *Ausland* dagegen werden unmittelbar keine Einkommenseffekte ausgelöst; denn der monetäre Transfer wird ausschließlich dazu verwendet, die finanziellen Reserven (z. B. des Staates) aufzustocken. Das Ausland wird jedoch durch Einkommensänderungen im Inland und dadurch induzierte Änderungen der Inlandsimporte in den Anpassungsprozeß einbezogen, wie auch die folgende tabellarische Übersicht deutlich macht:

Vorgang	Inland (a)	Ausland (b)
1	Monetärer Transfer — — — — →	Aufstockung von Reserven
	(Staatsausgabensenkung) ↓	
2	Einkommenssenkung ↓	
3	Importabnahme — — — — — — — →	Exportabnahme ↓
4		Einkommenssenkung ↓
5 usw.	Exportabnahme ← — — — — — —	Importabnahme

---

[50]) Der Anpassungsprozeß entspricht offenbar im Prinzip dem Anpas-

Aus der Darstellung der Anpassungsvorgänge ergibt sich unmittelbar als Schlußfolgerung:

- *erstens*, daß das Volkseinkommen im Inland sinkt
  (wegen der Staatsausgabensenkung 1a und der Exportabnahme 5a) und

- *zweitens*, daß das Volkseinkommen auch im Ausland sinkt
  (wegen der Exportabnahme 3b).

Für die Entwicklung des Außenbeitrags im Inland ist wesentlich, daß durch die Einkommenssenkung eine Importabnahme induziert wird. Der Importabnahme (3a) wirkt zwar die nachgelagerte Exportabnahme (5a) entgegen, sie kann die Entwicklung aber nicht umkehren[51]). Somit bewirkt der vom Inland aufgebrachte monetäre Transfer,

- *drittens*, daß sich der Außenbeitrag im Inland erhöht.

ccc) Der Fall c) stellt eine Kombination der Fälle a) und b) dar. Einkommenseffekte werden jetzt sowohl im Inland als auch im Ausland ausgelöst, da die gesamtwirtschaftliche Nachfrage im Inland abnimmt (wegen sinkender Staatsausgaben) und im Ausland zunimmt (wegen steigender Staatsausgaben).

Die auf diese Weise ausgelösten Anpassungsvorgänge beschreibt die folgende Übersicht:

Vorgang	Inland (a)	Ausland (b)
1	Monetärer Transfer – – – –→ Staatsausgabenerhöhung (Staatsausgabensenkung)	
2	Einkommenssenkung	Einkommenserhöhung
3	Importabnahme	Importzunahme
4	Exportzunahme ←	→Exportabnahme
5	Einkommenserhöhung	Einkommenssenkung
6 usw.	Importzunahme	Importabnahme

sungsprozeß bei autonomer Erhöhung der Investitionen im Zwei-Länder-Modell. Der Unterschied besteht lediglich darin, daß die gesamtwirtschaftliche Nachfrage nicht im Inland, sondern im Ausland eine autonome Steigerung erfährt.

[51]) Die Begründung hierfür ergibt sich daraus, daß im Ausland die Export-

Für die Entwicklung des Volkseinkommens im *Inland* ist maßgeblich, daß durch die Staatsausgabensenkung 1a ein kontraktiver Multiplikatorprozeß ausgelöst wird. Zwar wirkt die nachgelagerte Exportzunahme 4a der Kontraktion entgegen, sie kann die Entwicklung aber nicht umkehren[52]). Somit bewirkt der vom Inland aufgebrachte monetäre Transfer

– *erstens*, daß das Volkseinkommen im Inland sinkt.

Für die Entwicklung des Volkseinkommens im *Ausland* ist maßgeblich, daß durch die Staatsausgabenerhöhung ein expansiver Multiplikatorprozeß ausgelöst wird. Zwar wirkt die nachgelagerte Exportabnahme 4b der Expansion entgegen, sie kann die Entwicklung aber nicht umkehren[53]). Somit ergibt sich

– *zweitens*, daß das Volkseinkommen im Ausland steigt.

Schließlich geht aus der tabellarischen Übersicht unmittelbar hervor
– *drittens*, daß sich der Außenbeitrag im Inland erhöht
(wegen der Importabnahme 3a und der Exportzunahme 4a).

bb) *Formale Analyse.* – aaa) Die Grundlage der formalen Analyse bilden die Gleichungen (37), (38) und (39) von S. 120. Aus

---

abnahme 3b (= 3a) größer ist als die (einkommensinduzierte) Importabnahme 5b (= 5a); denn eine Exportabnahme um (ΔX) bewirkt – wie sich zeigen läßt – eine Einkommenssenkung um $\Delta Y = \dfrac{-1}{h+m} \Delta X$, wobei $h = 1 - \partial E/\partial Y$, und damit eine Abnahme der Importe um ΔJ

$= \dfrac{-m}{h+m} \Delta X$, d.h. $|\Delta X| > |\Delta J|$.

[52]) Die Begründung hierfür ergibt sich daraus, daß im Ausland die Staatsausgabenerhöhung 1b (= 1a) größer ist als die (einkommensinduzierte) Importzunahme 3b (= 4a); denn eine Staatsausgabenerhöhung um G bewirkt – wie sich zeigen läßt – eine Einkommenserhöhung um ΔY

$= \dfrac{1}{h+m} \Delta G$ und damit eine Importerhöhung um $\Delta J = \dfrac{m}{h+m} \Delta G$,

d.h. $\Delta J < \Delta G$.

[53]) Die Begründung hierfür ergibt sich daraus, daß die Staatsausgabensenkung 1a (= 1b) größer ist als die (einkommensinduzierte) Importabnahme 3a (= 4b). Siehe hierzu auch Fußnote 52.

diesen Gleichungen lassen sich bezüglich eines vom Inland aufgebrachten monetären Transfers ($d\overline{Tr}$) folgende Multiplikatoren für das Volkseinkommen im Inland (Y), das Volkseinkommen im Ausland (Y_a) und den Außenbeitrag des Inlands (A) ermitteln[54]):

– *Fall a)*

$$\frac{dY}{d\overline{Tr}} = \frac{m_a}{hh_a + hm_a + h_a m} > 0, \qquad \frac{dY_a}{d\overline{Tr}} = \frac{h + m}{hh_a + hm_a + h_a m} > 0,$$

$$\frac{dA}{d\overline{Tr}} = \frac{hm_a}{hh_a + hm_a + h_a m} > 0,$$

wobei mit h die *marginale Hortungsquote* im Inland $\left(1 - \dfrac{\partial E}{\partial Y}\right)$ und

mit h_a die *marginale Hortungsquote* im Ausland $\left(1 - \dfrac{\partial E_a}{\partial Y_a}\right)$ bezeichnet werden,

– *Fall b)*

$$\frac{dY}{d\overline{Tr}} = -\frac{h_a + m_a}{hh_a + hm_a + h_a m} < 0, \qquad \frac{dY_a}{d\overline{Tr}} = -\frac{m}{hh_a + hm_a + h_a m} < 0,$$

$$\frac{dA}{d\overline{Tr}} = \frac{h_a m}{hh_a + hm_a + h_a m} > 0,$$

– *Fall c)*

$$\frac{dY}{d\overline{Tr}} = -\frac{h_a}{hh_a + hm_a + h_a m} < 0, \qquad \frac{dY_a}{d\overline{Tr}} = \frac{h}{hh_a + hm_a + h_a m} > 0,$$

$$\frac{dA}{d\overline{Tr}} = \frac{h_a m + hm_a}{hh_a + hm_a + h_a m} > 0.$$

Wie die angegebenen Multiplikatoren erkennen lassen, bestätigen die Ergebnisse der formalen Analyse sämtliche Schlußfolgerungen aus der verbalen Betrachtung. *Außerdem* läßt sich nunmehr

---

[54]) Siehe dazu im Anhang A 6) die Gleichungen (11) bis (19).

auch eine Antwort auf die bisher zurückgestellte *zentrale Frage* geben, ob der monetäre Transfer in den untersuchten Fällen einen realen Transfer in gleicher Höhe nach sich zieht: Offenbar ist diese Möglichkeit in keinem der drei untersuchten Fälle gegeben; denn der Außenbeitragsmultiplikator ist zwar in jedem der Fälle positiv, aber auch immer kleiner als eins, d. h. $dA < d\overline{Tr}$. Ein vollständiger Realtransfer wird also *nicht* erreicht.

Zu *weiteren* Ergebnissen gelangt man bei einem *Vergleich* der drei Außenbeitragsmultiplikatoren. So zeigt sich, daß die Erhöhung des Außenbeitrags als Folge eines monetären Transfers offenbar im Fall c) am größten ist. Hieraus läßt sich die *Schlußfolgerung* herleiten, daß die Chancen für einen Realtransfer in dem Maße verbessert werden, wie der monetäre Transfer im Inland (dem Geberland) durch Einschränkung von Ausgaben (also nicht durch Auflösung finanzieller Reserven) aufgebracht und im Ausland (dem Empfängerland) für zusätzliche Ausgaben (also nicht zur Aufstockung finanzieller Reserven) verwendet wird[55]).

cc) *Ergänzungen.* – aaa) Die bisher untersuchten drei Fälle basieren auf der *speziellen Annahme*, daß Ausgabeneinschränkungen im Zusammenhang mit der Aufbringung des Transfers und (oder) Ausgabenerhöhungen im Zusammenhang mit der Verwendung des Transfers ausschließlich jeweils heimische Güter betreffen und nicht Importausgaben. Die Möglichkeit, daß primär auch Importausgaben gekürzt bzw. erhöht werden, soll im folgenden Berücksichtigung finden. Dazu werden weitere Falluntersuchungen angestellt. Betrachtet sei als erste Möglichkeit

Fall d)   Der monetäre Transfer wird im Inland ausschließlich durch Einschränkung autonomer Importausgaben aufgebracht (z. B. durch eine reduzierte staatliche Einfuhr von Rüstungsgütern) und im Empfängerland für eine Erhöhung der Inlandsausgaben verwendet.

In diesem Fall erfolgt schon in der ersten Periode ein *vollständiger realer Transfer* im Inland; denn dem monetären Transfer entspricht in gleicher Höhe ein Anstieg des Außenbeitrags auf Grund der reduzierten autonomen Importe. Dieses Ergebnis wird auch nicht durch Einkommenseffekte und dadurch bedingte Rückwirkungen, wie sie aus den bereits behandelten Fällen a), b) und c)

---

[55]) Vgl. hierzu auch Konrad, a. a. O., S. 89.

bekannt sind, in Frage gestellt, da das gesamtwirtschaftliche Gleichgewicht weder im Inland noch im Ausland gestört wird: Im Inland bleibt die gesamtwirtschaftliche Nachfrage nach heimischen Gütern konstant, weil ausschließlich Importe gekürzt werden[56]), und im Ausland, weil die Reduktion der Exporte durch eine gleich große Erhöhung der Inlandsausgaben kompensiert wird[57]).

Wie im Fall d) gelingt ein *vollständiger realer Transfer* auch im

Fall e)   Der monetäre Transfer wird im Inland durch Einschränkung von Inlandsausgaben (z. B. des Staates) aufgebracht und im Empfängerland für zusätzliche (autonome) Importausgaben (z. B. des Staates) verwendet.

Auch in diesem Fall erfolgt schon in der ersten Periode ein vollständiger realer Transfer; denn in Höhe des monetären Transfers steigen die autonomen Importe des Auslands und damit die autonomen Exporte des Inlands. Einkommenseffekte, die dieses Ergebnis verändern könnten, bleiben auch hier aus, da das gesamtwirtschaftliche Gleichgewicht weder im Inland noch im Ausland gestört wird: Im Inland bleibt die gesamtwirtschaftliche Nachfrage nach heimischen Gütern konstant, da die Zunahme der Exporte durch eine gleich große Einschränkung der Inlandsausgaben kompensiert wird, und im Ausland, weil nur die Importausgaben steigen[58]).

Ein von den Fällen d) und e) *abweichendes* Ergebnis erhält man schließlich im

Fall f)   Der monetäre Transfer wird im Inland durch Einschränkung von Importausgaben aufgebracht und im Empfängerland für zusätzliche Importausgaben verwendet.

---

[56]) Innerhalb der gesamtwirtschaftlichen Nachfrage ergibt sich eine Senkung der Staatsausgaben und simultan eine gleich große Erhöhung des Außenbeitrags auf Grund der reduzierten Importe.

[57]) Daß sich keine Einkommensänderungen ergeben und ein vollständiger Transfer gelingt, läßt sich auch aus den Gleichungen (8) bis (10) des Anhangs A6) herleiten, wenn $h' = 0$, $h'_a = 0$, $m' = 1$ und $m'_a = 0$ gesetzt werden.

[58]) Daß sich keine Einkommensänderungen ergeben und ein vollständiger Transfer gelingt, läßt sich auch aus den Gleichungen (8) bis (10) des Anhangs A6) herleiten, wenn $h' = 0$, $h'_a = 0$, $m' = 0$ und $m'_a = 1$ gesetzt werden.

In diesem Fall erhöht sich der Außenbeitrag für das Inland in der ersten Periode um das Zweifache des geleisteten monetären Transfers. Dieses Ergebnis wird jedoch durch Einkommenseffekte *korrigiert*; denn im Inland entsteht ein expansiver Prozeß, weil sich die Importe aus dem Ausland und damit die eigenen Exporte autonom erhöhen, und im Ausland ein kontraktiver Prozeß, weil das Inland seine Importausgaben im Ausland einschränkt. Für den Außenbeitrag des Inlands resultieren daraus auf einer nachgelagerten Stufe zwei Effekte: zum einen eine einkommensinduzierte Zunahme der eigenen Importe, zum anderen eine einkommensinduzierte Abnahme der Importe des Auslands und damit ein Rückgang der eigenen Exporte. Beide Effekte *reduzieren* die anfängliche Erhöhung des Außenbeitrags. Wie sich aus den Ableitungen des Anhangs A6) ergibt[59]), bleibt jedoch für das Inland eine Erhöhung des Außenbeitrags und damit ein realer Transfer, der nicht nur den monetären Transfer kompensiert, sondern noch über ihn hinausgeht.

Zu *allgemeineren* Ergebnissen gelangt man, wenn man die Außenbeitragsänderungen in den Fällen d), e) und f) untereinander und mit der Außenbeitragsänderung im Fall c) *vergleicht*. Es zeigt sich, daß die Erhöhung des Außenbeitrags als Folge eines monetären Transfers im Fall f) am größten und in den Fällen d), e) und f) größer ist als im Fall c). Hieraus läßt sich die *Schlußfolgerung* herleiten, daß die Chancen für einen Realtransfer in dem Maße verbessert werden, wie im Inland bei der Aufbringung Importausgaben gekürzt und bei der Verwendung im Empfängerland Importausgaben erhöht werden.

bbb) Die oben behandelten sechs Fälle gehen noch insofern von speziellen Annahmen aus, als im Zusammenhang mit der Aufbringung und Verwendung des monetären Transfers unterstellt wird, daß *entweder* Inlandsausgaben oder finanzielle Reserven (also die Hortung) *oder* Importausgaben verändert werden. Im allgemeinen wird aber anzunehmen sein, daß ein monetärer Transfer (unmittelbar) *sowohl* die Inlandsausgaben *als auch* die finanziellen Reserven und die Importausgaben verändert. Die sich dann ergebenden Einkommens- und Außenbeitragsmultiplikatoren sind im Anhang A6)

---

[59]) Aus Gleichung (10) des Anhangs A6) geht hervor, daß

$$dA = \frac{h_a m + h m_a + h h_a + h h_a}{h_a m + h m_a + h h_a} \, d\overline{Tr},$$ (x)

enthalten[60]). Nur auf einen Sonderfall soll hier noch kurz eingegangen werden. Betrachtet wird die Möglichkeit (*Fall g*), daß die
(gesamte) Absorption und die Importausgaben bei Aufbringung
oder Verwendung eines monetären Transfers in gleicher Weise reagieren wie bei einer Senkung oder Erhöhung des Volkseinkommens. Wie sich dem Anhang A 6) entnehmen läßt[61]), ergibt sich in
diesem Fall der *gleiche* Außenbeitragsmultiplikator wie im Fall
c)[62]). Demnach bewirkt der monetäre Transfer zwar eine Erhöhung des Außenbeitrags im Inland, diese reicht aber nicht aus, um
die durch den monetären Transfer verursachte Verschlechterung
der Zahlungsbilanz zu kompensieren. Ein vollständiger Realtransfer wird also – wie in den Fällen a), b) und c) – im Fall g) *nicht*
erreicht.

Zusammenfassung

1. Ohne Berücksichtigung von internationalen Rückwirkungen
   führt eine autonome Erhöhung der Investitionen zu einem
   Anstieg des Volkseinkommens sowie zu einer Abnahme des
   Außenbeitrags und eine autonome Erhöhung der Exporte zu
   einem Anstieg des Volkseinkommens sowie zu einer Zunahme des Außenbeitrags.

2. Bei Berücksichtigung internationaler Rückwirkungen (also
   im sog. Zwei-Länder-Fall) erhält man folgende Ergebnisse:

   – Eine autonome Erhöhung der Investitionen bewirkt einen
   stärkeren Anstieg des Volkseinkommens und eine geringere Abnahme des Außenbeitrags als bei Vernachlässigung
   von Rückwirkungen und hat außerdem zur Folge, daß das
   Volkseinkommen im Ausland steigt.

   – Eine autonome Erhöhung der Exporte bewirkt einen
   schwächeren Anstieg des Volkseinkommens und eine ge-

---

wenn $h' = 0$, $h_a' = 0$, $m' = 1$ und $m_a' = 1$ gesetzt werden. Gleichung (x)
impliziert, daß $dA > d\overline{Tr}$.

[60]) Siehe hierzu die Gleichungen (8) bis (10).

[61]) Siehe hierzu Gleichung (22).

[62]) Zu beachten ist jedoch, daß diese Aussage *nicht* für die beiden *Einkom-
mensmultiplikatoren* gilt. Siehe hierzu die Gleichungen (17) und (18)
sowie (20) und (21) im Anhang A 6).

ringere Zunahme des Außenbeitrags als bei Vernachlässigung von Rückwirkungen und hat außerdem zur Folge, daß das Volkseinkommen im Ausland sinkt.

3. Die Transfertheorie behandelt insbesondere die Frage, ob und wieweit ein monetärer Transfer (z. B. sich wiederholende Reparationszahlungen) Anpassungskräfte (z. B. Einkommenseffekte) auslöst, die bewirken, daß die durch den monetären Transfer bewirkte Verschlechterung der Devisenbilanz durch eine Erhöhung des Außenbeitrags (also einen realen Transfer) wieder ausgeglichen wird. Es zeigt sich, daß die Wirkungen auf den Außenbeitrag (und auch auf das in- und ausländische Volkseinkommen) davon abhängen, in welcher Form der monetäre Transfer aufgebracht und verwendet wird. Die durchgeführten Falluntersuchungen lassen erkennen, daß die Chancen für einen Ausgleich des monetären Transfers durch einen realen Transfer in dem Maße steigen, wie der monetäre Transfer im Geberland (Inland) durch Einschränkungen von Ausgaben (insbesondere Importausgaben) aufgebracht und im Empfängerland (Ausland) für zusätzliche Ausgaben (insbesondere Importausgaben) verwendet wird.

VI. Gleichgewicht im Grundmodell bei konstantem Preisniveau

In diesem Kapitel soll das Keynesianische Grundmodell einer offenen Volkswirtschaft behandelt werden[1]). Ausgangspunkt ist das Keynesianische Modell einer geschlossenen Volkswirtschaft, wie

---

[1]) Das Modell geht auf Mundell und Fleming zurück. Eine überarbeitete Fassung der ursprünglichen Veröffentlichungen von Mundell ist zu finden in R. A. Mundell, International Economics. New York, London 1968 (spez. Kapitel 15 und 18). – Vgl. auch J. M. Fleming, Domestic Financial Policies Under Fixed and Under Floating Exchange Rates. „International Monetary Fund Staff Papers", Vol. 9 (1962), S. 369ff. Zum langfristigen Gleichgewicht bei festen Wechselkursen (Gleichgewicht ohne Neutralisierungspolitik) siehe auch E. Sohmen, Wechselkurs und Währungsordnung. Tübingen 1973. S. 144f.

es etwa im Hicksschen Diagramm graphisch dargestellt wird. Die für eine geschlossene Volkswirtschaft entwickelten Beziehungen für den Güter- und den Geldmarkt müssen auf eine offene Volkswirtschaft übertragen werden[2]. Zusätzlich zu diesen beiden Märkten muß noch der Devisenmarkt in die Analyse einer offenen Volkswirtschaft einbezogen werden.

Die folgenden Überlegungen beschränken sich auf den **Fall des kleinen Landes**: Die interne wirtschaftliche Entwicklung eines kleinen Landes wird zwar von der internationalen Wirtschaftsentwicklung beeinflußt; sie selbst hat aber umgekehrt keinen spürbaren Einfluß auf die internationale Entwicklung. Deshalb treten beispielsweise bei wirtschaftspolitischen Maßnahmen des kleinen Landes keine Veränderungen im Ausland auf, deren Rückwirkungen in die Untersuchungen einbezogen werden müßten. Zur Vereinfachung wird das Ausland (wie bisher) als eine Einheit aufgefaßt.

Zur Untersuchung der Beziehungen auf dem *Devisenmarkt* sind in den vorangegangenen Kapiteln wichtige Vorarbeiten geleistet worden. So wurden die Bestimmungsfaktoren der Exporte, die zum Devisenangebot führen, ebenso untersucht wie die Bestimmungsfaktoren der Importe, die mit einer Devisennachfrage verbunden sind[3]. Es müssen jetzt noch die internationalen Kapitalbewegungen berücksichtigt werden, da diese eine weitere wichtige Quelle von Devisenangebot und Devisennachfrage darstellen. Mit der entsprechenden Analyse (VI. 1) sind dann die entscheidenden Vorarbeiten abgeschlossen, um die Beziehungen für alle drei Märkte des Grundmodells aufstellen zu können (VI. 2). Abschließend wird dann gezeigt, wie sich je nach Wechselkurssystem das Gleichgewicht im Grundmodell darstellen läßt (VI. 3). Die wirtschaftspolitische Auswertung erfolgt im anschließenden Kapitel.

---

[2]) Die Arbeitsmarktbedingungen sind erst bei Einbeziehung flexibler Preise (Kapitel VIII) zu berücksichtigen.

[3]) Vgl. die Abschnitte III.2b) und V.1.

1. Internationale Kapitalbewegungen

Durch *internationale Kapitalbewegungen* (d. h. Kapitalexporte und Kapitalimporte[4])) erwerben Inländer gegenüber Ausländern Ansprüche oder gehen ihnen gegenüber Verbindlichkeiten ein. Derartige Transaktionen können viele unterschiedliche Formen annehmen[5]). So kann eine inländische Bank einer ausländischen Bank einen Geldmarktkredit gewähren, weil sie mit diesem Geschäft eine höhere Verzinsung als im Inland erzielt; ein Ausländer mag ein Guthaben auf eine inländische Bank in der Hoffnung übertragen, aus einer Aufwertung der heimischen Währung später einen Wechselkursgewinn erzielen zu können. *Zinsdifferenzen* zwischen In- und Ausland sowie *erwartete Wechselkursänderungen* haben in diesen beiden Fällen zu internationalen Kapitalbewegungen geführt. Diese beiden Faktoren werden als wichtige Bestimmungsgründe internationaler Kapitalbewegungen angesehen und dementsprechend in den makroökonomischen Modellen offener Volkswirtschaften berücksichtigt.

Die Bestimmungsfaktoren der internationalen Kapitalbewegungen werden im allgemeinen im Rahmen eines portfolio-theoretischen Ansatzes erfaßt[6]). Dieser Ansatz läßt sich am Beispiel eines Wertpapierbesitzers erläutern, der die Wahl zwischen in- und ausländischen Wertpapieren hat[7]). Bei seiner Entscheidung darüber, wie er sein Vermögen auf inländische und ausländische Papiere aufteilen soll, wird der Anleger (erwarteten) *Ertrag* und *Risiko* der beiden Anlageformen miteinander vergleichen. Bei ausländischen Wertpapieren treten spezielle Risiken auf, wenn nicht eindeutig feststeht, ob und zu welchem Wechselkurs der im Ausland angelegte Betrag in die heimische Währung zurückgetauscht werden kann. Für einen Anleger, der derartige Risiken in seinen Kalkül einbe-

---

[4]) Zur Definition vgl. Unterabschnitt I. 2c).

[5]) Einen Überblick gibt z. B. Adebahr, a. a. O., S. 221ff.

[6]) So J. Schröder, Kapitalbewegungen, internationale, II: Theorie und Politik. In: Handwörterbuch der Wirtschaftswissenschaft (HdWW). Zugleich Neuauflage des Handwörterbuchs der Sozialwissenschaften. Vierter Band. Stuttgart 1978. S. 392f.

[7]) Eine formale Analyse der angesprochenen Zusammenhänge ist bei Stern, a. a. O., S. 228ff. zu finden oder bei S. C. Tsiang, The Dynamics of International Capital Flows and Internal and External Balance. „The Quarterly Journal of Economics", Vol. 89 (1975), S. 197ff.

zieht, stellen dann in- und ausländische Wertpapiere unvollkommene Substitute dar.

Unter Berücksichtigung von Ertrag und Risiko strebt der Wertpapierbesitzer eine *optimale Aufteilung* seines Vermögens an. Anpassungen seiner Bestände wird er vornehmen, wenn sich die für seine Entscheidung maßgeblichen Einflußgrößen (Ertrag, Risiko und Höhe des Vermögens) ändern. Aus dieser Überlegung lassen sich wichtige Folgerungen für die internationalen Kapitalbewegungen ableiten. Internationale Kapitalbewegungen stellen sich ein, wenn entweder Inländer ihren Bestand an ausländischen Wertpapieren oder Ausländer ihren Bestand an inländischen Wertpapieren vergrößern oder vermindern. Wie sich aus der skizzierten Portfolioanalyse ergibt, treffen Anleger derartige Entscheidungen immer dann, wenn sich Erträge, Risiken oder Vermögen ändern.

Unter den Faktoren, die die internationalen Kapitalbewegungen beeinflussen, stehen die Zinssätze im Vordergrund des Interesses. *Zinssätze* können auf zweierlei Weise ihren Einfluß auf die Höhe der Kapitalbewegungen ausüben. Erstens lösen *Änderungen* der Zinssätze internationale Kapitalbewegungen aus. Steigt beispielsweise der ausländische Zinssatz bei gegebenen sonstigen Einflußgrößen (wie erwartete Wechselkursänderung und Inlandszins, Risiko sowie Vermögen der Anleger), dann werden die Wertpapierbesitzer tendenziell ihren Bestand an ausländischen Wertpapieren zu Lasten der inländischen Wertpapiere erhöhen. Diese *Umschichtungen innerhalb der gegebenen Vermögen* werden in der Zahlungsbilanz als Kapitalbewegungen (hier: Kapitalexporte) gebucht und führen zu einer Nachfrage nach ausländischer Währung (Devisennachfrage). Umgekehrt würden eine Erhöhung des inländischen oder eine Senkung des ausländischen Zinssatzes Kapitalimporte auslösen, die ein Devisenangebot bewirken.

Zweitens hat die *Höhe* der Zinssätze einen Einfluß auf den Umfang der internationalen Kapitalbewegungen, sofern diese durch Änderungen des Vermögens ausgelöst werden. Steigt beispielsweise das Vermögen der ausländischen Anleger, dann werden diese bei gegebenen sonstigen Einflußgrößen (wie In- und Auslandszinssatz) i. d. R. ihren Bestand sowohl an aus- als auch an inländischen Wertpapieren aufstocken. Der Anteil, der auf diese beiden Anlagemöglichkeiten entfällt, wird bei gegebenen Risiken von der Höhe der Zinssätze bestimmt. Je höher der inländische und je niedriger der ausländische Zinssatz ist, desto größer ist der *Anteil des Vermögenszuwachses*, der auf den Erwerb inländischer Wertpapiere seitens der ausländischen Anleger entfällt, desto höher sind m. a. W. die Kapitalimporte des Inlands. Damit ist die Höhe der internationalen Kapitalbewegungen mit der Höhe der Zinssätze verknüpft – vorausgesetzt, daß die Kapitalbewegungen durch Vermögensänderungen ausgelöst werden.

Im *Keynesianischen Grundmodell* dieses Kapitels finden explizit nur die Zinssätze[8]), nicht aber Vermögen und erwartete Wechselkursänderungen als Bestimmungsfaktoren der internationalen Kapitalbewegungen Berücksichtigung[9]). Mit der Vernachlässigung erwarteter Wechselkursänderungen wird implizit unterstellt, daß der laufende Wechselkurs (w) den erwarteten Wechselkurs (w^{erw}) bestimmt (d. h. $w^{erw} = w$). Damit entfällt die erwartete Wechselkursänderung ($w^{erw} - w$) als Einflußfaktor der internationalen Kapitalbewegungen.

Der Einfluß des inländischen Zinssatzes (i) und des ausländischen Zinssatzes (i_a) auf die internationalen Kapitalbewegungen wird durch Gleichung (1) erfaßt.

$$K = K(\overset{+}{i}, \overset{-}{i_a}) \tag{1}$$

Die Nettokapitalimporte (K) stellen die Differenz zwischen Kapitalimporten und Kapitalexporten dar. Ein positiver (negativer) Wert von K bedeutet, daß die Kapitalimporte (Kapitalexporte) überwiegen. Wie die angegebenen Vorzeichen der Ableitungen zeigen, sind die Nettokapitalimporte um so größer, je höher der inländische und je niedriger der ausländische Zinssatz ist. Dieser Zusammenhang läßt sich mit dem zweiten der oben genannten Zinseinflüsse begründen, der die Auswirkungen von Vermögensänderungen auf die internationalen Kapitalbewegungen erfaßt. Je höher der inländische Zinssatz im Vergleich zum ausländischen Zinssatz ist, desto größer ist der Anteil des Vermögenszuwachses,

---

[8]) Diese Vereinfachung erscheint insofern berechtigt, als aus empirischen Untersuchungen der Schluß gezogen werden kann, daß die internationalen Kapitalbewegungen in beträchtlichem Maße von den Zinssätzen abhängen. Vgl. R. C. Bryant, Empirical Research on Financial Capital Flows. In: International Trade and Finance. Frontiers for Research. Ed. by P. B. Kenen. Cambridge 1975. S. 349.

[9]) Die Einflüsse, die von Wechselkurs- und Vermögensänderungen ausgehen, werden in den Modellen der Kapitel X bis XII erfaßt.

den die Wertpapierbesitzer im Inland anlegen; desto höher sind also die Kapitalzuflüsse aus dem Ausland (Kapitalimporte), und desto niedriger sind die Kapitalabflüsse ins Ausland (Kapitalexporte). Damit fallen die Nettokapitalimporte K um so größer aus, je höher der inländische und je niedriger der ausländische Zinssatz ist.

2. Märkte des Grundmodells

a) Gütermarktgleichgewicht

Im vorliegenden Grundmodell erfolgt die Untersuchung weiterhin unter der Annahme konstanter Preisniveaus in In- und Ausland[10]); über Kapitel V hinausgehend, wird jedoch die Möglichkeit von Wechselkursänderungen in die Überlegung einbezogen. Außerdem werden – wie in Keynesianischen Modellen, die den Geldmarkt enthalten, üblich – zinsabhängige Investitionen unterstellt und schließlich Staatsausgaben explizit berücksichtigt. Dann läßt sich die Gleichgewichtsbedingung für den Gütermarkt in der folgenden Form aufstellen[11]):

$$Y = C(Y) + I(i) + G + A(w, Y, Y_a)\,, \qquad (2)$$

wobei G die Staatsausgaben bezeichnet.

Als normale Reaktion wird unterstellt, daß der Außenbeitrag mit einem Anstieg des Wechselkurses *zunimmt*[12]). Weiter wird (wie schon im Abschnitt V.1) davon ausgegangen, daß der Außenbeitrag bei einer Erhöhung des Auslandseinkommens steigt und bei einer Erhöhung des Inlandseinkommens sinkt.

Durch Gleichung (2) wird der Gleichgewichtswert des Sozialprodukts Y in Abhängigkeit von i, w, G und Y_a bestimmt. Der Zusammenhang zwischen i und Y soll im bekannten Hicksschen Dia-

---

[10]) Konjunktur- und wechselkursbedingte Preisänderungen werden im Kapitel VIII behandelt.

[11]) Diese Bedingung ergibt sich unter den genannten Annahmen aus den Gleichungen (9) und (10) des Abschnitts V.1, wenn – wie bei der Herleitung von Gleichung (11) im Abschnitt V.2 – die Preisniveaus in In- und Ausland zur Vereinfachung gleich eins gesetzt werden.

[12]) Vgl. zur Reaktion des Außenbeitrags auf Wechselkursänderungen den Abschnitt III. 1.

gramm dargestellt werden (vgl. die *IS-Kurve* in Fig. 20). Der Verlauf dieser Kurve und der Einfluß der Lageparameter (w, G und Y_a)
werden vor der algebraischen Präzisierung zunächst erläutert: Wie
im Falle der geschlossenen Volkswirtschaft verläuft die *IS*-Kurve
negativ, weil eine Zinssenkung die Investitionen anregt und damit
das Gleichgewichtseinkommen ansteigen läßt (bei gegebenen Werten für w, G und Y_a). *Erhöhungen* von w (Abwertung der heimischen
Währung) und Y_a vergrößern im hier unterstellten Normalfall den
Außenbeitrag und weiten ebenso wie eine Erhöhung von G das
Gleichgewichtseinkommen bei gegebenem Zinssatz aus. In Fig. 20
wird der Anstieg von Y bei gegebenem i durch eine Verschiebung
der *IS*-Kurve nach rechts veranschaulicht.

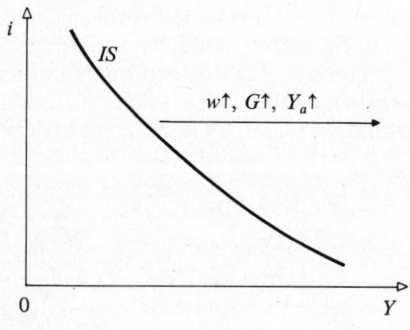

Figur 20

Die Zusammenhänge lassen sich algebraisch mit Hilfe des totalen Differentials von (2) bestimmen:

$$dY = \frac{\partial C}{\partial Y} dY + \frac{\partial I}{\partial i} di + dG + \frac{\partial A}{\partial w} dw + \frac{\partial A}{\partial Y} dY + \frac{\partial A}{\partial Y_a} dY_a$$

Löst man diese Gleichung nach dY auf, dann erhält man:

$$dY = \frac{\overset{-}{\frac{\partial I}{\partial i}} di + dG + \overset{+}{\frac{\partial A}{\partial w}} dw + \frac{\partial A}{\partial Y_a} dY_a}{\underbrace{1 - \frac{\partial C}{\partial Y}}_{+} - \underbrace{\frac{\partial A}{\partial Y}}_{-}}.$$

Der Nenner ist positiv. Bei gegebenen Werten für w, G und Y_a (dw, dG, $dY_a = 0$) erhält man $\frac{dY}{di} < 0$, also $\frac{di}{dY} < 0$, d.h. den bekannten fallenden Verlauf der *IS*-Kurve im i/Y-Diagramm.

Den Einfluß einer Änderung von w auf die Lage der *IS*-Kurve kann man ableiten, indem i (und die Lageparameter außer w) konstant gehalten werden und dann der Einfluß einer Änderung von w auf Y untersucht wird:

$$\frac{dY}{dw} = \frac{\frac{\partial A}{\partial w}}{1 - \frac{\partial C}{\partial Y} - \frac{\partial A}{\partial Y}} > 0 \,.$$

Entsprechend erhält man $\frac{dY}{dY_a} > 0$ für gegebene Werte von i, w, G bzw. $\frac{dY}{dG} > 0$ für gegebene Werte von i, w, Y_a. Aus den Rechnungen ergeben sich also die verbal erläuterten und in Fig. 20 dargestellten Zusammenhänge.

b) Geldmarktgleichgewicht

aa) *Ableitung der LM-Kurve.* – Gleichgewicht auf dem Geldmarkt erfordert, daß das (nominale) Geldangebot (M^s) und die nominale Geldnachfrage (L) übereinstimmen, d.h.:

$$M^s = L \,. \tag{3}$$

Es wird unterstellt, daß die heimische Währung ausschließlich von Inländern nachgefragt wird, so daß nur das Inlandseinkommen und der Inlandszins die Geldnachfrage (L) beeinflussen. Die Verhaltensgleichung zur Bestimmung der Geldnachfrage lautet dann:

$$L = L(\overset{-}{i}, \overset{+}{Y}) \,, \tag{4}$$

wobei die Ableitungen die üblichen Vorzeichen aufweisen.

Als Geldangebotsfunktion[13]) wird unterstellt

$$M^s = mB \,, \tag{5}$$

---

[13]) Zur Ableitung des Geldangebots vgl. Jarchow, Theorie und Politik des Geldes. I. Geldtheorie, a.a.O., S. 123 ff.

wobei mit m der Geldangebotsmultiplikator und mit B die monetäre Basis (Geldbasis) bezeichnet werden.

Um die Zusammenhänge möglichst einfach zu halten, wird angenommen, daß der Geldangebotsmultiplikator zinsunabhängig ist; aus dem gleichen Grund wird hier auf die in der geldtheoretischen Literatur häufig vorgenommene Korrektur oder Erweiterung der Basis verzichtet.

Die Gleichungen (3) bis (5) lassen sich zu

$$mB = L(i, Y) \tag{6}$$

zusammenfassen. Diese Gleichung zeigt die Beziehung zwischen B, Y und i im Geldmarktgleichgewicht. Im i/Y-Diagramm dargestellt, ergibt sich der übliche steigende Verlauf der *LM-Kurve*, wobei die Geldbasis als Lageparameter dient.

Der Einfluß der *Geldbasis* auf die Lage der *LM*-Kurve läßt sich mit Hilfe einer verbalen Überlegung begründen. Werden die Geldbasis und damit das Geldangebot erhöht, dann wird das Gleichgewicht auf dem Geldmarkt gestört. Um es wiederherzustellen, muß die Geldnachfrage zunehmen (durch eine Senkung des Zinssatzes oder eine Erhöhung des Einkommens im Inland). Die *LM*-Kurve, die das Gleichgewicht auf dem Geldmarkt beschreibt, muß deshalb nach einer Erhöhung von B ihre Lage verändern. Die in Fig. 21 eingezeichnete Rechtsverschiebung der *LM*-Kurve stellt dar, daß bei gegebenem Zins die erforderliche Ausweitung der Geldnachfrage durch einen Anstieg des Einkommens bewirkt werden muß.

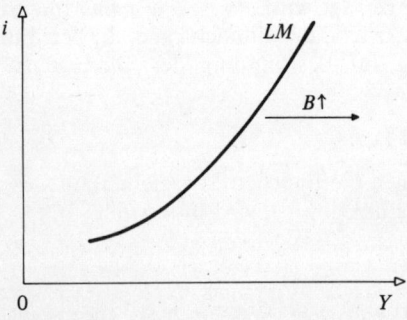

Figur 21

bb) *Geldangebot und Neutralisierungspolitik.* – Für eine offene Volkswirtschaft stellt sich die Frage, inwieweit die monetäre Basis von der Zentralbank kontrolliert und somit als Parameter der Zentralbank angesehen werden kann. Wird nämlich die monetäre Basis von der Entstehungsseite bestimmt, dann zeigt sich, daß sie der Summe aus Nettoauslandsforderungen der Zentralbank (*Währungsreserven*, abgekürzt mit R) und verschiedenen weiteren Komponenten entspricht[14]. Diese übrigen Komponenten, u. a. Zentralbankkredite an Geschäftsbanken in Form von rediskontierten Wechseln oder Zentralbankkredite an den öffentlichen Sektor, sind im wesentlichen aus Transaktionen entstanden, die die Zentralbank mit Inländern (Staat, Geschäftsbanken und Publikum) vorgenommen hat. Die Summe dieser übrigen Komponenten wird hier mit H abgekürzt (*heimische Komponente der monetären Basis*) und als Parameter der Zentralbank angesehen. Es gilt also:

$$B = R + H.$$

Diese Beziehung macht deutlich, daß die Geldbasis und damit das Geldangebot in einer offenen Volkswirtschaft auch von der Höhe der Währungsreserven (R) und der dahinter stehenden Zahlungsbilanzentwicklung abhängen. Sobald die Zentralbank am Devisenmarkt interveniert, d. h. ausländische Währung an- bzw. verkauft, erhöht bzw. vermindert sich ihr Bestand an Währungsreserven. Aus diesem Zusammenhang ergibt sich, daß eine Verpflichtung der Zentralbank zur Verteidigung fester Wechselkurse die *Kontrolle über die Geldbasis* und damit das Geldangebot gefährdet. Um den Wechselkurs stabil zu halten, muß die Zentralbank ggf. bereit sein, alle Devisen, die ihr angeboten werden, zu einem festgelegten Kurs anzukaufen, d. h. in entsprechendem Umfang heimische Währungseinheiten abzugeben. Falls beim festgelegten Wechselkurs ein Überschuß an Devisen besteht, nimmt die Zentralbank dieses Überschußangebot aus dem Markt und erhöht damit zunächst einmal die Geldbasis und damit das Geldangebot.

---

[14]) Vgl. dazu Jarchow, Theorie und Politik des Geldes. I. Geldtheorie, a.a.O., S. 127. Zur Ermittlung der Größe R, die sich aus den bis zur Gegenwart akkumulierten Nettozugängen an Währungsreserven ergibt, sind die im Zeitverlauf vorgenommenen Käufe und Verkäufe mit den Preisen bzw. Wechselkursen zu bewerten, zu denen die Transaktionen tatsächlich abgewickelt wurden.

Durch den Einsatz ihres Instrumentariums kann die Zentralbank versuchen, das durch den Devisenankauf geschaffene Geld wieder abzuschöpfen. Sie versucht dann, den Einfluß von Devisenbewegungen auf die Geldbasis und das Geldangebot zu neutralisieren (**Neutralisierungs- oder Sterilisierungspolitik**). Im Modell würde eine *erfolgreiche* Neutralisierungspolitik darin zum Ausdruck kommen, daß Änderungen von R durch gegenläufige Änderungen von H genau ausgeglichen werden. In diesem Fall bleiben B und damit auch das Geldangebot konstant; die LM-Kurve verschiebt sich nicht. Wie die Erfahrungen in der Bundesrepublik gezeigt haben, hat die Zentralbank mit der Neutralisierungspolitik Schwierigkeiten, sobald sie in großem Umfang Devisen ankaufen muß. *Mißlingt* die Neutralisierungspolitik oder wird sie gar nicht erst unternommen, dann verändert sich B mit den Devisenzu- oder -abflüssen, und dementsprechend ändert sich die Lage der LM-Kurve. Da nicht abzusehen ist, ob eine Neutralisierungspolitik Erfolg hat[15], (oder überhaupt angestrebt wird), soll im Abschnitt VI. 3 das Gleichgewicht bei festen Wechselkursen mit und ohne Neutralisierung der Devisenbewegungen untersucht werden.

c) Angebot, Nachfrage und Gleichgewicht auf dem Devisenmarkt

In einer offenen Volkswirtschaft muß neben dem Güter- und dem Geldmarkt der *Devisenmarkt* in der Analyse berücksichtigt werden. Devisen, d. h. insbesondere Guthaben bei ausländischen Kreditinstituten, werden in vielfältiger Form gehandelt. So gibt es zum einen eine große Zahl von Währungen, in denen Transaktionen vorgenommen werden. Zum anderen existieren neben dem Kassamarkt, an dem die Geschäfte innerhalb von zwei Geschäftstagen abgewickelt werden müssen, Terminmärkte, auf denen Geschäfte abgeschlossen werden, die erst zu einem späteren Zeitpunkt zu erfüllen sind (z. B. nach drei Monaten). Diese Vielfalt am Devisenmarkt[16] kann eine makroökonomische Analyse nicht Rechnung

---

[15]) Vgl. hierzu V. Alexander, H. E. Loef, Die Kontrolle der Geldbasis und ihrer Komponenten – eine empirische Analyse für die BRD, „Kredit und Kapital", Jg. 7 (1974), S. 508 ff.

[16]) Informationen über den Devisenmarkt sind zu finden bei P. Fischer-Erlach, Handel und Kursbildung am Devisenmarkt. 3., überarb. Aufl. Stuttgart 1988, insbesondere Kap. II und III. – H. Lipfert, Interna-

tragen. Deshalb wird hier in der Modellanalyse der Einfachheit halber davon ausgegangen, daß nur eine ausländische Währung gehandelt wird, und zwar auf dem Kassamarkt. Auf die Existenz von Terminmärkten wird erst im Kapitel X eingegangen.

aa) *Devisenangebot und Devisennachfrage.* – Da annahmegemäß nur ein Devisenmarkt existiert, müssen Exporteure, Importeure und Kapitalanleger ihre Devisengeschäfte auf diesem Markt abwickeln[17]). Als weiterer Marktteilnehmer kommt die Zentralbank hinzu, wenn sie auf dem Devisenmarkt durch An- und Verkäufe interveniert und dabei ihre Währungsreserven verändert. Sieht man zunächst von Transaktionen der Zentralbank ab, dann entspricht das *Devisenangebot* dem Wert der Exporte und der Kapitalimporte, die *Devisennachfrage* dem Wert der Importe und der Kapitalexporte. Diese Quellen von Devisenangebot und Devisennachfrage sind (in zusammengefaßter Form) in der folgenden Gleichung (7) auf der rechten Seite aufgeführt, wobei Exporte und Importe zum *Außenbeitrag* (*A*) und Kapitalimporte und -exporte zu *Nettokapitalimporten* (*K*) saldiert wurden und alle Größen in heimischer Währung bestimmt sind:

$$Z = A + K. \tag{7}$$

Sofern es sich um ein *System völlig freier Wechselkurse* handelt, in dem die Zentralbanken am Devisenmarkt nicht intervenieren, muß es unter den übrigen Marktteilnehmern (Außenhandelsunternehmen und Kapitalanleger) zum Ausgleich von Devisenangebot und Devisennachfrage kommen. Das bedeutet nichts anderes, als daß dann immer $A + K = 0$ gelten muß. *Interveniert* dagegen die Zentralbank am Devisenmarkt, dann kann bei den übrigen Marktteilnehmern ein Angebots- oder Nachfrageüberschuß bestehen bleiben. Ist beispielsweise das Devisenangebot der Außenhandelsunternehmen und Kapitalanleger insgesamt gesehen größer als die

---

tionaler Devisen- und Geldhandel. 3., unveränd. Aufl. Frankfurt/M. 1969. S. 44 ff., insbesondere bis S. 73. Einen knappen Überblick gibt G. Obst, O. Hintner, Geld-, Bank- und Börsenwesen. Ein Handbuch. 37., völlig neu gestaltete Aufl. Hrsg. von N. Kloten, J. H. von Stein. Stuttgart 1980. S. 816 ff.

[17]) Devisenangebot bzw. -nachfrage, die aus unentgeltlichen Übertragungen entstehen, bleiben in der folgenden Modellanalyse unberücksichtigt.

Nachfrage, dann ist die Summe $A + K$ positiv; die Zentralbank kauft in diesem Fall Devisen auf, und zwar (in heimischer Währung gerechnet) in Höhe von $Z(= A + K) > 0$. Umgekehrt gibt $Z < 0$ den Betrag (in heimischer Währung) an, den die Zentralbank bei einer Überschußnachfrage nach Devisen aus ihren Währungsreserven an die übrigen Marktteilnehmer verkauft. In der Zahlungsbilanzstatistik entspricht Z dem *Saldo der Devisenbilanz*[18]). Dieser Saldo zeigt die Veränderung der Währungsreserven der Zentralbank an $(Z = \Delta R)$.

Um die Modellanalyse durchführen zu können, müssen die Bestimmungsfaktoren von Devisenangebot und Devisennachfrage in Gleichung (7) berücksichtigt werden. Die Bestimmungsfaktoren der Nettokapitalimporte sind in Gleichung (1) angegeben[19]). Die Bestimmungsfaktoren des Außenbeitrags enthält Gleichung (2). Unter Einbeziehung dieser Zusammenhänge ergibt sich für den Saldo der Devisenbilanz Z:

$$Z = A \, (\overset{+}{w}, \overset{-}{Y}, \overset{+}{Y_a}) + K \, (\overset{+}{i}, \overset{-}{i_a}) \, . \tag{8}$$

bb) *Gleichgewicht auf dem Devisenmarkt.* – **Außenwirtschaftliches (externes) Gleichgewicht** besteht dann, wenn der Saldo der Devisenbilanz ausgeglichen ist $(Z = 0)$, wenn also ohne Intervention der Zentralbank am Devisenmarkt Devisenangebot und Devisennachfrage übereinstimmen. Dieser Zustand, der bei völlig freier Wechselkursbildung automatisch erreicht wird, ist auch bei festen Wechselkursen von Bedeutung, weil bei ausgeglichener Devisenbilanz die Währungsreserven der Zentralbank unverändert bleiben und damit von dieser Seite kein Druck zur Verminderung oder Erhöhung des Geldangebots ausgeht.

aaa) Das außenwirtschaftliche Gleichgewicht läßt sich wie das Gleichgewicht auf dem Gütermarkt oder das Gleichgewicht auf dem Geldmarkt graphisch darstellen. Gleichung (8) zeigt, daß der Devisenbilanzsaldo Z von mehr als einer Größe bestimmt wird. Deshalb kann ein spezieller Wert dieses Saldos (insbesondere $Z = 0$) durch mehr als eine Kombination der Einflußgrößen erreicht werden. In Fig. 22 sollen alle Kombinationen von i und Y

---

[18]) Vgl. Unterabschnitt I, 5b) ee).
[19]) Vgl. S. 134.

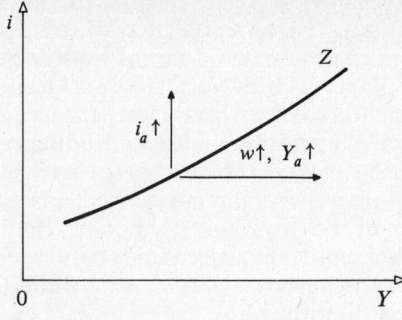

Figur 22

eingetragen werden, bei denen außenwirtschaftliches Gleichgewicht besteht (*Z-Kurve*). Die übrigen Einflußgrößen dienen dabei als Lageparameter dieser Kurve.

Formal werden alle Änderungen der Einflußfaktoren, bei denen der Devisenbilanzsaldo unverändert den Wert Null behält, dadurch bestimmt, daß das totale Differential von Gleichung (8) gleich Null gesetzt wird ($dZ = 0$):

$$dZ = \overset{+}{\frac{\partial A}{\partial w}} dw + \overset{-}{\frac{\partial A}{\partial Y}} dY + \overset{+}{\frac{\partial A}{\partial Y_a}} dY_a + \overset{+}{\frac{\partial K}{\partial i}} di + \overset{-}{\frac{\partial K}{\partial i_a}} di_a = 0. \quad (8\,\text{a})$$

Bei unveränderten Werten der übrigen Einflußgrößen (di_a, dw, $dY_a = 0$) ergibt sich dann für die Kurve des außenwirtschaftlichen Gleichgewichts, die *Z*-Kurve, folgende Steigung:

$$\frac{di}{dY} = -\frac{\dfrac{\partial A}{\partial Y}}{\dfrac{\partial K}{\partial i}} > 0 \,.$$

Dieser Ausdruck ist positiv, weil als Normalfall $\partial A/\partial Y < 0$ unterstellt wurde und $\partial K/\partial i > 0$ gilt. Bei gegebenen Werten der übrigen Einflußgrößen muß also der Zins um so höher sein, je höher das Sozialprodukt ist, wenn die Devisenbilanz unverändert einen Saldo von Null aufweisen soll (außenwirtschaftliches Gleichgewicht).

Der hier formal abgeleitete Zusammenhang kann inhaltlich erläutert werden: Wenn sich – bei unveränderten Werten der übrigen Einflußgrößen (also auch des Zinses) – das inländische Sozialprodukt erhöht, dann verringert sich im Normalfall der Devisenbilanzsaldo – vgl. Gleichung (8a). Bei vorher ausgeglichener Devisenbilanz tritt ein Defizit ein. Durch Erhöhung des inländischen Zinssatzes kann der Ausgleich der Devisenbilanz wieder erreicht werden, weil es wegen der erhöhten Kapitalimporte zu einem zusätzlichen Devisenangebot kommt. Bei Konstanz der übrigen Einflußfaktoren muß also eine Erhöhung des Sozialprodukts mit einer Zinserhöhung verbunden sein, wenn das außenwirtschaftliche Gleichgewicht aufrechterhalten bleiben soll.

bbb) Bei gegebenem Wert für den Koeffizienten $\partial A/\partial Y$ hängt der Anstieg der Z-Kurve von $\partial K/\partial i$ ab, also von der *Zinsabhängigkeit der Kapitalbewegungen*. Je weniger die Nettokapitalimporte auf Zinsänderungen reagieren, je geringer also $\partial K/\partial i$ ist, desto größer ist $\dfrac{di}{dY}$, desto steiler steigt demnach die Z-Kurve an. Im *Extremfall*, bei zinsunabhängigen Kapitalbewegungen ($\partial K/\partial i$ $= 0$), geht $\dfrac{di}{dY} \to \infty$, die Z-Kurve verläuft senkrecht. Es existiert dann nur ein ganz bestimmter Wert des Sozialprodukts, bei dem die Devisenbilanz ausgeglichen ist. Steigt das Sozialprodukt über diesen Wert an, dann vermindert sich der Außenbeitrag. Weil aber die Kapitalbewegungen auf Zinsänderungen nicht reagieren, kann das durch die Sozialproduktserhöhung entstandene Devisenbilanzdefizit nicht ausgeglichen werden. Über eine Zinserhöhung werden nämlich keine zusätzlichen Nettokapitalimporte ausgelöst. Beim erhöhten Sozialprodukt existiert kein Zinssatz, der den Devisenbilanzausgleich bewirken kann – nichts anderes besagt der senkrechte Verlauf der Z-Kurve bei zinsunabhängigen Kapitalbewegungen.

ccc) Der Einfluß der übrigen Faktoren wie i_a, w und Y_a auf die Lage der Z-Kurve läßt sich ebenfalls mit Hilfe des totalen Differentials bestimmen. Für die weiteren Überlegungen ist es vor allem wichtig, den Einfluß einer *Wechselkursänderung* zu untersuchen. Zu diesem Zweck wird ermittelt, wie – bei gegebenem Zinssatz (di $= 0$) und gegebenen anderen Einflußgrößen (di_a, $dY_a = 0$) – das Sozialprodukt auf eine Wechselkursänderung reagieren muß $\left(\dfrac{dY}{dw}\right)$, damit das außenwirtschaftliche Gleichgewicht bestehen bleiben kann $(Z = 0 \; und \; dZ = 0)$. Aus (8a) ergibt sich:

$$\frac{dY}{dw} = \frac{\dfrac{\partial A}{\partial w}}{-\dfrac{\partial A}{\partial Y}} > 0 \, .$$

Normale Reaktion vorausgesetzt, muß also Y bei gegebenem i um so größer sein, je größer w ist; d.h. alle Punkte der Z-Kurve liegen im i/Y-Diagramm weiter rechts, wenn w gestiegen ist.

Es ist ökonomisch einsichtig, warum im Normalfall nach einer Wechselkurserhöhung (Abwertung) eine Ausweitung des Sozialprodukts erforderlich ist, um bei gegebenem Zins die Devisenbilanz wieder auszugleichen. Im Normalfall führt die *Abwertung* zu einer Erhöhung des wertmäßigen Außenbeitrags und damit zu einem Überschußangebot an Devisen, wenn die Devisenbilanz vorher ausgeglichen war. Nur durch eine Ausweitung des Sozialprodukts kann bei gegebenen anderen Einflußgrößen die Erhöhung des wertmäßigen Außenbeitrags wieder rückgängig gemacht und damit der Devisenbilanzüberschuß wieder beseitigt werden. Die neue Kurve des außenwirtschaftlichen Gleichgewichts muß demzufolge bei höheren Sozialproduktswerten, d.h. rechts von der ursprünglichen Kurve, verlaufen.

Wie der Einfluß des Wechselkurses kann auch der Einfluß der übrigen Größen auf die Lage der Z-Kurve mit Hilfe von Gleichung (8a) rechnerisch bestimmt werden. Es ergeben sich die in Fig. 22 angegebenen Zusammenhänge. Ein *Anstieg des Auslandszinses* bewirkt beispielsweise eine Verringerung der Nettokapitalimporte; durch eine Erhöhung des Inlandszinses, die die Nettokapitalimporte wieder ausweitet, wird bei gegebenem Sozialprodukt im Inland erreicht, daß trotz gestiegenen Auslandszinses die Devisenbilanz weiterhin ausgeglichen bleibt. In Fig. 22 verschiebt sich also die Z-Kurve nach oben[20]).

---

[20]) I.d.R. kann nach einer Erhöhung von i_a der Ausgleich der Devisenbilanz auch durch einen Anstieg des Außenbeitrags, d.h. eine Verringerung von Y, bewirkt werden. Das bedeutet eine Linksverschiebung der Z-Kurve. Die Unterscheidung zwischen einer Verschiebung der Z-Kurve nach oben und einer Verschiebung nach links ist nur für die Extremfälle von Bedeutung. Reagieren die Kapitalanleger überhaupt nicht auf

3. Modellgleichgewicht bei festen und flexiblen Wechselkursen

Um das vollständige Gleichgewicht des Modells zu bestimmen, müssen die Gleichgewichtsbeziehungen für den Gütermarkt (2), den Geldmarkt (6) sowie die Bestimmungsgleichung für den Devisenbilanzsaldo (8) zugrunde gelegt werden:

$$Y = C(Y) + I(i) + G + A(w, Y, Y_a) \tag{2}$$

$$mB = L(i, Y) \tag{6}$$

$$Z = A(w, Y, Y_a) + K(i, i_a) \tag{8}$$

Diese drei Gleichungen enthalten allerdings nicht mehr explizit den Zusammenhang zwischen Devisenbilanzsaldo und Geldangebot, der zum Verständnis des Modells wichtig ist[21]) und deshalb bei der Interpretation des Modells im Auge behalten werden muß.

Das Modell enthält (als exogene oder endogene) Variable[22]): i, Y; Z, B, w; G, i_a, Y_a. Da hier nur der Fall des kleinen Landes betrachtet wird, sind i_a und Y_a vorgegebene Größen; G stellt einen Parameter der Wirtschaftspolitik dar (ist also bei der Ableitung der Gleichgewichtslösung ebenfalls vorgegeben). Von den verbleibenden Variablen werden i und Y immer durch die Modellzusammenhänge als endogene Variable bestimmt, während je nach untersuchtem Fall Z, B oder w – wie im folgenden erläutert wird – die dritte endogene Variable darstellen.

Die Modellgleichgewichte werden jeweils graphisch bestimmt, und zwar unter Verwendung der im Abschnitt VI. 2 abgeleiteten IS-, LM- und Z-Kurven. Wie ein Blick auf die entsprechenden Figuren zeigt, weisen sowohl die LM- als auch die Z-Kurve im i/Y-Diagramm eine positive Steigung auf. Von vornherein kann

---

die Zinssätze in In- und Ausland, dann beeinflußt eine Änderung von i_a die Nettokapitalimporte nicht; die (senkrecht verlaufende) Z-Kurve bleibt liegen. Bei vollkommen zinselastischen Kapitalbewegungen ist die Reaktion der Kapitalanleger auf die Zinssätze so stark, daß im Gleichgewicht Zinsdifferenzen zwischen In- und Ausland nicht bestehen bleiben können (vgl. Abschnitt IX. 2), die horizontale Z-Kurve schneidet deshalb die Ordinate bei $i = i_a$. Eine Erhöhung von i_a verschiebt sie nach oben.

[21]) Vgl. Unterabschnitt VI. 2b) bb).

[22]) Die übrigen Symbole kennzeichnen funktionale Zusammenhänge oder in einem Fall einen Koeffizienten (m).

nicht entschieden werden, ob die *LM*- oder die *Z*-Kurve steiler verläuft. Die erforderlichen Fallunterscheidungen spielen bei der Untersuchung der Stabilisierungspolitik im folgenden Kapitel eine Rolle. Deshalb wird erst dort auf sie eingegangen und hier der Einfachheit halber unterstellt, daß die *Z*-Kurve flacher als die *LM*-Kurve verläuft.

a) Feste Wechselkurse mit Neutralisierungspolitik

Bei festen Wechselkursen ist *w* vorgegeben. Falls dabei eine Neutralisierungspolitik mit Erfolg betrieben wird, falls also die Einflüsse des Devisenbilanzsaldos auf die Geldbasis von der Zentralbank kompensiert werden, kann im Modell die *Geldbasis* als Parameter der Zentralbank angesehen werden. In diesem Fall ist die Höhe des *Devisenbilanzsaldos* (und damit die Veränderung der Währungsreserven der Zentralbank) endogen.

Zur Ermittlung des Gleichgewichts können die drei Gleichungen des Grundmodells in unveränderter Form übernommen werden. Das Gleichungssystem (2), (6) und (8) enthält an:

> endogenen Variablen: $i, Y; Z$
> exogenen Variablen: $i_a, G, Y_a; w, B.$

Die Gleichgewichtswerte für Zins (i) und Sozialprodukt im Inland (Y) lassen sich aus den beiden Gleichgewichtsbedingungen für den Güter- und den Geldmarkt allein bestimmen (vgl. den markierten *Schnittpunkt P der IS- mit der LM-Kurve* in Fig. 23). Die Z-Kurve dient nur zur Beschreibung des Devisenbilanzsaldos; ihr kommt für die Ermittlung des Gleichgewichts keine Bedeutung zu. Deshalb ist sie in Fig. 23 unterbrochen eingezeichnet. Im Gleichgewicht bei festen Wechselkursen kann ein Überschuß, ein ausgeglichener Saldo oder ein Defizit in der Devisenbilanz vorliegen, sofern die Zentralbank eine Neutralisierungspolitik betreibt. Alle drei Fälle sind in Fig. 23 veranschaulicht.

Der *Fall 2)* ist am einfachsten zu interpretieren. Dort liegt die Gleichgewichtskombination von i und Y auf der Z-Kurve; im Gleichgewicht ist die *Devisenbilanz ausgeglichen*. In den Fällen 1) und 3) liegt der markierte Gleichgewichtspunkt von i und Y nicht auf der Z-Kurve; die Devisenbilanz ist also in beiden Fällen unausgeglichen. Aus der Lage des Gleichgewichtspunkts im Verhältnis zur Z-Kurve läßt sich ablesen, ob es sich um ein Defizit oder um einen Überschuß der Devisenbilanz handelt.

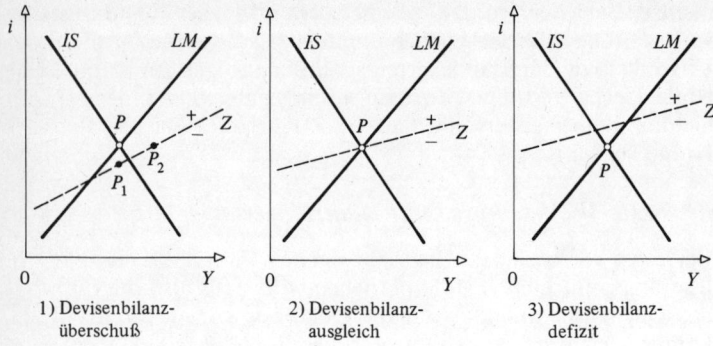

1) Devisenbilanz-
   überschuß

2) Devisenbilanz-
   ausgleich

3) Devisenbilanz-
   defizit

Figur 23

Im *Fall 1)* liegt der markierte Gleichgewichtspunkt P oberhalb
bzw. links von der Z-Kurve. Senkrecht unter P befindet sich der
Punkt P_1. In P_1 ist die Devisenbilanz ausgeglichen, weil P_1 auf der
Z-Kurve liegt. Im Vergleich zu P_1 sind in P die Nettokapitalimporte höher (höherer Zins im Gleichgewicht als in P_1); der Außenbeitrag ist genau so hoch wie in P_1 (gleiche Höhe des Sozialprodukts in
beiden Punkten). Dementsprechend muß die Devisenbilanz im
Gleichgewicht (oberhalb von P_1) einen *Überschuß* aufweisen, da sie
in P_1 ausgeglichen wäre. Auch durch den Vergleich mit P_2 läßt sich
begründen, daß im Gleichgewicht ein Devisenbilanzüberschuß vorliegt. Die Devisenbilanz ist nämlich in P_2 ausgeglichen; in P ist
wegen des geringeren Sozialprodukts der Außenbeitrag höher als in
P_2; die Devisenbilanz weist also im Gleichgewicht P einen Überschuß auf.

Zusammenfassend kann festgehalten werden, daß beim Fall 1)
das Gleichgewicht mit einem Devisenbilanzüberschuß verbunden
ist, weil es oberhalb bzw. links von der Z-Kurve liegt. Entsprechend
läßt sich zeigen, daß im *Fall 3)* ein *Devisenbilanzdefizit* herrscht,
weil das Gleichgewicht unterhalb bzw. rechts von der Z-Kurve
liegt[23]).

Das Gleichgewicht in den Fällen 1) und 3) kann solange bestehen
bleiben, wie es der Zentralbank möglich ist, das Geldangebot kon-

---

[23]) Die Z-Kurve teilt also das i/Y-Diagramm in einen Bereich mit einem
Überschuß (+) und einem Defizit (−) in der Devisenbilanz ein.

stant zu halten, also die Devisenzuflüsse bzw. -abflüsse zu neutralisieren. Im Fall 1) könnte das Gleichgewicht dadurch gestört werden, daß es der Zentralbank nicht mehr gelingt, durch kontraktive
Maßnahmen die durch den Ankauf der Devisen neu geschaffene
Geldmenge wieder stillzulegen. Im Fall 3) muß die Zentralbank
laufend Devisen gegen heimische Währung abgeben. Hält dieser
Zustand an, dann erschöpft sich ihr Devisenbestand, und sie ist auf
Auslandskredite angewiesen. Hier kann das Gleichgewicht dadurch gestört werden, daß sich die Zentralbank keine Devisen mehr
durch Kreditaufnahme verschaffen kann. Sowohl im Fall 1) als
auch im Fall 3) besteht also Anlaß zu der Vermutung, daß das
entsprechende *Gleichgewicht nicht auf Dauer* bestehen bleiben
kann, weil die Zentralbank außerstande ist, die dazu erforderliche
Politik langfristig mit Erfolg durchzuhalten[24]).

Deshalb soll jetzt untersucht werden, welche Folgen sich ergeben, falls die Zentralbank die Neutralisierung der mit ihren Interventionen verbundenen Geldmengeneffekte aufgeben muß.

b) Feste Wechselkurse ohne Neutralisierungspolitik

Wenn die Zentralbank darauf verzichtet, die Auswirkungen von
Devisenbilanzdefiziten oder -überschüssen auf die Geldmengenentwicklung zu neutralisieren, läßt sie zu, daß Devisenbilanz*überschüsse* die monetäre Basis und damit die *Geldmenge erhöhen* (weil
die Zentralbank Devisen gegen heimische Währung ankauft) und
daß Devisenbilanzdefizite die Geldmenge verringern (weil die Zentralbank Devisen gegen heimische Währung verkauft).

Die Geldbasis und damit die Geldmenge ändern sich dann entsprechend dem Devisenbilanzsaldo; im Modell ist B also endogen.
Solange die Devisenbilanz unausgeglichen ist (d. h. Geldmengenänderungen eintreten), erfolgen Verschiebungen der *LM*-Kurve. Ein
dauerhaftes (langfristiges) Gleichgewicht ist erst erreicht, wenn der

---

[24]) Ein Gleichgewicht mit einem Überschuß oder einem Defizit in der Devisenbilanz wird auch als „Quasi-Gleichgewicht" bezeichnet, weil nur
durch die Neutralisierungspolitik der Zentralbank verhindert wird, daß
sich das Ungleichgewicht auf dem Devisenmarkt auf den Geldmarkt
auswirkt. Vgl. A. K. Swoboda, Equilibrium, Quasi-Equilibrium, and
Macroeconomic Policy under Fixed Exchange Rates. „The Quarterly
Journal of Economics", Vol. 86 (1972), S. 162ff.

neue Schnittpunkt der *IS*- mit der *LM*-Kurve auf der *Z*-Kurve
liegt, wenn also die Devisenbilanz einen Saldo von Null aufweist.
Formal wird das Gleichgewicht bei fehlender Neutralisierungspolitik durch folgendes Gleichungssystem gekennzeichnet:

$$Y = C(Y) + I(i) + G + A(w, Y, Y_a) \tag{2}$$

$$mB = L(i, Y) \tag{6}$$

$$0 = A(w, Y, Y_a) + K(i, i_a) \tag{8'}$$

Das Gleichungssystem enthält an:

> *endogenen Variablen:* $i, Y; B$
> *exogenen Variablen:* $i_a, G, Y_a; w.$

Die Größe Z tritt im Gleichungssystem nicht mehr explizit in
Erscheinung, da sie in Gleichung (8') gleich Null gesetzt wurde.
Die Eigenschaften der Lösung, die sich aus dem hier angegebenen Gleichungssystem ergeben, sollen jetzt graphisch veranschaulicht werden. Zu diesem Zweck wird die Entwicklung verfolgt, die
in den Fällen 1) und 3) der Fig. 23 ausgelöst wird, falls die Zentralbank ihre Neutralisierungspolitik aufgibt. Im *Fall 2)* treten keinerlei Auswirkungen auf, weil in der Ausgangslage die Devisenbilanz
bereits ausgeglichen war und deshalb keine endogenen Geldmengenänderungen eintreten.
Zunächst soll *Fall 1)* in Fig. 24 betrachtet werden. Die Ausgangslage wird durch P_0, den Schnittpunkt der LM_0- mit der *IS*-Kurve,
beschrieben. In P_0 besteht wegen des Devisenbilanzüberschusses
kein langfristiges Gleichgewicht.

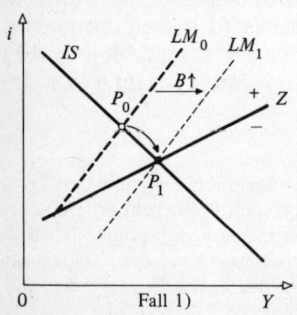 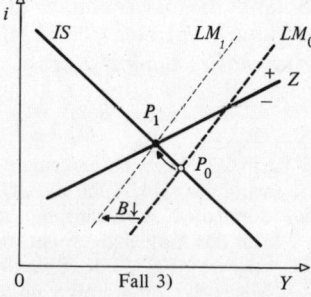

Figur 24

Der *Devisenbilanzüberschuß* löst eine Erhöhung des Geldangebots aus, die die *LM*-Kurve nach rechts verschiebt (auf LM_1).
Dieser Prozeß ist erst beendet, wenn die Devisenbilanz ausgeglichen ist, wenn also eine Kombination von *i* und *Y* erreicht ist, die
auf der *Z*-Kurve liegt. Gleichzeitig muß sich der Punkt des langfristigen Gleichgewichts auf der *IS*-Kurve befinden, deren Lage sich
im Zuge des Anpassungsprozesses nicht verändert. Das *langfristige
Gleichgewicht* liegt also im hervorgehobenen Schnittpunkt P_1 der
IS- mit der *Z*-Kurve, die beide während der Anpassung an das
langfristige Gleichgewicht unverändert liegen bleiben. Um zu
kennzeichnen, daß die *LM*-Kurve im Zuge der Anpassung an das
Gleichgewicht ihre Lage verändert, ist sie gestrichelt gezeichnet.

Der *Übergang* von der Ausgangslage P_0 zum langfristigen
Gleichgewicht läßt sich ökonomisch wie folgt interpretieren. In der
Ausgangslage läßt die Zentralbank die Geldmengenvermehrung
(Verschiebung der *LM*-Kurve) zu, die aus dem Erlös der an sie
verkauften Devisen herrührt. Das führt zur Zinssenkung und zur
Sozialproduktserhöhung (Bewegung auf der *IS*-Kurve). Beide
Vorgänge vermindern das Überschußangebot an Devisen (die
Zinssenkung verringert die Nettokapitalimporte, die Sozialpro-
duktserhöhung den Außenbeitrag). Sobald das Überschußangebot
an Devisen beseitigt ist, kommt der Prozeß zum Stillstand.

Ist umgekehrt in der Ausgangslage der Saldo der Devisenbilanz
negativ, dann verkauft die Zentralbank Devisen und vermindert
auf diese Weise monetäre Basis und Geldangebot. In Fig. 24, *Fall
3)* führt diese Entwicklung zu einer Linksverschiebung der *LM*-
Kurve, und zwar solange, bis durch die Zinserhöhung und Sozial-
produktsabnahme das Defizit in der Devisenbilanz beseitigt ist.

Ist das *langfristige Gleichgewicht* erreicht, dann muß zwar der
Saldo der Devisenbilanz (*Z*), nicht aber der Saldo der Kapitalverkehrsbilanz (*K*) ausgeglichen sein. Es ist z. B. möglich, daß sich ein
positiver Wert von *K* und ein negativer Wert von *A* genau ausgleichen. Deshalb können im langfristigen Gleichgewicht, in dem Zins
und Sozialprodukt konstant sind, dauerhaft internationale Kapitalbewegungen (positive oder negative Nettokapitalimporte) auftreten.

Wie die Überlegungen zu den Bestimmungsgründen der internationalen Kapitalbewegungen gezeigt haben, werden bei unveränderten Zinssätzen internationale Kapitalbewegungen durch Vermögensänderungen ausgelöst. Fehlen Vermögensänderungen,
dann versiegt bei unveränderten Zinssätzen der Strom der interna-

tionalen Kapitalbewegungen. Eine im Modell zulässige Lösung mit $K \neq 0$ setzt also eine bestimmte Vermögensentwicklung in In- und Ausland voraus. Dieser Zusammenhang wird aber im Modell nicht deutlich, weil der *Einfluß des Vermögens* auf die internationalen Kapitalbewegungen nicht explizit erfaßt wird[25]).

Zusammenfassend kann festgehalten werden, daß langfristig das außenwirtschaftliche Gleichgewicht im Falle eines Devisenbilanzüberschusses über eine Geldangebotserhöhung und im Falle eines Devisenbilanzdefizits über eine Geldangebotsverminderung erreicht wird, sofern die Zentralbank keine Neutralisierungspolitik betreibt und an festen Wechselkursen festhält.

c) Flexible Wechselkurse

Bei flexiblen Wechselkursen wird der Ausgleich der Devisenbilanz nicht mehr durch Veränderungen der Geldbasis und damit des inländischen Geldangebots, sondern durch freie Wechselkursbildung auf dem Devisenmarkt bewirkt: Der Wechselkurs stellt sich immer so ein, daß ohne Eingreifen der Zentralbank Devisennachfrage und Devisenangebot ausgeglichen werden (w ist damit endogen). Da die Zentralbank bei völlig freien Wechselkursen nicht mehr am Devisenmarkt interveniert, entfallen die außenwirtschaftlichen Einflüsse auf die monetäre Basis und damit auch auf das Geldangebot; die monetäre Basis wird deshalb als eine von der Zentralbank bestimmte Größe angesehen (B ist exogen). Die Modellgleichungen lauten dann:

$$Y = C(Y) + I(i) + G + A(w, Y, Y_a) \qquad (2)$$

$$mB = L(i, Y) \qquad (6)$$

$$0 = A(w, Y, Y_a) + K(i, i_a) \qquad (8')$$

Das Gleichungssystem enthält an:

> *endogenen Variablen:* $i, Y; w$
> *exogenen Variablen:* $i_a, G, Y_a; B$.

Im Gegensatz zum Modell mit festen Wechselkursen ohne Neutralisierungsmaßnahmen wird jetzt der *Devisenbilanzausgleich*

---

[25]) Das im Kapitel XII behandelte Strom-Bestands-Modell bezieht die Vermögensentwicklung ein.

durch *endogene Veränderungen von w* statt von *B* bewirkt. Das ist in der Formulierung des Modells der einzige Unterschied zum vorhergehenden Modell. Auch jetzt soll wieder die Gleichgewichtsbildung dadurch veranschaulicht werden, daß – ausgehend vom Devisenbilanzungleichgewicht der Fälle 1) und 3) in der Fig. 23 – die Entwicklung zum Gleichgewicht graphisch verfolgt wird.

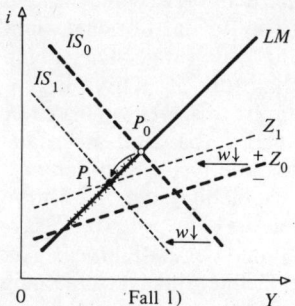
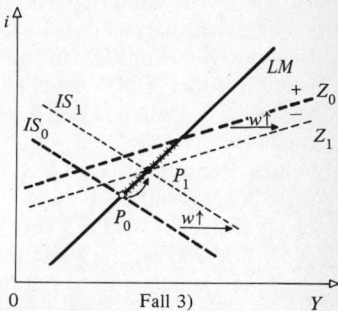

Figur 25

Im *Fall 1)* gelten in der Ausgangslage die IS_0-, die *LM*- und die Z_0-Kurve (vgl. Fig. 25 links). Im Ausgangsgleichgewicht P_0 herrscht ein *Überschußangebot an Devisen* (Devisenbilanzüberschuß), weil P_0 oberhalb bzw. links von der Z_0-Kurve liegt. Dieses Gleichgewicht kann nur bei festen Wechselkursen existieren, da flexible Wechselkurse einen Devisenbilanzüberschuß ausschließen. Werden die Wechselkurse freigegeben, dann stellt P_0 kein Gleichgewicht mehr dar. Das mit der Ausgangslage verbundene Überschußangebot an Devisen wird dadurch beseitigt, daß w (der Kurs der Devisen in inländischer Währung) *sinkt*, daß also die inländische Währung aufgewertet wird. Wie im Abschnitt VI. 2 abgeleitet wurde, beeinflußt eine Wechselkursänderung die Lage der *IS- und der Z-Kurve*, und zwar werden beide Kurven *nach links* verschoben, wenn w sinkt (vgl. die Figuren 20 und 22). Hingegen ändert sich die Lage der *LM*-Kurve nicht, weil w kein Lageparameter dieser Kurve ist. Die *LM-Kurve* bleibt im Falle flexibler Wechselkurse als einzige Kurve während des Übergangs zum Gleichgewicht *unverändert*.

Mit Hilfe der eben angestellten Überlegungen kann der Bereich, in dem das Gleichgewicht bei flexiblen Wechselkursen liegen muß, eingegrenzt werden. Das *Gleichgewicht* muß sich gleichzeitig auf der alten und unveränderten *LM-Kurve* befinden (andernfalls würde auf dem Geldmarkt kein Gleichgewicht herrschen), auf einer neuen, nach links verschobenen *IS*-Kurve (andernfalls würde nach der Aufwertung auf dem Gütermarkt kein Gleichgewicht herrschen) und auf einer neuen, nach links verschobenen *Z*-Kurve (andernfalls würde nach der Aufwertung auf dem Devisenmarkt kein Gleichgewicht herrschen). Es kommen also für das Gleichgewicht überhaupt nur Punkte auf der *LM*-Kurve in Frage. Diejenigen Punkte auf der *LM*-Kurve, die unterhalb der Z_0-Kurve liegen, scheiden als mögliche Gleichgewichtspunkte aus, weil sie bei einer Linksverschiebung der Z_0-Kurve nicht realisierbar sind. Ebenfalls scheiden Punkte auf der *LM*-Kurve aus, die rechts von der IS_0-Kurve liegen, weil sie bei einer Linksverschiebung der IS_0-Kurve nicht realisierbar sind. Es verbleiben also die *angekreuzten Punkte auf der LM-Kurve*, die zwischen der IS_0- und der Z_0-Kurve liegen. Alle diese Punkte sind durch eine gleichzeitige Linksverschiebung der IS_0- und der Z_0-Kurve erreichbar. Welcher Punkt genau verwirklicht wird, hängt vom Ausmaß der Kurvenverschiebungen ab. Ohne algebraische Lösung läßt sich die neue Gleichgewichtslage nicht exakt bestimmen. Der markierte Gleichgewichtspunkt P_1 ist als ein mögliches Beispiel für die Darstellung gewählt worden.

Fall 3) – mit einem Defizit statt eines Überschusses der Devisenbilanz in der Ausgangslage – wird durch Fig. 25 rechts dargestellt. Das Defizit löst eine Abwertung der heimischen Währung aus, die eine Zins- und Sozialprodukterhöhung bewirkt und auf diese Weise zum neuen Gleichgewichtspunkt P_1 hinführt.

Bei flexiblem Wechselkurs ist also der Abbau eines Überschußangebots an Devisen mit einer Aufwertung der heimischen Währung und einer Verminderung des Sozialprodukts verbunden. Bei einer Überschußnachfrage nach Devisen erhöht sich umgekehrt das Sozialprodukt. Vergleicht man diese Ergebnisse mit der zuerst behandelten Möglichkeit, Devisenbilanzungleichgewichte bei festen Wechselkursen durch Aufgabe der Neutralisierungspolitik zu beseitigen, dann zeigt sich folgender *Unterschied:* Bei Aufgabe der Neutralisierungspolitik führt ein Überschußangebot an Devisen zu Devisenankäufen und zur Erhöhung der monetären Basis (expansiver Einfluß auf das Sozialprodukt), bei Freigabe der Wechselkurse zur Aufwertung (kontraktiver Einfluß auf das Sozialprodukt). Entsprechend bewirkt eine Überschußnachfrage nach Devisen bei festen Wechselkursen ohne Neutralisierungspolitik eine Senkung der monetären Basis und der Geldmenge (kontraktiver Einfluß auf das Sozialprodukt), während sich bei flexiblen Wechselkursen eine Abwertung einstellt (expansiver Einfluß auf das Sozialprodukt).

Zusammenfassung:

1. Gemäß portfoliotheoretischen Überlegungen führen Veränderungen der Zinssätze, der Risiken und der Vermögen zu internationalen Kapitalbewegungen (Kapitalimporte oder -exporte); bei Vermögensänderungen beeinflußt die Höhe des in- und ausländischen Zinssatzes den Umfang der internationalen Kapitalbewegungen.

2. Außenwirtschaftliches Gleichgewicht wird im Hicksschen Diagramm durch eine ansteigende Z-Kurve dargestellt, die um so flacher verläuft, je zinsabhängiger die internationalen Kapitalbewegungen sind.

3. Bei festen Wechselkursen wird das Gleichgewicht auf dem Geld- und dem Gütermarkt bei Devisenzu- bzw. -abflüssen nur dann nicht gestört, wenn es der Zentralbank gelingt, die Auswirkungen von Devisenbewegungen auf die monetäre Basis und das Geldangebot zu neutralisieren.

4. In einem System fester Wechselkurse werden bei fehlender Neutralisierungspolitik auf Dauer Ungleichgewichte in der Devisenbilanz auch ohne gezielte wirtschaftspolitische Maßnahmen beseitigt (durch Anpassungen von monetärer Basis und Geldangebot).

5. Völlig freie Wechselkurse bewirken einen ständigen Ausgleich der Devisenbilanz; die dazu erforderlichen Anpassungsvorgänge beschränken sich nicht auf Wechselkursänderungen allein, sondern beziehen auch Sozialprodukts- und Zinsänderungen ein.

VII. Stabilisierungspolitik bei festen und flexiblen Wechselkursen im Grundmodell

Das im vorangegangenen Kapitel entwickelte Keynesianische Grundmodell einer offenen Volkswirtschaft wird jetzt zugrunde gelegt, um die Wirksamkeit der Stabilisierungspolitik in den verschiedenen Wechselkurssystemen zu untersuchen. Unter **Stabilisierungspolitik** (Stabilitätspolitik) werden diejenigen wirtschaftspolitischen (insbesondere geld- und fiskalpolitischen) Maßnahmen verstanden, die mit dem Ziel ergriffen werden, das **gesamtwirtschaftliche Zielbündel** zu verwirklichen. Zu diesem gesamtwirtschaftlichen Zielbündel zählen Vollbeschäftigung, Preisniveaustabilität, außenwirtschaftliches Gleichgewicht und ggf. noch weitere Ziele, auf die hier nicht eingegangen wird[1]). Das Ziel des außenwirtschaftlichen (externen) Gleichgewichts wurde bereits im Unterabschnitt VI. 2c) behandelt; es ist bei allen Kombinationen von Zins und Sozialprodukt erfüllt, die auf der Z-Kurve liegen, weil dort die Devisenbilanz ausgeglichen ist. Das Vollbeschäftigungsziel wird im vorliegenden Modell, in dem der Arbeitsmarkt und damit das Beschäftigungsvolumen nicht explizit enthalten sind, durch das zugehörige Niveau des Sozialprodukts gekennzeichnet, nämlich durch das Vollbeschäftigungseinkommen (Y^*). Das dritte Ziel, die Preisniveaustabilität, wird im Grundmodell annahmegemäß realisiert, da konstante Preise unterstellt sind. Von den oben angegebenen Zielgrößen verbleiben also *Vollbeschäftigungseinkommen* und *Devisenbilanzausgleich*, die im Rahmen des Modells als *selbständige Ziele* behandelt werden können.

Zur Erleichterung der folgenden Überlegungen werden zunächst die Auswirkungen der einzelnen Maßnahmen getrennt untersucht (VII. 1). Danach wird die Frage gestellt, wie die Maßnahmen koordiniert werden müssen, damit binnen- und außenwirtschaftliches Gleichgewicht zusammen erreicht werden können (VII. 2). Anschließend (VII. 3) soll noch auf die Frage eingegangen werden, wie sich stabilisierungspolitische Maßnahmen im Ausland auf das Inland übertragen.

---

[1]) Vgl. z. B. H. Friedrich, Stabilisierungspolitik. 2., überarb. u. erw. Aufl. Wiesbaden 1986. S. 19 ff.

1. Auswirkungen isolierter Maßnahmen

Aus der Zeit nach dem Zweiten Weltkrieg liegen Erfahrungen sowohl mit festen als auch mit flexiblen Wechselkursen vor. Diese Erfahrungen haben zu der Vermutung Anlaß gegeben, daß es entscheidend vom herrschenden Wechselkurssystem abhängt, wie wirksam *geld- und fiskalpolitische Maßnahmen* bei der Beeinflussung des Sozialprodukts sind. Diese Vermutung soll hier für den Fall konstanter Preise überprüft werden.

Die Wechselkurse sind in der Zeit nach dem Zweiten Weltkrieg nicht völlig fest gewesen. Paritätsänderungen, d. h. Änderungen der offiziell festgelegten Wechselkurse, konnten im System von Bretton Woods bei fundamentalen Ungleichgewichten der Zahlungsbilanz vorgenommen werden[2]) und wurden auch tatsächlich vorgenommen (so wurde in den sechziger Jahren die DM zum ersten Mal 1961 und dann wieder 1969 aufgewertet). Ergänzend sollen deshalb auch die Auswirkungen *fallweiser Wechselkursänderungen* in einem System grundsätzlich fester Wechselkurse behandelt werden.

Die Untersuchungen werden in diesem Abschnitt mit Hilfe graphischer Darstellungen vorgenommen. Die Ergebnisse lassen sich jedoch anhand von Anhang A 7) algebraisch überprüfen, wobei zu beachten ist, daß bei konstanten Preisen der Unterschied zwischen realen und nominalen Größen entfällt.

a) Geldpolitik

aa) *Feste Wechselkurse.* – Solange die Zentralbank die Auswirkungen von Devisenzu- oder -abflüssen auf die Geldbasis neutralisiert, kann die Geldbasis als Parameter der Zentralbank angesehen werden. Führt sie z. B. eine *expansive geldpolitische Maßnahme* durch (indem sie etwa durch den Ankauf von inländischen festverzinslichen Wertpapieren die monetäre Basis und damit das Geldangebot vergrößert), dann senkt diese Maßnahme i. d. R. den Zinssatz und erhöht das *Sozialprodukt* (über eine Ausweitung der Investitionen). Eine Zinssenkung vermindert die Nettokapitalimporte, eine Zunahme des Sozialprodukts den Außenbeitrag. Beide Einflüsse verringern deshalb den *Devisenbilanzsaldo*, und als Folge der expansiven geldpolitischen Maßnahme entsteht ein Defizit in der Devisenbilanz, falls diese vorher ausgeglichen war.

In Fig. 26 werden die hier erläuterten Zusammenhänge gra-

---

[2]) Vgl. hierzu Band II, Unterabschnitt IV. 2c).

phisch dargestellt, wobei eine *Fallunterscheidung* danach getroffen wird, ob die *Z*-Kurve flacher als die *LM*-Kurve verläuft (Fall 1) oder steiler (Fall 2). Wie die Ableitung der *Z*-Kurve im Unterabschnitt VI. 2c) gezeigt hat, weist ein flacher (steiler) Verlauf der *Z*-Kurve auf eine hohe (niedrige) Zinsabhängigkeit der internationalen Kapitalbewegungen hin.

In Fig. 26 wird als Ausgangslage ein Gleichgewicht mit ausgeglichener Devisenbilanz unterstellt (*P*). Die expansive Geldpolitik wird durch die Rechtsverschiebung der *LM*-Kurve wiedergegeben. Sie führt zum neuen Gleichgewicht (P_m)[3]. Im *neuen Gleichgewicht* ist das Sozialprodukt gegenüber der Ausgangslage gestiegen; die Devisenbilanz weist jetzt ein Defizit auf, weil P_m unterhalb der *Z*-Kurve liegt. Diese Ergebnisse treten unabhängig von der Fallunterscheidung ein, also z. B. unabhängig von der Zinsabhängigkeit der Kapitalbewegungen, sofern die Zentralbank eine Neutralisierungspolitik betreibt[4].

Wegen der *Verringerung ihrer Währungsreserven* kann die Zentralbank bei einem Devisenbilanzdefizit die Neutralisierungspolitik nicht auf Dauer beibehalten, sondern muß sie rechtzeitig aufgeben, um dem völligen Verlust ihrer Reserven vorzubeugen. Nach dieser Entscheidung sinkt die monetäre Basis entsprechend dem Rückgang der Währungsreserven; das *Geldangebot verringert* sich. Die Verknappung des Geldangebots läßt den Zins ansteigen und dämpft so Investitionen und Sozialprodukt. In Fig. 26 wird diese Entwicklung durch eine *Rückverschiebung der LM-Kurve* nach links beschrieben. Ein Gleichgewicht wird erst erreicht, wenn das Defizit in der Devisenbilanz beseitigt ist, wenn also der Schnittpunkt zwischen der *IS*- und der *LM*-Kurve wieder auf der *Z*-Kurve liegt. Bei *fehlender Neutralisierungspolitik* stimmt deshalb nach Abschluß aller Anpassungsvorgänge das *neue Gleichgewicht* (P_0) mit dem Ausgangsgleichgewicht (*P*) überein. Somit geht von geldpolitischen Maßnahmen *letztlich* kein Einfluß auf Zins und Sozialprodukt aus – unabhängig davon, wie stark die Kapitalbewegungen auf den Zins reagieren[5].

---

[3]) Um optisch deutlich hervorzuheben, für welches Wechselkurssystem ein Gleichgewicht jeweils gilt, werden die Gleichgewichte in den Figuren einheitlich durch folgende Indizes gekennzeichnet: feste Wechselkurse mit Neutralisierungspolitik durch *m*, feste Wechselkurse ohne Neutralisierungspolitik durch *o*, flexible Wechselkurse durch *x*.

[4]) Vgl. Gleichungen (1) und (3) in Anhang A 7).

[5]) Vgl. Gleichungen (5a) und (6a) in Anhang A 7).

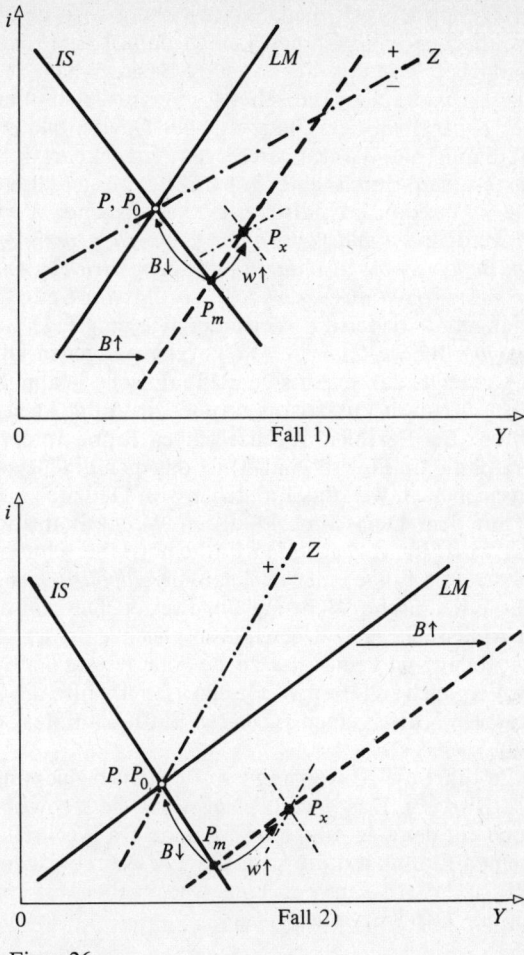

Figur 26

Bei fehlender Neutralisierungspolitik zeigen sich die Folgen geld-politischer Maßnahmen ausschließlich in der Entwicklung der *Währungsreserven*. Wie anhand der graphischen Darstellung erläutert wurde, kehrt die *LM*-Kurve nach einer Erhöhung der heimischen Komponente der monetären Basis langfristig wieder in ihre

Ausgangslage zurück. An dieser Entwicklung wird deutlich, daß die geldpolitischen Maßnahmen keinen dauerhaften Einfluß auf das Geldangebot, also auf die monetäre Basis, haben. So löst beispielsweise ein Ankauf inländischer festverzinslicher Wertpapiere seitens der Zentralbank ein Defizit in der Devisenbilanz aus und verringert damit die Währungsreserven; umgekehrt können die Währungsreserven durch eine kontraktiv ausgerichtete Offenmarktpolitik (Verkauf inländischer festverzinslicher Wertpapiere) vermehrt werden. *Veränderungen der heimischen Komponente der monetären Basis werden also durch entgegengerichtete Änderungen der Währungsreserven ausgeglichen*[6]), so daß am Ende Geldbasis und Geldangebot wieder die Werte der Ausgangslage erreichen.

bb) *Flexible Wechselkurse.* – Die vorangegangenen Überlegungen haben gezeigt, daß expansive geldpolitische Maßnahmen bei festen Wechselkursen kurzfristig ein Defizit in der Devisenbilanz herbeiführen. Bei flexiblen Wechselkursen (ohne Interventionen der Zentralbank am Devisenmarkt) ist dagegen die Devisenbilanz immer ausgeglichen, weil das Entstehen von Defiziten oder Überschüssen auf dem Devisenmarkt durch Wechselkursänderungen verhindert wird. Im vorliegenden Fall einer Überschußnachfrage nach Devisen (als Folge einer *expansiven geldpolitischen Maßnahme*) wird die heimische Währung abgewertet. Die *Abwertung* erhöht den Außenbeitrag und bewirkt so gleichzeitig den Ausgleich der Devisenbilanz und eine zusätzliche Ausweitung des Sozialprodukts. Im Vergleich zu festen Wechselkursen übt also die Geldpolitik bei flexiblen Kursen einen *stärkeren* Einfluß auf das Sozialprodukt aus[7]).

In Fig. 26 führt die Abwertung zur Rechtsverschiebung der *IS*- und der *Z*-Kurve[8]). Das *neue Gleichgewicht* liegt sowohl auf der *IS*- als auch auf der *LM*- und der *Z*-Kurve. Da Wechselkursänderungen keinen Einfluß auf die Lage der *LM*-Kurve haben, müssen sich die *IS*- und die *Z*-Kurve so lange verschieben, bis ihr Schnittpunkt auf der *LM*-Kurve liegt (P_x)[9]).

---

[6]) Dieser Zusammenhang gilt selbst dann, wenn die internationalen Kapitalbewegungen von den Zinssätzen nicht beeinflußt werden, weil Devisenbilanzdefizite oder -überschüsse auch durch Veränderungen des Außenbeitrags hervorgerufen werden. Vgl. Gleichung (7) im Anhang A 7), aus der $dR/dH = -1$ auch bei $\partial K/\partial i = 0$ folgt.

[7]) Vgl. Ungleichung (11) im Anhang A 7).

[8]) Vgl. auch die Unterabschnitte VI.2a) und VI.2c).

[9]) Vgl. auch die Ausführungen im Unterabschnitt VI.3c).

Die erhöhte Durchschlagskraft, die geldpolitische Maßnahmen bei flexiblen Wechselkursen erreichen, zeigt sich besonders deutlich im *Extremfall* vollkommen zinsunabhängiger Investitionen (also bei senkrecht verlaufender *IS*-Kurve). In diesem Fall bleiben bei festen Wechselkursen geldpolitische Maßnahmen selbst dann ohne Auswirkung auf das Sozialprodukt, wenn eine Neutralisierungspolitik betrieben wird[10]). Bei flexiblen Wechselkursen beeinflußt dagegen eine Zinssenkung, auch wenn sie die Investitionen nicht verändert, trotzdem noch das Sozialprodukt, und zwar dadurch, daß sie die Nettokapitalimporte vermindert. Die Verringerung der Nettokapitalimporte würde ein Defizit in der Devisenbilanz hervorrufen, wenn diese Entwicklung nicht durch die Abwertung der heimischen Währung verhindert würde. Neben dem Ausgleich der Devisenbilanz bewirkt diese Abwertung eine Ausweitung des Sozialprodukts. Fig. 27 verdeutlicht das Ergebnis, daß bei flexiblen Wechselkursen die Geldpolitik selbst dann noch einen Einfluß auf das Sozialprodukt hat, wenn die Investitionen nicht auf Zinsänderungen reagieren.

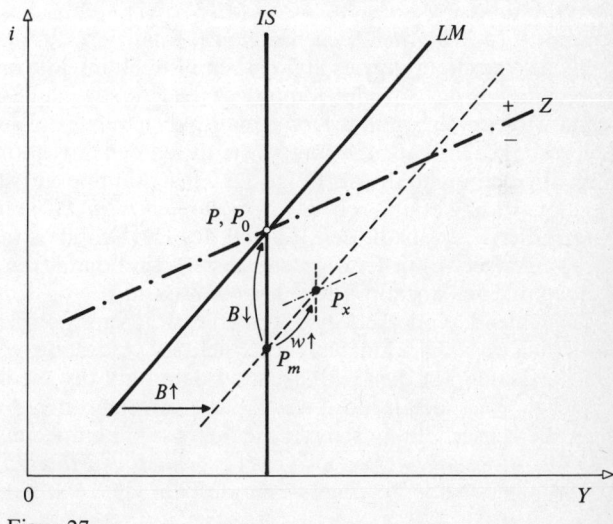

Figur 27

---

[10]) Bei festen Wechselkursen mit Neutralisierungspolitik ist $dY/dB = 0$ bei $\partial I/\partial i = 0$, wie aus Gleichung (1) des Anhangs A 7) hervorgeht.

Bei *flexiblen* Wechselkursen wird also die Wirkung geldpolitischer Maßnahmen auf das Sozialprodukt dadurch *verstärkt*, daß
eine Wechselkursänderung ausgelöst wird, die auf das Sozialprodukt in die gleiche Richtung wirkt wie die geldpolitische Maßnahme selbst (expansive geldpolitische Maßnahmen führen zu einer
Abwertung, kontraktive zu einer Aufwertung der heimischen Währung). Bei *festen* Wechselkursen bleiben dagegen geldpolitische
Maßnahmen *langfristig ohne Einfluß* auf das Sozialprodukt, weil
nicht damit gerechnet werden kann, daß die Auswirkungen von
Devisenzu- oder -abflüssen auf das Devisenangebot auf Dauer von
der Zentralbank neutralisiert werden können.

b) Fiskalpolitik

aa) *Feste Wechselkurse*. – Im hier verwendeten Modell können fiskalpolitische Maßnahmen nur in der Form von Veränderungen der
Staatsausgaben erfaßt werden; die Berücksichtigung von Steuerän-
derungen würde eine Erweiterung des Modells erfordern, auf die
verzichtet werden soll, um die Überlegungen auf das Wesentliche
zu beschränken[11]).

Eine *Ausweitung der Staatsausgaben*, finanziert durch eine zusätzliche Verschuldung des Staates beim Publikum, löst im Modell
eine Zunahme des Sozialprodukts aus. Der Anstieg des Sozialprodukts wird durch erhöhte Konsumausgaben verstärkt und durch
den gesunkenen Außenbeitrag sowie durch den Investitionsrück-
gang abgeschwächt, der als Folge der Zinserhöhung eintritt. In der
Gesamtwirkung ergibt sich eine *Sozialprodukts- und Zinserhöhung*.
Sofern die Zentralbank den Einfluß des Devisenbilanzsaldos auf
das Geldangebot mit Erfolg neutralisiert, sind damit die Auswirkungen auf das Sozialprodukt abgeschlossen.

Bei fehlender oder erfolgloser Neutralisierungspolitik müssen
zusätzlich die Auswirkungen berücksichtigt werden, die vom Devisenbilanzsaldo auf die Geldbasis und damit auf das Geldangebot
ausgehen. Die Sozialproduktserhöhung verringert den Außenbeitrag; die Zinserhöhung steigert die Nettokapitalimporte. Auf den
Devisenbilanzsaldo wirken also zwei *gegenläufige Effekte*: Die Verringerung des Außenbeitrags vermindert ihn; die vergrößerten Net-

---

[11]) Steuern haben wie Staatsausgaben einen Einfluß auf die Lage der *IS*-
    Kurve, und zwar führt eine Erhöhung (Senkung) der Steuern zu einer
    Linksverschiebung (Rechtsverschiebung) der *IS*-Kurve.

tokapitalimporte erhöhen ihn. Welche Wirkung sich durchsetzt, hängt davon ab, ob Fall 1) oder Fall 2) vorliegt.

In Fig. 28 ist als Ausgangslage ein ausgeglichener Devisenbilanzsaldo unterstellt worden (in P gilt: $Z = 0$). Aufgrund der expansiven Fiskalpolitik verschiebt sich das *Gleichgewicht* auf P_m, sofern die Zentralbank bei Devisenzu- oder -abflüssen *neutralisiert*. In diesem Fall kann aus Fig. 28 ohne Schwierigkeit abgelesen werden, daß die Erhöhung der Staatsausgaben zu einem Überschuß in der *Devisenbilanz* führt, sofern die Z-Kurve flacher als die LM-Kurve verläuft (Fall 1). Ist dagegen die Z-Kurve steiler als die LM-Kurve, dann entsteht ein Defizit in der Devisenbilanz (Fall 2). Wie bereits erwähnt, verläuft die Z-Kurve c.p. um so flacher, je stärker die Zinsabhängigkeit der internationalen Kapitalbewegungen ist. Der Fall 1) ist deshalb eher bei einer starken Zinsabhängigkeit der Kapitalbewegungen zu erwarten, Fall 2) bei einer schwachen[12]). Im Fall 1) reagieren bei einer Staatsausgabenerhöhung die Kapitalanleger so stark auf die Erhöhung des Inlandszinses, daß die Zunahme der Nettokapitalimporte die Verringerung des Außenbeitrags überkompensiert. Im Fall 2) reichen dagegen die zusätzlichen Nettokapitalimporte nicht aus, um die Verringerung des Außenbeitrags auszugleichen.

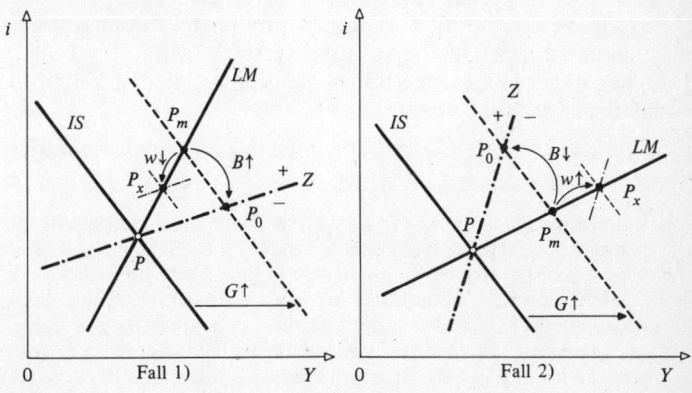

Figur 28

---

[12]) Wie die algebraische Untersuchung im Anhang A 7) zeigt, liegt der Fall 1) vor, falls $\dfrac{\partial K}{\partial i} > \dfrac{\partial A}{\partial Y} \dfrac{\partial L}{\partial i} / \dfrac{\partial L}{\partial Y}$ ist (vgl. Ungleichung 4a). In der Argu-

Wenn die Zentralbank die *Neutralisierungspolitik aufgibt*, werden im *Fall 1)* Devisenzuflüsse das Geldangebot ausweiten und so die Wirkungen der erhöhten Staatsausgaben auf das Sozialprodukt *verstärken*; im *Fall 2)* werden die Wirkungen durch Devisenabflüsse und die damit verbundene Verringerung des Geldangebots *abgeschwächt*. Eine Abschwächung wird demnach um so eher eintreten, je niedriger die Zinsabhängigkeit der internationalen Kapitalbewegungen ist. Im *Extremfall* völlig zinsunabhängiger Kapitalbewegungen (also bei senkrechtem Verlauf der Z-Kurve)[13]), verliert die Fiskalpolitik langfristig jeden Einfluß auf das Sozialprodukt: Sobald das Sozialprodukt über den Gleichgewichtswert der Ausgangslage hinaus ansteigt, vermindert sich der Außenbeitrag und damit der Devisenbilanzsaldo, ohne daß erhöhte Nettokapitalimporte der Verminderung des Devisenbilanzsaldos entgegenwirken. Erst bei einer Rückkehr des Sozialprodukts zum Niveau der Ausgangslage kann der Ausgleich der Devisenbilanz wieder erreicht werden. In Fig. 28 würde das neue Gleichgewicht bei fehlender Neutralisierungspolitik (P_0) senkrecht über P, d.h. bei einem gegenüber der Ausgangslage nicht veränderten Wert des Sozialprodukts liegen[14]).

Insgesamt kann festgehalten werden, daß bei festen Wechselkursen ohne Neutralisierungspolitik der Einfluß der Fiskalpolitik auf das Sozialprodukt im Fall 1) (hohe Zinsabhängigkeit der Kapitalbewegungen) durch Devisenzuflüsse verstärkt wird. Im Fall 2) schwächen dagegen Devisenabflüsse den Einfluß der Fiskalpolitik auf das Sozialprodukt ab.

bb) *Flexible Wechselkurse.* – Die unter aa) getroffene Fallunter-

---

mentation wird hier auf die Größe von $\partial K / \partial i$ (und nicht auf die Größe der übrigen Koeffizienten) abgestellt, weil die Zinsabhängigkeit der Kapitalbewegungen je nach Situation große Unterschiede aufweisen wird: Bei einer wirksamen Behinderung des internationalen Kapitalverkehrs durch staatliche Kontrollen ist der Einfluß des Zinses auf die Kapitalbewegungen gering (und demzufolge ist dann auch der Koeffizient $\partial K / \partial i$ niedrig); wird dagegen der internationale Kapitalverkehr nicht behindert, reichen u. U. geringe Zinsänderungen aus, um internationale Kapitalbewegungen großen Umfangs auszulösen ($\partial K / \partial i$ würde dann einen hohen Wert erreichen).

[13]) Vgl. Unterabschnitt VI.2c).

[14]) Die algebraische Berechnung ergibt $\dfrac{dY}{dG} = 0$ für $\dfrac{\partial K}{\partial i} = 0$. Vgl. Gleichung (5) im Anhang A 7).

scheidung behält ihre Bedeutung, wenn die Wirksamkeit der Fiskalpolitik bei flexiblen Wechselkursen untersucht wird. Im *Fall 1)* entsteht nach der Staatsausgabenerhöhung bei unverändertem Wechselkurs ein Überschußangebot an Devisen. Das Überschußangebot bewirkt eine *Aufwertung* der heimischen Währung, die den Außenbeitrag vermindert. Auf diesem Weg wird das Überschußangebot an Devisen beseitigt, gleichzeitig aber auch das Sozialprodukt vermindert. Der Wechselkurseffekt wirkt also im Fall 1) der Erhöhung des Sozialprodukts entgegen, die durch die Ausweitung der Staatsausgaben ausgelöst wurde. In der Gesamtwirkung steigt das *Sozialprodukt*[15]), wie sich auch anhand von Fig. 28 veranschaulichen läßt: Als Folge der Aufwertung verschieben sich im Fall 1) die Z- und die (neue) *IS*-Kurve nach links, und zwar solange, bis ihr Schnittpunkt die unveränderte *LM*-Kurve erreicht hat. Wegen der Linksverschiebung der Z-Kurve ist das nur rechts von *P* möglich, also bei Werten von *Y*, die über dem Ausgangsniveau liegen.

Im *Fall 2)* führt die Erhöhung der Staatsausgaben zu einer Überschußnachfrage nach Devisen, die eine *Abwertung* der heimischen Währung auslöst und damit den expansiven Effekt der Staatsausgabenerhöhung auf das *Sozialprodukt* noch verstärkt. Im Fall 2), also bei niedriger Zinsabhängigkeit der internationalen Kapitalbewegungen, ergibt sich damit in der Wirksamkeit fiskalpolitischer Maßnahmen die gleiche Abstufung wie bei geldpolitischen Maßnahmen: Ihr Einfluß auf das Sozialprodukt ist bei flexiblen Wechselkursen am größten und bei festen Wechselkursen ohne Neutralisierungspolitik am geringsten. Wie man Fig. 28 entnehmen kann, gilt demgegenüber im Fall 1) der umgekehrte Zusammenhang: Bei flexiblen Wechselkursen ist der Einfluß der Staatsausgaben auf das Sozialprodukt am geringsten; bei festen Wechselkursen ohne Neutralisierungspolitik ist er am höchsten.

c) Wechselkurspolitik

Paritätsänderungen, d.h. Änderungen der offiziell festgelegten Wechselkurse, sind ein weiteres mögliches Mittel, um Sozialprodukt und Devisenbilanz zu beeinflussen. Wenn beispielsweise das Ziel besteht, das Sozialprodukt auszuweiten, bietet sich neben geld- oder fiskalpolitischen Maßnahmen eine *Abwertung* der heimischen

---

[15]) Vgl. Ungleichung (8b) im Anhang A 7.

Währung an; denn diese erhöht im hier unterstellten Normalfall den Außenbeitrag und wirkt damit expansiv auf das Sozialprodukt. Bei konstantem Preisniveau und erfolgreicher Neutralisierungspolitik steigt gleichzeitig der Devisenbilanzsaldo[16]). Offenbar setzt sich dann – in ihrer Wirkung auf den Devisenbilanzsaldo – die abwertungsbedingte Verbesserung des Außenbeitrags zusammen mit den zinsbedingt angestiegenen Nettokapitalimporten[17]) gegen die Importzunahme durch, die auf die Sozialproduktserhöhung zurückgeht.

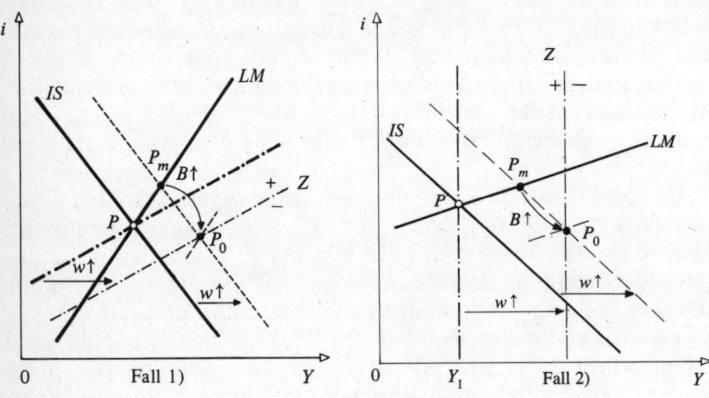

Figur 29

Die Zusammenhänge werden im einzelnen durch die Fig. 29 verdeutlicht, die neben dem Fall 1) auch den Fall 2) unter der extremen Annahme zinsunabhängiger Kapitalimporte berücksichtigt. Offen-

---

[16]) In Gleichung (3) des Anhangs A 7) ist zu berücksichtigen, daß bei konstantem Preisniveau $\partial A / \partial w = \partial A^r / \partial w$ gilt, da dann realer und nominaler Außenbeitrag übereinstimmen. Wird gleichzeitig die Abkürzung $\partial F / \partial Y = 1 - \partial C / \partial Y - \partial A / \partial Y$ aufgelöst, dann läßt sich aus Gleichung (3) ableiten:

$$\frac{dZ}{dw} = \frac{1}{D_m} \frac{\partial A}{\partial w} \left[\frac{\partial L}{\partial Y} \left(\frac{\partial K}{\partial i} - \frac{\partial \dot{I}}{\partial i} \right) - \frac{\partial L}{\partial i} \left(1 - \frac{\partial C}{\partial Y} \right) \right] > 0; \text{ denn } D_m > 0.$$

[17]) Nach Ungleichung (2c) des Anhangs A 7) steigt der Zinssatz bei einer Abwertung.

bar nimmt der vorher ausgeglichene Devisenbilanzsaldo in beiden
Fällen zu: In *Fall 1)* liegt P_m oberhalb der neuen nach rechts verschobenen *Z*-Kurve und in *Fall 2)* links von der neuen *Z*-Kurve, da
sich diese bei konstantem Preisniveau stärker als die *IS*-Kurve nach
rechts verlagert[18]).

Bei *fehlender* oder erfolgloser *Neutralisierungspolitik* führt der
Überschuß in der Devisenbilanz zu einem Anstieg von Währungsreserven, Geldbasis und Geldangebot. Dementsprechend verschiebt sich in Fig. 29 als Folge des Devisenbilanzüberschusses die
LM-Kurve nach rechts, bis das *Gleichgewicht P_0* auf der neuen *Z*-
Kurve erreicht ist. Der Überschuß in der Devisenbilanz wird also
schließlich beseitigt, und zwar bei einem weiter angestiegenen Sozialprodukt.

Der Einsatz der Wechselkurspolitik zur Beeinflussung des Sozialprodukts erscheint insbesondere dann angebracht, wenn die
Nettokapitalimporte zinsunabhängig sind, wenn die *Z-Kurve* also
senkrecht verläuft: Bei gegebenem Wechselkurs und gegebenem
Auslandseinkommen kann dann eine ausgeglichene Devisenbilanz
nur bei einem bestimmten Wert des Sozialprodukts erreicht werden
(in Fig. 29, Fall 2) bei Y_1). *Geld- und fiskalpolitische Maßnahmen*
bleiben in diesem Fall auf Dauer, d. h. bei fehlender oder erfolgloser
Neutralisierungspolitik, ohne Wirkung auf das Sozialprodukt, da
sie die Lage der *Z*-Kurve nicht verändern. Wie die vorangegangene
Untersuchung anhand von Fig. 29, Fall 2) gezeigt hat, läßt sich
hingegen mit einer *Abwertung* – auch bei zinsunabhängigen Kapitalbewegungen – das Sozialprodukt dauerhaft erhöhen.

2. Vollbeschäftigung und Devisenbilanzausgleich als Zielvariable der Stabilisierungspolitik

a) Ziele

Bisher wurden die Auswirkungen von vorgegebenen Änderungen
der wirtschaftspolitischen Instrumente auf Sozialprodukt, Devi-

---

[18]) Das Ausmaß der Kurvenverschiebung bei einer Wechselkursänderung
wurde im Kapitel VI aus den Gleichungen (2) und (8) abgeleitet (vgl.
S. 137 und 145). Da der Nenner von dY/dw im Fall der *Z*-Kurve kleiner
ist als im Fall der *IS*-Kurve, gilt:

$$\left.\frac{dY}{dw}\right|_Z > \left.\frac{dY}{dw}\right|_{IS} > 0 .$$

senbilanz und andere Größen untersucht. Jetzt wird die Fragestellung umgekehrt und überprüft, wie die Mittel der Stabilisierungspolitik eingesetzt werden müssen, um bestimmte vorgegebene Zielwerte, nämlich das Vollbeschäftigungseinkommen (Y^*) und den Ausgleich der Devisenbilanz ($Z = 0$) zu erreichen. Im hier zugrunde gelegten Keynesianischen Grundmodell stellt sich das *Vollbeschäftigungseinkommen* nicht von selbst ein, sondern muß erforderlichenfalls durch stabilitätspolitische Maßnahmen erst verwirklicht werden.

Das zweite Ziel, eine *ausgeglichene Devisenbilanz*, wird in einem System flexibler Wechselkurse, in dem die Zentralbank nicht am Devisenmarkt interveniert, ständig sichergestellt[19]). Nur bei festen Wechselkursen ist also der Devisenbilanzausgleich ein Ziel, das durch Maßnahmen der Stabilisierungspolitik angestrebt werden muß. Allerdings kann auch bei festen Wechselkursen der Devisenbilanzausgleich ohne gezielte wirtschaftspolitische Maßnahmen erreicht werden, nämlich bei fehlender oder erfolgloser Neutralisierungspolitik. In diesem Abschnitt wird unterstellt, daß der Devisenbilanzausgleich als ein Ziel besteht, das bewußt mit den Mitteln der Stabilisierungspolitik verfolgt wird und nicht den langfristigen Anpassungsvorgängen überlassen bleibt, die bei fehlender Neutralisierungspolitik wirken.

Sofern die Zentralbank bei festen Wechselkursen eine Neutralisierungspolitik betreibt, kann sich im Rahmen des vorliegenden Modells ein Gleichgewicht einstellen, bei dem weder das binnenwirtschaftliche noch das außenwirtschaftliche Ziel erreicht sind. Das *binnenwirtschaftliche Ziel* wird verfehlt, sobald das Gleichgewichtseinkommen vom Vollbeschäftigungseinkommen Y^* abweicht. Liegt es unter dem Vollbeschäftigungseinkommen, dann wird ein Teil der Arbeitskräfte für die Produktion nicht benötigt, und es herrscht Unterbeschäftigung. Stellt sich dagegen ein Sozialprodukt ein, das über Y^* hinausgeht, dann ist dieses Sozialprodukt bei normaler Arbeitszeit nicht realisierbar. Es sind Überstunden erforderlich; damit drohen Kosten- und Preissteigerungen in einem wirtschaftspolitisch unerwünschten Ausmaß. Dieser Zustand wird als Verletzung des binnenwirtschaftlichen Ziels angesehen und soll hier als Überbeschäftigung bezeichnet werden.

---

[19]) Bei flexiblen Wechselkursen könnte eine bestimmte Höhe des Wechselkurses als außenwirtschaftliches Ziel berücksichtigt werden. Dieser Gedanke soll hier nicht weiter verfolgt werden.

Das *außenwirtschaftliche Ziel* wird bei einem Defizit und einem Überschuß in der Devisenbilanz verletzt (also bei Devisenab- und -zuflüssen). Von den beteiligten Wirtschaftspolitikern werden Überschüsse in der Devisenbilanz vermutlich häufig als ein erwünschter Zustand, nicht aber als eine Verletzung eines makroökonomischen Ziels angesehen. Es besteht jedoch die Gefahr, daß sich eine derartige Betrachtungsweise als kurzsichtig erweist. Zum einen kann bei Vollbeschäftigung die Neutralisierung von Devisenzuflüssen scheitern, so daß auf diesem Wege über eine Ausweitung von Geldbasis und Geldangebot Preissteigerungen drohen. Zum anderen bedeuten Devisenzuflüsse im Inland Devisenabflüsse in anderen Ländern. Deshalb besteht die Gefahr, daß im Ausland einschneidende Maßnahmen ergriffen werden (etwa in der Form von Importkontrollen), die u. U. zu ernsthaften Rückwirkungen auf das Inland führen. Auch deswegen können Devisenbilanzüberschüsse in etwas längerer Sicht als problematisch angesehen werden. Aus diesen beiden Gründen wird hier vereinfachend unterstellt, daß eine vorausschauende Wirtschaftspolitik sowohl Defizite als auch Überschüsse in der Devisenbilanz zu vermeiden sucht, auch wenn Devisenbilanzüberschüsse in bestimmten Situationen als erwünscht gelten können.

b) Koordination der Mittel

aa) *Zielabweichungen.* – Wenn die Untersuchung auf diejenigen Fälle beschränkt wird, in denen gleichzeitig beide Ziele verfehlt werden, verbleiben noch vier Möglichkeiten von Zielabweichungen, nämlich Unterbeschäftigung, verbunden mit einem Defizit oder einem Überschuß in der Devisenbilanz sowie Überbeschäftigung zusammen mit einem Defizit oder einem Überschuß. Dabei erscheinen der zweite und der dritte Fall einer Lösung leichter zugänglich als die beiden übrigen Fälle. Im *zweiten Fall* liegen in der Ausgangslage Unterbeschäftigung und Devisenbilanzüberschüsse vor. Eine Erhöhung des Sozialprodukts führt dann zum Abbau der Unterbeschäftigung und gleichzeitig zur Verminderung des Außenbeitrags und damit des Devisenbilanzüberschusses, so daß hierdurch eine Annäherung an beide Ziele erfolgt. Entsprechend würde im *dritten Fall* (bei Überbeschäftigung, verbunden mit einem Defizit in der Devisenbilanz) ein Rückgang des Sozialprodukts gleichzeitig näher an beide Ziele heranführen.

Im *ersten Fall*, nämlich bei Unterbeschäftigung und einem Devisenbilanzdefizit in der Ausgangslage, erscheint die Konstellation ungünstiger. Eine Erhöhung des Sozialprodukts, die eine Annäherung an das binnenwirtschaftliche Ziel (also an das Vollbeschäftigungseinkommen) bedeutet, verringert den Außenbeitrag und verstärkt insoweit das Defizit in der Devisenbilanz. Entsprechend würde bei Überbeschäftigung ein Rückgang des Sozialprodukts den Außenbeitrag erhöhen und damit den beim *vierten Fall* in der Ausgangslage bestehenden Devisenbilanzüberschuß weiter verstärken.

Der Konflikt zwischen binnen- und außenwirtschaftlichem Ziel, der sich hier abzeichnet, läßt sich mit Hilfe der Regel lösen, daß unter bestimmten Voraussetzungen durch den *(koordinierten) Einsatz* zweier Mittel („policy mix") beide Ziele gleichzeitig erreicht werden können[20]). Diese Lösung soll hier ausschließlich für den (ersten) Fall der Unterbeschäftigung, verbunden mit einem Devisenbilanzdefizit, dargestellt werden, weil Überbeschäftigung, verbunden mit einem Überschuß in der Devisenbilanz, nur die Umkehrung der Maßnahmen erfordert.

bb) *Geld- und Fiskalpolitik bei Unterbeschäftigung und einem Devisenbilanzdefizit.* – Die erforderlichen Maßnahmen können am einfachsten an einer graphischen Darstellung abgelesen werden. In beiden Fällen der Fig. 30 herrscht in der *Ausgangslage (P)* ein Devisenbilanzdefizit, weil sich *P* unterhalb der *Z*-Kurve befindet. Da

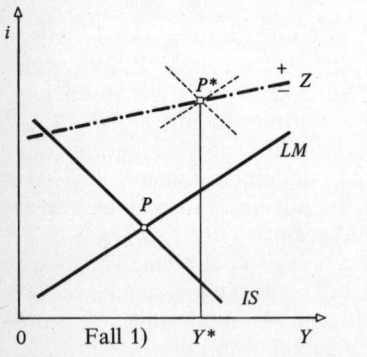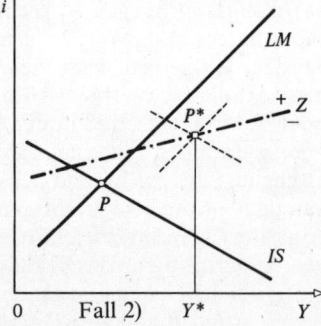

Figur 30

---

[20]) Nach dieser Regel sind im allgemeinen ebenso viele Mittel erforderlich, wie Ziele verfolgt werden. Vgl. J. Tinbergen, Wirtschaftspolitik. Freiburg im Breisgau 1968. S. 98ff.

das zugehörige Gleichgewichtseinkommen kleiner als Y^* ist, liegt gleichzeitig Unterbeschäftigung vor.

Diejenige Kombination von i und Y, die gleichzeitig Vollbeschäftigung und Devisenbilanzausgleich sichert, wird in Fig. 30 durch P^* dargestellt. Das durch P^* gekennzeichnete *Zielbündel* läßt sich in der Modellbetrachtung wie folgt erreichen: Die *LM*- und die *IS*-Kurve müssen durch geld- und fiskalpolitische Maßnahmen so verschoben werden, daß sie sich genau in P^* schneiden[21]). Dann beträgt das Gleichgewichtseinkommen Y^*, und die Devisenbilanz ist ausgeglichen, weil P^* auf der Z-Kurve liegt.

Im Fall 1) muß die Zentralbank die Geldbasis vermindern (Linksverschiebung der *LM*-Kurve) und die Regierung die Staatsausgaben erhöhen (Rechtsverschiebung der *IS*-Kurve). Im Fall 2) muß offenbar neben den Staatsausgaben auch die Geldbasis erhöht werden (also eine Rechtsverschiebung der *LM*-Kurve eintreten).

Der Weg, auf dem das Zielbündel P^* realisiert wird, läßt sich ökonomisch skizzieren. In beiden Fällen ist eine *Ausweitung der Staatsausgaben* erforderlich, die das Sozialprodukt erhöht und damit den Außenbeitrag vermindert (negative Wirkung auf den Devisenbilanzsaldo). Bei gegebenem Geldangebot steigt gleichzeitig der Zins und löst Nettokapitalimporte aus (positive Wirkung auf den Devisenbilanzsaldo). Es treten also einander entgegengerichtete Wirkungen auf den Devisenbilanzsaldo auf. Offenbar werden jedoch fiskalpolitische Maßnahmen mit geldpolitischen Maßnahmen jeweils so kombiniert, daß über den Anstieg des Zinssatzes nicht nur das anfängliche Devisenbilanzdefizit, sondern zusätzlich auch noch die im Zuge der Einkommenserhöhung eintretende Ver-

---

[21]) Es wird hier unterstellt, daß die Zusammenhänge, die sich in den Kurvenverläufen und Kurvenverschiebungen widerspiegeln, bei der Entscheidung genau bekannt sind. Für den Fall, daß die Wirtschaftspolitiker nur die Ausgangslage kennen und wissen, in welche Richtung die einzelnen Mittel auf die Ziele wirken, ohne aber die gesamten Auswirkungen genau quantifizieren zu können, hat Mundell ein Verfahren der schrittweisen Annäherung an das Zielbündel vorgeschlagen. Dabei soll die Geldpolitik am außenwirtschaftlichen und die Fiskalpolitik am binnenwirtschaftlichen Ziel ausgerichtet werden. Vgl. Mundell, a.a.O., Kap. 16. Mundell wählt als geldpolitischen Parameter den Zinssatz. Der Fall, daß die Geldbasis (genauer: ihre heimische Komponente) den Parameter der Zentralbank darstellt, wird untersucht von Sohmen, a.a.O., S. 169ff.

ringerung des Außenbeitrags durch vermehrte Nettokapitalimporte kompensiert wird[22]).

Die Überlegungen lassen sich dahingehend zusammenfassen, daß unter den Modellannahmen ein Konflikt zwischen binnen- und außenwirtschaftlichem Ziel durch den koordinierten Einsatz der Geld- und Fiskalpolitik gelöst werden kann. Es bestehen allerdings *Zweifel* daran, daß sich die hier vorgeschlagene Lösung auch immer verwirklichen läßt, und zwar aus den folgenden Gründen:

1. Nach dem Lösungsvorschlag müssen die *Staatsausgaben* (und die Steuern in einem erweiterten Modell) immer gemäß den stabilitätspolitischen Erfordernissen geändert werden. Dies kann in der Praxis unmöglich oder auch unerwünscht sein[23]).

2. Bei einer geringen Zinsabhängigkeit der internationalen Kapitalbewegungen verläuft die Z-Kurve steil. Der Devisenbilanzausgleich beim Vollbeschäftigungseinkommen erfordert dann u. U. einen hohen Zinssatz. Wegen der Verdrängung privater Investitionen und der daraus resultierenden Wachstumseinbußen ist ein hohes *Zinsniveau* möglicherweise unerwünscht.

   Im *Extremfall*, bei zinsunabhängigen Kapitalbewegungen, läßt sich die vorgeschlagene Lösung überhaupt nicht verwirklichen. Die Z-Kurve verläuft in diesem Fall senkrecht. Wird ein derartiger Verlauf in Fig. 30 berücksichtigt (die Z-Kurve muß wegen des anfänglichen Devisenbilanzdefizits links vom Ausgangsgleichgewicht *P* liegen), dann existiert kein Zins, der beim Vollbeschäftigungseinkommen *Y** den Ausgleich der Devisenbilanz herstellt. Zu diesem Zweck müssen Maßnahmen ergriffen werden, die die Z-Kurve nach rechts verschieben (etwa eine Abwertung der heimischen Währung).

3. Beim Übergang vom Ausgangsgleichgewicht *P* zur Zielkombination *P** verringert sich der Außenbeitrag; der Devisenbilanzausgleich wird durch die (zinsinduzierten) Nettokapitalimporte

---

[22]) Die hier vorgeschlagene Lösung geht auf Mundell zurück. Vgl. Mundell, a.a.O., Kap. 16. Allerdings werden dort der Überschuß des Staatshaushalts und das Zinsniveau als wirtschaftspolitische Parameter betrachtet.

[23]) Zu den Schwierigkeiten fiskalpolitischer Maßnahmen im Dienste der Stabilisierungsziele vgl. H. Giersch, Konjunktur- und Wachstumspolitik in der offenen Wirtschaft. Allgemeine Wirtschaftspolitik, Zweiter Band. Wiesbaden 1977. S. 238ff.

bewirkt. Diese Verringerung des Außenbeitrags kann u. U. bei den Kapitalanlegern die Erwartung wecken, daß auf Dauer eine Abwertung der heimischen Währung nicht zu vermeiden ist. Diese Erwartung kann inländische Kapitalanleger dazu veranlassen, Devisen zu erwerben, um sie nach erfolgter Abwertung der heimischen Währung mit einem Kursgewinn wieder zu verkaufen. Derartige durch *Abwertungserwartungen* ausgelöste Kapitalabflüsse verhindern möglicherweise den Ausgleich der Devisenbilanz, der ja im Modell auf einer Zunahme der Nettokapitalimporte beruht.

cc) *Geld- und Wechselkurspolitik bei Unterbeschäftigung und einem Devisenbilanzdefizit.* – Um den Bedenken gegen den koordinierten Einsatz der Geld- und Fiskalpolitik Rechnung zu tragen, soll als Alternative untersucht werden, binnen- und außenwirtschaftliches Gleichgewicht durch den koordinierten Einsatz der Geld- und Wechselkurspolitik zu erreichen[24]. Liegt in der Ausgangslage Un-

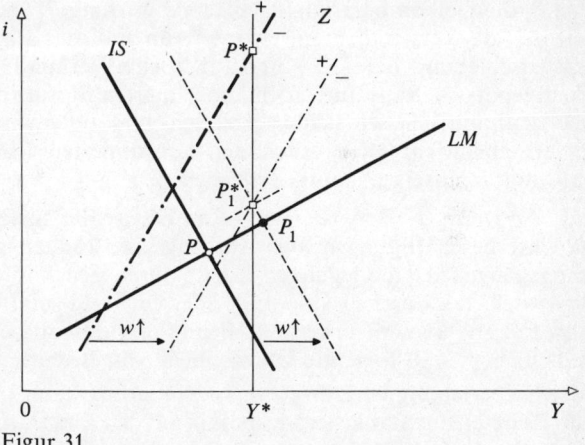

Figur 31

---

[24]) Die beiden Ziele können auch durch den koordinierten Einsatz der Fiskal- und der Wechselkurspolitik angestrebt werden. Wegen der Bedenken, die sich speziell gegen den Einsatz fiskalpolitischer Maßnahmen im Dienste der Stabilisierungsziele richten, soll diese Möglichkeit hier nicht weiter behandelt werden.

terbeschäftigung vor und ist die Devisenbilanz defizitär, dann kommt eine *Abwertung* der heimischen Währung als wirtschaftspolitisches Mittel in Betracht. Eine Abwertung erhöht in der Anstoßwirkung den Außenbeitrag und bewirkt dadurch eine Zunahme des Sozialprodukts und der Beschäftigung. Die Zusammenhänge lassen sich anhand von Fig. 31 näher erläutern.

In Fig. 31 ist eine geringe Abhängigkeit der Kapitalbewegungen vom Zinssatz, also eine steil verlaufende Z-Kurve, unterstellt, weil in diesem Fall am ehesten Anlaß zu Wechselkursänderungen besteht. Eine Abwertung verschiebt die IS- und die Z-Kurve nach rechts. Wegen der Verschiebung der Z-Kurve verlagert sich die *Zielkombination* von P^* auf P_1^*. Ein Vergleich der beiden Zielkombinationen macht deutlich, daß P_1^* einen geringeren Zinssatz und damit niedrigere Nettokapitalimporte erfordert als die Zielkombination P^*, die sich durch einen kombinierten Einsatz von (expansiver) Fiskalpolitik und (kontraktiver) Geldpolitik realisieren ließe.

Mit der Rechtsverschiebung der IS-Kurve im Zuge der Abwertung verlagert sich das *Gleichgewicht* von P auf P_1. Offensichtlich ist bei P_1 die Zielkombination (nach der Abwertung P_1^*) noch nicht erreicht. Ihre Verwirklichung erfordert im Fall der Fig. 31 eine Linksverschiebung der LM-Kurve, d. h. eine Verminderung des Geldangebots[25]. Statt durch den koordinierten Einsatz der Geld- und Fiskalpolitik lassen sich also binnen- und außenwirtschaftliches Gleichgewicht auch durch den koordinierten Einsatz der Geld- und Wechselkurspolitik erreichen.

dd) *Vergleich der Maßnahmen.* – Ein Devisenbilanzdefizit und eine Unterbeschäftigung in der Ausgangslage können nach den vorangegangenen Überlegungen i. d. R. durch den koordinierten Einsatz der Geld- und Fiskalpolitik oder der Geld- und Wechselkurspolitik überwunden werden. Beim Vergleich dieser beiden Möglichkeiten sind folgende Unterschiede von Bedeutung:

1. Bei Einbeziehung einer Wechselkursänderung kann prinzipiell im Rahmen der Stabilisierungspolitik auf den *Einsatz der Fiskal-*

---

[25]) Nach der Wechselkursänderung liegt in Fig. 31 der neue Schnittpunkt der Z- mit der IS-Kurve genau über Y^*. Deshalb ist nur noch eine Verschiebung der LM-Kurve, also der Einsatz der Geldpolitik (und nicht auch der Fiskalpolitik) erforderlich, um die neue Zielkombination P_1^* zu verwirklichen. Hierin kommt zum Ausdruck, daß es im Modell nur zweier Mittel (hier des Wechselkurses und der Geldmenge) bedarf, um die beiden Ziele gleichzeitig zu erreichen.

politik verzichtet werden. Insofern wird dem ersten der im Unterabschnitt bb) genannten Bedenken Rechnung getragen.

2. Bei einer Abwertung wird der Devisenbilanzausgleich mit einem höheren Außenbeitrag und niedrigeren *Nettokapitalimporten* erreicht als bei einer Staatsausgabenerhöhung[26]). Deshalb ist der Betrag, mit dem sich das Inland gegenüber dem Ausland verschuldet, bei einer Abwertung niedriger als ohne Abwertung.

3. Wie der im Vergleich zu P^* niedrigere Zins bei P_1^* zeigt, werden die *privaten Investitionen* bei einer Abwertung weniger stark gedämpft als bei einer Staatsausgabenerhöhung. Hiermit würde dem zweiten Einwand gegen den koordinierten Einsatz der Geld- und Fiskalpolitik Rechnung getragen werden.

4. Bei zinsunabhängigen internationalen Kapitalbewegungen verläuft die Z-Kurve (wie bereits erläutert) *senkrecht*. Ist das zugehörige Sozialprodukt kleiner als das Vollbeschäftigungseinkommen, dann erfordert der Devisenbilanzausgleich beim Vollbeschäftigungseinkommen eine Rechtsverschiebung der Z-Kurve; d. h. eine Abwertung der heimischen Währung muß Bestandteil der Mittelkombination sein.

Die angeführten Unterschiede machen deutlich, daß es eine Reihe von Gründen gibt, die – zumindest in bestimmten Situationen – dafür sprechen, den koordinierten Einsatz der Geld- und Wechselkurspolitik einem koordinierten Einsatz der Geld- und Fiskalpolitik vorzuziehen. Hierbei sind jedoch einige Argumente zu bedenken, die in den Modellüberlegungen nicht berücksichtigt wurden. So besteht die Gefahr, daß Abwertungen der heimischen Währung über eine Verteuerung der Importgüter in der inländischen Volkswirtschaft Lohn- und Preissteigerungen auslösen[27]). Auch ist eine häufige Veränderung der Wechselkurse mit einem System grundsätzlich fester Wechselkurse nicht vereinbar; der Wechselkurs kann in einem derartigen System nur dann erhöht oder gesenkt werden, wenn die Stabilisierungspolitik vor schwerwiegenden Schwierigkeiten steht, die durch geld- und fiskalpolitische Maßnahmen allein nicht beseitigt werden können (*fallweise Wechselkursanpassungen*

---

[26]) Die Abwertung führt zu Nettokapital*exporten*, falls die nach rechts verschobene Z-Kurve die Y^*-Senkrechte bei einem Zinssatz schneidet, der unterhalb seines Ausgangswertes liegt.

[27]) Vgl. hierzu das Modell mit wechselkursabhängigem Preisniveau im Abschnitt VIII.3.

bei grundsätzlich festen Wechselkursen). Solange aber der Wechselkurs zwischenzeitlich unverändert bleibt, kann in dem Bemühen um binnen- und außenwirtschaftliches Gleichgewicht auf den koordinierten Einsatz der Geld- und Fiskalpolitik nicht verzichtet werden.

3. Übertragungseffekte der Stabilisierungspolitik

Bisher beschränkte sich die Untersuchung auf die Auswirkungen stabilitätspolitischer Maßnahmen im Inland. Bei wirtschaftlich miteinander verflochtenen Volkswirtschaften muß aber die Möglichkeit in die Überlegungen einbezogen werden, daß die wirtschaftliche Entwicklung in einem Land auch von der Stabilisierungspolitik anderer Länder beeinflußt wird. Im Rahmen des Grundmodells sind dabei zwei Einflußwege zu beachten, nämlich einkommensbestimmte Außenhandelstransaktionen und zinsinduzierte Kapitalbewegungen. Demnach hängen die Auswirkungen der *im Ausland* getroffenen stabilisierungspolitischen Maßnahmen auf das Inland davon ab, welche Sozialprodukts- und Zinsänderungen im Ausland mit ihnen verbunden sind. Zum besseren Verständnis der wesentlichen Zusammenhänge werden im folgenden zunächst die Einflüsse dieser beiden Größen auf das Inland isoliert behandelt, bevor sie dann zur Analyse der Übertragungseffekte geld- und fiskalpolitischer Maßnahmen in der Argumentation miteinander verbunden werden. Die Untersuchung beschränkt sich dabei weiterhin auf den Fall des kleinen Landes, bei dem die im Inland ausgelösten Veränderungen keine Rückwirkungen auf das Ausland haben[28]).

a) Isolierte Auslandseinflüsse

aa) *Sozialproduktserhöhung im Ausland.* – Eine Sozialproduktserhöhung ohne Zinsänderung ergibt sich beispielsweise bei einer expansiven Fiskalpolitik, deren Auswirkung auf den Zinssatz durch

---

[28]) Zur Untersuchung des sog. Zwei-Länder-Falls, in dem diese Rückwirkungen einbezogen werden, vgl. J. R o t h, Der internationale Konjunkturzusammenhang bei flexiblen Wechselkursen. Eine modelltheoretische Analyse. (Kieler Studien, 135.) Tübingen 1975. – G. Oudiz, J. Sachs, Macroeconomic Policy Coordination among the Industrial Economies. „Brookings Papers on Economic Activity", (1984), S. 1 ff.

eine begleitende Geldmengenausweitung kompensiert wird. Mit der Sozialprodukterhöhung steigen die Importe des Auslands, d. h. die Exporte des Inlands. Damit nimmt im Falle fester Wechselkurse das *Inlandseinkommen zu.* Außerdem weist bei erfolgreicher Neutralisierungspolitik eine vorher ausgeglichene Devisenbilanz einen Überschuß auf. Wie die in Fig. 32 mit P_m bezeichnete neue Gleichgewichtslage verdeutlicht, gilt dies nicht nur bei einer hohen Zinsabhängigkeit der Kapitalbewegungen (Fall 1), sondern auch im Fall 2, weil sich aufgrund der Sozialprodukterhöhung die Z-Kurve stärker als die IS-Kurve nach rechts verlagert[29]).

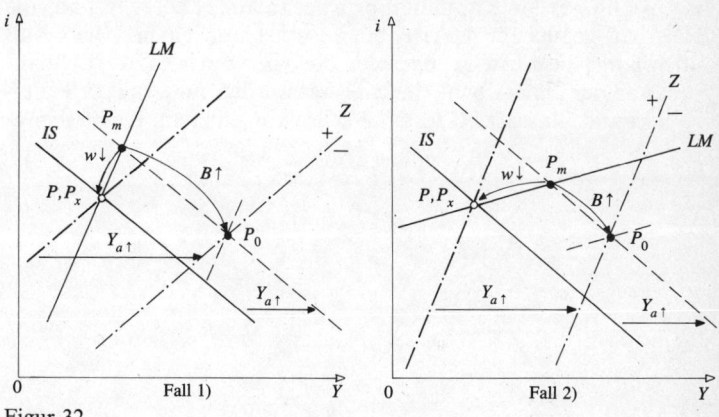

Figur 32

Der *Devisenbilanzüberschuß* führt bei fehlender oder erfolgloser Neutralisierungspolitik im Inland über eine Ausweitung der monetären Basis zu einem *Anstieg des Geldangebots* und damit zu einer weiteren Sozialprodukterhöhung (vgl. P_0 in Fig. 32). Bei flexiblen Wechselkursen bewirkt das Überschußangebot an Devisen eine *Aufwertung* der heimischen Währung, die den Außenbeitrag vermindert, also die IS- und die Z-Kurve nach links zurückverschiebt. Das Gleichgewicht stellt sich wieder bei den Ausgangswerten von Sozialprodukt und Zins ein, wobei die ursprüngliche Verbesserung

---

[29]) Die Ableitung dieses Ergebnisses erfolgt analog zu dem im Unterabschnitt VII. 1 c) behandelten Fall wechselkursbedingter Verschiebungen der beiden Kurven. Vgl. Fußnote 18).

des Außenbeitrags durch die Aufwertung genau kompensiert wird[30]). Bei *flexiblem* Wechselkurs bleibt deshalb im Grundmodell eine Einkommensausweitung im Ausland, sofern sie nicht von einer Zinsänderung begleitet wird, *ohne* Einfluß auf das Sozialprodukt des Inlands[31]). Das inländische Sozialprodukt ist also vom ausländischen durch die Wechselkursanpassung abgeschirmt, solange von zinsinduzierten Kapitalbewegungen abgesehen wird.

bb) *Zinsänderungen im Ausland.* – Eine Zins*senkung* bei unverändertem Sozialprodukt ergibt sich beispielsweise bei einer expansiven Geldpolitik, verbunden mit einer die Sozialproduktserhöhung kompensierenden kontraktiven Fiskalpolitik. Mit der Zinssenkung im Ausland werden Kapitalimporte des Inlands angeregt, und eine vorher ausgeglichene Devisenbilanz weist nun einen Überschuß auf. Solange die Auswirkungen der *Devisenzuflüsse* auf das Geldangebot von der Zentralbank neutralisiert werden, ändern sich Sozialprodukt und Zinssatz bei festen Wechselkursen nicht. Dementspre-

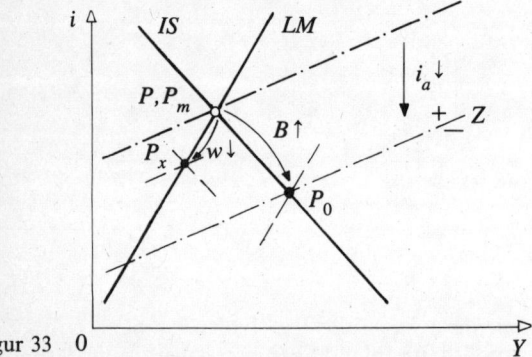

Figur 33   0   Y

---

[30]) Daß Y_a letztlich keinen Einfluß auf Y und i ausübt, folgt aus dem Gleichungssystem im Unterabschnitt VI.3c): Wird A (...) aus (8') in (2) eingesetzt, dann liegen mit (6) zwei Gleichungen vor, die i und Y – unabhängig von Y_a – bestimmen.

[31]) Aufgrund der Aufwertung, die bei konstanten Preisen eine Verbesserung der terms of trade bedeutet, erhöht sich allerdings das kaufkraftmäßige Einkommen, was zu einer Senkung der durchschnittlichen Absorptionsquote und des realen Sozialprodukts führen kann (vgl. Anhang A 4)). Dieser *Terms of Trade-* oder Laursen-Metzler-Effekt wird hier im Grundmodell vernachlässigt. Vgl. S. Laursen, L. A. Metzler, Flexible Exchange Rates and the Theory of Employment. „The Review of Economics and Statistics", Vol. 32 (1950), S. 288f.

chend stimmt die Gleichgewichtslage P_m mit dem Ausgangsgleichgewicht P in Fig. 33 überein. Sobald die Zentralbank auf die Neutralisierungspolitik verzichtet, erhöhen ihre Devisenkäufe das heimische *Geldangebot*, und aufgrund der dadurch induzierten Zinssenkung steigt das Sozialprodukt (vgl. P_0 in Fig. 33). Bei flexiblen
Wechselkursen hingegen führt der Devisenbilanzüberschuß über
eine *Aufwertung* zu einer Senkung des Sozialprodukts. Die neue
Gleichgewichtslage bei P_x (in Fig. 33) wird dadurch erreicht, daß
sich die (nach unten verschobene) Z-Kurve und die IS-Kurve im
Zuge der Aufwertung nach links verlagern.

Erfolgt im Ausland keine Zinssenkung, sondern eine Zins*erhöhung*, dann ergeben sich für das Inland Kapitalexporte und damit
Devisenabflüsse. Bei festen Wechselkursen ohne Neutralisierungspolitik resultiert hieraus wegen einer Verringerung des Geldangebots eine Abnahme des Sozialprodukts und bei flexiblen Wechselkursen wegen einer Abwertung eine Zunahme des Sozialprodukts.

b) Geld- und fiskalpolitische Maßnahmen im Ausland

Da sowohl geld- als auch fiskalpolitische Maßnahmen gleichzeitig
Sozialprodukts- und Zinsänderungen nach sich ziehen, müssen
jetzt die bisher getrennt untersuchten Einflüsse zusammen betrachtet werden. Ausgangspunkt der Überlegungen ist in beiden Fällen
eine auf das Sozialprodukt expansiv wirkende Maßnahme im Ausland. Geld- und Fiskalpolitik unterscheiden sich dann dadurch,
daß die Sozialprodukterhöhung im ersten Fall von einer Zinssenkung und im zweiten Fall von einer Zinssteigerung begleitet wird.

Bei *festen* Wechselkursen und *erfolgreicher* Neutralisierungspolitik im Inland hat – wie unter a) erläutert – nur die Sozialprodukts-
ausweitung im Ausland einen Einfluß auf das interne Gleichgewicht des Inlands. Wegen des erhöhten Außenbeitrags steigt dann
das Sozialprodukt. Bezüglich des Devisenbilanzsaldos ist das Ergebnis bei expansiver *Geldpoltik* eindeutig: Sowohl die Zunahme
des Sozialprodukts als auch die Senkung des Zinssatzes im Ausland
verbessern die Devisenbilanz des Inlands. Demgegenüber erweist
sich die Devisenbilanzentwicklung im Fall expansiver *Fiskalpolitik*
im Ausland als nicht eindeutig, da einerseits der Außenbeitrag des
Inlands zunimmt, andererseits aber die inländischen Nettokapitalimporte wegen des Zinsanstiegs im Ausland abnehmen.

Wenn die inländische Zentralbank ihre Neutralisierungspolitik
aufgibt, vergrößern im Falle einer expansiven *Geldpolitik* im Aus-

land die Devisenzuflüsse das heimische Geldangebot, wodurch ein zusätzlicher expansiver Impuls auf das inländische Sozialprodukt ausgelöst wird. Bei einer expansiven *Fiskalpolitik* im Ausland ist dagegen die Richtung der induzierten Geldmengenänderung nicht eindeutig, da sich der Devisenbilanzsaldo des Inlands verbessern oder verschlechtern kann. Deshalb ist in diesem Fall – anders als bei expansiver Geldpolitik im Ausland – nicht auszuschließen, daß bei fehlender Neutralisierungspolitik die Einkommensausweitung im Ausland zu einer entgegengerichteten Sozialproduktsentwicklung im Inland führt.

Für den Fall *flexibler* Wechselkurse haben die Überlegungen unter a) gezeigt, daß eine Sozialproduktserhöhung im Ausland keinen Einfluß auf das Inlandseinkommen hat; über die Änderung dieser Größe entscheidet dann also nur der anhand von Fig. 33 erläuterte Zinseinfluß auf die Kapitalbewegungen[32]. Weil eine expansive *Geldpolitik* im Ausland dort eine Zinssenkung auslöst, wird hierdurch das inländische Sozialprodukt verringert, während eine expansive *Fiskalpolitik* im Ausland wegen des mit ihr verbundenen Zinsanstiegs das Inlandseinkommen ausweitet.

Die abgeleiteten Übertragungseffekte einer geld- bzw. fiskalpolitisch bewirkten Expansion im Ausland lassen sich ökonomisch wie folgt interpretieren: Die auf die Ausweitung des Auslandseinkommens zurückgehende Erhöhung des Außenbeitrags wird durch die Aufwertung der heimischen Währung so kompensiert, daß sich diese beiden Vorgänge in ihrer Wirkung auf das Sozialprodukt gerade ausgleichen. Eine zusätzliche Aufwertung der heimischen Währung, die bei einer expansiven Geldpolitik durch die Zinssenkung im Ausland verursacht wird, bewirkt im Gesamteffekt eine Verminderung des heimischen Sozialprodukts unter das Ausgangsniveau, während bei einer expansiven Fiskalpolitik im Ausland die Erhöhung des Auslandszinses – isoliert betrachtet – eine Abwertung der heimischen Währung auslöst, die der einkommensbedingten Aufwertung entgegengerichtet ist. Deshalb wird hier im Gesamteffekt das heimische Sozialprodukt über das Ausgangsniveau hinaus vergrößert. Bei flexiblen Wechselkursen führen demnach *geld*politische Maßnahmen im Ausland zu einer *entgegen*gerichteten Bewe-

---

[32]) Da bei vollkommen zinsunelastischen Kapitalbewegungen ein Zinseinfluß für das Inland nicht wirksam wird, ergeben sich in diesem Spezialfall auch keine Übertragungseffekte.

gung des Sozialprodukts im Ausland und im Inland; demgegenüber verändern fiskalpolitische Maßnahmen des Auslands das ausländische und das inländische Sozialprodukt in die gleiche Richtung.

Zusammenfassung

1. Geldpolitische Maßnahmen haben bei flexiblen Wechselkursen eine stärkere Durchschlagskraft auf das Sozialprodukt als bei festen Wechselkursen, weil sie bei flexiblen Wechselkursen durch die ausgelöste Wechselkursänderung (Abwertung bei einer expansiven, Aufwertung bei einer kontraktiven Geldpolitik) unterstützt werden. Bei festen Wechselkursen ohne Neutralisierungspolitik bleiben geldpolitische Maßnahmen langfristig ohne Wirkung auf das Sozialprodukt.

2. Die Wirkung fiskalpolitischer Maßnahmen kann bei flexiblen Wechselkursen (im Vergleich zu festen Kursen) verstärkt oder abgeschwächt werden; eine Verstärkung ist um so eher zu erwarten, je geringer die Zinsabhängigkeit der internationalen Kapitalbewegungen ist.

3. Wenn die internationalen Kapitalbewegungen nicht auf die Zinssätze reagieren, bleiben bei festen Wechselkursen und fehlender Neutralisierungspolitik auch fiskalpolitische Maßnahmen auf Dauer ohne Wirkung auf das Sozialprodukt; in diesem Fall können Änderungen des Sozialprodukts nur durch Wechselkursänderungen erreicht werden.

4. Das gesamtwirtschaftliche Zielbündel (Vollbeschäftigungseinkommen als binnenwirtschaftliches, Devisenbilanzausgleich als außenwirtschaftliches Ziel) kann unter den Modellannahmen bei festen Wechselkursen i. d. R. durch den koordinierten Einsatz der Geld- und Fiskalpolitik erreicht werden.

5. Bestehen Zweifel am Erfolg einer Stabilisierungspolitik, die sich ausschließlich auf die Geld- und Fiskalpolitik stützt, dann können fallweise Wechselkursänderungen (bei grundsätzlich festen Wechselkursen) dazu beitragen, daß das gesamtwirtschaftliche Zielbündel realisiert wird.

6. Geld- und fiskalpolitische Maßnahmen im Ausland haben bei festen Wechselkursen einen gleichgerichteten Einfluß auf Auslands- und Inlandseinkommen, sofern die Wirkung der

Devisenbewegungen auf das Geldangebot neutralisiert wird. Verzichtet das Inland auf eine Neutralisierungspolitik, dann ist bei fiskalpolitischen Maßnahmen auch eine entgegengerichtete Einkommensentwicklung im Inland und im Ausland möglich. Bei flexiblen Wechselkursen ist der Einkommenszusammenhang davon abhängig, ob das Ausland Geld- oder Fiskalpolitik betreibt. Im ersten Fall sind die Einkommensänderungen im Ausland und im Inland entgegengerichtet, im zweiten Fall gleichgerichtet.

VIII. Stabilisierungspolitik bei flexiblem Preisniveau

Dem in den beiden vorangegangenen Kapiteln behandelten Keynesianischen *Grundmodell* lag die Annahme konstanter Preise zugrunde. Diese Annahme wird im folgenden aufgegeben und statt dessen Preisflexibilität berücksichtigt. Die Endogenität des Preisniveaus beruht dabei zum einen auf einer Abhängigkeit vom realen Sozialprodukt (konjunkturabhängiges Preisniveau) und zum anderen auf Wechselkurseinflüssen (wechselkursabhängiges Preisniveau). Sozialprodukt und Wechselkurs wirken – bei Wechselkursflexibilität – in der Regel gleichzeitig auf das inländische Preisniveau ein. Aus Gründen der Vereinfachung wird jedoch zunächst die Möglichkeit eines *konjunkturabhängigen* Preisniveaus und später (wiederum isoliert) die Möglichkeit eines *wechselkursabhängigen* Preisniveaus einbezogen. Diese Vorgehensweise hat auch den Vorteil, daß so besonders deutlich wird, ob und inwieweit bestimmte Annahmen über die Preisbildung Folgerungen aus dem Grundmodell verändern.

1. Zum Modell mit einem konjunkturabhängigen Preisniveau

a) Modellaufbau

Die zu Beginn des dritten Teils unter (9) abgeleitete Gleichgewichtsbedingung für den Gütermarkt wird (wie schon im Grundmodell) um zinsabhängige Investitionen und Staatsausgaben ergänzt. Man erhält dann:

$$Y^r = C^r(Y^r) + I^r(i) + G^r + X^r(t, Y_a^r) - \frac{1}{t} J'(t, Y^r) , \qquad (1)$$

wobei

$$t = \frac{p}{p_a w} . \qquad (2)$$

An Stelle konstanter Preise werden in diesem Abschnitt **Preisniveaufunktionen** verwendet, und zwar für das Inland

$$p = p(\overset{+}{Y^r}) , \qquad (3)$$

und für das Ausland

$$p_a = p_a(\overset{+}{Y_a^r}) . \qquad (4)$$

Die unterstellte positive Beziehung zwischen Preisniveau und realem Sozialprodukt ist aus dem traditionellen Keynesianischen Unterbeschäftigungsmodell geläufig und wird dort auch als makroökonomische Angebotsfunktion bezeichnet. Sie wird unter der Annahme eines konstanten Geldlohnsatzes und einer mit der Produktion abnehmenden Grenzproduktivität der Arbeit hergeleitet[1]).

Um die Gleichgewichtsbedingung für den Gütermarkt unter Berücksichtigung von Preisniveaufunktionen formulieren zu können, sind einige Rechnungen erforderlich, die vom weniger am Detail der Beweisführung interessierten Leser übergangen werden können, da die zu begründende Bestimmungsgleichung (7) für den realen Außenbeitrag A^r und die Gleichgewichtsbedingung für den Gütermarkt (8) auch aus sich heraus plausibel erscheinen.

Aus der Bestimmungsgleichung für den realen Außenbeitrag

$$A^r = X^r(\overset{-\ +}{t, Y_a^r}) - \frac{1}{t} J'(\overset{+\ +}{t, Y^r})$$

---

[1]) Vgl. z.B. Jarchow, Theorie und Politik des Geldes. I. Geldtheorie, a.a.O., S. 227f. mit S. 216f.

folgt bei totaler Differentiation:

$$dA^r = \left[\overset{-}{\frac{\partial X^r}{\partial t}} - \overset{+}{\frac{1}{t}\frac{\partial J'}{\partial t}} + \frac{J'}{t^2} \right] dt + \overset{+}{\frac{\partial X^r}{\partial Y_a^r}} dY_a^r - \overset{+}{\frac{1}{t}\frac{\partial J'}{\partial Y^r}} dY^r. \tag{5}$$

Die drei Ausdrücke innerhalb der eckigen Klammer werden im folgenden mit $\partial A^r/\partial t$ abgekürzt. Das Vorzeichen dieser partiellen Ableitung ist nicht eindeutig. Steigen die *terms of trade* an, d. h. werden die inländischen Güter im Vergleich zu den ausländischen Gütern teurer, dann nehmen die mengenmäßigen Importe zu und die mengenmäßigen Exporte ab. Diese Mengenreaktionen verringern den realen Außenbeitrag. In Gleichung (5) zeigt sich dieser Zusammenhang darin, daß die beiden ersten Summanden in der eckigen Klammer (unter Berücksichtigung ihres Vorzeichens) negativ sind. Der dritte Summand ist aber positiv. Hierin kommt zum Ausdruck, daß die Mengen des Importguts erst nach einer Umrechnung in Mengen des heimischen Guts in den realen Außenbeitrag eingehen[2]). Nach dem Anstieg der terms of trade entspricht eine Mengeneinheit des Importguts einer geringeren Menge des heimischen Guts; oder anders ausgedrückt: Der Realwert einer Mengeneinheit des Importguts ist gesunken. Dieser Effekt erhöht tendenziell den realen Außenbeitrag und wirkt demzufolge den Mengenreaktionen entgegen, die in den beiden ersten Ausdrücken der eckigen Klammer erfaßt sind. Erst wenn die Mengenreaktionen der Nachfrager ein bestimmtes Ausmaß überschreiten, wird $\partial A^r/\partial t$ negativ. Im folgenden wird immer als Normalfall unterstellt, daß die Nachfrager mengenmäßig ausreichend stark reagieren, so daß $\partial A^r/\partial t < 0$ gilt.

Die Bestimmungsgründe für eine Änderung der terms of trade lassen sich durch totale Differentiation von (2) und unter Berücksichtigung von (3) und (4) wie folgt darstellen:

$$dt = \frac{1}{p_a w} \frac{\partial p}{\partial Y^r} dY^r - \frac{p}{p_a w^2} dw - \frac{p}{(p_a)^2 w} \frac{\partial p_a}{\partial Y_a^r} dY_a^r.$$

Wird diese Beziehung für dt in Gleichung (5) eingesetzt, dann erhält man bei entsprechender Zusammenfassung:

$$dA^r = \left(\overset{-}{\frac{\partial A^r}{\partial t}} \frac{1}{p_a w} \overset{+}{\frac{\partial p}{\partial Y^r}} - \overset{+}{\frac{1}{t}\frac{\partial J'}{\partial Y^r}} \right) dY^r - \overset{-}{\frac{\partial A^r}{\partial t}} \frac{p}{p_a w^2} dw$$

$$+ \left(- \overset{-}{\frac{\partial A^r}{\partial t}} \frac{p}{(p_a)^2 w} \overset{+}{\frac{\partial p_a}{\partial Y_a^r}} + \overset{+}{\frac{\partial X^r}{\partial Y_a^r}} \right) dY_a^r. \tag{6}$$

---

[2]) Vgl. S. 91 f.

Wie (6) zeigt, wirken *Sozialproduktsänderungen* im In- und Ausland nicht nur direkt, sondern auch indirekt (über die terms of trade) auf den Außenbeitrag. So erhöht beispielsweise ein Anstieg von Y^r zum einen unmittelbar die heimischen Importe (wegen $\partial J'/\partial Y^r > 0$) und vermindert auf diesem Weg den Außenbeitrag. Zum anderen bewirkt die Zunahme der Einkommen im Inland einen Anstieg des inländischen Preisniveaus, wodurch sich die terms of trade erhöhen.

Unter der Annahme einer im Normalfall ausreichend starken Mengenreaktion der Nachfrager[3]) ($\partial A^r/\partial t < 0$) sind die Auswirkungen von Sozialprodukt und Wechselkurs auf den realen Außenbeitrag eindeutig. Wie Gleichung (6) zeigt, sinkt dann A^r mit steigendem Y^r und nimmt mit steigendem Y_a^r und w zu. Diese Zusammenhänge werden in Gleichung (7) erfaßt:

$$A^r = A^r(\overset{+}{w},\ \overset{-}{Y^r},\ \overset{+}{Y_a^r}). \tag{7}$$

Unter Berücksichtigung von (7) erhält man somit als *Gleichgewichtsbedingung für den Gütermarkt*

$$Y^r = C^r(\overset{+}{Y^r}) + I^r(\overset{-}{i}) + G^r + A^r(\overset{+}{w},\ \overset{-}{Y^r},\ \overset{+}{Y_a^r}). \tag{8}$$

Gleichgewicht auf dem Geldmarkt liegt vor, wenn das (nominale) Geldangebot (M^s) aus der Geldangebotsfunktion

$$M^s = mB$$

und die (nominale) Geldnachfrage (L) aus der Geldnachfragefunktion

$$L = p(\overset{+}{Y^r}) \cdot L^r(\overset{-}{i},\ \overset{+}{Y^r})$$

bzw. verkürzt

$$L = L(\overset{-}{i},\ \overset{+}{Y^r})$$

übereinstimmen, d. h. bei

$$mB = L(\overset{-}{i},\ \overset{+}{Y^r}). \tag{9}$$

Das Modell wird durch Einbeziehung der Bestimmungsgleichung für den Devisenbilanzsaldo

$$Z = A + K$$

---

[3]) Eine derartige Annahme ist auch zur Erfüllung der Marshall-Lerner-Bedingung erforderlich. Vgl. S. 58.

vervollständigt. Für den nominalen Außenbeitrag $A (= pA^r)$ ergibt sich unter Berücksichtigung von (3) und (7)

$$A = p(\overset{+}{Y^r}) \cdot A^r(\overset{+}{w}, \overset{-}{Y^r}, \overset{+}{Y^r_a}). \tag{10}$$

Selbst bei der hier unterstellten normalen Reaktion des *realen* Außenbeitrags auf Wechselkurs und Sozialprodukt ist die Abhängigkeit des *nominalen* Außenbeitrags vom inländischen Sozialprodukt noch nicht eindeutig, wie durch die Überprüfung des totalen Differentials gezeigt werden kann:

$$dA = \left(A^r \overset{?}{\underset{\partial Y^r}{\overset{+}{\frac{\partial p}{}}}} + p \overset{-}{\underset{\partial Y^r}{\frac{\partial A^r}{}}} \right) dY^r + p \overset{+}{\underset{\partial w}{\frac{\partial A^r}{}}} dw + p \overset{+}{\underset{\partial Y^r_a}{\frac{\partial A^r}{}}} dY^r_a.$$

Während ein Anstieg des Wechselkurses (d.h. eine Abwertung der heimischen Währung) sowie eine Ausweitung des ausländischen Sozialprodukts den nominalen Außenbeitrag erhöhen, sind die Auswirkungen einer Änderung des inländischen Sozialprodukts nicht eindeutig, weil A^r (der reale Außenbeitrag in der Ausgangslage) positiv, negativ oder gleich Null sein kann. Wie bei der Ableitung der Gleichung (7) gezeigt wurde, sind die Mengenreaktionen der Nachfrager auf Änderungen der terms of trade entscheidend für das Vorzeichen von $\partial A^r/\partial Y^r$. Es soll hier als *Normalfall* unterstellt werden, daß die Mengenreaktionen immer stark genug ausfallen, um nicht nur $\partial A^r/\partial Y^r$, sondern auch $A^r \cdot \partial p/\partial Y^r + p \cdot \partial A^r/\partial Y^r$ negativ werden zu lassen. Dann vermindern sich bei einer Erhöhung des inländischen Sozialprodukts sowohl der reale als auch der nominale Außenbeitrag. Unter Berücksichtigung dieser Annahme und bei Einbeziehung der Nettokapitalimporte $K(= K(i, i_a))$ ergibt sich für den *Devisenbilanzsaldo*:

$$Z = A(\overset{+}{w}, \overset{-}{Y^r}, \overset{+}{Y^r_a}) + K(\overset{+}{i}, \overset{-}{i_a}). \tag{11}$$

Die Gleichungen (8), (9) und (11) bilden das formale Gerüst des um ein konjunkturabhängiges Preisniveau erweiterten Grundmodells. Sie lassen sich in einem i/Y^r-Diagramm durch eine negativ geneigte IS^r-Kurve, eine positiv geneigte LM^r-Kurve und eine positiv geneigte Z-Kurve darstellen.

b) Folgerungen

Bei der Auswertung des erweiterten Grundmodells wird der Stoff
insofern eingegrenzt, als sich die Analyse auf die Behandlung stabilisierungspolitischer Maßnahmen im Inland beschränkt. Dabei
zeigt sich, daß die meisten der in Kapitel VII abgeleiteten Aussagen
weiterhin gelten[4]). Eine wichtige *Ausnahme* betrifft die *Wechselkurspolitik* in einem System grundsätzlich fester Wechselkurse. Hier
zeigt sich, daß eine Abwertung bei konjunkturabhängigem Preisniveau u. U. den Devisenbilanzsaldo (im Fall mit Neutralisierungspolitik) bzw. die Währungsreserven (im Fall ohne Neutralisierungspolitik) verringert[5]). Diese Möglichkeit besteht allerdings
nur, wenn die Z-Kurve *steiler* verläuft als die LM^r-Kurve, d. h. bei
relativ niedriger Zinsabhängigkeit der Kapitalbewegungen[6]). Sie
ergibt sich in der graphischen Darstellung dadurch, daß die Verschiebung der Z-Kurve auf Grund einer Wechselkursänderung
schwächer ausfallen kann als die Verschiebung der IS^r-Kurve. Wie
die formale Begründung[7]) hierfür zeigt, ist dieser Fall nur möglich,
wenn in der Ausgangslage ein *negativer Außenbeitrag* vorliegt, also
eine Situation besteht, wie sie vor einer Abwertung häufiger anzu-
treffen ist.

---

[4]) Vgl. hierzu im einzelnen den Anhang A 7).

[5]) Wie aus dem Anhang A 7) hervorgeht, sind die Ableitungen $\dfrac{dZ}{dw}$ bzw. $\dfrac{dR}{dw}$
aus den Gleichungen (3) bzw. (7) allerdings nur dann negativ, wenn die
Determinante D_x aus den Gleichungen (8) bis (10) positiv ist. In diesem
Fall würde ein instabiles Gleichgewicht bei Wechselkursflexibilität vorliegen. Offenbar zeigt sich hier bei einer anomalen Devisenbilanzreak-
tion auf eine Abwertung eine Parallele zur Partialanalyse des Devisenmarktes im Unterabschnitt III. 2 b) bb) aaa).

[6]) Verläuft die Z-Kurve *flacher* als die LM^r-Kurve, dann liegt der sich als
Folge der Abwertung ergebende neue Gleichgewichtspunkt (P_m) immer
oberhalb der neuen Z-Kurve (also im Bereich von Devisenbilanzüberschüssen). Vgl. zur Illustration Fig. 29, Fall 1), sowie im einzelnen die
Ableitungen zur Wechselkursänderung bei festen Wechselkursen mit und
ohne Neutralisierungspolitik im Anhang A 7).

[7]) Die abwertungsbedingten Lageverschiebungen der IS^r- und Z-Kurve
lassen sich aus Gleichung (8) sowie aus Gleichung (11) in Verbindung mit
(10) für $Z = 0$ herleiten. Für einen konstant gehaltenen Zinssatz gilt im
Fall der IS^r-*Kurve*:

Der durch eine Abwertung ausgelöste und zu einem Devisenbilanzdefizit führende Anpassungsprozeß wird durch Fig. 34 veranschaulicht.

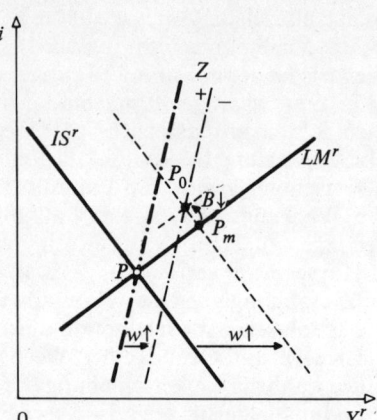

Figur 34

Als Folge der Abwertung verschieben sich die IS^r-Kurve und die Z-Kurve nach rechts. Die Rechtsverschiebung der IS^r-Kurve erhöht das Sozialprodukt. Für den Fall *erfolgreicher Neutralisierungspolitik* der Zentralbank verdeutlicht die durch P_m bestimmte Gleichgewichtslage die Möglichkeit, daß der Devisenbilanzsaldo nach einer Abwertung trotz des dadurch erlangten Wettbewerbs-

$$\left. \frac{dY^r}{dw} \right|_{IS^r} = \frac{\partial A^r / \partial w}{1 - \partial C^r / \partial Y^r - \partial A^r / \partial Y^r}$$

und im Fall der *Z-Kurve*:

$$\left. \frac{dY^r}{dw} \right|_{Z} = \frac{\partial A^r / \partial w}{-A^r / p \cdot \partial p / \partial Y^r - \partial A^r / \partial Y^r} .$$

Man erkennt, daß der Fall

$$\left. \frac{dY^r}{dw} \right|_{Z} < \left. \frac{dY^r}{dw} \right|_{IS^r}$$

vorliegt, wenn

$$- A^r / p \cdot \partial p / \partial Y^r > 1 - \partial C^r / \partial Y^r .$$

Dieser Fall setzt voraus, daß A^r und damit auch $A (= A^r p)$ *negativ* sind.

vorteils für das Inland letztlich abnimmt[8]) (P_m liegt rechts bzw. unterhalb der neuen Z-Kurve).

Bei *fehlender* oder erfolgloser *Neutralisierungspolitik* führt das sich einstellende Devisenbilanzdefizit zu einem Rückgang von Geldbasis und Geldangebot. Die LM^r-Kurve verschiebt sich deshalb nach links, bis die Devisenbilanz im Punkt P_0 ausgeglichen ist. Zwar wird durch diese Entwicklung das *Sozialprodukt* gegenüber dem Gleichgewicht mit Neutralisierungspolitik verringert; gegenüber der Ausgangslage ergibt sich aber in der Gesamtwirkung noch ein Anstieg von Y^r.

Da sich das reale Sozialprodukt sowohl bei erfolgreicher als auch bei erfolgloser Neutralisierungspolitik erhöht und der Zinssatz in beiden Fällen steigt, die realen Investitionen also sinken, erfordert die Bedingung für das Gütermarktgleichgewicht, daß der *reale* Außenbeitrag zugenommen hat bzw. genauer, daß das in der Ausgangslage vorhandene Defizit im realen Außenbeitrag abgenommen hat. Bedenkt man, daß sich infolge des Zinsanstiegs auch noch die Nettokapitalimporte erhöht haben, dann stellt sich die Frage, wie sich trotz dieser Entwicklungen letztlich ein *Devisenbilanzdefizit* einstellen kann. Offensichtlich ist dieser Fall nur möglich, wenn sich bei gesunkenem Defizit im realen Außenbeitrag infolge eines recht *starken Preisanstiegs* das Defizit im *nominalen Außenbeitrag* noch erhöht hat, und zwar so stark, daß hierdurch die Devisenabflüsse aus den zinsinduzierten Kapitalimporten überkompensiert werden.

2. Exkurs zum Absorptionsansatz

Im vorangegangenen Abschnitt stand wie schon in Kapitel VII (unter 1c)) die Frage im Vordergrund, wie eine Abwertung die Entwicklung der Zahlungsbilanz beeinflußt. Mit diesem Zusammenhang befaßt sich auch der sog. Absorptionsansatz[9]). Beim Absorptionsansatz werden *internationale Kapitalbewegungen vernachläs-*

---

[8]) Vgl. hierzu Gleichung (3c) bzw. für den Fall ohne Neutralisierungspolitik Gleichung (7c) im Anhang A 7).

[9]) Dieser Ansatz geht zurück auf S. S. Alexander, Wirkungen einer Abwertung auf die Handelsbilanz. In: Theorie der internationalen Wirtschaftsbeziehungen. Hrsg. von K. Rose. 3. Aufl. Köln, Berlin 1971. S. 334ff. (Deutsche Übersetzung von: Effects of a Devaluation on a Trade Balance. „International Monetary Fund Staff Papers", Vol. 2

sigt, so daß der Devisenbilanzsaldo ausschließlich durch den Außenbeitrag bestimmt wird. Insofern sind die Überlegungen im Rahmen des Absorptionsansatzes weniger allgemein als die bisher in diesem Kapitel vorgenommenen Modelluntersuchungen. Andererseits werden im Rahmen des Absorptionsansatzes die Möglichkeiten, die zur Beeinflussung des Außenbeitrags bestehen, *grundsätzlich*, d. h. unabhängig von einem bestimmten Modell, erörtert.

a) Modellaufbau

Ausgangspunkt der Überlegungen ist die Bestimmungsgleichung für das Sozialprodukt[10]):

$$Y = C + I + G + A.$$

Wird die Summe aller Ausgaben der Inländer für die gesamtwirtschaftliche Endnachfrage $(C + I + G)$ wie bisher als **Absorption** bezeichnet und mit E abgekürzt, dann kann die Bestimmungsgleichung für das Sozialprodukt umgeformt werden zu:

$$A = Y - E. \tag{12}$$

Der Außenbeitrag entspricht also der Differenz zwischen Sozialprodukt und Absorption. Ob eine bestimmte wirtschaftspolitische Maßnahme, etwa eine Abwertung, den Außenbeitrag erhöht oder nicht, hängt nach Gleichung (12) davon ab, wie sich Sozialprodukt und Absorption im Zuge des Anpassungsprozesses entwickeln[11]). Dieser Zusammenhang soll am Beispiel einer *Abwertung* erläutert werden. Normale Reaktion vorausgesetzt, erhöht eine Abwertung in der Anstoßwirkung den Außenbeitrag. Als Folge hiervon wird nicht nur eine Erhöhung des Sozialprodukts eintreten, sondern auch ein Anstieg der Absorption, weil zumindest der Konsum mit

---

(1952), S. 263ff.). Für einen Überblick vgl. H. G. Johnson, Towards a General Theory of the Balance of Payments. In: H. G. Johnson, International Trade and Economic Growth. London 1958. S. 153ff.

[10]) Vgl. Gleichung (8) S. 185. Diese Gleichung wird hier statt mit realen mit nominalen Größen aufgestellt.

[11]) Damit kann der Absorptionsansatz als Ergänzung der mikroökonomischen Partialanalyse des Kapitels III aufgefaßt werden. In dieser Partialanalyse, auch Elastizitätsansatz genannt, bleiben Auswirkungen einer Wechselkursänderung auf die gesamtwirtschaftlichen Variablen wie das Sozialprodukt oder die Absorption außer Betracht.

dem Sozialprodukt zunimmt[12]). Auf der rechten Seite in Gleichung (12) ist demnach bei einer Abwertung ein Anstieg beider Variablen zu erwarten, und es bedarf näherer Überlegungen, um festzustellen, wie sich die Differenz zwischen ihnen (und damit der Außenbeitrag) entwickelt. Aus Gründen, die später deutlich werden, sollen diese Überlegungen getrennt für den Unterbeschäftigungs- und den Vollbeschäftigungsfall durchgeführt werden.

Den Ausgangspunkt für die weitere Analyse bildet Gleichung (12), die vorweg noch in zweierlei Weise modifiziert werden soll. Zunächst werden Sozialprodukt und Außenbeitrag in ihre Real- und ihre Preiskomponente aufgespalten, so daß sich ergibt:

$$A = p Y^r - p E^r = p (Y^r - E^r). \tag{13}$$

Sodann wird für die reale Absorption (E^r) folgende lineare Bestimmungsgleichung unterstellt:

$$E^r = \bar{E}^r + e Y^r \qquad e > 0. \tag{14}$$

In dieser Beziehung bezeichnet $\bar{E}^r$ die sog. (reale) **autonome Absorption**, genauer: die vom (realen) Sozialprodukt unabhängige Absorption, und $e Y^r$ die vom Einkommen induzierte Absorption, mit e als marginaler Absorptionsquote. Wird Gleichung (14) in Gleichung (13) eingesetzt, dann erhält man:

$$A = p (Y^r - e Y^r - \bar{E}^r). \tag{15}$$

Um die Überlegungen nicht unnötig zu erschweren, wird der durch (15) angegebene Zusammenhang zunächst unter der Annahme einer unveränderten autonomen Absorption ($\bar{E}^r$) ausgewertet[13]).

b) Auswirkungen einer Abwertung

aa) *Unterbeschäftigungsfall.* – Für den Unterbeschäftigungsfall wird davon ausgegangen, daß sich nach einer Abwertung das reale

---

[12]) Alexander (a.a.O., S. 337) geht davon aus, daß nicht nur der Konsum, sondern auch die Investitionen mit zunehmendem Sozialprodukt ansteigen.

[13]) Im Rahmen des Absorptionsansatzes wird durchaus die Möglichkeit behandelt, daß andere Faktoren als das Realeinkommen die autonome Absorption beeinflussen. Vgl. dazu den folgenden Unterabschnitt dd).

Sozialprodukt bei *gegebenem Preisniveau* erhöht. Bei unveränderter autonomer Absorption ergibt sich dann für den nominalen Außenbeitrag aus Gleichung (15) folgende Änderung:

$$dA = p(dY^r - edY^r) = p(1 - e)dY^r \text{ mit } dY^r > 0. \quad (16)$$

Bei der Auswertung dieses Ergebnisses ist zu beachten, daß im Rahmen des Absorptionsansatzes die Möglichkeit einkommensabhängiger Investitionen berücksichtigt wird. Dementsprechend umfaßt die *marginale Absorptionsquote* neben der marginalen Konsumquote auch eine (positive) marginale Investitionsquote. Deshalb kann der Fall $e > 1$ nicht von vornherein ausgeschlossen werden[14]). Wie Gleichung (16) erkennen läßt, wäre in diesem Fall bei einer Abwertung mit einer Abnahme des Außenbeitrags zu rechnen. Umgekehrt steigt der nominale Außenbeitrag, wenn die marginale Absorptionsquote unter eins liegt. Da der Unterbeschäftigungsfall i. d. R. mit unausgelasteten Kapazitäten verbunden ist, kann man erwarten, daß eine Erhöhung des Sozialprodukts keine zusätzlichen Investitionen in größerem Umfang auslöst. Unter dieser Annahme ist damit zu rechnen, daß die marginale Absorptionsquote eher unter als über eins liegt. Demnach spricht aus der Sicht der Absorptionstheorie einiges für die Vermutung, daß eine Abwertung bei Unterbeschäftigung zu einer *Erhöhung des Außenbeitrags* führt[15]). Ist beispielsweise der Außenbeitrag in der Ausgangslage negativ, besteht also ein Defizit in der Handels- und Dienstleistungsbilanz, dann wird aufgrund dieser Überlegung das Defizit verringert oder beseitigt werden.

bb) *Vollbeschäftigungsfall.* – Bei Vollbeschäftigung kann das reale Sozialprodukt nicht mehr ausgeweitet werden. Deshalb *steigt nur noch das Preisniveau*, wenn als Folge einer Abwertung die Nachfrage nach inländischen Gütern zunimmt. Unter dieser Vor-

---

[14]) Der Leser beachte, daß der Fall $e > 1$ nicht notwendigerweise Instabilität eines Gütermarktgleichgewichts bedeutet; denn wie sich analog zu den Betrachtungen auf S. 100f. herleiten läßt, ist Stabilität bei Einbeziehung einkommensabhängiger Investitionen gegeben, wenn $e - m < 1$. Diese Bedingung kann offensichtlich auch bei $e > 1$ erfüllt werden.

[15]) Diese Vermutung wird auch dadurch gestützt, daß über die monetären Rückwirkungen i. d. R. die autonome Absorption verringert wird. Vgl. den folgenden Unterabschnitt dd).

aussetzung folgt aus Gleichung (15):

$$dA = (Y^r - eY^r - \bar{E}^r)\,dp \text{ mit } dp > 0. \tag{17}$$

Die Richtung, in die sich der Außenbeitrag ändert, wird durch das Vorzeichen der Differenz $(Y^r - eY^r - \bar{E}^r)$ bestimmt. Wenn diese Differenz in der Ausgangslage negativ ist, nimmt der nominale Außenbeitrag ab statt zu. Wie Gleichung (15) zeigt, bedeutet ein negativer Wert der Differenz $(Y^r - eY^r - \bar{E}^r)$, daß der nominale Außenbeitrag ebenfalls negativ ist. Nach Gleichung (17) vermindert sich also bei einer Abwertung der nominale Außenbeitrag immer dann, wenn er in der Ausgangslage negativ ist. Mit anderen Worten vergrößert sich ein bereits bestehendes Defizit in der Handels- und Dienstleistungsbilanz weiter, sobald die heimische Währung abgewertet wird. Diese Überlegungen geben zu der Vermutung Anlaß, daß die *Abwertung kein geeignetes Mittel* darstellt, um ein bei Vollbeschäftigung bestehendes Außenhandelsdefizit zu beseitigen. Ein derartiger Schluß ist allerdings noch nicht als endgültig anzusehen; denn die bisherige Analyse läßt unberücksichtigt, daß die autonome Absorption im Zuge des Anpassungsprozesses eine Abnahme erfahren kann[16]). Hierauf soll im folgenden näher eingegangen werden.

cc) *Effekte über die autonome Absorption.* – Um zu illustrieren, in welcher Weise bei einem durch eine Abwertung ausgelösten Expansionsprozeß die autonome Absorption eine Abnahme erfahren kann, wird auf folgende Vorgänge näher eingegangen:

a) Rückwirkungen aus dem monetären Bereich,
b) Progressionseffekte der Einkommensteuer,
c) Einkommensumverteilungseffekte,
d) Auftreten von Geldillusion.

ad a)
Ergibt sich ein Expansionsprozeß, dann nimmt die *nominale Geldnachfrage* zu, und zwar einmal wegen steigender Realeinkommen und zum anderen wegen eines Preisanstiegs. Wenn die Zentralbank die nominale Geldbasis und damit die nominale Geldmenge konstant hält, können hierdurch bei gegebenem realen Sozialprodukt *Rückwirkungen* auf die Ausgabenentscheidungen der Inländer aus-

---

[16]) Vgl. dazu Alexander, a.a.O., S. 342ff.

gelöst werden. Im Rahmen des Ke y n e sianischen Grundmodells
treten beispielsweise derartige Rückwirkungen auf, weil eine steigende Geldnachfrage den Zinssatz erhöht und so die Investitionstätigkeit dämpft[17]). Wenn die monetären Rückwirkungen bei gegebenem realen Sozialprodukt die Ausgaben der Inländer senken,
bedeutet dieses eine Verminderung der (realen) autonomen Absorption ($\bar{E}^r$), wodurch sich eine in der Ausgangslage bestehende
negative Differenz ($Y^r - e Y^r - \bar{E}^r$) verringert und u.U. sogar ihr
Vorzeichen wechselt. Wie Gleichung (15) zeigt, besteht dann auch
im Vollbeschäftigungsfall die Möglichkeit, daß bei steigendem
Preisniveau ein in der Ausgangslage bestehendes Defizit in der
Handels- und Dienstleistungsbilanz vermindert oder sogar beseitigt wird.

ad b)
Die bei Vollbeschäftigung durch eine Abwertung ausgelösten Preissteigerungen können auch über die *Progression der Einkommensteuer* die reale Absorption bei gegebenem Realeinkommen verringern, also die autonome Absorption dämpfen. Die Steuersätze und
-stufen richten sich nach den Nominal- und nicht nach den Realeinkommen. Wenn Preise und Löhne im gleichen Verhältnis zunehmen, erreichen die Steuerzahler bei unverändertem Realeinkommen
höhere Progressionsstufen. Deshalb steigt für die Steuerzahler der
durchschnittliche Steuersatz, so daß der Realwert ihrer verfügbaren Einkommen und damit auch der Realwert ihrer Konsumausgaben sinkt. Diese Verminderung der realen Absorption wird allerdings u.U. dadurch kompensiert, daß der Staat entsprechend seinen (real) gestiegenen Einnahmen auch den Realwert seiner Ausgaben erhöht.

ad c)
Wenn im Zuge des Anpassungsprozesses die Preise schneller als die
Löhne steigen, werden *Einkommen* von den Lohn- und Gehaltsbe-
ziehern auf die Gewinnempfänger *umverteilt*. Diese Umverteilung
mindert die reale Absorption bei gegebenem realen Gesamtein-
kommen, sofern die marginale Ausgabenquote der Gewinnemp-

---

[17]) Im Rahmen des erst später zu behandelnden monetären Ansatzes würde hingegen bei abwertungsbedingten Preissteigerungen ein Rückgang
des Realwerts der Geldmenge die Ausgaben der Inländer unmittelbar,
d.h. auch ohne eine Zinserhöhung, abschwächen. Siehe dazu die Ausführungen auf S. 226 f.

fänger unter der marginalen Konsumquote der Gehalts- und Lohn-
bezieher liegt. Es ist aber fraglich, ob eine Abwertung eine bleiben-
de Einkommensumverteilung auslöst, weil zu erwarten ist, daß bei
Vollbeschäftigung die Löhne der Preisentwicklung allenfalls mit
einer kurzen Verzögerung folgen werden.

ad d)
Als weiterer möglicher Grund für eine Dämpfung der (realen) autonomen Absorption wird häufiger das Bestehen von *Geldillusion* angeführt. Beispielsweise liegt Geldillusion seitens der Konsumenten
vor, wenn der reale Konsum nicht nur von der Höhe des Realeinkommens, sondern auch noch von der Höhe des Preisniveaus abhängt. Eine derartige Geldillusion kann sich ergeben, wenn die
Konsumenten in Zeiten von Lohn- und Preissteigerungen ihren
Konsum nicht real, sondern nominal planen. Unter plausiblen Annahmen über die Konsumfunktion würde der reale Konsum bei
unverändertem Realeinkommen zurückgehen, wenn Nominalein-
kommen und Preise im gleichen Verhältnis steigen[18]). Eine Nominalplanung anstelle einer Realplanung läßt sich in Zeiten steigender
Preise damit begründen, daß die Konsumenten den allgemeinen
Preisanstieg, den sie bei der Ermittlung ihrer Realeinkommen berücksichtigen müssen, nur verzögert erkennen. Es ist aber unwahr-
scheinlich, daß eine verzögerte Wahrnehmung des Preisanstiegs,
falls sie überhaupt vorliegt, mehr als eine vorübergehende Erscheinung im Zuge eines durch die Abwertung ausgelösten Preissteige-
rungsprozesses darstellt.

---

[18]) Zur Erläuterung sei folgende Konsumfunktion (mit Nominalplanung)
unterstellt: $C = \bar{C} + cY$.

Für den realen Konsum $\left(\dfrac{C}{p}\right)$ ergibt sich dann:

$$C^r = \frac{\bar{C}}{p} + cY^r.$$

Daraus folgt bei einer Erhöhung des Preisniveaus:

$$\frac{\partial C^r}{\partial p} = -\frac{\bar{C}}{p^2} < 0.$$

Bei einem proportional gleichen Anstieg von Preisen und Nominalein-
kommen, d.h. bei gegebenem Realeinkommen, werden also der reale
Konsum und damit auch die reale Absorption sinken.

Von den hier behandelten Faktoren, die nach einer Abwertung die (reale) autonome Absorption im Vollbeschäftigungsfall dämpfen, ist nach den vorangegangenen Überlegungen vermutlich nur von den *monetären Rückwirkungen* ein nachhaltiger Einfluß zu erwarten. Deshalb erscheint es angebracht, diesen Einfluß, der bisher nur verbal in die Argumentation einbezogen wurde, formal abzusichern und im Ergebnis zu präzisieren. Eine Möglichkeit hierzu bietet der Rückgriff auf den Anhang A 8), in dem die Wirkung einer Abwertung auf den nominalen Außenbeitrag im Rahmen des erweiterten Grundmodells untersucht wird. Wie sich den Ableitungen entnehmen läßt[19]), wird die Aussage des Absorptionsansatzes bestätigt: Es ist möglich, wenn auch keineswegs sicher, daß ein in der Ausgangslage bei Vollbeschäftigung bestehendes Defizit in der Handels- und Dienstleistungsbilanz durch eine Abwertung verringert oder beseitigt wird, sobald die monetären Rückwirkungen in die Analyse einbezogen werden.

Letztlich erweisen sich also auch die monetären Rückwirkungen als nicht verläßlich genug, um bei Vollbeschäftigung die Verbesserung der Handels- und Dienstleistungsbilanz durch eine Abwertung sicherzustellen. Deshalb spricht einiges dafür, insbesondere bei Vollbeschäftigung durch *zusätzliche wirtschaftspolitische Eingriffe*, die die Abwertung begleiten, einen Spielraum für eine Erhöhung des Außenbeitrags zu schaffen. So nehmen die Chancen für eine erfolgreiche Abwertung zu, wenn neben der Abwertung kontraktiv wirkende geld- und fiskalpolitische Mittel eingesetzt werden, die die autonome Absorption vermindern und auf diese Weise einen Teil der gesamtwirtschaftlichen Produktionskapazität für eine Erhöhung des Außenbeitrags freistellen[20]).

---

[19]) Vgl. dazu Gleichung (3) in Anhang A 8).

[20]) Im Vollbeschäftigungsfall, d. h. bei gegebenem realen Sozialprodukt, kann gemäß Gleichung (4) der nominale Außenbeitrag nur durch eine Veränderung des Preisniveaus oder der autonomen Absorption beeinflußt werden:

$$dA = (Y^r - e\,Y^r - \bar{E}^r)\,dp - p\,d\bar{E}^r .$$

Die angestrebte Erhöhung des nominalen Außenbeitrags ($dA > 0$) wird erreicht, wenn $(Y^r - e\,Y^r - \bar{E}^r)\,dp > p\,d\bar{E}^r$.

Da nach einer Abwertung die Preise steigen ($dp > 0$), ist der Ausdruck links vom Ungleichheitszeichen kleiner als Null, wenn in der Ausgangs-

3. Ein Modell mit wechselkursabhängigem Preisniveau

Die folgenden Betrachtungen konzentrieren sich auf die *Wechselkursabhängigkeit* des Preisniveaus und vernachlässigen die zuvor behandelte Abhängigkeit des Preisniveaus vom Realeinkommen. Wie zu zeigen sein wird, erscheinen die Wirksamkeit der Geld- und Fiskalpolitik, aber auch die Übertragungseffekte der Stabilisierungspolitik im Ausland bei *Wechselkursflexibilität* durch Berücksichtigung von Wechselkurseinflüssen auf das inländische Preisniveau – gegenüber der bisherigen Analyse – in einem veränderten Licht.

a) Gleichgewichtsmodell

aa) *Wechselkursabhängiges Preisniveau.* – Wie Wechselkursänderungen die Inlandspreise beeinflussen, wurde bereits im zweiten Teil (unter III. 4a)) beschrieben. Die Einflüsse basieren insbesondere auf wechselkursbedingten Änderungen der in heimische Währung umgerechneten Preise von importierten Vor- und Endprodukten. Im folgenden wird die Wechselkursabhängigkeit des inländischen Preisniveaus unter der bereits im Grundmodell geltenden Annahme abgeleitet, daß nur Endprodukte hergestellt und gehandelt werden. Dementsprechend erfolgt die Produktion im Inland ohne den Einsatz von Vorprodukten aus dem Ausland[21]. Im Rahmen eines

---

lage der Außenbeitrag negativ ist. In diesem Fall erhält man als Bedingung für eine Erhöhung des Außenbeitrags:

$$d\bar{E}^r < \frac{dp}{p}\,(Y^r - e\,Y^r - \bar{E}^r) < 0.$$

Diese Ungleichung zeigt, daß die Verringerung der autonomen Absorption, absolut gesehen, einen kritischen Wert überschreiten muß, soll eine Erhöhung des nominalen Außenbeitrags bewirkt werden.

[21]) Ein makroökonomisches Modell, in dem neben importierten Endprodukten auch importierte Vor- bzw. Zwischenprodukte berücksichtigt werden, findet sich bei H.-J. Jarchow, Fiskalpolitik, Angebotsbedingungen und Wechselkursdynamik. „Zeitschrift für Wirtschafts- und Sozialwissenschaften", Jg. 110 (1990), S. 21 ff. – H. Herberg, H. Hesse, A. Schuseil, Imports of Intermediate Goods and the Efficacy of Fiscal Policy under Flexible Exchange Rates. „Weltwirtschaftliches Archiv", Bd. 118 (1982), S. 104 ff.

solchen Ansatzes lassen sich wichtige Implikationen für die Stabilisierungspolitik ohne größeren formalen Aufwand herleiten.

Bei der Herleitung des Zusammenhangs zwischen Wechselkurs und Preisniveau wird – die Betrachtung weiter vereinfachend – davon ausgegangen, daß
- *erstens* Preise von Unternehmern im Rahmen einer Lohnzuschlagskalkulation festgelegt werden und
- *zweitens* Arbeitnehmer nach Reallohnsicherung streben.

Bilden die Lohnstückkosten die Basis für die *Zuschlagskalkulation* und werden mit g der prozentuale Zuschlagssatz, mit l der Geldlohnsatz und mit N die Zahl der Arbeitsstunden bezeichnet, dann ergibt sich für den Preis von Inlandsgütern:

$$p = \left(1 + \frac{g}{100}\right) \frac{lN}{Y^r}\,.$$

Unter der Annahme eines konstanten Zuschlagssatzes g und einer konstanten Arbeitsproduktivität $\left(\dfrac{Y^r}{N}\right)$ kann man hierfür auch schreiben:

$$p = \gamma l, \quad \text{wobei} \tag{18}$$
$$\gamma = \left(1 + \frac{g}{100}\right) \frac{N}{Y^r}\,.$$

Die *Reallohnsicherung* erreichen die Arbeitnehmer – so die Annahme – dadurch, daß sie eine vollständige Lohnindexierung durchsetzen. Der hierbei maßgebliche Reallohnsatz ist der Geldlohnsatz, deflationiert mit einem Preisindex für die Lebenshaltung (p^x). Letzterer entspricht einem gewogenen Durchschnitt aus dem Preis für Inlandsgüter (p) und dem konstanten Preis für Auslandsgüter, umgerechnet in Inlandswährung ($p_a w$):

$$p^x = (1 - \beta)p + \beta w p_a \tag{19}$$

mit β, dem wertmäßigen Anteil der importierten Konsumgüter am Gesamtkonsum in der Ausgangslage, als konstantem Gewichtungsfaktor[22]).

---

[22]) Da annahmegemäß sowohl im Inland als auch im Ausland nur ein Gut bzw. Güterbündel produziert wird, entspricht der inländische Konsumgüterpreis dem Preis für Inlandsgüter (p) und der ausländische Konsumgüterpreis dem Preis für Auslandsgüter (p_a).

Bleibt der für die Arbeitnehmer relevante Reallohnsatz (l/p^x) wegen der *Reallohnsicherung* konstant (Reallohnrigidität), dann impliziert dieses, daß sich der **reale Wechselkurs** $(wp_a/p)^{23}$) nicht ändert, wie folgende Ableitungen zeigen:

Wird die Preisgleichung (18) durch den Kaufkraft-Preisindex p^x dividiert, dann ergibt sich:

$$\frac{p}{p^x} = \gamma \, \frac{l}{p^x} \tag{20}$$

Wird der Kaufkraft-Preisindex p^x durch p dividiert, dann erhält man:

$$\frac{p^x}{p} = (1 - \beta) + \frac{wp_a}{p}\,\beta \quad \text{bzw.}$$

$$\frac{wp_a}{p} = -\frac{1-\beta}{\beta} + \frac{1}{\beta}\,\frac{p^x}{p}\,. \tag{21}$$

Wie man sieht, impliziert die Rigidität des Reallohnsatzes l/p^x nach Gleichung (20) eine unveränderte Preisrelation p/p^x und diese wiederum nach Gleichung (21) einen *unveränderten realen Wechselkurs* wp_a/p. Ein unveränderter realer Wechselkurs bedeutet bei gegebenem Auslandspreis p_a, daß sich der Preis für Inlandsgüter proportional zum Wechselkurs verändert. Somit gilt folgende Preisniveaufunktion:

$$p = \mu w\,. \tag{22}$$

bb) *Gleichgewicht*. – Zur Vereinfachung der sich anschließenden graphischen Analyse wird im folgenden ein *vollkommener* (internationaler) Kapitalmarkt zugrunde gelegt und davon ausgegangen, daß der inländische Zinssatz (i) durch den ausländischen Zinssatz (i_a) fixiert wird[24]), d.h.

---

[23]) In der Modellbetrachtung entspricht der auf der Basis von Erzeugerpreisen bestimmte reale Wechselkurs dem Kehrwert der terms of trade. Grundsätzlich ist jedoch zu beachten, daß in die Berechnung der *terms of trade* nur die Preise von Export- und Importgütern eingehen, während der *reale Wechselkurs* auf der Basis allgemeiner Preisniveaus bestimmt wird (z. B. der Verbraucherpreisindices).

[24]) Wie schon in der bisherigen makroökonomischen Analyse wird damit unterstellt, daß der erwartete Wechselkurs w^{erw} durch den laufenden

$$i = i_a .$$ (23)

Neben dieser Beziehung werden zur Formulierung des Gleichgewichtsmodells Gleichgewichtsbedingungen für den Güter- und Geldmarkt benötigt. Diese lauten in allgemeiner Form:

$$Y^r = C^r(Y^r) + I^r(i) + G^r + A^r(t, Y^r, Y_a^r)^{25}) ,$$ (24)

wobei

$$t = \frac{p}{w p_a} ,$$

und

$$mB = p L^r(i, Y^r) .$$ (25)

Da der reale Wechselkurs und damit die terms of trade (t) *unverändert* bleiben, kann t in Gleichung (24) weggelassen werden. Außerdem wird in Gleichung (25) p entsprechend der Preisniveaufunktion (22) ersetzt. Unter Berücksichtigung dieser Änderungen läßt sich das Gleichgewichtsmodell dann wie folgt formulieren:

$$Y^r = C^r(Y^r) + I^r(i) + G^r + A^r(Y^r, Y_a^r)$$ (26)

$$mB = \mu w L^r(Y^r, i)$$ (27)

$$i = i_a$$ (28)

Das Gleichungssystem enthält an:

> *endogenen* Variablen: i, w, Y^r,
> *exogenen* Variablen: i_a, B, G^r, Y_a^r .

In Hinblick auf die graphische Analyse der Stabilisierungspolitik werden die drei Gleichgewichtsbedingungen in einem i/Y^r-Diagramm durch eine IS^r-Kurve, eine LM^r-Kurve und eine Z-Kurve dargestellt. Analog zum Grundmodell (Abschnitt VI. 2) gilt für die

---

Wechselkurs w bestimmt wird (d. h. $w^{erw} = w$) und die erwartete Wechselkursänderungsrate $\dfrac{w^{erw} - w}{w}$ damit als Einflußfaktor von Kapitalbewegungen entfällt.

[25]) Diese Gleichung ist eine verkürzte Form der Gleichgewichtsbedingung (1) aus dem erweiterten Grundmodell (Abschnitt VIII.1).

Kurve des Gütermarktgleichgewichts, daß sie negativ geneigt ist und sich nach rechts verlagert, wenn G^r und Y_a^r steigen, und für die Kurve des Geldmarktgleichgewichts, daß sie positiv geneigt ist und sich nach rechts verlagert, wenn B zunimmt (vgl. Fig. 35). Anders als im Grundmodell verlagert sich die IS^r-Kurve bei *Wechselkursänderungen* nicht, wohl aber die LM^r-Kurve. Die Lage der IS^r-Kurve bleibt jetzt unverändert, weil Wechselkursänderungen in ihrer Wirkung auf den realen Wechselkurs und damit auf den Außenbeitrag durch gleichgerichtete Änderungen des Inlandspreises kompensiert werden. Die LM^r-Kurve erfährt eine Lageveränderung, weil sich mit dem Wechselkurs das inländische Preisniveau verändert. So erfolgt bei einer Aufwertung eine Rechtsverschiebung der LM^r-Kurve; denn eine wechselkursinduzierte Preissenkung führt auf dem Geldmarkt zu einem Überschußangebot, das bei gegebenem Zinssatz durch einen Einkommensanstieg und die damit verbundene Nachfrageerhöhung ausgeglichen wird.

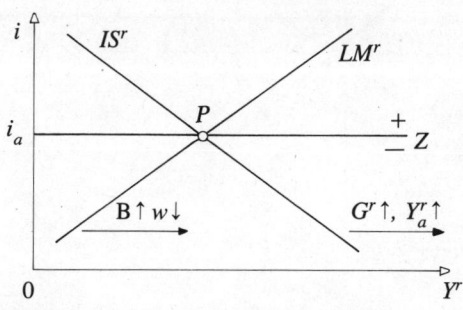

Figur 35

Die Z-Kurve vervollständigt die graphische Darstellung. Sie wird wegen der Annahme eines vollkommenen Kapitalmarktes durch eine Parallele zur Y^r-Achse dargestellt, wobei ihr Ordinatenwert durch den Auslandszinssatz (i_a) festgelegt wird.

b) Geld- und Fiskalpolitik

aa) *Geldpolitik.* – Betreibt die Zentralbank *expansive* Geldpolitik (indem sie z. B. inländische Staatsobligationen ankauft und dadurch die monetäre Basis erhöht), dann wird dieses in der graphischen Darstellung durch eine Rechtsverschiebung der LM^r-Kurve wiedergegeben (vgl. Fig. 36). Wie der Schnittpunkt der verschobenen LM^r-Kurve mit der IS^r-Kurve (P_m) verdeutlicht, entsteht auf dem Devisenmarkt eine Überschußnachfrage, so daß sich eine *Abwertung* der heimischen Währung ergibt. Die Abwertung verändert die Lage der IS^r-Kurve nicht; denn die abwertungsbedingte Verbesserung der Wettbewerbsfähigkeit des Inlands geht durch den induzierten Preisanstieg wieder verloren. Andererseits verschiebt sich die LM^r-Kurve nach links, da der abwertungsinduzierte Preisanstieg die reale Geldmenge sinken läßt. Die Rückverlagerung der LM^r-Kurve kommt erst zum Stillstand, wenn sich die heimische Währung nicht mehr abwertet und sich das heimische Preisniveau deshalb nicht mehr erhöht, also im Punkt $P_x (= P)$. Die reale Geld-

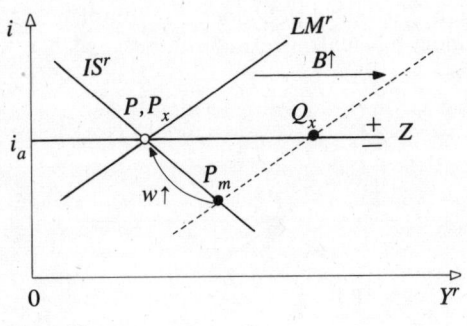

Figur 36

menge ist damit wieder auf ihr Ausgangsniveau zurückgefallen. Somit ergibt sich im Endergebnis, daß die Geldpolitik in Hinblick auf das *reale Sozialprodukt wirkungslos* bleibt. Außerdem impliziert die letztlich unverändert gebliebene reale Geldmenge (M/p), daß sich das *Preisniveau* und in Verbindung damit der *Wechselkurs* proportional zur Geldmengenausweitung *erhöht* haben.

Bemerkenswert ist, daß man hinsichtlich des (realen) Sozialprodukts das gleiche Ergebnis erhält, wenn der Wechselkurs fest ist, sich das Preisniveau demzufolge nicht verändert (wegen (2)) und keine Neutralisierungspolitik betrieben wird. Auch in diesem Fall ergibt sich eine Rückverlagerung der LM^r-Kurve bis zur Ausgangslage, weil die reale Geldmenge wieder auf ihr ursprüngliches Niveau zurückfällt. Der Grund dafür ist hier jedoch eine Reduktion der *nominalen* Geldmenge, bedingt durch Devisenbilanzdefizite bei P_m[26]).

bb) *Fiskalpolitik.* – Betreibt die Regierung expansive Fiskalpolitik (indem sie z. B. die Staatsausgaben erhöht), dann wird dieses in der Graphik durch eine Rechtsverschiebung der IS^r-Kurve dargestellt (vgl. Fig. 37). Wie der Schnittpunkt der verschobenen IS^r-Kurve mit der LM^r-Kurve (P_m) deutlich macht, entsteht auf dem Devisenmarkt ein Überschußangebot, so daß sich eine *Aufwertung* der heimischen Währung einstellt. Während sich die LM^r-Kurve wegen der aufwertungsinduzierten Preissenkung und der damit einhergehenden Erhöhung der realen Geldmenge nach rechts verschiebt, verändert die IS^r-Kurve ihre Lage nicht mehr, da der Wettbewerbsnachteil auf Grund der Aufwertung durch die Preissenkung kompensiert wird.

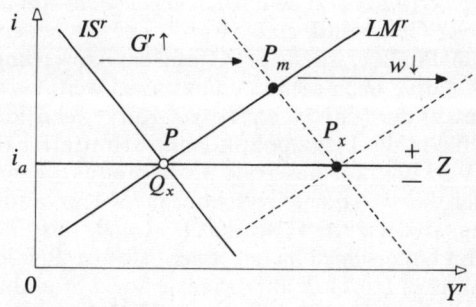

Figur 37

Die Rechtsverschiebung der LM^r-Kurve setzt sich so lange fort, bis sich die heimische Währung nicht mehr aufwertet und das heimische Preisniveau deshalb nicht mehr sinkt (also bis P_x). Im Endergebnis zeigt sich, daß die expansive Fiskalpolitik zu einem *Anstieg des realen Sozialprodukts* führt, der von einer *Aufwertung* und damit von einer *Preissenkung* begleitet ist.

Auch hier ist von Interesse, daß sich die gleiche Reaktion des (realen) Sozialprodukts bei festen Wechselkursen ohne Neutralisierungspolitik ergibt. Die LM^r-Kurve verschiebt sich in diesem Fall

---

[26]) Vgl. hierzu den Unterabschnitt VII. 1a) aa).

ebenfalls bis zu dem durch P_x gekennzeichneten Punkt nach rechts, weil die reale Geldmenge zunimmt. Der Grund dafür ist hier ein Anstieg der *nominalen* Geldmenge, bedingt durch Devisenbilanzüberschüsse bei P_m[27]).

cc) *Vergleich mit dem Grundmodell.* – Für die Beurteilung der Geld- und Fiskalpolitik bei Wechselkursflexibilität ist es von Interesse, die oben abgeleiteten Ergebnisse mit den stabilitätspolitischen Implikationen aus dem in der Mundell/Fleming-Tradition stehenden Grundmodell zu vergleichen. Dieses Festpreismodell kann aus der Sicht der hier verwendeten Preisbildungshypothese – nach Gleichung (18) – auch als Modell mit konstantem (nicht indexiertem) Geldlohnsatz angesehen werden. Für den Zweck des Vergleichs wird sowohl für das Grundmodell (Festpreismodell) als auch für das hier betrachtete Modell mit Reallohnrigidität von der Annahme *vollkommener Kapitalmobilität* ausgegangen. Unter dieser Annahme erfolgt nach dem *Mundell/Fleming-Ansatz* in Fig. 36 bei expansiver Geldpolitik eine Ausdehnung des realen Sozialprodukts bis zum Punkt Q_x; denn auf Grund der Abwertung verschiebt sich die IS^r-Kurve nach rechts, und zwar so weit, bis sie die neue LM^r-Kurve auf der (unveränderten) Z-Kurve schneidet[28]). Demgegenüber bleibt die Fiskalpolitik beim Mundell/Fleming-Ansatz ohne Wirkung auf das reale Sozialprodukt; denn in Fig. 37 verlagert sich die nach rechts verschobene IS^r-Kurve auf Grund der Aufwertung wieder zurück, so daß Q_x ($= P$) das Gleichgewicht angibt[29]). Im Unterschied hierzu erweist sich bei Reallohnrigidität die Geldpolitik in Hinblick auf das reale Sozialprodukt – wie oben ausgeführt – als wirkungslos, die Fiskalpolitik aber nicht [30]).

---

[27]) Vgl. hierzu den Unterabschnitt VII. 1 b) aa), wobei zu beachten ist, daß die Z-Kurve bei vollkommenem Kapitalmarkt horizontal verläuft.

[28]) Vgl. hierzu den Unterabschnitt VII. 1 a) bb), wobei zu beachten ist, daß die Z-Kurve bei vollkommenem internationalen Kapitalmarkt horizontal verläuft und in ihrer Lage durch i_a fixiert ist.

[29]) Vgl. hierzu den Unterabschnitt VII. 1 b) bb), wobei wieder zu beachten ist, daß die Z-Kurve horizontal verläuft und durch i_a in ihrer Lage fixiert ist.

[30]) Die gleiche Folgerung ergibt sich auch aus einem *neoklassischen* Makro-Modell mit einem Arbeitsmarkt, auf dem das Angebot positiv von l/p^x und die Nachfrage negativ von l/p abhängt. Vgl. dazu H.-J. Jarchow, Geld- und Fiskalpolitik bei Wechselkursflexibilität. Ein verein-

dd) *Unvollständige Lohnindexierung.* – Die Hypothese der Reallohnrigidität bzw. der vollständigen Lohnindexierung und die Annahme eines konstanten Geldlohnsatzes können als Grenzfälle einer mehr oder weniger starken Lohnindexierung angesehen werden. Deshalb soll im folgenden auch auf die Möglichkeit teilweiser Lohnindexierung eingegangen werden, wobei die Frage im Vordergrund steht, wie die Wirksamkeit der Geld- und Fiskalpolitik vom *Grad* der Lohnindexierung und damit auch von der Lohnpolitik abhängt[31]).

Ist die Lohnindexierung unvollständig, dann bedeutet dieses, daß sich der Geldlohnsatz bei wechselkursbedingten Veränderungen des Preisindexes (p^x) weniger stark anpaßt als bei Reallohnrigidität, d.h. bei vollständiger Lohnindexierung. Demzufolge fällt auch die Anpassung des Preises für Inlandsgüter (p) schwächer aus. Im Fall der *expansiven Geldpolitik* und der hierdurch ausgelösten Abwertung hat das zwei Konsequenzen: *Erstens* wird die nominale Abwertung in bezug auf den realen Wechselkurs (wp_a/p) – anders als bei Reallohnrigidität – nicht vollständig durch einen Anstieg der Inlandspreise kompensiert, so daß sich letztlich eine reale Abwertung einstellt, d.h. eine Erhöhung des realen Wechselkurses. Da die reale Abwertung jedoch geringer ausfällt als im Fall ohne Lohnindexierung (wie im Grundmodell)[32]), ergibt sich abwertungsbedingt

---

fachtes neoklassisches Makro-Modell. „Wirtschaftswissenschaftliches Studium“, Jg. 16. (1987), H. 9, S. 441 ff. Siehe zu dieser Folgerung auch A. Sitz, Wirtschaftspolitik und Übertragungseffekte bei unterschiedlichen Lohnreaktionen. „das wirtschaftsstudium“, Jg. 16. (1987), Nr. 10, S. 521 ff., und die dort angegebene Literatur.

[31]) Vgl. hierzu auch V. Argy, J. Salop, Price and Output Effects of Monetary and Fiscal Policy Under Flexible Exchange Rates. „International Monetary Fund Staff Papers“, Vol. 26 (1979), S. 224 ff., die in ihrer Arbeit verschiedene Grade der Geldillusion auf Seiten des Arbeitsangebots zwischen vollständiger Geldillusion (wie im Mundell/Fleming-Ansatz mit konstantem Geldlohnsatz) und Abwesenheit von Geldillusion (wie bei Reallohnrigidität) unterscheiden.

[32]) Da im Grundmodell das inländische Preisniveau konstant ist, entspricht dort die reale Wechselkursänderung stets der nominalen Wechselkursänderung. Bei teilweiser Lohnindexierung fällt demgegenüber die reale Wechselkursänderung wegen der Preisanpassung geringer aus als die nominale Wechselkursänderung, im Grenzfall vollständiger Lohnindexierung ist sie gleich null.

eine Rechtsverschiebung der IS^r-Kurve, die kleiner ist als beim Grundmodell, also in Fig. 36 nicht bis zum Punkt Q_x hinführt. *Zweitens* erfolgt auf Grund des abwertungsinduzierten Preisanstiegs eine Senkung der realen Geldmenge, die jedoch kleiner ist als bei vollständiger Lohnindexierung. Dementsprechend ergibt sich eine Rückverlagerung der LM^r-Kurve, die – anders als bei vollständiger Lohnindexierung – in Fig. 36 nicht bis zum Ausgangspunkt (P_x) zurückführt. Gleichgewicht wird in Fig. 36 auf der (unveränderten) Z-Kurve im Schnittpunkt der nach rechts verschobenen IS^r-Kurve und der zurückverschobenen LM^r-Kurve realisiert (in Fig. 36 zwischen P_x, dem Gleichgewichtspunkt bei vollständiger Lohnindexierung, und Q_x, dem Gleichgewichtspunkt ohne Lohnindexierung). Je größer nun der Grad der Lohnindexierung ist und damit auch das Ausmaß der Preisanpassung, desto mehr gelangt die so bestimmte Gleichgewichtslage in die Nähe von P_x. Somit zeigt sich, daß die Wirksamkeit der Geldpolitik in Hinblick auf das reale Sozialprodukt um so *geringer* ist, je *mehr* der Lohnsatz der Preisentwicklung folgt.

Im Fall *expansiver Fiskalpolitik* und der hierdurch ausgelösten Aufwertung hat die unvollständige Lohnindexierung die beiden folgenden Konsequenzen: *Erstens* wird die nominale Aufwertung in bezug auf den realen Wechselkurs (wp^a/p) – anders als bei Reallohnrigidität – nicht vollständig durch eine Senkung der Inlandspreise kompensiert, so daß sich letztlich eine reale Aufwertung einstellt, die jedoch geringer ist als im Fall ohne Lohnindexierung. Dementsprechend ergibt sich aufwertungsbedingt eine Rückverlagerung der IS^r-Kurve, die – anders als beim Grundmodell – in Fig. 37 nicht bis zum Ausgangspunkt Q_x zurückführt. *Zweitens* erhöht sich auf Grund der aufwertungsbedingten Preissenkung die reale Geldmenge, allerdings in geringerem Maß als bei vollständiger Lohnindexierung. Dementsprechend ergibt sich eine Rechtsverschiebung der LM^r-Kurve, die kleiner ist als bei vollständiger Lohnindexierung, also in Fig. 37 nicht bis zum Punkt P_x hinführt. Gleichgewicht wird in Fig. 37 auf der unveränderten Z-Kurve im Schnittpunkt der zurückverschobenen IS^r-Kurve und der nach rechts verschobenen LM^r-Kurve realisiert (in Fig. 37 also zwischen P_x, dem Gleichgewichtspunkt bei vollständiger Lohnindexierung, und Q_x, dem Gleichgewichtspunkt ohne Lohnindexierung). Je größer nun der Grad der Lohnindexierung ist und damit auch das Ausmaß der Preisanpassung, desto mehr gelangt die so bestimmte Gleichgewichtslage in die Nähe von P_x, d.h. um so *stärker* ist die

Wirksamkeit der Fiskalpolitik in Hinblick auf das reale Sozialprodukt.

c) Übertragungseffekte der Stabilisierungspolitik

aa) *Isolierte Auslandseinflüsse.* – aaa) Die Übertragungseffekte stabilisierungspolitischer Maßnahmen des Auslands auf das Inland werden am Beispiel *expansiver* Geld- und Fiskalpolitik dargestellt. Im Ausland ergibt sich dann eine Erhöhung des Sozialprodukts sowie eine Zinssenkung im Zuge der Geldpolitik oder eine Zinserhöhung im Zuge der Fiskalpolitik. Die Auswirkungen dieser Änderungen für das Inland werden zunächst unter der Annahme der Reallohnrigidität bzw. vollständiger Lohnindexierung untersucht. Da sich ein Anstieg von Y_a^r wie eine Erhöhung der inländischen Staatsausgaben G^r auswirkt, führt die Einkommensexpansion im Ausland – isoliert betrachtet – analog zur Darstellung in Fig. 37 zu einer Zunahme des realen Sozialprodukts im Inland. Anders als im Grundmodell beeinflußt also Y_a^r bei Wechselkursflexibilität ceteris paribus Y^r, und zwar *positiv*. Wie aus den Ausführungen zur Fiskalpolitik hervorgeht, gilt dieses Ergebnis wiederum auch für feste Wechselkurse ohne Neutralisierungspolitik[33]).

bbb) Veränderungen des ausländischen Zinssatzes i_a führen unmittelbar zu Veränderungen der inländischen Nettokapitalimporte. So werden bei einer *Senkung* von i_a die Nettokapitalimporte des Inlands zunehmen, so daß sich bei Wechselkursflexibilität eine Aufwertung der heimischen Währung ergibt. Die neue Gleichgewichtslage bei P_x (in Fig. 38) wird – bei unveränderter Lage der IS^r-Kurve – dadurch erreicht, daß sich die Z-Kurve (wegen der Senkung von i_a) nach unten und die LM^r-Kurve (wegen des aufwertungsinduzierten Preisrückgangs) nach rechts verschieben. Wie man sieht, *erhöht* sich das reale Sozialprodukt im Inland, wenn der ausländische Zinssatz und damit auch der inländische Zinssatz sinken. Erfolgt im Ausland keine Zinssenkung, sondern eine *Zinserhöhung*, dann tritt umgekehrt eine *Verringerung* des inländischen realen Sozialprodukts ein.

---

[33]) Der Anstieg von Y_a^r bewirkt im Inland einen Devisenbilanzüberschuß (bei P_m in Fig. 37), der über eine Ausweitung der nominalen Geldmenge Y^r erhöht. Vgl. auch Unterabschnitt VII.3a) aa).

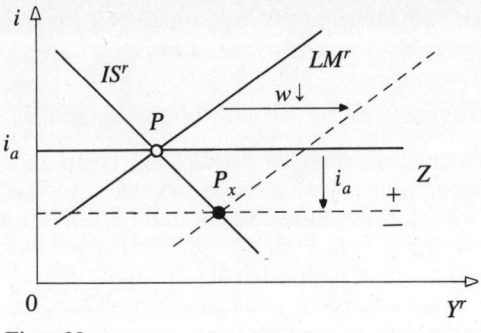

Figur 38

Auch hier stellen sich die gleichen Reaktionen des (realen) Sozialprodukts bei festen Wechselkursen ohne Neutralisierungspolitik ein. Bei einer Senkung von i_a ergibt sich bei P ein Devisenbilanzüberschuß und damit eine Ausweitung der nominalen Geldmenge, die zu einer Zunahme von Y^r führt; bei einer Erhöhung von i_a ergibt sich umgekehrt ein Devisenbilanzdefizit und damit eine Verminderung der nominalen Geldmenge, die zu einer Abnahme von Y^r führt[34]). Somit wirken beide Auslandseinflüsse (Y_a^r und i_a) bei festen Wechselkursen ohne Neutralisierungspolitik auf Y^r in gleicher Weise ein wie bei flexiblen Wechselkursen, so daß die Übertragungseffekte in diesen Fällen übereinstimmen.

bb) *Geld- und Fiskalpolitik im Ausland.* – aaa) Werden die Wirkungen der Einkommens- und Zinsänderungen im Ausland zusammen betrachtet, dann gelangt man für flexible Wechselkurse, auf die sich die Analyse konzentriert, zu folgenden Ergebnissen: Bei expansiver *Geldpolitik* im Ausland stellt sich im Inland eindeutig eine Erhöhung des realen Sozialprodukts ein (der Anstieg von Y_a^r und die Senkung von i_a erhöhen jeweils Y^r). Der Einkommenszusammenhang ist also – anders als im Grundmodell[35]) – *gleichgerichtet.* Bei expansiver *Fiskalpolitik* erweist sich die Gesamtwirkung – wiederum abweichend vom Grundmodell – demgegenüber als *nicht eindeutig*, da das reale Sozialprodukt im Inland zu- oder abnehmen kann (der Anstieg von Y_a^r vergrößert Y^r, der Anstieg von i_a vermindert Y^r).

---

[34]) Vgl. hierzu auch Unterabschnitt VII. 3a) bb).

[35]) Vgl. hierzu und zum folgenden Satz den Unterabschnitt VII. 3b). Zu beachten ist dabei, daß dem Punkt P_x in Fig. 33 bei vollkommenem

Daneben zeigt sich, daß die im Grundmodell abgeleitete Abschirmung des inländischen (realen) Sozialprodukts gegenüber dem ausländischen nicht nur durch ausländische Zinseinflüsse auf die Kapitalbewegungen (wie schon im Grundmodell), sondern auch durch ein wechselkursabhängiges Inlandspreisniveau aufgehoben wird.

bbb) Wie sich der *Grad* der Lohnindexierung auf die Übertragungseffekte auswirkt, soll abschließend durch eine kurze Betrachtung der wechselkursinduzierten Preisänderungen beantwortet werden. Im Fall der *expansiven Geldpolitik* im Ausland bewirken sowohl der Anstieg von Y_a^r (der wie eine expansive Fiskalpolitik im Inland wirkt) als auch die Senkung von i_a eine Aufwertung der inländischen Währung und damit eine Senkung der Inlandspreise, die um so stärker ausfällt, je höher der Grad der Lohnindexierung ist. Da eine Preissenkung wegen ihrer Wirkung auf den realen Wechselkurs und die reale Geldmenge expansiv wirkt[36]) und dieser Effekt in einem Festpreismodell nicht eintreten kann, folgt, daß der sich aus dem Grundmodell bei expansiver Geldpolitik im Ausland ergebende entgegengerichtete Einkommenszusammenhang durch einen steigenden Grad der Lohnindexierung abgeschwächt und schließlich zu einem gleichgerichteten wird.

Im Fall einer *expansiven Fiskalpolitik* im Ausland wirkt der Aufwertungstendenz auf Grund des Anstiegs von Y_a^r eine Abwertungstendenz auf Grund einer Erhöhung von i_a entgegen. Ergibt sich letztlich eine Aufwertung und damit eine Preissenkung, dann wird der aus dem Grundmodell für eine expansive Fiskalpolitik im Ausland hergeleitete gleichgerichtete Einkommenszusammenhang durch einen steigenden Grad der Lohnindexierung verstärkt. Ergibt sich letztlich eine Abwertung und damit eine Preiserhöhung, dann wird der aus dem Grundmodell hergeleitete gleichgerichtete Zusammenhang abgeschwächt und u. U. sogar zu einem entgegengerichteten[37]).

Kapitalmarkt in Fig. 38 der Schnittpunkt der (ursprünglichen) LM^r-Kurve mit der nach unten verlagerten Z-Kurve entspricht. Dieser Punkt wird durch eine aufwertungsbedingte Linksverschiebung der IS^r-Kurve erreicht.

[36]) Der reale Wechselkurs (wp_a/p) und die reale Geldmenge steigen. Die reale Abwertung erhöht den Außenbeitrag und damit das reale Volkseinkommen; der Anstieg der realen Geldmenge deckt den zusätzlichen Bedarf an Transaktionskasse.

[37]) Vgl. Oudiz, Sachs, a.a.O., S. 14 f.

Zusammenfassung

1. Die meisten Aussagen aus dem Grundmodell (mit konstantem Preisniveau) zur Stabilisierungspolitik gelten auch bei Berücksichtigung eines positiv vom realen Sozialprodukt abhängigen Preisniveaus. Anders als beim Grundmodell zeigt sich jedoch, daß der Devisenbilanzsaldo nach einer Abwertung – trotz eines verringerten Defizits im realen Außenbeitrag – wegen eines induzierten Preisanstiegs und einer dadurch bedingten Abnahme des nominalen Außenbeitrags auch sinken kann.

2. Ausgangspunkt der Überlegungen im Rahmen des Absorptionsansatzes ist die Beziehung, daß der Außenbeitrag der Differenz zwischen Sozialprodukt und Absorption entspricht. Daraus ergibt sich, daß ein Defizit im Außenbeitrag dann verringert wird, wenn das Sozialprodukt stärker als die Absorption zunimmt oder wenn die Absorption stärker als das Sozialprodukt abnimmt.

3. Der Absorptionsansatz zeigt, daß sich bei Unterbeschäftigung der Außenbeitrag nach einer Abwertung immer erhöht, wenn die marginale Absorptionsquote unter eins liegt. Bei Vollbeschäftigung kann ein Defizit im Außenbeitrag durch eine Abwertung nur dann verringert werden, wenn die (reale) autonome Absorption genügend sinkt (z. B. auf Grund von Rückwirkungen aus dem monetären Bereich). Die Erfüllung dieser Bedingung ist jedoch nicht gewährleistet; deshalb erscheint es insbesondere bei Vollbeschäftigung zweckmäßig, die Abwertung durch den Einsatz kontraktiver geld- und fiskalpolitischer Maßnahmen zu flankieren, um die autonome Absorption zusätzlich zu vermindern.

4. Bei Lohnzuschlagskalkulation und konstanter Arbeitsproduktivität impliziert Reallohnrigidität (vollständige Lohnindexierung) einen konstanten realen Wechselkurs (wp_a/p). Unter der Annahme eines vollkommenen (internationalen) Kapitalmarktes folgt bei konstantem realen Wechselkurs (im Gegensatz zum Grundmodell Mundell/Flemingscher Prägung), daß in einem System flexibler Wechselkurse die Geldpolitik in bezug auf das reale Sozialprodukt unwirksam und die Fiskalpolitik wirksam ist. Allgemeiner zeigt sich, daß die Wirksamkeit der Geldpolitik bezüglich des realen Sozialprodukts mit

steigendem Grad der Lohnindexierung schwächer und die Wirksamkeit der Fiskalpolitik stärker wird.

5. Der im Grundmodell für geldpolitische Maßnahmen im Ausland abgeleitete entgegengerichtete Einkommenszusammenhang wird durch einen steigenden Grad der Lohnindexierung abgeschwächt und schließlich – wie stets bei vollständiger Lohnindexierung – zu einem gleichgerichteten. Der aus dem Grundmodell für fiskalpolitische Maßnahmen im Ausland abgeleitete gleichgerichtete Einkommenszusammenhang kann durch Lohnindexierung auch zu einem entgegengerichteten werden.

Ausgewählte Literaturangaben zum dritten Teil

H. A d e b a h r, Währungstheorie und Währungspolitik. Einführung in die monetäre Außenwirtschaftslehre. Außenwirtschaft Band I. Berlin 1978. (zu **V**).

S. S. A l e x a n d e r, Wirkungen einer Abwertung auf die Handelsbilanz. In: Theorie der internationalen Wirtschaftsbeziehungen. Hrsg. von K. R o s e. 3. Aufl. Köln, Berlin 1971. S. 334 ff. (Deutsche Übersetzung von: Effects of a Devaluation on a Trade Balance. „International Monetary Fund Staff Papers", Vol. 2 (1952), S. 263 ff.). (zu **VIII**).

M. B o r c h e r t, Außenwirtschaftslehre. Theorie und Politik. 4., überarb. u. erw. Aufl. Wiesbaden 1992 (zu **V, VI, VII**).

H. H e s s e, Theoretische Grundlagen der „Fiscal Policy". München 1983. (zu **VII**).

H.-J. J a r c h o w, Zahlungsbilanz, I: Theorie und Politik. In: Handwörterbuch der Wirtschaftswissenschaft (HdWW). Zugleich Neuauflage des Handwörterbuchs der Sozialwissenschaften. Neunter Band. Stuttgart 1982. S. 539 ff. (zu **V**).

H. G. J o h n s o n, Towards a General Theory of the Balance of Payments. In: H. G. J o h n s o n, International Trade and Economic Growth. London 1958. S. 153 ff. (zu **VIII**).

A. K o n r a d, Zahlungsbilanztheorie und Zahlungsbilanzpolitik. München 1979. (zu **V**).

P. H. L i n d e r t, International Economics. 8th ed. Homewood, Ill., 1986. (zu **V**).

F. M a c h l u p, International Trade and the National Income Multiplier. Philadelphia 1943. (zu **V**).

L. A. M e t z l e r, The Transfer Problem Reconsidered. „The Journal of Political Economy", Vol. 50 (1942), S. 397 ff. Übersetzt in: Theorie der internationalen Wirtschaftsbeziehungen …, a. a. O., S. 267 ff. (zu **V**).

R. A. Mundell, International Economics. New York, London 1968 (spez. Kapitel 15 und 18). (zu **VI, VII**).

K. Rose, K. Sauernheimer, Theorie der Außenwirtschaft. 11., völlig überarb. u. erw. Aufl. München 1992. (zu **V, VI, VII**).

J. Schröder, Transfertheorie. In: Handwörterbuch der Wirtschaftswissenschaft (HdWW). Zugleich Neuauflage des Handwörterbuchs der Sozialwissenschaften. Achter Band. Stuttgart 1980. S. 8ff. (zu **V**).

E. Sohmen, Wechselkurs und Währungsordnung. Tübingen 1973. (zu **VI, VII**).

R. M. Stern, The Balance of Payments. Theory and Economic Policy. London, Basingstoke 1973. (zu **V, VI**).

A. K. Swoboda, Equilibrium, Quasi-Equilibrium, and Macroeconomic Policy under Fixed Exchange Rates. ,,The Quarterly Journal of Economics", Vol. 86 (1972), S. 162ff. (zu **VI**).

Vierter Teil:
Monetärer Ansatz und
Devisenmarktanalyse

Im vierten Teil wird die makroökonomische Totalanalyse offener Volkswirtschaften mit der Behandlung der monetären Zahlungsbilanz- und Wechselkurstheorie[1]) fortgeführt. Ausgangspunkt der Überlegungen ist die Feststellung, daß am Devisenmarkt Währungen gehandelt werden, d. h. es findet ein Austausch von Geld gegen Geld statt. Dementsprechend wird der Ansatz zur Analyse von Zahlungsbilanz und Wechselkurs über die Ermittlung der Geldmarktgleichgewichte in In- und Ausland gesucht. Weil Geld eine Bestandsgröße darstellt, ist hiermit der Übergang zu einer *Bestands*analyse vollzogen. Dadurch ergibt sich in der Vorgehensweise bei der Devisenmarktanalyse ein wichtiger Unterschied zum keynesianischen Modell: Dort wird eine Stromanalyse durchgeführt; denn Devisenangebot und Devisennachfrage resultieren aus internationalen Güter- und Kapitalbewegungen sowie aus Übertragungen.

---

[1]) Einen Überblick über den monetären Ansatz geben H. G. Johnson, Der monetäre Ansatz zur Zahlungsbilanztheorie. In: H. G. Johnson, Beiträge zur Geldtheorie und Währungspolitik. Berlin 1976. S. 221 ff. (Deutsche Übersetzung von: The Monetary Approach to Balance-of-Payments Theory. In: International Trade and Money. Ed. by M. B. Connolly and A. K. Swoboda. London 1973. S. 206 ff.). – J. A. Frenkel, M. L. Mussa, Asset Markets, Exchange Rates, and the Balance of Payments. In: Handbook of International Economics. Vol. II, a.a.O., S. 716 ff. – A. K. Swoboda, Monetary Approaches to Balance-of-Payments Theory. In: Recent Issues in International Monetary Economics. Ed. by E. M. Claassen and P. Salin. Amsterdam, New York, Oxford 1976. S. 3 ff. – E. M. Claassen, Grundlagen der Geldtheorie. 2., neubearb. u. erw. Aufl. Berlin, Heidelberg, New York 1980. S. 352 ff. – M. v. N. Whitman, Global Monetarism and the Monetary Approach to the Balance of Payments. „Brookings Papers on Economic Activity", (1975), S. 491 ff.

Im Rahmen des monetären Ansatzes stehen langfristige Zusammenhänge im Vordergrund. Die im Kapitel IX behandelten Modelle zur Zahlungsbilanz- und Wechselkursentwicklung sind hierdurch geprägt: Sie gehen von Vollbeschäftigung aus, die Preise sind voll beweglich und es gilt die Kaufkraftparität. Ferner wird angenommen, daß in- und ausländische Finanzanlagen vollkommene Substitute darstellen. Unterschiede in den Ertragsraten werden dann durch Arbitragegeschäfte (fast völlig) eingeebnet, so daß die Zinsparität erfüllt ist. In den Rahmen der im Abschnitt IX.3 erläuterten langfristigen monetären Wechselkurstheorie ordnen sich die Modelle der kurzfristigen Wechselkursentwicklung des Kapitels X ein. Diese unterstellen die Gültigkeit der Zins-, nicht aber der Kaufkraftparität im kurzfristigen Gleichgewicht.

IX. Kaufkraftparität und monetärer Ansatz

Ein wichtiger Baustein der monetären Zahlungsbilanz- und Wechselkurstheorie ist die Hypothese, daß die Kaufkraftparität erfüllt ist. Weil diese Hypothese den Gegenstand einer selbständigen Diskussion bildet[2]), soll sie hier zunächst in einem eigenen Abschnitt behandelt werden, ehe die Annahmen und Ergebnisse des monetären Ansatzes untersucht werden.

1. Kaufkraftparität

a) Absolute Form

Die **Kaufkraftparität** zwischen zwei Ländern ist erfüllt, wenn man in beiden Ländern für einen bestimmten, in die jeweilige Landeswährung umgerechneten Geldbetrag die gleiche Gütermenge erwerben kann[3]). Demzufolge müssen nach der Kaufkraftparität in-

---

[2]) Für einen Überblick über die Kaufkraftparitätentheorie vgl. L. H. Officer, Purchasing Power Parity and Exchange Rates: Theory, Evidence and Relevance. Greenwich, Connecticut, London 1982. S. 105 ff.

[3]) Anders ausgedrückt muß (unter Berücksichtigung des Wechselkurses) der Geldwert der Währungen in den beiden Ländern übereinstimmen. Vgl. G. Cassel, Theoretische Sozialökonomie. 4., verb. u. wesentl. erw. Aufl. Leipzig 1927. S. 458.

und ausländisches Preisniveau bei gegebenem Wechselkurs fest miteinander verknüpft sein: Beträgt etwa der Wechselkurs 2,00 DM/$, dann muß sich gemäß der Kaufkraftparität in der *absoluten Form* das deutsche Preisniveau (in Landeswährung gerechnet) genau auf das Doppelte des amerikanischen Preisniveaus belaufen. Allgemein muß also gelten:

$$p = p_a w \, . \tag{1}$$

Als Ausgangspunkt für die Begründung der Kaufkraftparität dient die Annahme, daß auf den internationalen Märkten *homogene Güter* gehandelt werden. Sofern weder Transportkosten noch Zölle, indirekte Steuern oder Beschränkungen anderer Art den Handel behindern, müssen die in gleicher Währung ausgedrückten Preise dieser Güter in den einzelnen Ländern (nahezu) übereinstimmen. Eine völlige Übereinstimmung wird erreicht, wenn diese Güter an einer einzigen internationalen Börse gehandelt werden. Falls keine einheitliche Börse existiert, können nur verschwindend geringe Preisunterschiede bestehen bleiben, da anderenfalls *Arbitragegeschäfte* ausgelöst würden: Die Güter würden im Land mit dem niedrigeren Preis angekauft und gleichzeitig im Land mit dem höheren Preis verkauft. Im Land mit dem niedrigeren Preis würde die zusätzliche Nachfrage tendenziell preissteigernd, im Land mit dem höheren Preis das zusätzliche Angebot tendenziell preissenkend wirken. Da mit den Arbitragegeschäften kein Preisrisiko verbunden ist (der Verkaufspreis steht im Zeitpunkt des Ankaufs bereits fest), sind bei nennenswerten Preisdifferenzen Käufe bzw. Verkäufe in großem Umfang zu erwarten, so daß Preisänderungen ausgelöst werden, die die Preisdifferenzen (nahezu) zum Verschwinden bringen.

Unter den angegebenen Bedingungen besteht also bei Umrechnung in die gleiche Währung eine *Tendenz zum Ausgleich der Preise* zwischen den einzelnen Ländern (law of one price). Abgesehen davon, daß Transportkosten und Handelsbeschränkungen dieser Tendenz bereits auf Märkten mit homogenen Gütern entgegenwirken, ist zu berücksichtigen, daß tatsächlich nur ein Teil des internationalen Handels auf homogene (standardisierte) Güter wie Rohstoffe entfällt, während ein großer Teil aus *heterogenen Gütern* (z. B. Maschinen) besteht. Da heterogene Güter gegeneinander nur unvollkommen substituierbar sind, besteht keine ökonomische Notwendigkeit zu übereinstimmenden Preisen. Berücksichtigt man ferner, daß auch Waren und speziell Dienstleistungen existieren, die typischerweise nur national gehandelt werden (*nationale Güter*)[4]), dann wird deutlich, daß Arbitragegeschäfte zwar bei den homogenen international gehandelten Gütern (unter den oben genannten idealen Bedingungen) eine Übereinstimmung der Preise herbeiführen, daß aber keine Angleichung *aller* Preise erfolgt, die in die Preisniveaus der jeweiligen Länder eingehen[5]). Aufgrund dieser Überlegungen kann also nicht damit gerechnet werden, daß die Kaufkraftparität in der angegebenen Form erfüllt ist.

b) Komparative Form

Den hier vorgetragenen Bedenken trägt eine abgeschwächte Formulierung der Kaufkraftparität Rechnung:

$$p = \gamma w p_a \quad \text{mit} \quad \gamma > 0. \tag{2}$$

Die Gleichung besagt zunächst nur, daß das heimische Preisniveau von der Kaufkraftparität abweichen kann. Dieser Fall tritt bei $\gamma \neq 1$ ein. Die Gleichung wird deshalb immer erfüllt sein. Einen Gehalt bekommt sie erst dann, wenn Aussagen über die Kräfte gemacht werden, die die Höhe oder die zeitliche Entwicklung von γ bestimmen[6]). In diesem Zusammenhang wird unterstellt, daß sich γ im Zeitablauf nicht (wesentlich) verändert. Als Begründung dafür läßt sich angeben, daß Preisänderungen bei den international gehandelten Gütern nicht auf diese beschränkt bleiben, sondern auf die anderen Güter übertragen werden. Erhöhen sich beispielsweise die Preise der international gehandelten Güter (bei zunächst noch unveränderten Preisen der nationalen Güter), dann weiten die heimischen Anbieter i. d. R. ihre Produktion aus und fragen mehr Vorprodukte und Arbeitsleistungen nach.

Dieser Vorgang führt zu Preissteigerungen auf den betroffenen Märkten, die sich letztlich auf alle heimischen Märkte ausbreiten.

---

[4]) Vgl. zu dieser Unterscheidung Unterabschnitt III. 4a).

[5]) Unter plausiblen Annahmen sind bei den allgemeinen Preisindices (wie dem Preisindex für die Lebenshaltung oder dem Preisindex für das Bruttosozialprodukt) nach der Umrechnung in eine Währung *systematische* Abweichungen von der Kaufkraftparität zu erwarten. Vgl. dazu die theoretischen Überlegungen und empirischen Belege bei B. Balassa, The Purchasing-Power Parity Doctrine: A Reappraisal. „The Journal of Political Economy", Vol. 72 (1964), S. 584ff.

[6]) Es handelt sich im Prinzip um die gleiche Beziehung wie zwischen Quantitätsgleichung und Quantitätstheorie.

Eine ähnliche Entwicklung vollzieht sich im Ausland, so daß eine *parallele Entwicklung* zwischen den allgemeinen Preisniveaus des In- und Auslandes eintritt[7]), obwohl nur die Preise weniger Güter unmittelbar miteinander verbunden sind.

Nach Gleichung (2) ist bei festem Wechselkurs eine parallele Preisentwicklung im In- und Ausland, genauer eine prozentual gleiche Preisänderung, gleichbedeutend damit, daß γ im Zeitablauf unverändert bleibt[8]). Unter dieser Voraussetzung gilt die Kaufkraftparität in ihrer *komparativen Form*. Wie in den folgenden Abschnitten gezeigt wird, beruhen die Ergebnisse des monetären Ansatzes auf der Kaufkraftparität in der komparativen Form, nicht aber in der (absoluten) Form der Gleichung (1).

c) Empirische Hinweise

Im folgenden wird die Kaufkraftparität getrennt nach festen und flexiblen Wechselkursen behandelt, weil es einen Unterschied bedeutet, ob sie nach Störungen ausschließlich durch Preisänderungen (in einem Festkurssystem) oder unter Einbeziehung von Wechselkursänderungen wieder erreicht werden kann.

aa) *Feste Wechselkurse.* – Bei der Begründung der Kaufkraftparität in ihrer absoluten Form wurde vorausgesetzt, daß nach der Umrechnung in eine Währung die Preise *gleichartiger international gehandelter Güter* in verschiedenen Ländern übereinstimmen müssen. In einer zusammenfassenden Auswertung einer von ihnen selbst durchgeführten detaillierten Studie kommen K r a v i s und L i p s e y zum Ergebnis, daß in ihrem Untersuchungszeitraum zwischen den einzelnen Herkunftsländern *teilweise beträchtliche Preisunterschiede* bestanden haben[9]). Als Beispiel seien hier die Preisdifferenzen für Eisen- und Stahlerzeugnisse angegeben.

---

[7]) Siehe hierzu genauer die Ausführungen auf S. 74 f. sowie den auf S. 85 f. behandelten „direkten internationalen Preiszusammenhang".

[8]) Aus (2) folgt bei gegebenem γ und festem Wechselkurs w:

$$\Delta p = \gamma w \Delta p_a \,.$$

Werden beide Seiten mit 100 multipliziert und durch $p \, (= \gamma w p_a)$ dividiert, dann erhält man:

$$(\Delta p/p) \, 100 = (\Delta p_a/p_a) \, 100 \,.$$

Diese Beziehung gilt unabhängig vom Zahlenwert für γ, also auch für die absolute Form der Kaufkraftparität ($\gamma = 1$).

[9]) Vgl. I. B. K r a v i s, R. E. L i p s e y, Export Prices and the Transmission of Inflation. „The American Economic Review", Papers and Proceedings, Vol. 67 (1977), S. 156 f.

Tabelle 6: *Preisniveau für Eisen- und Stahlerzeugnisse in v. H. des Preises der USA*[10])

Land	1953	1957	1961	1964
Vereinigtes Königreich	92	85	79	82
BR Deutschland	85	83	77	78
Japan	.	.	75	70

Die Tabelle zeigt, daß über einen Zeitraum von mehr als einem Jahrzehnt zwischen den drei angegebenen Ländern und den USA Preisdifferenzen von ungefähr einem Fünftel des Preises in den USA bestanden haben. Eine feinere Klassifizierung der Eisen- und Stahlerzeugnisse ergab z. T. noch stärkere relative Preisunterschiede. Auch bei anderen Industriezweigen wurden beträchtliche Preisunterschiede festgestellt. Da diese Preisunterschiede von entsprechenden Verschiebungen der Marktanteile begleitet waren, ist nicht anzunehmen, daß sie in erster Linie auf Ermittlungsfehler zurückgehen. Im *Gesamturteil* läßt sich festhalten, daß die Übereinstimmung der Preise international gehandelter Güter nicht so vollkommen ist, wie die Begründungen für die absolute Form der Kaufkraftparität erwarten lassen.

Auch wenn sich die Preise international gehandelter Güter in ihrer Höhe nicht angleichen, können trotzdem in Zeiten fester Wechselkurse die prozentualen Preisänderungen in den verschiedenen Ländern übereinstimmen, so daß die Kaufkraftparität in ihrer *komparativen Form* erfüllt ist. Schaubild 2 zeigt, daß sich während der Zeit des klassischen Goldstandards die Großhandelspreise in den betrachteten Ländern (mit Ausnahme Deutschlands vor 1890) langfristig weitgehend parallel entwickelt haben[11]). Von Jahr zu Jahr gesehen, ergeben sich aber bei den Preisänderungen teilweise beträchtliche Unterschiede, auch in der Zeit nach 1890 (besonders stark von 1910 bis 1911).

---

[10]) Quelle: I. B. Kravis, R. E. Lipsey, Price Competitiveness in World Trade. New York 1971. S. 664.

[11]) Ein Vergleich der Niveaus der Preisindices ist nicht sinnvoll, weil die Übereinstimmung im Niveau daraus resultiert, daß für das Jahr 1913 die Preisniveaus in allen beteiligten Ländern gleich Hundert gesetzt wurden.

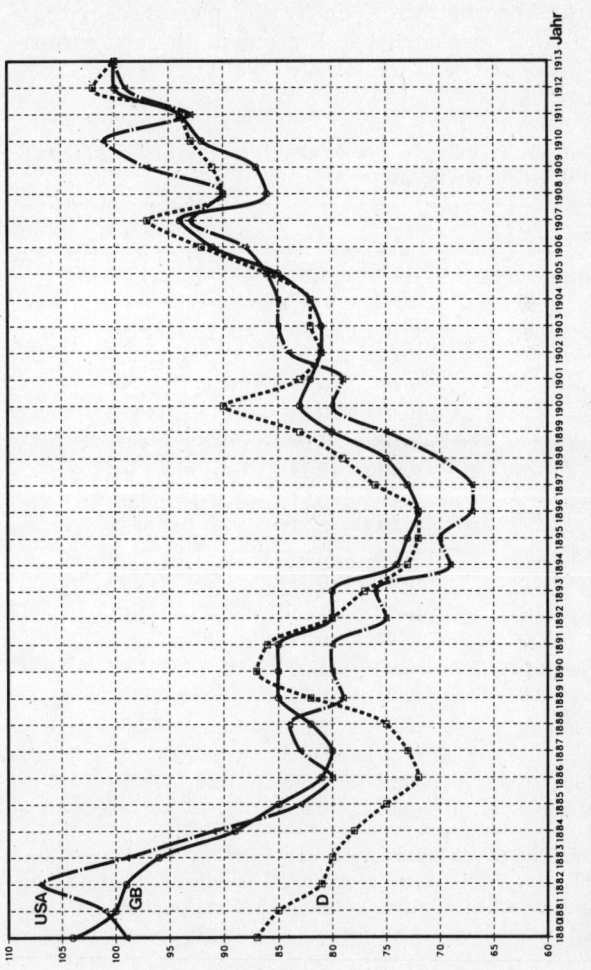

Schaubild 2: *Großhandelspreise Deutschlands (D), Großbritanniens (GB) und der Vereinigten Staaten von Amerika (USA) 1880–1913 (1913 = 100)*[12]

---

[12] Quellen der zugrunde gelegten Zahlen: O. Veit, Grundriß der Währungspolitik. 3., durchgängig ern. Aufl. unter Mitwirkung des Instituts für das Kreditwesen. Frankfurt a. M. 1969. S. 63 (für Großbritannien und die Vereinigten Staaten). – Deutsche Bundesbank (Hrsg.), Deutsches Geld- und Bankwesen in Zahlen 1876–1975, Frankfurt am Main 1976, S. 6 (für Deutschland).

Zu präziseren Aussagen über den internationalen Preiszusammenhang gelangt man, indem Gleichung (2) mit Hilfe einer Regressionsanalyse überprüft wird. Von Genberg wurde der Ansatz $\Delta lnp = \alpha + \beta \Delta lnp_a$ geschätzt. Die Ergebnisse für zehn europäische Länder in der Zeit nach dem Zweiten Weltkrieg sind in Tabelle 7 wiedergegeben.

Tabelle 7: *Inländische Preisänderung in Abhängigkeit von der Preisänderung im Ausland*[a]) 1955–1970 (Jahreswerte)[13])

Land	α	β	R^2	D-W
Bundesrepublik	−0,02 (0,02)	1,54 (0,47)	0,41	1,75
Niederlande	0,01 (0,01)	0,89 (0,39)	0,23	2,52
Belgien	0,00 (0,01)	0,74 (0,23)	0,40	1,55
Italien	−0,00 (0,01)	1,08 (0,34)	0,39	1,37
Schweiz	−0,00 (0,01)	0,81 (0,21)	0,50	1,08
Österreich	0,00 (0,01)	0,88 (0,31)	0,33	2,60
Schweden	0,00 (0,01)	1,05 (0,29)	0,47	1,41
Norwegen	0,00 (0,01)	1,07 (0,30)	0,46	2,47
Luxemburg	0,00 (0,01)	0,63 (0,27)	0,24	2,56
Portugal	−0,01 (0,01)	1,30 (0,38)	0,43	1,19

[a]) Die geschätzte Regression lautet: $\Delta lnp_j = \alpha + \beta \Delta lnp_a$. Dabei bezeichnet $p_j (p_a)$ den Preisindex für die Lebenshaltung im jeweiligen Land (in allen angegebenen europäischen Ländern zusammen). Die Angaben in Klammern unter den geschätzten Koeffizienten enthalten die Standardabweichung.

---

[13]) Quelle: H. Genberg, Policy Autonomy of Small Countries. In: Inflation Theory and Anti-inflation Policy. Proceedings of a Conference held by the International Economic Association at Saltsjöbaden, Sweden. Ed. by E. Lundberg. London, Basingstoke 1977. S. 198.

Bei Gültigkeit der Gleichung (2), also der Kaufkraftparität in ihrer komparativen Form, müßten $\alpha = 0$ und $\beta = 1$ gelten[14]). Die erste Bedingung ($\alpha = 0$) ist nach der Schätzung offensichtlich erfüllt. Hinsichtlich der zweiten Bedingung zeigt Tabelle 7, daß die Schätzwerte für den Koeffizienten β zwar teilweise erheblich von eins abweichen, sich aber nicht signifikant von eins unterscheiden. Insofern kann mit dieser Untersuchung die Hypothese nicht zurückgewiesen werden, daß eine Preisänderung im Ausland im gleichen Jahr zu einer prozentual gleichen Preisänderung im Inland führt. Wie aus den angegebenen Werten für das Bestimmtheitsmaß (R^2) hervorgeht, bleibt jedoch ein beträchtlicher Teil der Preisentwicklung durch diesen Ansatz unerklärt.

Im *Gesamturteil* bleibt festzuhalten, daß die Kaufkraftparität in ihrer absoluten Form nicht als empirisch bestätigt angesehen werden kann. In ihrer *komparativen Form* erfährt sie durch die angegebene Regressionsuntersuchung für die Zeit nach dem Zweiten Weltkrieg eine gewisse Unterstützung. Für die Zeit des klassischen Goldstandards scheint die komparative Form (mit Einschränkungen) im längerfristigen Vergleich der Preisentwicklungen mit den Beobachtungen vereinbar zu sein.

bb) *Flexible Wechselkurse.* – Bei flexiblen Wechselkursen muß näherungsweise die prozentuale Änderungsrate des Wechselkurses mit der Differenz zwischen der Inflationsrate im Inland und der Inflationsrate im Ausland übereinstimmen, wenn die Kaufkraftparität in ihrer absoluten oder relativen Form gilt[15]).

---

[14]) Aus Gleichung (2) folgt:

$$ln\,p = ln\,(\gamma\,w) + ln\,p_a\,.$$

Daraus erhält man bei gegebenen Werten für γ und w:

$$\Delta\,ln\,p = \Delta\,ln\,p_a\,.$$

[15]) Nach Gleichung (2) gilt bei gegebenem γ:

$$(p + \Delta p) = \gamma\,(p_a + \Delta p_a)\,(w + \Delta w)\,.$$

Unter Berücksichtigung von $p = \gamma\,w\,p_a$ folgt daraus:

$$\frac{p + \Delta p}{p} = \frac{(p_a + \Delta p_a)\,(w + \Delta w)}{w\,p_a}\,,\ \text{also:}$$

$$\frac{\Delta p}{p} = \frac{w\,p_a + w\,\Delta p_a + p_a\,\Delta w + \Delta p_a\,\Delta w}{w\,p_a} - \frac{w\,p_a}{w\,p_a} = \frac{\Delta p_a}{p_a} + \frac{\Delta w}{w} + \frac{\Delta p_a\,\Delta w}{p_a\,w}\,.$$

Bei Vernachlässigung des letzten Ausdrucks folgt daraus:

$$\frac{\Delta w}{w}\,100 = \frac{\Delta p}{p}\,100 - \frac{\Delta p_a}{p_a}\,100\,.$$

Wie Schaubild 3 zeigt, ist insbesondere seit 1970 die Übereinstimmung gering gewesen, und zwar nicht nur im Zeitraum bis zum endgültigen Übergang zu flexiblen Wechselkursen im Jahre 1973, sondern auch in der Periode danach. Abgesehen von einer kurzen Anfangsphase bis 1976 verstärkten sich die Unterschiede zwischen der Wechselkursänderungsrate und der Inflationsdifferenz dabei beträchtlich, insbesondere in den achtziger Jahren. Insgesamt gesehen sind in der Entwicklung des DM/$-Kurses die Abweichungen von der Kaufkraftparität im Zeitraum flexibler Wechselkurse (nach 1973) größer als im Zeitraum annähernd fester Wechselkurse (vor 1970). Auch andere Untersuchungen zeigen, daß die Abweichungen von der Kaufkraftparität mit dem Übergang zu flexiblen Wechselkursen erheblich zugenommen haben[16]). Insofern besteht Anlaß zu der Feststellung, daß die Kaufkraftparitätentheorie auf jeden Fall um weitere Überlegungen ergänzt werden muß, um die Wechselkursbewegungen befriedigend erklären zu können[17]).

2. Monetäre Zahlungsbilanztheorie

a) Modellannahmen

Die Analyse der langfristigen Zusammenhänge bei festem Wechselkurs beschränkt sich auf den Fall des kleinen Landes[18]). Somit

---

[16]) Vgl. H. Genberg, Purchasing Power Parity Under Fixed and Flexible Exchange Rates. „Journal of International Economics", Vol. 8 (1978), S. 259 f. Auf die Frage, ob bei flexibler Kursbildung die Kaufkraftparität als der langfristig gültige Bestimmungsfaktor der Wechselkurse angesehen werden kánn, läßt sich den empirischen Untersuchungen keine eindeutige Antwort entnehmen – vgl. R. MacDonald, M. P. Taylor, Exchange Rate Economics. A Survey. „International Monetary Fund Staff Papers", Vol. 39 (1992), S. 40 ff.

[17]) Zur Ergänzung der Kaufkraftparität für die langfristige Analyse vgl. Claassen, a. a. O., S. 385 ff.

[18]) Zum Zwei-Länder-Fall vgl. insbesondere Johnson, Der monetäre Ansatz ..., a. a. O., S. 232 ff., sowie D. S. Kemp, A Monetary View of the Balance of Payments. „Federal Reserve Bank of St. Louis Review", Vol. 57, No. 4 (1975), S. 14 ff.

[19]) Die dem Schaubild zugrunde gelegten Zahlen wurden entnommen aus: International Monetary Fund, International Financial Statistics, Yearbook 1987, 1992 und June 1993.

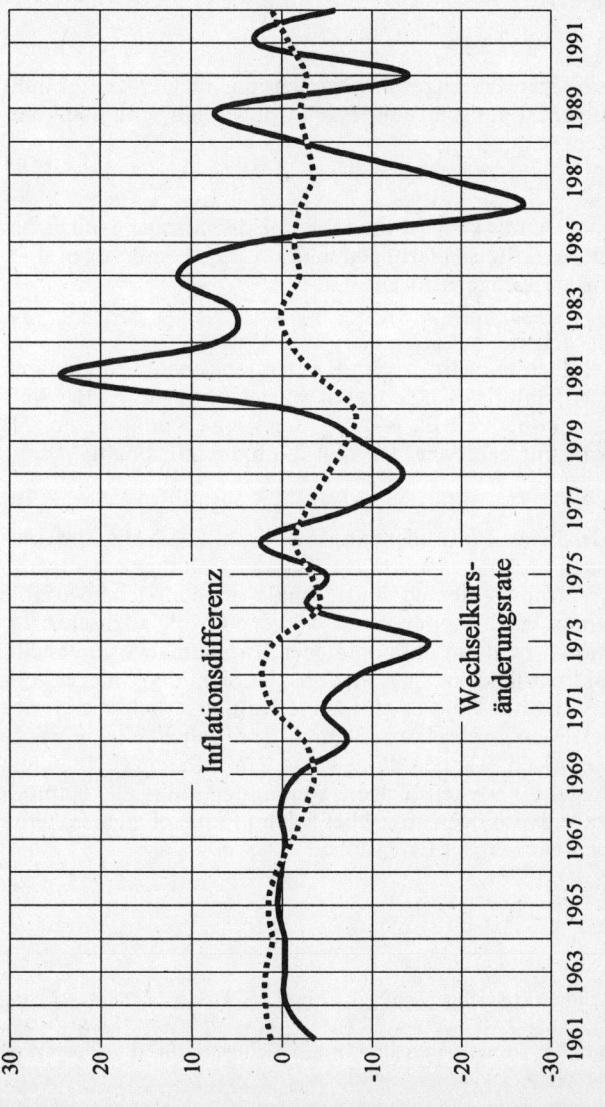

Schaubild 3: *Wechselkursänderung[a]) und Inflationsdifferenz[b]) auf der Grundlage von Jahreswerten 1961–1992[19])*

[a]) Änderung des DM/$-Kurses in v. H.
[b]) Inflationsdifferenz, berechnet als Zuwachsrate des Preisindex für die Lebenshaltung in der Bundesrepublik abzüglich der entsprechenden Zuwachsrate für die Vereinigten Staaten, jeweils in v. H.

wird bei Gültigkeit der Kaufkraftparität in ihrer komparativen Form das inländische Preisniveau einseitig vom Auslandspreisniveau bestimmt:

$$p = \gamma w p_a. \tag{2}$$

Im langfristigen Gleichgewicht erreicht das reale Sozialprodukt sein Vollbeschäftigungsniveau (das Vollbeschäftigungseinkommen):

$$Y^r = Y^{r*}. \tag{3}$$

Auf dem Geldmarkt wird die reale Geldnachfrage explizit berücksichtigt, weil Preisänderungen in die Analyse einbezogen sind. Im Geldmarktgleichgewicht gilt dann:

$$M = p \ L^r(i, \ Y^r). \tag{4}$$

Zur Vereinfachung wird wie im Keynesianischen Grundmodell angenommen, daß das Geldangebot zinsunabhängig ist. Bei Aufspaltung der monetären Basis in die heimische Komponente (H) und die Währungsreserven (R) folgt dann aus Gleichung (4):

$$m(R + H) = p \ L^r(i, \ Y^r). \tag{4a}$$

Im langfristigen Zusammenhang beschränkt sich die Untersuchung auf den Fall ohne Neutralisierung der Geldmengenentwicklung; die Währungsreserven sind deshalb als endogene Variable und die heimische Komponente als exogene Größe anzusehen[20]. International wird ein vollkommener Kapitalmarkt unterstellt: Inlands- und Auslandsanlagen sind aus der Sicht der Anleger vollkommene Substitute, und es gibt keine Kapitalverkehrsbeschränkungen. Bei festen Wechselkursen, ohne die Möglichkeit von Wechselkursänderungen, können dann keine Zinsdifferenzen zwischen In- und Ausland bestehen bleiben, weil anderenfalls alle Kapitalanleger ihr Geldvermögen ausschließlich im Land mit dem höheren Zins anlegen würden[21]. Es gilt also:

$$i = i_a. \tag{5}$$

---

[20]) Zum Geldmarktgleichgewicht vgl. Kapitel VI, Unterabschnitte 2 b) und 3 b).

[21]) Gleichung (5) ist eine spezielle Form der Zinsparität, die allgemeiner im Abschnitt X.1 behandelt wird.

Die Angleichung der Zinssätze erfolgt über internationale Kapitalbewegungen. Liegt beispielsweise im Inland das Zinsniveau *über* dem des Auslands, werden Devisenzuflüsse ausgelöst, die für das hier betrachtete kleine Land einen so großen Umfang annehmen, daß sie sich nicht mehr neutralisieren lassen und (über einen Anstieg des Geldangebots) den heimischen Zins auf das Niveau des Auslandszinses senken. Umgekehrt würden bei einem inländischen Zinsniveau, das unter dem ausländischen liegt, durch Kapitalexporte Devisenabflüsse ausgelöst, die über eine Verringerung des Geldangebots den inländischen Zins auf das Niveau des Auslandszinses anheben würden.

b) Gleichgewicht bei stationärem Realeinkommen

aa) *Gleichgewicht.* – Das unter a) dargestellte Modell enthält vier Gleichungen und vier endogene Variable (i, p, R und Y^r). Wegen der fehlenden Neutralisierungspolitik stellt die heimische Komponente (H) der monetären Basis und nicht die Geldbasis selbst den Aktionsparameter der Geldpolitik dar. Fiskalpolitische Maßnahmen sind im Modell nicht erfaßt. Auslandszins und Auslandspreisniveau sind ebenso exogen vorgegeben (Fall des kleinen Landes) wie der Wechselkurs (System fester Wechselkurse).

Im Modell werden alle Variablen außer R jeweils nur durch eine einzige Gleichung bestimmt. Die Bestimmungsgleichung für R ergibt sich durch Einsetzen von (2), (3) und (5) in (4a) und durch Auflösen nach R:

$$R = \frac{\gamma}{m} w p_a L^r (i_a, Y^r{}^*) - H. \tag{6}$$

Gleichung (6) im Zusammenhang mit Gleichung (4a) verdeutlicht, daß im monetären Ansatz die Höhe der Währungsreserven durch diejenigen Größen bestimmt wird, die Angebot oder Nachfrage nach Geld beeinflussen. Bei vorgegebenen Werten von i_a, p_a, w, H und $Y^r{}^*$ nimmt der *Gleichgewichtswert von R* die durch Gleichung (6) festgelegte Höhe an. Solange dieser Gleichgewichtswert verwirklicht ist, bleibt die Devisenbilanz ausgeglichen, da dann keine Veränderungen der Währungsreserven eintreten.

bb) *Exogene Änderungen.* – Aus Gleichung (6) läßt sich unmittelbar ablesen, daß die Währungsreserven im Gleichgewicht um so höher sind, je höher der Wechselkurs, das ausländische Preisniveau sowie das Realeinkommen im Inland sind und je niedriger der Auslandszins und die heimische Komponente der monetären Basis ausfallen. Eine Zinssenkung im Ausland, die nach Gleichung (5) zur Verminderung des Zinssatzes im Inland führt, und eine Realeinkommenserhöhung wirken auf die Währungsreserven ein, indem sie die reale Geldnachfrage ausweiten. Ein Anstieg des Wechselkurses (Abwertung) und des Preisniveaus im Ausland erhöhen gleichermaßen das inländische Preisniveau (in heimischer Währung) und vergrößern auf diese Weise die nominale Geldnachfrage. Eine Verringerung der heimischen Komponente der Geldbasis vermindert in der Anstoßwirkung das heimische Geldangebot[22]). Alle diese Vorgänge erhöhen entweder die Geldnachfrage oder verringern (in der Anstoßwirkung) das Geldangebot. Die auf diese Weise entstandene Überschußnachfrage nach Geld wird dadurch beseitigt, daß der Zufluß von Währungsreserven das Geldangebot steigert. Der Anpassungsprozeß der zu diesem Ergebnis führt, soll im Zins/Einkommen-Diagramm näher erläutert werden.

cc) *Anpassungsprozesse.* – Die senkrechte Kurve über Y^{r*} in Fig. 39 bringt zum Ausdruck, daß im Modellgleichgewicht immer das Vollbeschäftigungseinkommen realisiert sein muß. Die waagerechte Kurve ($i = i_a$) verdeutlicht, daß der inländische Zins durch den vorgegebenen Auslandszins festgelegt ist. Die LM^r-Kurve gilt bei einem Inlandspreisniveau, das entsprechend der Kaufkraftparität durch das Auslandspreisniveau bestimmt wird.

aaa) In Fig. 39 sind diejenigen Störungen des Ausgangsgleichgewichts P_0 dargestellt, die zu einer Verringerung des realen Geldangebots führen[23]). Die Anpassung erfolgt bei vom Ausland bestimmten Werten für Zinssatz und Preisniveau; das Sozialprodukt bleibt auf dem Vollbeschäftigungsniveau. Nach der Störung stellen die Wirtschaftseinheiten fest, daß der Realwert ihrer Kasse unter

---

[22]) Eine endgültige Verminderung des Geldangebots ist ausgeschlossen, da der Rückgang der heimischen Komponente der Geldbasis durch einen Anstieg der Währungsreserven genau ausgeglichen wird, wie Gleichung (6) zeigt. Dieser Zusammenhang beruht auf der fehlenden Neutralisierungspolitik und ergibt sich deshalb unter dieser Voraussetzung auch im Keynesianischen Grundmodell. Vgl. Anhang A 7), Gleichung (7a).

[23]) Das reale Geldangebot ist definiert als

$$\frac{M^s}{p} = \frac{mB}{p} = \frac{m(R+H)}{\gamma w p_a}.$$

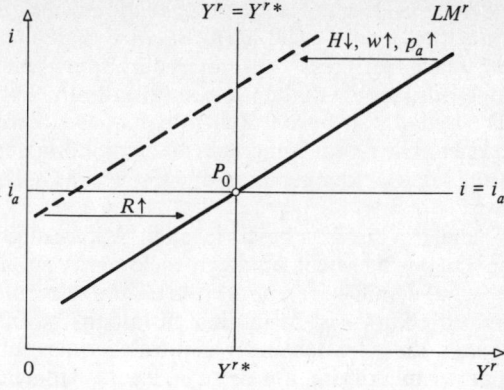

Figur 39

dem von ihnen gewünschten Wert liegt. Sie treffen Entscheidungen, um ihre Kassenhaltung zu erhöhen, indem sie ihre Ausgaben für Waren und Dienstleistungen senken und möglicherweise auch ihre Kreditaufnahme erhöhen bzw. ihre Kreditgewährung verringern[24]).

Im Modell wird unterstellt, daß bei *verminderten Ausgaben für Waren und Dienstleistungen* diejenigen Güter, die jetzt nicht mehr im Inland nachgefragt werden, ohne Preissenkung im Ausland abgesetzt werden können[25]). Diese Annahme erscheint insofern plausibel, als sich das kleine Land in der Situation eines Mengenanpassers befindet, der seinen Verkauf von Gütern ausweiten kann, ohne den Marktpreis unterbieten zu müssen. Die jetzt zusätzlich exportierten Güter (und ggf. auch verminderte Importe) erhöhen den Außenbeitrag und führen bei einer vor der Störung ausgeglichenen Devisenbilanz zu einem *Überschußangebot an Devisen*. Indem die Zentralbank bei festen Wechselkursen dieses Überschußangebot an Devisen ankauft, nehmen ihre Währungsreserven zu; bei den Verkäufern der Devisen erhöht sich der Bestand an Zentralbankguthaben bzw. Banknoten; d.h. die Geldbasis steigt.

Die Anpassung des Geldangebots an die Geldnachfrage, also an die gewünschte Geldmenge, kann zusätzlich über eine *erhöhte Net-*

[24]) Vgl. dazu Claassen, a.a.O., S. 362ff.
[25]) Die formale Analyse eines möglichen Anpassungsprozesses findet sich bei Swoboda, Monetary Approaches ..., a.a.O., S. 16ff.

tokreditaufnahme erfolgen. Da bei den Inländern insgesamt eine Überschußnachfrage nach Geld herrscht, wird diese nicht aus inländischen Quellen befriedigt[26]), sondern durch eine Verschuldung im Ausland. Die Inländer erhalten also aufgrund von Nettokapitalimporten Devisen, die sie bei der Zentralbank gegen Zentralbankgeld eintauschen. Die damit einhergehende Erhöhung der Geldbasis bewirkt, daß das Geldangebot an die gestiegene Geldnachfrage angepaßt wird.

Entscheidend für die hier beschriebenen Anpassungsvorgänge ist, daß ein Ungleichgewicht auf dem Geldmarkt zu einem Ungleichgewicht auf dem Devisenmarkt führt. Zur Aufrechterhaltung des festen Wechselkurses ist dann die Zentralbank zu Interventionen verpflichtet, die – bei fehlender Neutralisierungspolitik – das Geldangebot verändern und auf diese Weise das Ungleichgewicht am Geldmarkt schließlich beseitigen[27]). Dann ist auch die Devisenbilanz (wie im Ausgangsgleichgewicht) ausgeglichen, und der Bestand an Währungsreserven erreicht eine neue Ruhelage.

bbb) Während die bisher behandelten Störungen eine Verschiebung der LM^r-Kurve auslösen, wird diese Kurve in der Anstoßwirkung nicht betroffen, wenn sich das inländische Vollbeschäftigungseinkommen oder der Auslandszinssatz verändern.

Eine *Erhöhung des Vollbeschäftigungseinkommens* verschiebt die senkrechte Kurve über Y^r* nach rechts, eine *Senkung des Auslandszinssatzes* die waagerechte Kurve ($i = i_a$) nach unten (vgl. Fig. 40). In beiden Fällen liegt die neue Gleichgewichtskombination von Zins und realem Sozialprodukt (P_1 bzw. P_2) rechts von der LM^r-Kurve der Ausgangslage. Unmittelbar nach der Störung besteht bei unverändertem Geldangebot ein Ungleichgewicht auf dem Geldmarkt, und zwar in beiden Fällen wieder eine *Überschußnachfrage nach Geld*. In der oben beschriebenen Weise führt diese Überschußnachfrage nach Geld so lange zu Devisenbilanzüberschüssen und damit zu einer Ausweitung der Währungsreserven und des Geldan-

---

[26]) Es wird unterstellt, daß die Zentralbank während des Anpassungsprozesses die heimische Komponente der monetären Basis nicht verändert.

[27]) Nach Auffassung der Vertreter des monetären Zahlungsbilanzansatzes können die Anpassungsvorgänge in einem Zeitraum von einem bis zu zwei Jahren beendet sein. So Claassen, a. a. O., S. 362.

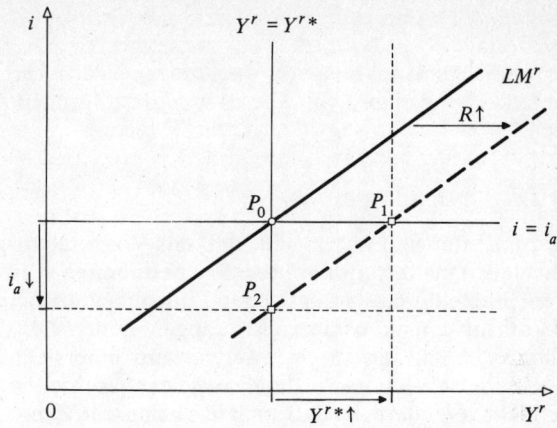

Figur 40

gebots, bis die LM^r-Kurve durch P_1 bzw. P_2 verläuft [28]), bis also auch auf dem Markt für Geld wieder Gleichgewicht herrscht.

Die hier dargestellte monetäre Zahlungsbilanztheorie ist in mancher Beziehung mit dem Keynesianischen Grundmodell vergleichbar, wie an der graphischen Darstellung der Figuren 39 und 40 deutlich wird. Bei näherer Betrachtung zeigen sich aber wichtige Unterschiede. Zunächst einmal werden in der Keynesianischen Analyse bestimmte Situationen als Alternativen untersucht, wie die Fälle mit und ohne Neutralisierungspolitik sowie unvollkommene und vollkommene Kapitalmärkte. Hiervon wird im Rahmen der monetären Zahlungsbilanztheorie jeweils nur eine Möglichkeit betrachtet, nämlich der Fall ohne Neutralisierungspolitik bei vollkommenen Kapitalmärkten. Ein weiterer Unterschied ergibt sich daraus, daß im Rahmen der monetären Wechselkurstheorie eine Situation analysiert wird (Vollbeschäftigung mit flexiblen Güterpreisen bei Gültigkeit der Kaufkraftparität), die im Keynesianischen Grundmodell unberücksichtigt bleibt. In dieser Situation können Devisenmarktungleichgewichte als Reflex von Geldmarkt-

---

[28]) Um die Graphik so einfach wie möglich zu gestalten, ist unterstellt worden, daß in beiden Fällen die notwendige Ausweitung des Geldangebots gleich hoch ausfällt.

ungleichgewichten angesehen werden. Schließlich besteht ein Unterschied auch noch darin, daß der monetäre Ansatz explizit die Zahlungsbilanzentwicklung von wachsenden Volkswirtschaften in die Untersuchung einbezieht. Dieses wird im folgenden Abschnitt deutlich.

c) Wachstumsgleichgewicht

Es wird jetzt der Fall untersucht, daß das Vollbeschäftigungseinkommen nicht mehr stationär bei einem bestimmten Wert verharrt, sondern im Zeitablauf wächst; der Einfachheit halber wird ein Wachstum mit einer konstanten Rate angenommen. Um die Untersuchung nicht unnötig zu erschweren, wird unterstellt, daß sich Zins- und Preisniveau im Ausland sowie der Wechselkurs im Zeitablauf nicht verändern, so daß auch das heimische Zins- und Preisniveau konstant bleiben. Die Annahme, daß das Vollbeschäftigungseinkommen immer realisiert wird, gilt weiterhin.

Mit *stetig ansteigendem Realeinkommen* nimmt bei unverändertem Zins- und Preisniveau die Geldnachfrage ständig zu. Nach dem monetären Ansatz ruft diese zusätzliche Nachfrage nach Geld ein zusätzliches Angebot hervor. Dieses zusätzliche Angebot wird aus einer Zunahme der Währungsreserven gespeist, soweit es nicht von der Zentralbank durch eine Ausweitung der heimischen Komponente der Geldbasis gedeckt wird. Da die Zentralbank die Entwicklung der heimischen Komponente der Geldbasis bestimmt, hat sie es in der Hand zu entscheiden, ob und in welchem Ausmaß das Wachstum des Sozialprodukts von einem Anstieg der Währungsreserven begleitet wird.

Die hier skizzierten Zusammenhänge lassen sich aus Gleichung (6) ableiten. Wie schon angedeutet, werden nur Änderungen von H, R und Y^{r*} betrachtet. Dann folgt aus Gleichung (6) unter Berücksichtigung von $Y^r = Y^{r*}$:

$$\frac{dR}{dt} = \frac{\gamma}{m} \, wp_a \, \frac{\partial L^r}{\partial Y^r} \frac{dY^r}{dt} - \frac{dH}{dt}.$$

Durch Erweiterung der Ausdrücke auf der rechten Seite und anschließende Multiplikation beider Seiten mit $1/R$, läßt sich aus dieser Gleichung folgende Beziehung herleiten:

$$\underbrace{\frac{1}{R}\frac{dR}{dt}}_{g_R} = \frac{1}{R}\underbrace{\left(\frac{\gamma}{m}\,wp_a L^r\right)}_{B}\underbrace{\left(\frac{\partial L^r}{\partial Y^r}\frac{Y^r}{L^r}\right)}_{\eta_{L^r,Y^r}}\underbrace{\left(\frac{1}{Y^r}\frac{dY^r}{dt}\right)}_{g_{Y^r}} - \frac{H}{R}\underbrace{\left(\frac{1}{H}\frac{dH}{dt}\right)}_{g_H}$$

Das Symbol g ist eine Abkürzung für die Wachstumsrate (g_R z. B. für die Wachstumsrate von R). B ergibt sich, wenn Gleichung (2) in Gleichung (4a) eingesetzt wird und dann nach $B = R + H$ aufgelöst wird. Die Größen $\eta_L r,_Y r$ stellt die (Real)-Einkommenselastizität der Geldnachfrage dar. Im Gleichgewicht einer (real und monetär) wachsenden Wirtschaft ergibt sich also:

$$g_R = \frac{B}{R}\eta_{L^r,Y^r} \cdot g_{Y^r} - \frac{H}{R} g_H. \tag{7}$$

Bei der Interpretation von Gleichung (7) muß im Auge behalten werden, daß diese Gleichung das Gleichgewicht bei festen Wechselkursen ohne Neutralisierung der Devisenzu- oder -abflüsse beschreibt. Die Zentralbank legt die Entwicklung der heimischen Komponente der Geldbasis fest und überläßt die Entwicklung der Währungsreserven und damit der monetären Basis den Entscheidungen der privaten Wirtschaftseinheiten. Gleichung (7) zeigt, daß sich bei gegebenem Auslandszins und -preisniveau im Spezialfall einer (real und monetär) stationären Wirtschaft (g_{Y^r}, $g_H = 0$) die Währungsreserven im Gleichgewicht nicht ändern ($g_R = 0$); die Devisenbilanz muß dann ausgeglichen sein. Im allgemeinen Fall ist mit dem *Gleichgewicht* eine positive oder negative Wachstumsrate der Währungsreserven vereinbar, d. h. ein *Überschuß oder ein Defizit in der Devisenbilanz*. Ein Überschuß wird um so eher eintreten, je höher die Zuwachsrate des realen Sozialprodukts ausfällt und je niedriger die Zentralbank die Zuwachsrate der heimischen Komponente der Geldbasis hält.

3. Langfristige Wechselkurstheorie

Die monetäre Wechselkurstheorie geht davon aus, daß sich langfristig der Wechselkurs entsprechend der Kaufkraftparität einstellt und daß die Preise in den beteiligten Ländern aus der Veränderung des jeweiligen Geldangebots bestimmt werden.

a) Exogenes Auslandspreisniveau

Das Modell entspricht formal den Gleichungen der monetären Zahlungsbilanztheorie bei festem Wechselkurs im Unterabschnitt 2 a), wobei jetzt im Falle des flexiblen Wechselkurses die monetäre Basis als Zentralbankparameter angesehen werden kann. Damit erübrigt sich in Gleichung (4 a) die Aufspaltung der Basis in ihre beiden Komponenten. Ferner ist zu beachten, daß erwartete Wechselkursänderungen in Gleichung (5) außer Betracht bleiben, weil im *langfristigen* Gleichgewicht der erwartete Wechselkurs dem laufenden entspricht[29]).

$$p = \gamma w p_a \tag{2}$$

$$Y^r = Y^{r*} \tag{3}$$

$$mB = p \, L^r \, (i, \, Y^r) \tag{4'}$$

$$i = i_a \, . \tag{5}$$

Das Modell enthält an:

> *endogenen Variablen:* i, p, w, Y^r,
> *exogenen Variablen:* B, Y^{r*}, i_a, p_a.

Im Unterschied zur monetären Zahlungsbilanztheorie wird der Wechselkurs hier endogen bestimmt, und die monetäre Basis kann als Parameter der Zentralbank angesehen werden. Der langfristige Gleichgewichtswert für das inländische *Preisniveau* läßt sich ermitteln, indem die Gleichungen (3) und (5) in die Gleichung (4') eingesetzt werden und diese dann nach p aufgelöst wird:

$$p = \frac{mB}{L^r(i_a, \, Y^{r*})} \, . \tag{8}$$

Wie Gleichung (8) zeigt, verändert sich bei gegebenen Werten für i_a und Y^{r*} das Preisniveau proportional zur inländischen Geldbasis. Der *Wechselkurs* im langfristigen Gleichgewicht ergibt sich, wenn Gleichung (8) in Gleichung (2) eingesetzt und diese dann nach w aufgelöst wird:

---

[29]) Erwartete Wechselkursänderungen sind jedoch im kurzfristigen Gleichgewicht zu berücksichtigen. Siehe hierzu Abschnitt X.1.

$$w = \frac{mB}{\gamma p_a L^r (i_a,\ Y^{r*})} \ . \tag{9}$$

Aus Gleichung (9) geht hervor, daß der Wechselkurs sinkt, wenn die inländische Geldbasis abnimmt oder das Auslandspreisniveau bzw. die reale Geldnachfrage im Inland steigen. Die Zunahme der realen Geldnachfrage im Inland kann durch eine vom Ausland ausgehende Zinssenkung oder durch eine Realeinkommenserhöhung im Inland bewirkt werden. Ein Vergleich mit den Ergebnissen bei festen Wechselkursen zeigt, daß diejenigen exogenen Störungen, die bei flexibler Kursbildung zu einer Senkung des Wechselkurses, d. h. zu einer Aufwertung der heimischen Währung, führen, bei festen Wechselkursen die Währungsreserven vergrößern[30]. Unabhängig vom Wechselkurssystem bewirken die genannten exogenen Störungen im Anstoßeffekt eine *Überschußnachfrage nach Geld*. Wie bereits erwähnt, wird über die Ausgaben- und Kreditentscheidungen der einzelnen Wirtschaftseinheiten ein *Überschußangebot am Devisenmarkt* herbeigeführt. Bei festen Wechselkursen erhöht dieses Überschußangebot an Devisen die Währungsreserven der Zentralbank; bei flexibler Kursbildung führt es zu einer Abwertung der Auslandswährung, d. h. zu einer *Aufwertung* der heimischen Währung. Im neuen Gleichgewicht sind die Überschußnachfrage nach Geld und das Überschußangebot an Devisen beseitigt, und es ergibt sich der durch Gleichung (9) bestimmte Wechselkurs.

b) Endogenes Auslandspreisniveau

aa) *Allgemeine Überlegungen.* – Die bisherige Analyse der Bestimmungsgründe des Wechselkurses ist insofern unvollständig, als der Einfluß der ausländischen Geldpolitik auf das Auslandspreisniveau und damit auf den Wechselkurs noch nicht explizit erfaßt ist. Diese Lücke kann dadurch geschlossen werden, daß neben dem Geldmarkt im Inland auch der Geldmarkt im Ausland in die Untersuchung einbezogen wird. Ausgangspunkt sind die Kaufkraftparität, die in ihrer komparativen Form nach w aufgelöst,

---

[30]) Vgl. S. 225f.

$$w = \frac{1}{\gamma} \frac{p}{p_a} \qquad (2')$$

ergibt, sowie die Geldmarktgleichungen im Inland

$$m\,B = p\,L^r(i,\,Y^r) \qquad (4')$$

und im Ausland

$$m_a B_a = p_a\,L^r(i_a,\,Y^r). \qquad (4'')$$

Werden (4') bzw (4'') nach p bzw. p_a aufgelöst und diese danach in (2') eingesetzt, erhält man als Bestimmungsgleichung für den Wechselkurs:

$$w = \frac{1}{\gamma} \frac{m\,B}{m_a B_a} \frac{L^r(i_a,\,Y^r_a)}{L^r(i,\,Y^r)}. \qquad (10)$$

Gleichung (10) drückt den Grundgedanken der monetären Wechselkurserklärung aus[31]): Der Wechselkurs wird bestimmt durch das Verhältnis des in- und ausländischen Geldangebots und das Verhältnis der realen Geldnachfrage in In- und Ausland. Auch unter der Annahme, daß das reale Sozialprodukt in In- und Ausland durch das jeweilige Vollbeschäftigungsniveau bestimmt wird, kann Gleichung (10) wegen der in ihr noch enthaltenen endogenen Variablen i und i_a nur als (unvollständiger) Ansatz für eine Wechselkurserklärung angesehen werden. In weitergehenden Modellen wäre sie durch Bestimmungsgleichungen für die Zinssätze bzw. ihre Differenz zu ergänzen[32]).

bb) *Spezieller Ansatz.* – Unter Vernachlässigung der Zinssätze läßt sich ein Modell formulieren, in dem als Geldnachfragefunktion eine Beziehung angenommen wird, wie sie der Kassenhaltungs- bzw. Quantitätstheorie entspricht[33]). Bei Berücksichtigung der Vollbeschäftigungsniveaus für das jeweilige Sozialprodukt lauten dann die in- und ausländischen Geldnachfragefunktionen:

---

[31]) Vgl. E. Baltensperger, Monetäre Außenwirtschaftstheorie. „Zeitschrift für Wirtschafts- und Sozialwissenschaften", Jg. 112 (1992), S. 510 f.

[32]) In einer linear-logarithmischen Version der Gleichungen (2'), (4') und (4'') lassen sich die Zinssätze als Differenz $(i - i_a)$ ausdrücken. Zur Auswertung eines entsprechenden Ansatzes siehe M. Gärtner, Makroökonomik flexibler Wechselkurse. Berlin 1990. S. 118 ff.

[33]) Siehe hierzu z. B. Jarchow, Theorie und Politik des Geldes. I. Geldtheorie, a. a. O., S. 190 ff.

$$mB = kp\,Y^{r*} \tag{11}$$

$$m_a B_a = k_a p_a Y_a^*. \tag{12}$$

Werden diese beiden Beziehungen in Gleichung (10) anstelle der dort verwendeten Geldnachfragefunktionen eingesetzt, ergibt sich

$$w = \frac{p}{\gamma p_a} = \frac{mB}{\gamma m_a B_a}\,\frac{k_a Y_a^*}{k Y^{r*}}. \tag{13}$$

Wie aus Gleichung (13) hervorgeht, liegt der Wechselkurs um so niedriger, je geringer das inländische *Geldangebot* ($m\,B$) im Verhältnis zum ausländischen Geldangebot ($m_a\,B_a$) ist. Steigt beispielsweise bei gegebenem Realeinkommen in In- und Ausland das inländische Geldangebot unterproportional zum ausländischen Geldangebot an, dann geht das Preisniveau des Inlands im Verhältnis zum Preisniveau des Auslands zurück. Gemäß der Kaufkraftparitätentheorie ergibt sich daraufhin ein Rückgang des Wechselkurses, d. h. eine Aufwertung der heimischen Währung.

Gleichung (13) läßt sich auch auf den Fall anwenden, daß sich die *Realeinkommen* in In- und Ausland verändern. Bei einem Anstieg des Realeinkommens im Inland nimmt die reale Geldnachfrage ($k\,Y^{r*}$) zu. Um das Gleichgewicht auf dem Markt für Geld wiederherzustellen, muß bei gegebenem nominalen Geldangebot das Preisniveau im Inland (p) sinken. Entsprechend der Kaufkraftparität führt der Preisrückgang zu einer Aufwertung der heimischen Währung. Umgekehrt lösen Realeinkommenserhöhungen im Ausland eine Aufwertung der ausländischen Währung, d. h. eine Abwertung der heimischen Währung, aus. Beide Vorgänge zusammengenommen, ergibt sich, daß bei Realeinkommenserhöhungen langfristig die Währung desjenigen Landes aufgewertet wird, dessen Realeinkommen überproportional zunimmt – vorausgesetzt, daß das Geldangebot im In- und Ausland konstant bleibt.

Zusammenfassung

1. Beim monetären Ansatz wird das Gleichgewicht auf dem Devisenmarkt als Reflex des Geldmarktgleichgewichts aufgefaßt und demzufolge im Rahmen einer Bestandsanalyse unter-

sucht. In langfristiger Betrachtung werden Vollbeschäftigung, die Erfüllung von Kaufkraftparität und Zinsparität sowie – bei festem Wechselkurs – fehlende Neutralisierungspolitik unterstellt.

2. Bei festem Wechselkurs bewirken Störungen, die zu einer Überschußnachfrage nach Geld führen (wie ein Anstieg des realen Sozialprodukts, eine den Inlandspreis erhöhende Abwertung oder eine kontraktive Geldpolitik durch Verminderung der heimischen Komponente der Geldbasis), einen Devisenbilanzüberschuß. Damit steigen die Währungsreserven und das Geldangebot weitet sich aus. Umgekehrt führt ein Überschußangebot am Geldmarkt zu einem Devisenbilanzdefizit und zu einer Abnahme der Währungsreserven.

3. Während im langfristigen Bestandsgleichgewicht einer stationären (nicht wachsenden) Wirtschaft die Währungsreserven unverändert bleiben und der Devisenbilanzsaldo damit stets ausgeglichen ist, sind Devisenbilanzüberschüsse bzw. -defizite mit einem langfristigen Bestandsgleichgewicht vereinbar, sofern das reale Sozialprodukt und (oder) die heimische Komponente der Geldbasis wachsen (bzw. schrumpfen).

4. Nach dem monetären Ansatz zur Wechselkurstheorie führt bei gegebenem Realeinkommen und gegebenem Auslandspreisniveau eine Erhöhung des inländischen Geldangebots langfristig zu einer proportional gleichen Änderung von Preisniveau und Wechselkurs. Wird bei gegebenem Realeinkommen das Geldangebot sowohl im In- als auch im Ausland geändert, dann steigt der Wechselkurs, sobald im Inland das Geldangebot überproportional zum Ausland zunimmt. Ferner zeigt sich, daß bei gegebenem Geldangebot in In- und Ausland die Währung desjenigen Landes aufgewertet wird, dessen Realeinkommen überproportional ansteigt.

X. Zinsparität und Devisenmarktanalyse

In diesem Kapitel stehen die Entscheidungen der Finanzanleger im Mittelpunkt der Überlegungen. Zunächst wird im ersten Abschnitt unter speziellen Annahmen, die dann im Exkurs des vierten Abschnitts allgemeiner gefaßt werden, ein einfaches Modell zur kurzfristigen Wechselkursbildung entwickelt. In diesem Modell wird ein vollkommener Markt für in- und ausländische Finanzanlagen unterstellt, so daß die erwarteten Erträge immer übereinstimmen müssen. Auf diesem Ansatz aufbauend folgt im zweiten Abschnitt ein Modell, das eine Begründung für die beträchtlichen kurzfristigen Abweichungen des Wechselkurses von der Kaufkraftparität gibt und damit einen Beitrag zur Erklärung der beobachteten starken Wechselkursschwankungen liefert. Gerade diese Erfahrung hat zu einer kontroversen Beurteilung des Systems flexibler Wechselkurse geführt[1]), wobei die Einschätzung nicht zuletzt davon abhängt, wie die im dritten Abschnitt behandelte Frage nach der Devisenmarkteffizienz beantwortet wird.

1. Zinsparität und kurzfristige Bestimmungsfaktoren des Wechselkurses

a) Zinsarbitrage und Zinsparität

aa) *Modellrahmen.* – Ausgangspunkt der Überlegungen ist die Entscheidung eines Anlegers, der die Erträge von In- und Auslandsanlagen miteinander vergleicht. Im Falle einer Auslandsanlage muß er damit rechnen, daß der Kurs, zu dem er ein Fremdwährungsguthaben erwirbt, von dem Kurs abweicht, zu dem er am Ende den Tilgungs- und Zinsbetrag wieder in inländische Währung umtauschen kann. Sieht er den Umtausch von vornherein vor, dann kann er – als Gegengeschäft zum Kauf der Fremdwährungsguthaben am Kassamarkt – bereits zu Beginn der Periode den Verkauf per Termin vereinbaren und somit das Wechselkursrisiko bei einer Fremdwährungsanlage ausschalten[2]). Erfolgt eine derartige

---

[1]) So finden die Vorschläge zur Reform des internationalen Währungssystems ihre Grundlage in einer negativen Einschätzung der beobachteten starken Wechselkursschwankungen. Vgl. hierzu Band **II**, Abschnitt VII.4.

[2]) Andere Formen des Risikos wie das **Ausfallrisiko** (Gläubigerrisiko) oder das **Transferrisiko** auf Grund von staatlichen Eingriffen in den Transfer von Währungsbeträgen werden hier aus den Überlegungen ausgeschlossen. – Zu den Risiken speziell im Devisenhandel vgl. Fischer-Erlach, a. a. O., Kapitel VI.

Kurssicherung am Terminmarkt – und hiervon wird im folgenden ausgegangen –, dann liegt eine **Zinsarbitrage** vor. Um die Darstellung der Wechselkursbildung zu vervollständigen, wird neben der Zinsarbitrage die sog. Terminspekulation berücksichtigt[3]). Die Verknüpfung der Zinsarbitrage mit der Terminspekulation liefert schließlich einen einfachen Ansatz zur kurzfristigen Wechselkursbestimmung.

bb) *Zinsarbitrage.* – Die Zinsparität soll am Beispiel eines Inländers erläutert werden, der vor der Alternative steht, für ein Jahr entweder im Inland einen Kredit in DM oder im Ausland einen Kredit in Dollar zu gewähren. Bei einer Anlage im Inland erhält er für eine ausgeliehene DM am Ende des Jahres $(1 + i)$ DM als Tilgungs- und Zinsbetrag ausgezahlt. Bei einer Anlage im Ausland muß er zunächst den Anlagebetrag in Devisen umtauschen. Zum Kassakurs von w DM/\$ (z. B. 2 DM/\$) kann er für 1 DM Dollar in Höhe von $1/w$ \$ erwerben (im Beispiel also 0,50 \$). Unter Einbeziehung des Zinsertrags ergibt sich hieraus am Ende des Jahres ein Dollarbetrag von $(1 + i_a)(1/w)$ \$. Bereits im Zeitpunkt der Anlageentscheidung verkauft der Arbitrageur diesen Betrag, der ihm dann schon bekannt ist, zum Terminkurs (w_T) und erhält somit am Ende des Jahres einen DM-Betrag von $w_T(1 + i_a)(1/w)$ DM ausgezahlt.

cc) *Gesicherte Zinsparität.* – Da das (Wechselkurs-)Risiko durch das Termingeschäft ausgeschaltet ist und von Transaktionskosten abgesehen wird, sorgt der Marktmechanismus dafür, daß Ertragsunterschiede zwischen In- und Auslandsanlagen beseitigt werden. Fällt in einem Zeitpunkt beispielsweise der Ertrag bei der Inlandsanlage kleiner als bei der Auslandsanlage aus, gilt also

$$1 + i < (1 + i_a)(w_T/w) \, ,$$

dann ist der Umtausch von DM-Guthaben in Dollar-Guthaben vorteilhaft. Im Zuge des entsprechenden Zinsarbitragegeschäfts werden Kassa-Dollar zusätzlich nachgefragt und Termin-Dollar zusätzlich angeboten. Demzufolge steigt der Kassakurs w und der Terminkurs w_T sinkt; der Ertragsvorsprung der Auslandsanlage wird dadurch beseitigt. Da diese Anpassung ohne nennenswerte

---

[3]) Zu den Transaktionen der Außenhändler, die hier außer Betracht bleiben, vgl. den Exkurs zum Gleichgewicht auf dem Devisenkassa- und dem Devisenterminmarkt, Abschnitt X.4. – Darüber hinaus werden in dem Exkurs die Entscheidungen der übrigen Marktteilnehmer genauer als in diesem Abschnitt behandelt.

Verzögerung erfolgt, wird die auch als **gesicherte Zinsparität** bezeichnete Gleichung[4])

$$1 + i = (1 + i_a)\, \frac{w_T}{w} \tag{1}$$

nach jeder Störung unverzüglich wieder hergestellt.

Wird Gleichung (1) nach dem Kassakurs w aufgelöst, so erhält man:

$$w = \frac{1 + i_a}{1 + i}\, w_T \;. \tag{2}$$

Damit wird deutlich, daß Kassa- und Terminkurs bei *gegebenen Zinssätzen* in einem proportionalen Verhältnis zueinander stehen.

b) Terminspekulation und Terminkurs

Die Einbeziehung der **Terminspekulation** dient dazu, den in Gleichung (2) enthaltenen Terminkurs zu bestimmen. Bei der Planung derartiger Geschäfte vergleichen die Spekulanten den Terminkurs mit demjenigen Kassakurs, den sie zum Zeitpunkt der Erfüllung des Termingeschäftes erwarten. Liegt der Terminkurs *unter* dem für die Zukunft erwarteten Kassakurs (w^{erw}), dann wird die Devise auf dem Terminmarkt niedriger bewertet, als es den Erwartungen der Spekulanten entspricht. Diese werden dann auf dem Terminmarkt Devisen kaufen, in der Erwartung, sie bei Fälligkeit des Terminkontrakts (hier also nach einem Jahr) auf dem Kassamarkt zu einem höheren Kurs wieder verkaufen zu können. Die Nachfrage der Spekulanten auf dem Terminmarkt erhöht in der Tendenz den Terminkurs und trägt so zu einer Verminderung der Differenz zwischen

---

[4]) Aus Gleichung (1) folgt bei Auflösung nach i:

$$i = i_a \frac{w_T}{w} + \frac{w_T - w}{w} \;.$$

Hierfür wird häufig die Näherungsformel

$$i = i_a + \frac{w_T - w}{w}$$

verwendet.

Terminkurs und erwartetem Kassakurs bei. Umgekehrt werden aus spekulativen Motiven per Termin Devisen verkauft, wenn der Terminkurs *über* dem erwarteten Kassakurs liegt. Das Angebot der Spekulanten drückt auf den Terminkurs, so daß auch in diesem Fall die Differenz zwischen den beiden Kursen tendenziell vermindert wird.

Ob eine vollständige Anpassung des Terminkurses an den erwarteten Kassakurs erfolgt, hängt davon ab, wie die Terminspekulanten das mit ihren Geschäften verbundene Risiko bewerten. Spekulanten, die nicht nur den erwarteten Ertrag berücksichtigen, sondern auch das Risiko beachten und es dabei negativ bewerten (**risikoscheues Verhalten**), werden nicht in jedem Fall Geschäfte vornehmen, wenn der Vergleich zwischen dem Terminkurs und dem von ihnen erwarteten künftigen Kassakurs einen Gewinn verspricht. Demgegenüber führen Spekulanten, für die nur der erwartete Ertrag, nicht aber das Risiko maßgeblich ist (**risikoneutrales Verhalten**[5]), solange Transaktionen durch, wie sie daraus noch einen Ertrag erwarten. Zur Vereinfachung der Analyse wird hier angenommen, daß alle Terminspekulanten risikoneutral sind. Weiterhin wird unterstellt, daß alle Terminspekulanten den gleichen zukünftigen Kassakurs erwarten und daß bei ihren Finanzgeschäften keine Transaktionskosten anfallen. Unter diesen Annahmen können Abweichungen des Terminkurses vom erwarteten Kassakurs (w^{erw}) nicht bestehen bleiben, da sie gewinnversprechende Spekulationsgeschäfte auslösen, die weder durch Risikoüberlegungen noch durch Kosten beschränkt werden. Abgesehen von vorübergehenden Abweichungen gilt

$$w_T = w^{erw} \ . \tag{3}$$

Der Terminkurs wird sich also durch die Tätigkeit der Spekulanten vollständig an den erwarteten Kassakurs anpassen.

c) *Kassakurs und seine Bestimmungsfaktoren*

aa) *Devisenmarktgleichgewicht.* – Die Entscheidungen der Terminspekulanten führen bei risikoneutralem Verhalten dazu, daß der

---

[5]) Zur Bewertung des Risikos durch die Anleger vgl. Jarchow, Theorie und Politik des Geldes. Band I. Geldtheorie, a.a.O., S. 66.

Terminkurs genau dem erwarteten Kassakurs entspricht; die Entscheidungen der Zinsarbitrageure bewirken, daß der Kassakurs mit dem Terminkurs in einem durch die Zinssätze bestimmten Verhältnis verknüpft ist. Demzufolge beeinflussen der künftig erwartete Kassakurs sowie die Zinssätze in In- und Ausland als exogene Größen den laufenden Kassakurs. Der genaue Zusammenhang wird deutlich, wenn Gleichung (3) in Gleichung (2) eingesetzt wird. Man erhält dann

$$w = \frac{1 + i_a}{1 + i} \, w^{erw} \tag{4}$$

und damit eine Gleichung, die auch als **ungesicherte Zinsparität** bezeichnet wird. Anzumerken bleibt, daß sich Gleichung (4) auch unmittelbar durch die Tätigkeit der sog. Kassaspekulanten erklären läßt, wenn diese wie die Terminspekulanten risikoneutral sind und alle sich bietenden Gewinnchancen ausschöpfen[6]).

bb) *Einflußfaktoren.* – Eine Änderung des für die Zukunft *erwarteten Kassakurses* hat nach Gleichung (4) eine proportional gleiche Änderung des laufenden Kassakurses w zur Folge – vorausgesetzt, die auf die Wechselkurserwartungen einwirkenden Einflüsse lassen die Zinssätze unberührt. Die Entscheidungen der Terminspekulanten und der Zinsarbitrageure führen also dazu, daß sich wechselkursbestimmende künftige Ereignisse bereits im gegenwärtigen

---

[6]) Kassaspekulanten vergleichen in ihrem Kalkül den erwarteten Kassakurs mit dem laufenden Kassakurs und berücksichtigen daneben den in- und ausländischen Zinssatz. Zur Kassaspekulation siehe genauer den Unterabschnitt X.4 b) bb). Der dort in Fußnote 26) angegebene Nettobetrag aus einem spekulativen Kassageschäft wird (bei n = 360) gleich Null, wenn

$$\frac{w^{erw}}{w} - 1 = \frac{i - i_a}{1 + i_a}$$

bzw.

$$\frac{w^{erw}}{w} = \frac{1 + i}{1 + i_a}.$$

Hieraus folgt unmittelbar Gleichung (4).

Kassakurs niederschlagen, sofern sie sich auf die Erwartungen der Spekulanten auswirken.

Störungen mit Auswirkungen auf die Zinssätze (wie geldpolitische Maßnahmen) werden im Regelfall auch die Wechselkurserwartungen beeinflussen. Eine angemessene Untersuchung dieses Zusammenhangs kann erst später in einem Modell mit endogenem Zinssatz und endogenen Wechselkurserwartungen erfolgen; hier soll, die Analyse vereinfachend, unterstellt werden, daß sich die Auswirkungen der Störungen auf *Zinssatzänderungen* beschränken. Unter dieser Annahme wird eine Erhöhung des inländischen und eine Senkung des ausländischen Zinssatzes nach Gleichung (4) zu einer Senkung des laufenden Wechselkurses, d. h. zu einer Aufwertung der heimischen Währung, führen. Die Begründung für dieses Ergebnis ist darin zu sehen, daß Fremdwährungsanlagen auf Grund der angenommenen Zinsänderungen gegenüber Inlandsanlagen an Attraktivität verlieren und Zinsarbitrageure deshalb Dollar-Guthaben gegen DM-Guthaben anbieten, wodurch der Kassakurs sinkt.

cc) *Empirische Hinweise.* – Der Einfluß von Zinssätzen und Wechselkurserwartungen auf den laufenden Kassakurs wurde im vorliegenden Modell unter der Voraussetzung untersucht, daß erstens die gesicherte Zinsparität erfüllt ist und sich zweitens die Terminspekulanten risikoneutral verhalten. Für eine Überprüfung der *gesicherten Zinsparität* muß beachtet werden, daß in der Realität beim Devisenhandel Transaktionskosten anfallen.

Die empirischen Untersuchungen kommen zu dem Ergebnis, daß unter Berücksichtigung von Transaktionskosten die gesicherte Zinsparität zwischen Euro-Anlagen[7] (z. B. Euro-Dollar-Anlagen und Euro-DM-Anlagen) auf einem *Euro-Markt* (z. B. in Luxemburg oder in London) nahezu immer erfüllt ist und – mit Einschränkungen – auch zwischen *nationalen Währungen* gilt (für Dollar-Anlagen in New York und DM-Anlagen in Frankfurt)[8]. Die Einschränkungen resultieren insbesondere daraus, daß ein politisches Risiko (z. B. in Form von Kapitalverkehrskontrollen) existiert, das

---

[7] Zur Entwicklung und Funktionsweise der Euro-Märkte vgl. Band **II**, Unterabschnitt V.5 a) bb).

[8] Vgl. J. Käsmeier, Euromärkte und nationale Finanzmärkte: Eine Analyse ihrer Interdependenz. Berlin 1984. Insbesondere S. 128 ff. – MacDonald, Taylor, a. a. O., S. 36 ff.

auf nationalen Märkten höher ist als auf einem Euro-Markt. Existiert für eine Währung ein politisches Risiko, dann kann dies dazu führen, daß Geschäfte unterbleiben, obwohl sie bei den herrschenden Zinssätzen und den geltenden Devisenkursen einen Gewinn versprechen. Der Ausgleichsmechanismus der Zinsarbitrage wird damit behindert, und Abweichungen von der gesicherten Zinsparität werden die Folge sein. Insgesamt gesehen, kann aber die Zinsparität als eine gute Annäherung an die Wirklichkeit betrachtet werden[9]).

Die Annahme eines *risikoneutralen Verhaltens* der Terminspekulanten ist schwer zu überprüfen, weil dies die Kenntnis der von den Terminspekulanten erwarteten zukünftigen Kassakurse erfordert. Verbreitet ist die Ansicht, daß die spekulativen Anleger risikoscheu sind und daß sich deshalb am Markt eine Risikoprämie in Form einer systematischen Abweichung des Terminkurses vom künftig erwarteten Kassakurs herausbildet[10]). In dieser Beziehung ist das vorliegende Modell als eine nur unvollkommene Annäherung an die Wirklichkeit aufzufassen.

2. Überschießende Wechselkursreaktion

Bei der Untersuchung des kurzfristigen Devisenmarktgleichgewichts wurden bisher Zinssätze und erwarteter Wechselkurs als exogene Variable behandelt. Im vorliegenden Modell der sog. überschießenden Reaktion der Wechselkurse[11]) werden diese Annahmen aufgehoben und endogene Veränderungen des Inlandszinses

---

9) Vgl. W. Gaab, Devisenmärkte und Wechselkurse. Eine theoretische und empirische Analyse. Berlin 1983. S. 281.

10) Vgl. MacDonald, Taylor, a.a.O., S. 29 ff. – siehe hierzu auch den Unterabschnitt 3b) bb), in dem die Existenz einer Risikoprämie berücksichtigt wird.

11) Bei dieser Analyse handelt es sich um einen abgewandelten Ansatz des Modells von R. Dornbusch, Expectations and Exchange Rate Dynamics. „Journal of Political Economy", Vol. 84 (1976), S. 1161 ff. Das Modell wurde weiter ausgearbeitet von D. J. Mathieson, The Impact of Monetary and Fiscal Policy Under Flexible Exchange Rates and Alternative Expectations Structures. „International Monetary Fund Staff Papers", Vol. 24 (1977), S. 535 ff.

und der Wechselkurserwartungen berücksichtigt. Die Analyse bleibt dabei auf geldpolitische Maßnahmen beschränkt.

a) Modellzusammenhänge

Die Wechselkursentwicklung wird in einem Modell behandelt, das sowohl kurz- als auch langfristige Auswirkungen geldpolitischer Maßnahmen untersucht. Für die *langfristige* Betrachtung gelten die Annahmen des im Abschnitt IX.3 erläuterten monetären Ansatzes. Für die *kurzfristige* Entwicklung wird davon ausgegangen, daß die Preise auf Störungen verzögert reagieren, während sich der Zinssatz als Finanzmarktvariable so schnell anpaßt, daß das Geldmarktgleichgewicht stets aufrechterhalten bleibt. Weiterhin wird das kurzfristige Devisenmarktgleichgewicht berücksichtigt, das – wie im vorhergehenden Abschnitt erläutert – durch die Zinsarbitrage und die Terminspekulation bestimmt wird.

Nach dem monetären Ansatz bildet sich der langfristige Wechselkurs (w_l) entsprechend der Kaufkraftparität. Dieser Zusammenhang wurde im Abschnitt IX.3 in der Gleichung (9) zusammengefaßt, die hier als Gleichung (5) wiedergegeben wird:

$$w_l = \frac{mB}{\gamma p_a \, L^r(i_a, \, Y^{r*})} \, . \tag{5}$$

Außerdem ist immer, d. h. auch *kurzfristig*, die gesicherte Zinsparität erfüllt, so daß für den laufenden Wechselkurs w die entsprechende Gleichung des ersten Abschnitts übernommen werden kann:

$$w = \frac{1 + i_a}{1 + i} \, w_T \, . \tag{2}$$

Bezüglich des Terminkurses (w_T) gilt wieder die Beziehung

$$w_T = w^{erw} \, , \tag{3}$$

da auch hier Risikoneutralität der Terminspekulation unterstellt wird.

Hinsichtlich der Bestimmung von w^{erw} wird davon ausgegangen, daß die Spekulanten bei Bildung ihrer Wechselkurserwartungen alle Informationen nutzen, die ihnen über die langfristige Wechselkursentwicklung zur Verfügung stehen[12]). Wie bereits erläutert, wird im Modell der Wechselkurs langfristig durch die Kaufkraftparität bestimmt. Wenn die Bildung der Erwartungen mit der Modellanalyse vereinbar sein soll, dann muß dieser Zusammenhang im Modell Berücksichtigung finden. Zur Vereinfachung wird hier unterstellt, daß sich bereits nach einem Jahr der *langfristige Gleichgewichtskurs* (w_l) *entsprechend der Kaufkraftparität* einstellt[13]) und daß somit der erwartete Wechselkurs stets mit dem langfristigen Gleichgewichtskurs übereinstimmt, d. h.:

$$w^{erw} = w_l .$$

Da $w_T = w^{erw}$ und $w^{erw} = w_l$, wird Gleichung (2) zu:

$$w = \frac{1 + i_a}{1 + i} \, w_l . \tag{6}$$

Wie erwähnt, wird weiterhin unterstellt, daß am Geldmarkt stets Gleichgewicht herrscht. Damit muß Gleichung (4) aus Abschnitt IX.3 auch im kurzfristigen Gleichgewicht gelten. Sie wird hier als Gleichung (7) übernommen:

$$mB = p \, L'(i, \, Y^r) . \tag{7}$$

Wie aus Gleichung (7) hervorgeht, bestimmen neben dem Zinssatz auch das reale Sozialprodukt und das Preisniveau die (nominale) Geldnachfrage. Im Hinblick auf das *reale Sozialprodukt* wird angenommen, daß ständig Vollbeschäftigung herrscht. Damit gilt:

$$Y^r = Y^{r*} .$$

Das *Preisniveau* reagiert im Modell – wie angenommen – auf eine Störung (z. B. eine Ausweitung der Geldbasis) erst mit einer Verzögerung. Unmittelbar nach einer Störung bleibt also das Preisniveau

---

[12]) Es handelt sich um die Anwendung des Konzepts rationaler Erwartungen auf den hier vorliegenden Fall. Eine eingehendere Behandlung dieses Konzepts erfordert die Berücksichtigung von Zufallseinflüssen. Vgl. zu diesem Zusammenhang etwa B. Kühn, Rationale Erwartungen und Wirtschaftspolitik. Baden-Baden 1979. S. 31 ff. – Zum Konzept rationaler Erwartungen siehe auch den Unterabschnitt X.3 b) aa).

[13]) Diese Vereinfachung gegenüber dem Modell von Dornbusch (Expectations and …, a. a. O., spez. S. 1163) bleibt ohne Einfluß auf das zentrale Ergebnis der überschießenden Wechselkursreaktion.

der Ausgangslage (p_0) noch bestehen. Deshalb gilt für das laufende Preisniveau (p) in kurzer Sicht:

$$p = p_0 \cdot$$

Unter Berücksichtigung dieser Zusammenhänge folgt als kurzfristige Gleichgewichtsbedingung für den Geldmarkt:

$$\frac{mB}{p_0} = L^r(i, Y^{r*}) \cdot \tag{8}$$

Das durch die angeführten Gleichungen beschriebene Modell wird im folgenden anhand einer graphischen Analyse ausgewertet, wobei die Anpassung des Wechselkurses im Vordergrund steht. Für die Untersuchung wird der Fall des *kleinen Landes* zugrunde gelegt, d. h. Auslandszins und Auslandspreisniveau werden als exogen vorgegeben betrachtet.

b) Wechselkursbildung

aa) *Kurvenverläufe und Kurvenverschiebungen.* – In Fig. 41 wird die Wechselkursbildung in kurzfristiger und in langfristiger Sicht dargestellt. Die *GE-Kurve* in der linken Teilfigur bezeichnet alle Kombinationen von Zins und Preisniveau, bei denen entsprechend Gleichung (7) Gleichgewicht auf dem Geldmarkt vorliegt, und zwar unter der Voraussetzung, daß das Vollbeschäftigungseinkommen erreicht ist ($Y^r = Y^{r*}$). Die einzelnen *GE*-Kurven gelten dann jeweils für eine bestimmte Höhe der monetären Basis, die also einen Lageparameter der *GE*-Kurve darstellt.

Steigt bei unveränderter monetärer Basis das Preisniveau, dann sinkt das reale Geldangebot. Bei gegebenem Sozialprodukt muß der Zins zunehmen, um die reale Geldnachfrage an das gesunkene reale Geldangebot anzupassen. Daraus ergibt sich ein *ansteigender* Verlauf der *GE*-Kurve.

Eine Erhöhung der *monetären Basis* weitet das nominale Geldangebot aus. Bei als konstant betrachtetem Zinssatz würde das Gleichgewicht auf dem Geldmarkt weiter bestehen bleiben, wenn das Preisniveau proportional zur Ausweitung der Geldbasis zunimmt. Dieser Zusammenhang begründet eine Rechtsverschiebung der *GE*-Kurve nach einer Erhöhung der monetären Basis.

In der rechten Teilfigur liegen auf der *ZP-Kurve* alle Kombinationen von Zins und Wechselkurs, bei denen die Zinsparität erfüllt ist. Nach Gleichung (6) ergibt sich ein *fallender* Verlauf der *ZP*-

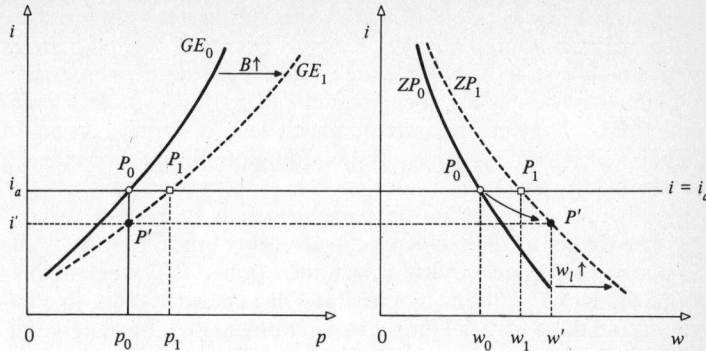

Figur 41

Kurve, weil bei gegebenen anderen Einflußgrößen der laufende Kassakurs (w) mit steigendem Inlandszins abnehmen muß. Die Begründung für diesen Zusammenhang ist darin zu sehen, daß bei einem Zinsanstieg im Inland die Zinsparität nur aufrecht erhalten bleiben kann, wenn durch einen erhöhten Kursaufschlag bzw. einen verminderten Kursabschlag der Devise der Ertrag einer Anlage im Ausland ebenfalls ansteigt[14]).

Wie aus Gleichung (6) weiter hervorgeht, stellen der langfristige Gleichgewichtswechselkurs (w_l) und der Auslandszins (i_a) Lageparameter der ZP-Kurve im i/w-Diagramm dar. Wenn sich beispielsweise die *monetäre Basis* erhöht und damit nach Gleichung (5) auch der langfristige Gleichgewichtskurs zunimmt, muß bei unverändertem Inlands- (und Auslands-)Zins der laufende Wechselkurs im gleichen Verhältnis ansteigen. Es ergibt sich also eine Rechtsverschiebung der ZP-Kurve. Die ökonomische Begründung hierfür ist darin zu sehen, daß der Kursgewinn, der mit einer Erhöhung des langfristigen Gleichgewichtskurses und der damit einhergehenden Erhöhung des Terminkurses (w_T) verbunden ist, durch einen Anstieg des laufenden Wechselkurses (w) ausgeglichen werden muß, damit die Zinsparität weiterhin erfüllt bleibt.

bb) *Lang- und kurzfristiges Gleichgewicht.* – Nach den Vorarbeiten zur Erläuterung von Fig. 41 können jetzt das kurz- und das

---

[14]) Bei gegebenem langfristigen Wechselkurs liegt auch der Terminkurs fest, so daß nach Gleichung (1) der Ertragsanstieg einer Auslandsanlage eine Abnahme von w erfordert.

langfristige Gleichgewicht bestimmt werden. In der Ausgangslage gelten die GE_0- und die ZP_0-Kurve. Es herrscht *langfristiges Gleichgewicht*, so daß der laufende Wechselkurs mit dem langfristigen Gleichgewichtskurs übereinstimmt (d.h. $w = w_l$). In diesem Fall muß nach (6) der Inlandszins gleich dem Auslandszins sein. In beiden Teilen von Fig. 41 ist diese Bedingung in den Punkten P_0 erfüllt.

Wie bereits erläutert wurde, verschiebt sich nach einer *Ausweitung der Geldbasis* die GE-Kurve nach rechts (auf GE_1). Auch die ZP-Kurve wird nach rechts verschoben (auf ZP_1), weil entsprechend Gleichung (5) der langfristige Gleichgewichtskurs (w_l) zunimmt und diese Entwicklung von den Spekulanten korrekt antizipiert wird. Das *neue langfristige Gleichgewicht*, in dem der Inlandszins wieder mit dem (unveränderten) Auslandszins übereinstimmt, wird in beiden Fällen der Fig. 41 durch den Punkt P_1 gekennzeichnet, also durch den Schnittpunkt der $(i = i_a)$-Geraden mit der GE_1- bzw. der ZP_1-Kurve.

Auf dem im linken Teil von Fig. 41 dargestellten Geldmarkt stellt sich bei einer Störung der Inlandszins sofort so ein, daß wieder Gleichgewicht herrscht. Nach der Ausweitung der Geldbasis muß deshalb auch im *kurzfristigen Gleichgewicht* die neue Kombination von Zins und Preisniveau auf der GE_1-Kurve liegen. Bei einem gegenüber der Ausgangslage zunächst noch unverändertem Preisniveau ($p = p_0$) führt die Ausweitung der Geldbasis somit zu einer *Zinssenkung* auf i'.

Die *kurzfristige Wechselkursänderung* läßt sich im rechten Teil von Fig. 41 ablesen. Wegen des Anstiegs des langfristigen Gleichgewichtskurses gilt jetzt die ZP_1-Kurve. Weil kurzfristig der Inlandszins auf i' gesunken ist, wird die Zinsparität im Punkt P' erfüllt; der laufende Wechselkurs steigt also auf w'. Der Übergang von P_0 nach P' im rechten Teil von Fig. 41 läßt sich auf zwei Einflüsse zurückführen, die beide zum Anstieg des laufenden Wechselkurses beitragen. Der erste Einfluß, die Erhöhung des langfristigen Gleichgewichtskurses, wirkt kurz- und langfristig, während der zweite Einfluß, die Zinssenkung, langfristig nicht bestehen bleibt. Aus diesem Grund steigt der laufende Wechselkurs über den neuen langfristigen Gleichgewichtskurs hinaus an ($w' > w_l$). Er bewegt sich also nach einer geldpolitischen Störung zwar in Richtung seines neuen langfristigen Gleichgewichtswerts, erfährt aber kurzfristig eine Veränderung, die über die langfristige Änderung hinausgeht. Führt beispielsweise eine Erhöhung der monetären Basis um 10 v. H.

langfristig zu einer Wechselkurserhöhung um den gleichen Vom-Hundert-Satz, so beträgt *kurzfristig* die Zunahme des Wechselkurses mehr als 10 v. H. Bildlich gesprochen, schießt der Wechselkurs zunächst über den neuen langfristigen Gleichgewichtswert hinaus; es ergibt sich somit eine **überschießende Reaktion** des Wechselkurses.

cc) *Überschießende Wechselkursreaktion.* – Die Notwendigkeit einer kurzfristig überschießenden Wechselkursreaktion kann mit Hilfe von Gleichung (2) bzw. (6) inhaltlich näher begründet werden.:

In der Ausgangslage stimmen der Inlands- mit dem Auslandszins und damit auch der laufende Wechselkurs mit dem langfristigen Gleichgewichtskurs überein. Nach der Ausweitung der Geldbasis und damit des Geldangebots sinkt kurzfristig der Inlandszins. Diese *Zinssenkung* ergibt sich nur vorübergehend, weil langfristig die Anpassung der Geldnachfrage an das erhöhte Geldangebot über den Anstieg der Preise erfolgt. Die Zinssenkung, die nach einer Ausweitung der Geldbasis kurzfristig eintritt, beruht also im Modell auf der *verzögerten Reaktion der Preise.*

Da nach der Störung der Inlandszins im kurzfristigen Gleichgewicht niedriger ist als der Auslandszins, lohnen bei unverändertem Wechselkurs Kapitalexporte. Die dadurch ausgelöste Devisennachfrage läßt den laufenden Wechselkurs ansteigen. Diese Erhöhung des laufenden Wechselkurses geht über den langfristigen Gleichgewichtskurs und damit den Terminkurs hinaus, so daß der Zinsvorsprung des Auslands durch einen Kursabschlag der Devise ausgeglichen wird und gemäß Gleichung (2) bzw. (6). die Zinsparität wieder erfüllt ist.

dd) *Empirische Hinweise.* – Nach den hier angestellten Überlegungen besteht die Möglichkeit, daß die seit 1973 beobachteten starken Wechselkursschwankungen durch eine überschießende Wechselkursreaktion erklärt werden können. In einer Untersuchung der Wechselkursentwicklung zwischen dem Schweizer Franken und dem Dollar wurde diese Vermutung überprüft[15]). Für den Untersuchungszeitraum von 1973 bis 1977 sind die Ergebnisse mit der Hypothese vereinbar, daß eine Erhöhung der Geldmenge in der

---

[15]) Vgl. R. A. Driskill, Exchange-Rate Dynamics: An Empirical Investigation. „Journal of Political Economy", Vol. 89 (1981), S. 357 ff.

Schweiz kurzfristig (im gleichen Quartal) einen überproportionalen und langfristig einen proportionalen Anstieg des Dollarkurses bewirkt. Diese Beobachtung stellt einen empirischen Beleg für eine kurzfristig überschießende Wechselkursreaktion dar[16]).

3. Zur Effizienz des Devisenmarkts

a) Zum Konzept der Effizienz

Ein Finanzmarkt wird als **effizient** bezeichnet, wenn der Marktpreis jederzeit alle für die Preisbildung relevanten Informationen vollständig widerspiegelt[17]). Die Bedingung für Markteffizienz ist solange *nicht* erfüllt, wie es den Marktteilnehmern noch möglich ist, auf Grund verfügbarer Informationen zusätzliche Gewinne zu realisieren. Derartige Gewinnchancen würden nämlich zu Transaktionen anregen und dadurch bewirken, daß sich der Preis bzw. Kurs verändert. Erst wenn sich auf einem Markt ein Preis bzw. Kurs einstellt, bei dem keine unausgenutzten Gewinnchancen mehr bestehen, reflektiert er sämtliche verfügbaren Informationen. Er verändert sich, sobald sich im Zeitablauf *neue* Informationen (**news**) ergeben, die wieder Gewinnmöglichkeiten eröffnen.

b) Implikationen für den Devisenmarkt

aa) *Marktgleichgewicht und rationale Erwartungen.* – aaa) Devisenmarkteffizienz beinhaltet wichtige (und auch empirisch über-

---

[16]) Allerdings entsprachen die Ergebnisse in anderer Beziehung nicht dem Modell von Dornbusch, so daß die Erklärung von Dornbusch für eine überschießende Wechselkursreaktion nicht angemessen erscheint. Vgl. Driskill, a.a.O., insbesondere S. 365. – Empirische Untersuchungen geben ferner Anlaß zu Zweifeln an der Gültigkeit der zur Ableitung von Gleichung (6) verwendeten Annahme, daß der Terminkurs dem erwarteten künftigen Kassakurs entspricht. Vgl. MacDonald, Taylor, a.a.O., S. 31 f.

[17]) Der Begriff geht zurück auf E. F. Fama, Efficient Capital Markets: A Review of Theory and Empirical Work. „The Journal of Finance", Vol. 25 (1970), S. 383. – Siehe zum Konzept der Markteffizienz auch Gaab, a.a.O., S. 40 ff. sowie MacDonald, Taylor, a.a.O., S. 28 ff.

prüfbare) Implikationen, die im folgenden hergeleitet werden sollen. Ausgangspunkt ist dabei die Feststellung, daß Devisenmarkteffizienz die gewinnbringende Ausnutzung sämtlicher vorhandener Informationen voraussetzt, die Gleichgewichtskurse also keine Möglichkeit mehr bieten, weitere Gewinne zu machen. Wie bereits im Abschnitt 1 ausgeführt, bewirkt die Tätigkeit der Zinsarbitrageure unter dieser Voraussetzung, daß am Devisenmarkt die *gesicherte Zinsparität* realisiert wird, d. h.

$$w = \frac{1 + i_a}{1 + i} \, w_T \, , \tag{2}$$

wenn Transaktionskosten vernachlässigt werden.

Wie ebenfalls erläutert, führt die Ausschöpfung aller Gewinnchancen durch risikoneutrale Terminspekulanten dazu, daß der Terminkurs dem erwarteten Kassakurs entpricht, d. h.

$$w_T = \mathrm{w}^{erw} \, . \tag{3}$$

Diese Beziehung verdeutlicht, daß sich alle in die Erwartungsbildung über den zukünftigen Wechselkurs eingehenden Informationen im Terminkurs widerspiegeln. Er verändert sich durch *neue* Informationen, die den erwarteten Wechselkurs beeinflussen. Weiter ergibt sich die wichtige Aussage, daß die Erwartungen über den zukünftigen Wechselkurs durch einen am Markt beobachtbaren Kurs (den Terminkurs) zum Ausdruck gebracht werden. Zu beachten ist hierbei allerdings, daß Gleichung (3) nur bei der unterstellten Risikoneutralität, nicht aber bei *Risikoaversion* die Preisbildung am Terminmarkt zutreffend beschreibt.

Die Kombination von Gleichung (2) und (3) liefert die *ungesicherte Zinsparität*

$$w = \frac{1 + i_a}{1 + i} \, w^{erw} \, . \tag{4}$$

Wie bereits erwähnt[18]), läßt sich diese Gleichung auch unmittelbar durch die Tätigkeit der sog. Kassaspekulanten erklären, wenn diese (wie die Terminspekulanten) risikoneutral sind und alle sich auf Grund von Informationen bietenden Gewinnchancen aus-

---

[18]) Siehe hierzu Unterabschnitt X.1 c) aa), insbesondere Fußnote 6.

schöpfen. Die ungesicherte Zinsparität bedeutet, daß neben der Zinskonstellation die in die Erwartungsbildung über den zukünftigen Wechselkurs eingehenden Informationen den sich am Markt bildenden (laufenden) Wechselkurs beeinflussen.

bbb) Da der laufende Wechselkurs maßgeblich durch den für die Zukunft erwarteten Wechselkurs bestimmt wird, kann der laufende Wechselkurs nur dann sämtliche für die Kursbildung relevanten Informationen vollständig widerspiegeln, wenn die Marktteilnehmer bei ihrer Prognose über den zukünftigen Wechselkurs alle hierfür relevanten Informationen (einschließlich des „wahren Modells") ausnutzen und damit **rationale Wechselkurserwartungen** vorliegen. Diese (schon bei der Erklärung der überschießenden Wechselkursreaktion verwendete) Erwartungshypothese impliziert genauer, daß der (im Zeitpunkt t für den Zeitpunkt $t + 1$) erwartete Wechselkurs mit dem sich später (im Zeitpunkt $t + 1$) tatsächlich einstellenden Kassakurs übereinstimmt – vorausgesetzt zwischenzeitlich (d. h. zwischen t und $t + 1$) ergeben sich keine unvorhersehbaren und damit neuen Informationen. Da sich Informationen nur dann nicht vorhersehen lassen, wenn sie zufallsbedingt sind, darf auf einem effizienten Devisenmarkt der im Zeitpunkt $t + 1$ realisierte Wechselkurs (w_{t+1}) von dem für diesen Zeitpunkt erwarteten Kassakurs (w^{erw}) nur auf Grund eines Zufallsfehlers (u_{t+1}) abweichen, d. h.

$$w_{t+1} = w^{erw} + u_{t+1} \, , \tag{9}$$

wobei sich die Zufallsfehler im Mittel ausgleichen, ihr Erwartungswert also Null ist.

bb) *Folgerungen für den Kassa- und Terminkurs.* – aaa) Werden in Gleichung (4) der in- und ausländische Zinssatz gleichgesetzt und wird der laufende Kassakurs mit t datiert, dann erhält man

$$w_t = w^{erw}$$

und in Verbindung mit (9)

$$w_{t+1} = w_t + u_{t+1} \, . \tag{10}$$

Beziehung (10) besagt, daß die Veränderung des *Kassakurses* zufallsbedingt ist, der Wechselkurs also einem **Random Walk** (Zufallspfad) folgt und dementsprechend nur durch unvorhersehbare (durch den Zufallsfehler ausgedrückte) und damit *neue* Informationen verändert wird. Da die Beziehung (10) unter der speziellen Annahme $i = i_a$ abgeleitet wurde, ist die Random Walk-Hypothese für empirische Zwecke so zu modifizieren, daß sie der Möglichkeit unterschiedlicher Zinssätze Rechnung trägt. Für kurze Perioden spielt der Zinsdifferenzeffekt aber keine wesentliche Rolle[19]). Dementsprechend unterstützen auch *empirische Untersuchungen* die Random-Walk-Hypothese in Form der Gleichung (10) für die kurze Sicht. Sie zeigen nämlich, daß sich der Wechselkurs der folgenden (kurzen) Periode am besten durch den gegenwärtigen Wechselkurs prognostizieren läßt[20]).

bbb) Wird Gleichung (3) mit Gleichung (9) verknüpft, dann erhält man

$$w_{t+1} = w_T + u_{t+1} \, . \tag{11}$$

Diese Beziehung besagt, daß der *Terminkurs* bis auf zufallsbedingte Abweichungen dem im Zeitpunkt $t + 1$ herrschenden (zukünftigen) Kassakurs entspricht und deshalb eine zuverlässige (genauer: unverzerrte) *Prognosegröße* für den zukünftigen Kassakurs darstellt.

Die Hypothese über den Terminkurs als Prognosegröße wurde in einer Reihe empirischer Arbeiten überprüft. Insgesamt gesehen stützen die Ergebnisse insbesondere neuerer ökonometrischer Untersuchungen *nicht* die Hypothese[21]). Dieser empirische Befund be-

---

[19]) Bei $i \neq i_a$ tritt an die Stelle von (10)

$$w_{t+1} = \frac{1 + i \ n/360}{1 + i_a \ n/360} w_t + u_{t+1},$$

wobei n die Laufzeit des Kontraktes in Tagen bezeichnet. Z. B. würde sich bei $n = 30$, $i = 0,045$ und $i_a = 0,09$ für den Quotienten 0,996 ergeben, also ~ 1.

[20]) Vgl. K. Okina, Empirical Tests of „Bubbles" in the Foreign Exchange Market. „Bank of Japan. Monetary and Economic Studies", Vol. 3 (1985), S. 2, 38.

[21]) Vgl. Gaab, a. a. O., S. 282. – Vgl. R. E. Caves, J. A. Frankel, R. W. Jones, World Trade and Payments. An Introduction. 5th ed. Glenview, Ill., London 1990. S. 695. – R. M. Levich, Empirical Studies of Exchange Rates: Price Behavior, Rate Determination and Market Efficiency. In: Handbook of International Economics. Vol. II. International Monetary Economics and Finance. Ed. by R. W. Jones, P. B. Kenen. Amsterdam 1985. S. 1034.

deutet aber nicht zwangsläufig, daß die Marktteilnehmer bei ihrer
Kursprognose nicht alle verfügbaren Informationen verwertet haben. Die Begründung hierfür ist darin zu sehen, daß die den Schätzungen zugrunde liegende Gleichung (11) unter *zwei* Prämissen abgeleitet wurde: *erstens* unter der Annahme rationaler Wechselkurserwartungen und *zweitens* unter der Annahme der Risikoneutralität der Spekulanten, die der Kursbildung auf dem Terminmarkt
entsprechend Gleichung (3) zugrunde lag[22]). Wie schon erwähnt,
ist die Ansicht verbreitet, daß die Spekulanten – entgegen der zweiten Prämisse – *risikoavers* sind und deshalb für das eingegangene
Risiko eine Kompensation verlangen. Sie realisieren diese **Risikoprämie** (RP), indem sie Termindevisen nur verkaufen, wenn der
Terminkurs um RP über dem erwarteten Kassakurs liegt, und Termindevisen nur kaufen, wenn der Terminkurs um RP unter dem
erwarteten Kassakurs liegt. Im ersten Fall gilt $w_T = w^{erw} + RP$ und
im zweiten $w_T = w^{erw} - RP$. Beides zusammenfassend, ergibt sich

$$w_T = w^{erw} \pm RP.$$

An die Stelle von Gleichung (11) tritt dann

$$w_{t+1} = w_T \pm RP + u_{t+1}.$$

Diese Gleichung macht deutlich, daß die in empirischen Untersuchungen ermittelten (positiven und negativen) Abweichungen
zwischen w_{t+1} und w_T auch auf die Existenz einer Risikoprämie
zurückgeführt werden können. Erst wenn es gelingt, die Risikoprämie korrekt zu erfassen und zu messen, läßt sich beurteilen,
ob derartige Abweichungen allein auf Risikoaversion beruhen oder
auch darauf hinweisen, daß verfügbare Informationen nicht rational verwertet wurden.

---

[22]) Diese Argumentation gilt gleichermaßen für die Interpretation von
Schätzungen der Gleichung (10) bzw. modifizierter Random Walk-Hy-
pothesen.

4. Spekulative Blasen

Gegenstand dieses Abschnitts sind Entwicklungen, bei denen sich der tatsächliche Wechselkurs für eine gewisse Zeit immer weiter von einem durch „Fundamentalfaktoren" bestimmten Gleichgewichtskurs entfernt. Untersucht wird, wie man derartige Entwicklungen erklären kann und ob sie sich mit rational gebildeten Wechselkurserwartungen vereinbaren lassen. Auf die Frage, welche Fundamentalfaktoren als bestimmend für den Gleichgewichtskurs anzusehen sind, wird nicht näher eingegangen. Ihre Beantwortung hängt davon ab, welche Wechselkurstheorie als relevant angesehen wird[23]).

Ein sich – wie auf einer wachsenden **Blase** („Bubble") – zunehmend vom Fundamentalkurs entfernender Wechselkurspfad kommt zustande, wenn man z. B. nach einer Wechselkurserhöhung mit einer weiteren Erhöhung des Wechselkurses rechnet, demzufolge Devisen kauft, dadurch der Wechselkurs tatsächlich ansteigt und sich so die Wechselkurserwartungen erfüllen. Die Folge wäre ein sich selbst verstärkender Abwertungsprozeß der heimischen Währung. Die Frage ist, wie sich vom Fundamentalkurs abweichende Wechselkurserwartungen begründen lassen, wenn man diesen – wie bei *rationalen Erwartungen* – kennt. Wichtig für ihre Beantwortung ist die Vorstellung, daß die Wirtschaftssubjekte zwar mit einer Rückkehr zum Fundamentalkurs in der Zukunft rechnen, aber nicht genau wissen, wann das geschieht. Bei der *Erwartungsbildung* über den Wechselkurs für die nächste Periode ($t + 1$) ziehen sie deshalb zwei Möglichkeiten in Betracht:

– *Erstens* halten sie es für möglich, daß sich der Wechselkurs noch stärker vom Fundamentalkurs entfernt, sich also weiterhin auf einem Bubblepfad bewegt.
– *Zweitens* schließen sie die Möglichkeit nicht aus, daß der Wechselkurs auf den Fundamentalkurs zurückfällt, die Blase also platzt.

Wird für die erste Möglichkeit (Bewegung auf dem Bubblepfad mit dem Wechselkurs w_{t+1}^B) die Wahrscheinlichkeit $(1-\alpha)$ und für

---

[23]) Im Rahmen der monetären Wechselkurstheorie wäre das Geldangebot der wesentliche Fundamentalfaktor. Zur Verwendung der monetären Wechselkurstheorie im Konzept spekulativer Blasen siehe Baltensperger, a.a.O., S. 547 f., sowie Gärtner, a.a.O., S. 233 ff.

die zweite Möglichkeit (Platzen der Blase, d. h. Rückkehr zum Fundamentalkurs w^F) die Wahrscheinlichkeit α veranschlagt, dann ergibt sich der für die nächste Periode erwartete Wechselkurs w^{erw} als gewogenes Mittel wie folgt:

$$w^{erw} = \alpha w^F + (1-\alpha) \, w_{t+1}^B. \tag{12}$$

Der auf diese Weise rational gebildete erwartete Wechselkurs soll für die weitere Analyse mit der *ungesicherten Zinsparität* in der Form[24])

$$\frac{w^{erw} - w}{w} = \frac{i - i_a}{1 + i_a} \tag{4a}$$

verknüpft werden. Dazu wird (12) wie folgt umgeformt:

$$w^{erw} - w = \alpha \, w^F - \alpha w + \alpha w + (1-\alpha)w_{t+1}^B - w.$$

Nach Division der beiden Seiten durch w, läßt sich hierfür schreiben:

$$\frac{w^{erw} - w}{w} = \alpha \, \frac{w^F - w}{w} + (1-\alpha) \, \frac{w_{t+1}^B - w}{w}$$

und unter Berücksichtigung von (4a)

$$\frac{i - i_a}{1 + i_a} = \alpha \, \frac{w^F - w}{w} + (1-\alpha) \, \frac{w_{t+1}^B - w}{w} \tag{13}$$

bzw.

$$\frac{w_{t+1}^B - w}{w} = \frac{1}{1-\alpha} \, \frac{i - i_a}{1 + i_a} + \frac{\alpha}{1-\alpha} \, \frac{w - w^F}{w}. \tag{14}$$

Mit Gleichung (14) lassen sich die für einen Bubblepfad maßgeblichen ökonomischen Zusammenhänge erklären. Dazu sei ein Abwertungs-Bubblepfad betrachtet, der einen über dem Fundamentalkurs liegenden Wechselkurs impliziert ($w > w_F$) und der mit

---

[24]) Gleichung (4) aus dem vorhergehenden Abschnitt läßt sich umformen zu:
$w^{erw}/w = 1 + i/1 + i_a$.
Wird auf beiden Seiten 1 subtrahiert, folgt (4a).

einer positiven Zinsdifferenz zum Ausland ($i > i_a$) einhergehen soll. Nach Gleichung (14) muß dann die Abwertung der Inlandswährung auf dem Bubblepfad so stark ausfallen, daß sie nicht nur eine Kompensation für den Zinsnachteil des Auslands bietet, sondern auch für das Risiko, daß die Blase platzt und der Wechselkurs auf den Fundamentalkurs zurückfällt. Wie aus Gleichung (14) weiter hervorgeht, ist die Abwertung auf einem Bubblepfad um so stärker, je mehr der Wechselkurs bereits von seinem Fundamentalkurs abweicht (je größer also $w - w^F$ ist) und je höher die Wahrscheinlichkeit des Platzens der Blase (α) eingeschätzt wird. Offenbar erfordert das mit der Haltung der Auslandswährung verbundene, größer werdende Risiko als Kompensation eine beschleunigte Aufwertung der Auslandswährung (bzw. eine beschleunigte Abwertung der Inlandswährung).

Der Bubble-Ansatz bietet die Möglichkeit, bestimmte Wechselkursentwicklungen zu erklären, die auf Irrationalitäten hinzudeuten scheinen[25]. Zur Illustration sei die Entwicklung des Dollarkurses während der ersten Hälfte der achtziger Jahre angeführt. Die damals vorliegende negative Zinsdifferenz ($i < i_a$)[26] ließ auf Grund der ungesicherten Zinsparität (4a) eine Aufwertung der Inlandswährung, d. h. eine Senkung von w, erwarten ($w^{erw} < w$). Tatsächlich zeigte sich aber, daß sich die DM anhaltend abwertete und sich der Dollar dementsprechend fortwährend aufwertete. Gleichung (13) macht plausibel, wie sich die negative Zinsdifferenz mit einer rational gebildeten Wechselkurserwartung vereinbaren läßt: Einerseits rechnen die Wirtschaftssubjekte mit der Möglichkeit, daß sich die Abwertung der DM auf dem Bubblepfad fortsetzt, d. h. $w^B_{t+1} - w > 0$; anderseits schließen sie die Möglichkeit nicht aus, daß die Blase platzt, d. h. der Wechselkurs auf den Fundamentalkurs zurückfällt. Wird der mit der Wahrscheinlichkeit α gewichtete Kursverlust ($w - w^F$) dabei also so hoch eingeschätzt, daß die rechte Seite von (13) negativ wird, dann muß eine negative Zinsdifferenz zum Ausland vorliegen, d. h. das Ausland muß einen Zinsvorteil aufweisen ($i < i_a$). Dieser war offenbar erforderlich, um

---

[25]) Vgl. zum folgenden P. de Grauwe, International Money. Post-War Trends and Theories. Oxford 1989. S. 130.

[26]) Der negativen Zinsdifferenz ($i < i_a$) entspricht wegen der gesicherten Zinsparität (2) die Konstellation $w_T < w$, also ein Deport (wie beim DM/Dollarkurs in der ersten Hälfte der achtziger Jahre).

die Haltung von Dollaranlagen trotz des als relativ hoch einge-
schätzten Risikos eines plötzlichen Dollarkurssturzes attraktiv zu
machen.

Der Bubble-Ansatz läßt Fragen offen. Erklärt wird nicht, wie
ein Bubble entsteht und weshalb er platzt[27]). Zu kritisieren ist auch
die Annahme, daß die Wahrscheinlichkeit für das Platzen eines
Bubble vom Ausmaß der Abweichung des Wechselkurses von seinem Fundamentalkurs unabhängig ist. Für die empirische Überprüfung des Bubble-Ansatzes erweist es sich als Problem, daß ein
Modell zu spezifizieren ist, das den Fundamentalkurs w^F bestimmt.
Werden Abweichungen des laufenden Wechselkurses von diesem
Kurs festgestellt, dann kann das ein Hinweis auf spekulative Blasen
sein. Möglicherweise kommen die Abweichungen aber auch dadurch zustande, daß das Wechselkursmodell nicht richtig spezifi-
ziert und demzufolge der Fundamentalkurs falsch ermittelt wurde[28]).

Empirische Untersuchungen[29]) deuten – unter den oben erwähnten Vorbehalten – darauf hin, daß spekulative Blasen nicht der
wesentliche Grund für länger anhaltende Abweichungen der Wechselkurse von ihren Fundamentalkursen und daraus resultierende
Wechselkursschwankungen sind. Anderseits könnte der Bubble-
Ansatz aber bei der Interpretation bestimmter Episoden des Wech-
selkursgeschehens helfen, wie beispielsweise bei der anhaltenden
Dollar-Aufwertung und der damit einhergehenden DM-Abwertung (gegenüber dem Dollar) in der ersten Hälfte der achtziger
Jahre.

5. Exkurs zum Gleichgewicht auf dem Devisenkassa- und dem Devisenterminmarkt

Im Rahmen der vorangegangenen Analysen wurde angenommen,
daß der Terminkurs dem erwarteten zukünftigen Kassakurs entspricht. Bei gegebenen Zinssätzen im In- und Ausland ist mit dem

---

[27]) Vgl. M. Willms, Internationale Währungspolitik. München 1992.
S. 126.
[28]) Vgl. de Grauwe, a.a.O., S. 128.
[29]) Vgl. Okina, S. 3f., 35.

Terminkurs auch der Kassakurs eindeutig festgelegt, falls die Zinsparität erfüllt ist. Unter diesen Annahmen haben die Transaktionen von Exporteuren und Importeuren an den Devisenmärkten keinen unmittelbaren Einfluß auf die Kursbildung.

Im vorliegenden Abschnitt wird die Kursbildung auf dem Kassa- und dem Terminmarkt unter allgemeineren Voraussetzungen behandelt[30]). Dabei wird berücksichtigt, daß Angebot und Nachfrage nach Devisen aus zinsinduzierten Kapitalbewegungen, Spekulationsgeschäften und Außenhandelstransaktionen entstehen. Interventionen der Zentralbank bleiben außer Betracht; es wird also vollkommen freie Wechselkursbildung unterstellt. Zur besseren Übersicht werden die an den Devisenmärkten vorgenommenen Geschäfte in folgende drei Formen untergliedert:

– Zinsarbitragegeschäfte,
– Spekulationsgeschäfte,
– Außenhandelsgeschäfte.

Die einzelnen Transaktionen werden im folgenden näher untersucht. Wie später erläutert wird, ist es möglich, daß die genannten Geschäfte nicht nur in ihrer reinen Form, sondern auch als Kombination durchgeführt werden.

a) Zinsarbitrage

aa) *Nettoertrag und Arbitrageengagement.* – Unter der *gesicherten Zinsarbitrage* wird ein kurzfristiger Kapitalexport bzw. -import verstanden, bei dem durch Verkauf bzw. Kauf von Devisen auf dem Terminmarkt das Wechselkursrisiko des Gläubigers bzw. Schuldners ausgeschaltet wird. Besitzt beispielsweise ein Inländer einen Betrag in DM und legt er diesen Betrag heute für einen bestimmten Zeitraum (etwa für drei Monate) in den USA an, dann tauscht er zunächst diesen Betrag auf dem Kassamarkt in Dollar um, gewährt dann einer amerikanischen Wirtschaftseinheit einen Kredit in Dollar und erhält schließlich nach drei Monaten den sog. Liquidationserlös (Tilgungsbetrag plus Zinsertrag) in Dollar. Wie schon angedeutet, ist mit diesem Geschäft für den inländischen Kapitalanleger

---

[30]) Vgl. etwa J. Schröder, Zur Theorie der Devisenterminmärkte. Berlin 1969. – Sohmen, a.a.O., S. 83ff. – H.-J. Jarchow, Die Kursbildung auf dem Devisenkassa- und dem Devisenterminmarkt. „Wirtschaftswissenschaftliches Studium", 5. Jg. (1976), H. 7., S. 297ff.

grundsätzlich ein *Wechselkursrisiko* verbunden, da nicht sicher ist, zu welchem Kurs der Dollarbetrag nach drei Monaten in DM umgetauscht werden kann.

Der Kapitalanleger besitzt die Möglichkeit, das Wechselkursrisiko durch ein Termingeschäft auszuschalten (*kursgesicherter* Kapitalexport). Wie bereits erwähnt, existieren neben den Devisenkassamärkten, auf denen Übergabe und Bezahlung der Devisen innerhalb von zwei Tagen vorgenommen werden, noch *Devisenterminmärkte*, auf denen Übergabe und Bezahlung der gehandelten Devisen eine vorher festgelegte Zeit nach Vertragsabschluß erfolgen, und zwar zu dem bei Vertragsabschluß vereinbarten Terminkurs. Macht der Kapitalanleger von der Möglichkeit eines Termingeschäfts Gebrauch, indem er Devisen per Termin verkauft, dann ist bereits bei Vertragsabschluß der Wechselkurs festgelegt, zu dem er nach drei Monaten die Devisen in DM umtauschen kann.

Um die Bestimmungsgründe der gesicherten Zinsarbitrage zu untersuchen, wird der *Kalkül* eines Kapitalanlegers im einzelnen nachvollzogen. Der Kapitalanleger, der einen Kapitalexport erwägt, muß zunächst den Ertrag ermitteln, den er im Ausland erzielen kann, und ihn mit dem möglichen Ertrag im Inland vergleichen. Er wird einen Kapitalexport nur dann in Betracht ziehen, wenn der *Nettoertrag im Ausland*, d. h. der Ertrag im Ausland abzüglich des Ertrags im Inland, positiv ist. Der Ertrag pro angelegte Geldeinheit (kurz: Ertrag) wird durch folgende Formel bestimmt, wenn der Liquidationserlös nach n Tagen anfällt[31]).

$$\text{Ertrag (p.a.)} = \frac{\text{Liquidationserlös} - \text{Anlagebetrag}}{\text{Anlagebetrag}} \; \frac{360}{n}.$$

Mit Hilfe des Korrekturfaktors $\dfrac{360}{n}$ wird der Ertrag pro Geldeinheit auf ein Jahr (d. h. 360 Tage) bezogen.

Die Berechnung der Erträge für eine Auslands- und eine Inlandsanlage wird hier zur besseren Übersicht in schematischer Darstellung wiedergegeben. Dabei sind die einzelnen Schritte aus sich heraus verständlich, sofern beachtet wird, daß

---

[31]) Für einen Zeitraum bis zu einem Jahr brauchen bei der Berechnung der Erträge keine Zinseszinsen berücksichtigt zu werden.

– für eine DM auf dem Kassamarkt $\dfrac{1}{w}$ Dollar erworben werden

können und daß ein Dollar auf dem Terminmarkt für w_T DM
verkauft werden kann,

– bei einem Jahreszins von i nach n Tagen eine Verzinsung von

$i\dfrac{n}{360}$ erzielt wird.

1. *Ertrag im Ausland*

Anlagebetrag [DM]: N

Anlagebetrag [\$]: $N\dfrac{1}{w}$

Liquidationserlös [\$]: $\dfrac{N}{w}\left(1 + i_a\dfrac{n}{360}\right)$

Liquidationserlös [DM]: $\dfrac{N}{w}\left(1 + i_a\dfrac{n}{360}\right)w_T$

$$\text{Ertrag im Ausland (p.a.)} = \frac{N\dfrac{w_T}{w}\left(1 + i_a\dfrac{n}{360}\right) - N}{N}\cdot\frac{360}{n}$$

$$= \left[\frac{w_T}{w}\left(1 + i_a\frac{n}{360}\right) - 1\right]\frac{360}{n}$$

2. *Ertrag im Inland*

Anlagebetrag [DM]: N

Liquidationserlös [DM]: $N\left(1 + i\dfrac{n}{360}\right)$

$$\text{Ertrag im Inland (p.a.)} = \frac{N\left(1 + i\dfrac{n}{360}\right) - N}{N}\cdot\frac{360}{n}$$

$$= \left(1 + i\frac{n}{360} - 1\right)\frac{360}{n} = i$$

3. *Nettoertrag im Ausland (e)*:

$$e = \left\{\frac{w_T}{w}\left(1 + i_a \frac{n}{360}\right) - 1\right\}\frac{360}{n} - i$$

Durch einige Umformungen[32]) wird aus diesem Ausdruck:

$$e = \left(1 + i_a \frac{n}{360}\right)\left(\underbrace{\frac{w_T - w}{w}\frac{360}{n}}_{\substack{\text{Swap-} \\ \text{satz p.a.}}} + \underbrace{\frac{i_a - i}{1 + i_a \frac{n}{360}}}_{\substack{\text{korrigierte Zins-} \\ \text{differenz p.a.}}}\right) \qquad (15)$$

$$\underbrace{\qquad\qquad\qquad\qquad\qquad\qquad\qquad}_{\text{Nettozinsdifferenz p.a.}}$$

In Gleichung (15) wird die *korrigierte Zinsdifferenz* häufig durch die Differenz $i_a - i$ angenähert, da bei kurzen Laufzeiten und den üblichen Zinssätzen der Nenner nur unwesentlich von eins abweicht. Ein positiver *Swapsatz, Report* genannt, bedeutet, daß (in heimischer Währung gerechnet) der am Ende des Anlagezeitraumes realisierte Terminkurs größer ist als der Kassakurs zu Beginn des Anlagezeitraumes. Der Ertrag einer Dollaranlage wird in diesem Fall durch einen Kursaufschlag erhöht. Umgekehrt bedeutet

---

[32]) Wird *i* in die geschweifte Klammer einbezogen und diese gleichzeitig um

$$-i_a \frac{n}{360} + i_a \frac{n}{360} \text{ ergänzt, dann ergibt sich:}$$

$$e = \left\{\frac{w_T}{w}\left(1 + i_a \frac{n}{360}\right) - \left(1 + i_a \frac{n}{360}\right) + i_a \frac{n}{360} - i \frac{n}{360}\right\}\frac{360}{n}.$$

Durch Ausklammern von $\left(1 + i_a \frac{n}{360}\right)$ wird dieser Ausdruck umgeformt zu:

$$e = \left(1 + i_a \frac{n}{360}\right)\left\{\left(\frac{w_T}{w} - 1\right) + \frac{i_a - i}{1 + i_a \frac{n}{360}}\frac{n}{360}\right\}\frac{360}{n}.$$

Wird schließlich der Quotient $\dfrac{360}{n}$ in die Klammer hineinmultipliziert, dann erhält man (13).

ein negativer Swapsatz, *Deport* genannt, daß der Ertrag einer Auslandsanlage durch einen Kursabschlag geschmälert wird. Der Fak-

tor $\dfrac{360}{n}$ ist erforderlich, um den Swapsatz auf ein Jahr umzurech-

nen und ihn so mit den Zinssätzen vergleichbar zu machen, die hier
(wie üblich) auf Jahresbasis bezogen sind. Liegt beispielsweise der
für einen Drei-Monats-Zeitraum geltende Terminkurs um 1 v. H.
über dem Kassakurs, dann ergibt das auf Jahresbasis einen Swapsatz (Report) von 4 v. H.

Ein *Anreiz zu kurzfristigen Kapitalexporten* besteht, sobald der
Nettoertrag im Ausland (e) positiv ist. Umgekehrt läßt ein negativer Nettoertrag im Ausland (d. h. ein positiver Nettoertrag im Inland) kurzfristige Kapitalimporte lohnend erscheinen. Beläuft sich
schließlich der Nettoertrag gerade auf Null, dann verhält sich der
Anleger gegenüber einer Anlage im Inland oder im Ausland indiffe-
rent. Wie aus Gleichung (15) hervorgeht, entscheidet das Vorzeichen der *Nettozinsdifferenz* darüber, ob der Nettoertrag positiv
oder negativ ist, ob also ein Anreiz zu Kapitalexporten oder Kapitalimporten besteht. Dabei ist es durchaus möglich, daß wegen des
Einflusses des Swapsatzes die kurzfristige Kapitalanlage im Land
mit dem niedrigeren Zinssatz lohnend ist.

Während das *Vorzeichen von e* offenbar über die Richtung der
Zinsarbitrage entscheidet, ist der *absolute Wert von e* maßgeblich
für den Umfang des Arbitrageengagements. So ist damit zu rechnen, daß die Umsatztätigkeit eines Arbitrageurs erst einsetzt, wenn
der Nettoertrag e die mit der Arbitrage verbundenen (auf eine DM
bezogenen) Transaktionskosten deckt. Die Existenz einer derartigen Mindestertragsmarge soll hier jedoch vernachlässigt werden.
Ferner ist anzunehmen, daß der Nettoertrag pro DM vermutlich
von einem bestimmten Umfang der kurzfristigen Kapitalex- bzw.
Kapitalimporte an zunehmen muß, um einen Arbitrageur zu einer
Ausweitung seines Engagements zu veranlassen. Der Grund hierfür
sind Liquiditäts- und Risikoüberlegungen der Gläubiger, die mit
dem Umfang des Arbitrageengagements zunehmendes Gewicht erlangen. Innerhalb der Risikoüberlegungen spielt dabei insbesondere eine Rolle, daß der Rücktransfer der im Ausland investierten
Mittel (einschl. der Zinserträge) u. U. durch die Einführung von
Devisenbewirtschaftungsbestimmungen blockiert wird (*Transferrisiko*).

bb) *Arbitragewunschkurve*. – Die Ausführungen über die Verhaltensweise der Zinsarbitrageure sollen nun mit Hilfe einer graphischen Darstellung zusammengefaßt werden, in der der Umfang des Arbitrageengagements in Dollar ausgedrückt wird. Dabei wird angenommen, daß i und i_a gegeben sind, und daß $i > i_a$ gilt. Wie bereits ausgeführt, besteht ein Anreiz zu kurzfristigen Kapitalexporten, wenn die Nettozinsdifferenz positiv ist. Wird der Swapsatz (p. a.) mit s abgekürzt, dann ist das nach (15) offenbar dann der Fall, wenn

$$s + \frac{i_a - i}{1 + i_a \dfrac{n}{360}} > 0,$$

bzw.

$$s > \frac{i - i_a}{1 + i_a \dfrac{n}{360}} \quad (= s_k). \tag{16}$$

Die auf der rechten Seite dieser Ungleichung angegebene korrigierte Zinsdifferenz bestimmt insofern einen *kritischen Swapsatz* (s_k), als es sich für Arbitrageure lohnt, kurzfristige Kapitalexporte vorzunehmen, sobald der tatsächliche Swapsatz (s) über s_k hinausgeht. Im vorliegenden Fall ist der kritische Swapsatz positiv; denn es wurde $i > i_a$ vorausgesetzt.

Die in Fig. 42 eingezeichnete *AW-Kurve* stellt die von den Arbitrageuren bei unterschiedlichen Swapsätzen gewünschten Arbitrageengagements dar. Bei $s > s_k$ planen die Zinsarbitrageure kursgesicherte Kapitalexporte und bei $s < s_k$ kursgesicherte Kapitalimporte. Was den Verlauf der *AW*-Kurve anbelangt, so ist zu berücksichtigen, daß eine Ausweitung der Arbitrageengagements (von einem bestimmten Umfang an) nur bei einer Steigerung des Nettoertrags erfolgen wird. Bei gegebenen Zinssätzen bedeutet dieses, daß eine Zunahme der kurzfristigen Kapitalexporte einen Anstieg des Reports und eine Zunahme der kurzfristigen Kapitalimporte eine Senkung des Reports (bzw. einen Anstieg des Deports) voraussetzt.

Mit Umfang und Richtung der kurzfristigen Kapitalbewegungen sind gleichzeitig Angebot und Nachfrage der Zinsarbitrageure auf den Devisenmärkten bestimmt. So führt ein kursgesicherter Kapitalexport in Höhe von OC Dollar auf dem Kassamarkt zu einer Dollarnachfrage in gleicher Höhe und auf dem Terminmarkt

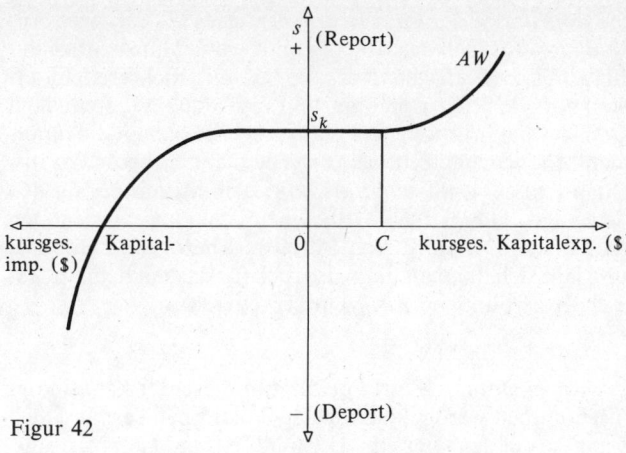

Figur 42

zu einem Dollarangebot, das wegen des Zinsertrags über OC liegt. Umgekehrt ist ein Kapitalimport mit einem Dollarangebot auf dem Kassamarkt und einer Dollarnachfrage auf dem Terminmarkt verbunden.

b) Spekulationsgeschäfte

Unter **Spekulationsgeschäften am Devisenmarkt** wird der Kauf bzw. Verkauf von Devisen verstanden, sofern diese Transaktionen in der Absicht erfolgen, aus der erwarteten Wechselkursänderung einen Gewinn zu erzielen[33]. Spekulationsgeschäfte können sowohl auf dem Terminmarkt als auch auf dem Kassamarkt durchgeführt werden. In beiden Fällen bildet der erwartete Kassakurs die Grundlage für das Spekulationsgeschäft. Da der tatsächlich realisierte Wechselkurs vom erwarteten abweichen kann, ist ein Spekulationsgeschäft immer mit einem Risiko verbunden.

---

[33]) Vgl. H. Hochgesand, Spekulation. In: Handwörterbuch der Wirtschaftswissenschaft (HdWW). Zugleich Neuauflage des Handwörterbuchs der Sozialwissenschaften. Siebter Band. Stuttgart 1977. S. 170. – G. Steinmann, Theorie der Spekulation. (Kieler Studien, 106.) Tübingen 1970. S. 3f.

Die formale Analyse der Entscheidungen eines spekulativen Anlegers geht davon aus, daß der Anleger im Regelfall hinsichtlich der Entwicklung des zukünftigen Kassakurses mit mehreren unterschiedlichen Möglichkeiten rechnet und sich auch Vorstellungen darüber gebildet hat, mit welchen Wahrscheinlichkeiten die unterschiedlichen Möglichkeiten eintreten werden. Unter dieser Voraussetzung entspricht der *erwartete Kassakurs* dem Mittelwert aus den mit den jeweiligen subjektiven Wahrscheinlichkeiten gewichteten möglichen Kursen. Die auf diesen Mittelwert bezogene Standardabweichung läßt sich dann als ein Ausdruck für das mit dem Spekulationsgeschäft verbundene *Risiko* interpretieren.

aa) *Terminspekulation.* – Ein Spekulationsgeschäft kann in der Form vorgenommen werden, daß der Spekulant per Termin Devisen kauft, um sie auf dem Kassamarkt zum Zeitpunkt der Vertragserfüllung wieder zu verkaufen, bzw. per Termin Devisen verkauft, die er auf dem Kassamarkt zum Zeitpunkt der Vertragserfüllung erwirbt. Ein Anreiz zu einer derartigen Terminspekulation besteht immer dann, wenn der für den zukünftigen Zeitpunkt erwartete Kassakurs von dem entsprechenden heute notierten Terminkurs *abweicht.* Erwartet z. B. der Spekulant nach drei Monaten einen Kassakurs, der *über* dem heute notierten Drei-Monats-Terminkurs des Dollars liegt, dann besteht für ihn ein Anreiz, per Termin Devisen zu kaufen; denn er rechnet damit, sie nach drei Monaten zu einem höheren Kurs wieder verkaufen zu können. Umgekehrt besteht ein Anreiz zum Verkauf von Termindevisen, sobald der erwartete Kassakurs *unter* dem Terminkurs liegt.

Da *Risikoaversion* unterstellt wird, verlangen die Spekulanten eine Risikoprämie in Form einer Ertragsmarge zwischen dem Terminkurs (w_T) und dem erwarteten Kassakurs (w^{erw}). Genauer wird hierzu angenommen, daß die Spekulanten nur dann eine Ausweitung ihres Terminengagements wünschen, wenn die Risikoprämie pro investierte Geldeinheit mit dem Gesamtumfang des eingegangenen Risikos steigt. Das spekulative Engagement nimmt also zu, wenn die Differenz zwischen w_T und w^{erw} größer wird. Für das *Terminengagement eines Spekulanten*, der einen Kassakurs von w_1^{erw} erwartet, ergibt sich deshalb der im linken Teil von Fig. 43 eingezeichnete Verlauf der s_1-*Kurve*, für einen anderen Spekulanten, der einen Kassakurs von w_2^{erw} erwartet, der im mittleren Teil eingezeichnete Verlauf der s_2-*Kurve*. Beide Kurverläufe implizieren, daß ein

Spekulant auf dem Terminmarkt Devisen anbietet, wenn der Terminkurs (w_T) höher ist als der von ihm erwartete Kassakurs, und nachfragt, wenn der umgekehrte Fall vorliegt.

Die S_T-Kurve im rechten Teil von Fig. 43 stellt das Terminengagement *aller Spekulanten* zusammen dar und wird durch horizontale Aggregation der für die einzelnen Spekulanten geltenden Kurven gebildet. So ergibt sich beim Terminkurs $(w_T)_1$ als Gesamtengagement der Spekulanten eine Nachfrage in Höhe von *a*, weil der erste Spekulant bei $(w_T)_1$ keine Transaktion durchführt und der zweite auf dem Terminmarkt Devisen in Höhe von *a* nachfragt. Das beim Terminkurs $(w_T)_2$ bestehende Überschußangebot ($\ddot{U}A$) in Höhe von $(b - c)$ geht darauf zurück, daß der erste Spekulant bei $(w_T)_2$ Devisen im Betrag von *b* anbietet, während der zweite Devisen im Betrag von *c* nachfragt.

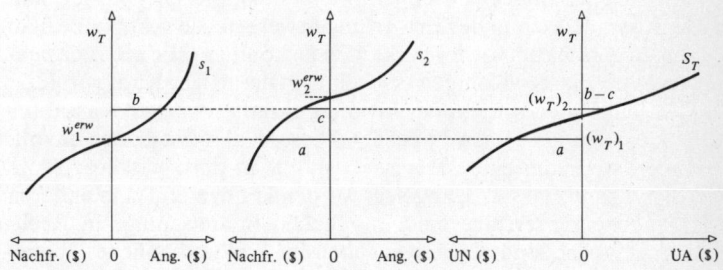

Figur 43

Für die Darstellung von Angebot und Nachfrage auf dem *Kassamarkt* ist noch zu berücksichtigen, daß die in der Vergangenheit abgeschlossenen spekulativen Terminkontrakte Transaktionen auf dem Kassamarkt nach sich ziehen, sobald sie fällig werden. Wenn die Spekulanten früher auf dem Terminmarkt Devisen gekauft haben, dann ergibt sich daraus auf dem Kassamarkt ein Devisenangebot, das unabhängig vom laufenden Kassakurs ist. Umgekehrt müssen die Spekulanten auf dem Kassamarkt Devisen nachfragen, wenn sie auf dem Terminmarkt Verkaufskontrakte zu erfüllen haben.

Mit dem in Fig. 44 eingezeichneten (vom Kassakurs *w* unabhängigen) Überschußangebot auf dem Kassamarkt (S_K) wird unter-

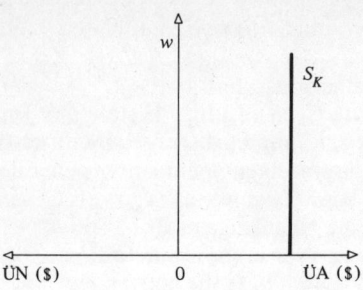

Figur 44

stellt, daß Spekulanten zu einem früheren Zeitpunkt mehr (heute fällige) Termindollars nachgefragt als angeboten haben.

bb) *Kassaspekulation.* – Ein Spekulationsgeschäft kann auch auf dem Kassamarkt durchgeführt werden. Beispielsweise kann man Kassadevisen in der Erwartung erwerben, sie später zu einem höheren Kassakurs wieder verkaufen zu können. Ohne Berücksichtigung von Zinserwägungen erscheint ein derartiger Kauf von Kassadevisen lohnend, wenn der für die Zukunft erwartete Kassakurs über dem heutigen Kassakurs liegt. Dieser Kalkül ist jedoch unvollständig, weil zum einen Devisenbestände in der Zwischenzeit im Ausland zum Zinssatz i_a angelegt werden können und zum anderen entgangene Zinserträge einer möglichen Inlandsanlage in Rechnung zu stellen sind. Offenbar gelten im Prinzip ähnliche Überlegungen wie bei einem kursgesicherten Kapitalexport: Kursänderungen und Zinssätze im In- und Ausland entscheiden darüber, ob der Kapitalexport lohnend erscheint oder nicht. Der Unterschied zur gesicherten Zinsarbitrage besteht darin, daß im Kalkulationszeitpunkt an die Stelle des bekannten Terminkurses der noch unbekannte künftige Kassakurs tritt, so daß diese **ungesicherte Zinsarbitrage** mit einem Risiko verbunden ist [34]).

---

[34]) Ein Kapitalexport lohnt, wenn der (erwartete) Nettoertrag im Ausland positiv ist. Das setzt voraus, daß

$$\frac{w^{erw} - w}{w} \frac{360}{n} + \frac{i_a - i}{1 + i_a \frac{n}{360}} > 0 \quad \text{ist.}$$

Im umgekehrten Fall lohnt ein Kapitalimport.

Es kann nun gezeigt werden, daß sich eine Kassaspekulation als *Kombination* einer Terminspekulation mit einer Zinsarbitrage interpretieren läßt. Diese Aussage soll am Beispiel eines spekulierenden Kapitalexporteurs erläutert werden, der heute auf dem Kassamarkt Devisen kauft, um sie später wieder am Kassamarkt zu verkaufen. Anstelle dieser Transaktion könnte er auch im Rahmen der Terminspekulation

- heute Termindevisen kaufen und
- später Kassadevisen verkaufen

und im Rahmen der Zinsarbitrage

- heute Kassadevisen kaufen und
- heute Termindevisen verkaufen.

Da sich die Transaktionen am Terminmarkt gegenseitig aufheben, hätten diese Geschäfte im Ergebnis die gleiche Wirkung wie die Kassaspekulation, nämlich eine Nachfrage nach Kassadevisen heute und ein Angebot von Kassadevisen später. Aus diesem Grund wird die Kassaspekulation in der folgenden Analyse nicht mehr berücksichtigt und davon ausgegangen, daß sie durch die Zinsarbitrage und die Terminspekulation bereits miterfaßt worden ist.

c) Außenhandelsgeschäfte

aa) *Außenhandelstransaktionen ohne Wechselkursrisiko.* – Devisenangebot und Devisennachfrage von Exporteuren und Importeuren wurden bereits in Kapitel III abgeleitet[35]). Dabei wurde unterstellt, daß die Außenhandelsunternehmen Devisen nur auf dem Kassamarkt anbieten oder nachfragen. Mit derartigen Kassatransaktionen ist jedoch für die Außenhandelsunternehmen immer dann ein *Wechselkursrisiko* verbunden, wenn der Zeitpunkt des Geschäftsabschlusses und der Zahlungstermin auseinanderfallen. Muß beispielsweise ein inländischer Importeur seine Zahlung in Dollar leisten, dann kennt er zum Zeitpunkt des Vertragsabschlusses noch nicht den zum Zahlungstermin herrschenden Kassakurs. Er weiß deshalb noch nicht genau, welchen DM-Betrag er aufbringen muß, um den erforderlichen Dollarbetrag auf dem Kassamarkt erwerben zu können. Umgekehrt kennt ein amerikanischer Impor-

---

[35]) Vgl. Unterabschnitt III. 2 b).

teur, der zu einem zukünftigen Zeitpunkt an einen deutschen Exporteur eine Zahlung in DM leisten muß, noch nicht den Dollarbetrag, den er später aufwenden muß, um die erforderlichen DM am Kassamarkt zu kaufen.

Das geschilderte Wechselkursrisiko läßt sich vermeiden, wenn *Kurssicherungsgeschäfte* auf dem Terminmarkt durchgeführt werden[36]). So können die deutschen Importeure den erforderlichen Dollarbetrag bereits zum Zeitpunkt des Vertragsabschlusses am Terminmarkt erwerben; entsprechend fragen amerikanische Importeure im Falle einer DM-Fakturierung westdeutscher Exporte am Terminmarkt DM nach, d.h. sie bieten Termindevisen an. So ergibt sich bei Kurssicherung aus Exporten des Inlands ein Devisenangebot und aus Importen eine Devisennachfrage am Terminmarkt. Diese Aussage gilt auch dann, wenn die Zahlung der Exporte nicht in DM, sondern in Dollar vereinbart ist, wenn also eine *Fakturierung* in Dollar vorliegt. In diesem Fall würden nicht die amerikanischen Importeure, sondern die deutschen Exporteure am Terminmarkt zur Kurssicherung Devisen anbieten. Bei einer Fakturierung der Importe in DM[37]) würden entsprechend die amerikanischen Lieferanten am Terminmarkt DM anbieten, d.h. Devisen nachfragen.

Wenn unterstellt wird, daß das aus Exporten resultierende Devisenangebot normal auf Wechselkursänderungen reagiert, dann nimmt mit steigendem Wechselkurs am *Terminmarkt* das Devisenangebot aus kursgesicherten Exportgeschäften zu, während die Devisennachfrage abnimmt. Ein entsprechender Verlauf von Devisenangebot und Devisennachfrage ergibt sich am *Kassamarkt* aus denjenigen Außenhandelsgeschäften, für die beim Vertragsabschluß sofortige Bezahlung vereinbart wurde. In Fig. 45a) sind zur Vereinfachung die Angebots-(H^s) und die Nachfragekurve (H^d) linear

---

[36]) Es besteht auch die Möglichkeit, das Wechselkursrisiko durch die sog. *Händlerarbitrage* auszuschalten, d.h. durch ein Geschäft, das im Zeitpunkt des Vertragsabschlusses am Kassamarkt vorgenommen wird. Vgl. dazu Jarchow, Die Kursbildung ..., a.a.O., S. 301f.

[37]) Tatsächlich wurden in der Vergangenheit die westdeutschen Importe zu mehr als 50 v. H. und die westdeutschen Exporte zu mehr als 80 v. H. in DM faktuiert. Vgl. hierzu genauer H.-E. Scharrer, L. Langer, Wechselkursverschiebungen und Unternehmensreaktionen. „Wirtschaftsdienst", Jg. 68 (1988), S. 471f. – Siehe auch Schäfer, a.a.O., S. 498.

eingezeichnet. In dieser Form werden die Kurven bei der Analyse des Devisenkassa- und des Devisenterminmarkts zugrunde gelegt.

Die Differenz zwischen Angebot und Nachfrage stellt das *Überschußangebot* der Außenhandelsunternehmen am Devisenmarkt dar. Ein Wechselkurs oberhalb des Schnittpunktes der Kurven ist mit einem Überschußangebot verbunden, und ein Wechselkurs unterhalb des Schnittpunktes mit einer Überschußnachfrage, d. h. mit einem negativen Überschußangebot. Die Überschußangebotskurve der Außenhandelsunternehmen ist in Fig. 45b) abgetragen; die Bezeichnungen H_K und H_T sollen verdeutlichen, daß diese Kurve auf dem Kassa- und auf dem Terminmarkt grundsätzlich den gleichen Verlauf hat.

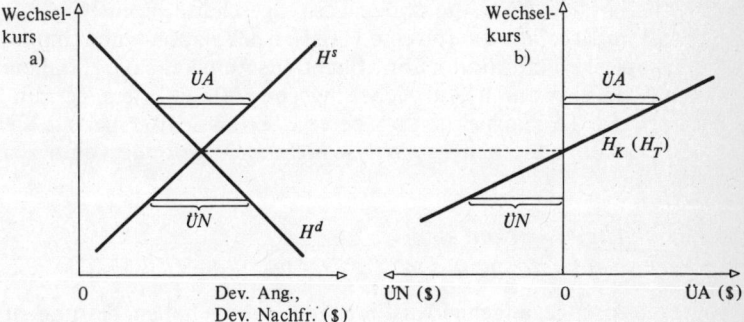

Figur 45

bb) *Händlerspekulation.* – Außenhandelsunternehmen können auf eine Kurssicherung ihrer später fällig werdenden Devisenforderungen bzw. -verbindlichkeiten auch bewußt verzichten: Exporteure unterhalten dann ungesicherte Forderungen gegenüber Ausländern (und damit eine „open long position") und Importeure ungesicherte Verbindlichkeiten (und damit eine „open short position"). Ob sich Außenhandelsunternehmen zu einer *offenen Position* entschließen, hängt davon ab, ob sie sich hiervon gegenüber einer Kurssicherung einen zusätzlichen Ertrag versprechen.

Für einen spekulierenden Exporteur besteht ein Anreiz, auf eine Kurssicherung durch Verkäufe von Termindevisen zu verzichten, wenn er für den Fälligkeitstermin seiner Dollarforderungen einen Kassakurs erwartet, der höher ist als der auf diesen Zeitpunkt bezogene Terminkurs. Umgekehrt würde ein spekulierender Importeur auf eine Kurssicherung durch Käufe von Termindollars verzichten, wenn er für den Fälligkeitstermin seiner Dollarverbindlichkeiten einen Kassakurs erwartet, der niedriger als der entsprechende Terminkurs ist. Eine derartige Händlerspekulation läßt sich gedanklich als *Kombination* einer Kurssicherung auf dem Terminmarkt und einer Terminspekulation darstellen. Dabei würde ein Exporteur beispielsweise im Rahmen des Kurssicherungsgeschäfts

– heute Termindevisen verkaufen

und im Rahmen der Terminspekulation

– heute Termindevisen kaufen und
– später Kassadevisen verkaufen.

Offenbar heben sich die beiden Termingeschäfte gegenseitig auf, so daß im Ergebnis die für eine Händlerspekulation eines Exporteurs typische Transaktion übrig bleibt. Insofern kann die Händlerspekulation als durch Kurssicherungsgeschäfte auf dem Terminmarkt und Terminspekulation bereits berücksichtigt gelten; sie wird deshalb in die weitere Analyse nicht mehr gesondert einbezogen.

d) Gleichgewicht auf dem Devisenkassa- und dem Devisenterminmarkt

Wie die vorangegangenen Ausführungen gezeigt haben, bestimmen die Entscheidungen der Zinsarbitrageure, Spekulanten und Außenhandelsunternehmen Angebot und Nachfrage auf dem Devisenkassa- und dem Devisenterminmarkt und damit auch die *Gleichgewichtskurse* auf den beiden Märkten. Die Ermittlung dieser Gleichgewichtskurse soll hier graphisch erfolgen. Ziel der Untersuchung ist es, diejenige Kombination von Kassa- und Terminkurs zu bestimmen, bei der die Entscheidungen der Zinsarbitrageure mit den Entscheidungen der übrigen Marktteilnehmer vereinbar sind.

aa) *Ableitung der SH_T- und der SH_K-Kurve*. – Auf dem *Devisenterminmarkt* handeln neben den Zinsarbitrageuren die Spekulanten und die Außenhandelsunternehmen. In Fig. 46 werden die Überschußangebotskurve aus der Spekulation (vgl. Fig. 43) und aus dem Außenhandel (vgl. Fig. 45) zu einer einzigen Überschußangebotskurve, der SH_T-*Kurve*, zusammengefaßt. Diese Kurve ergibt sich durch horizontale Addition der S_T- und der H_T-Kurve. Bei $(w_T)_1$ beträgt beispielsweise das Überschußangebot aus der Spekulation

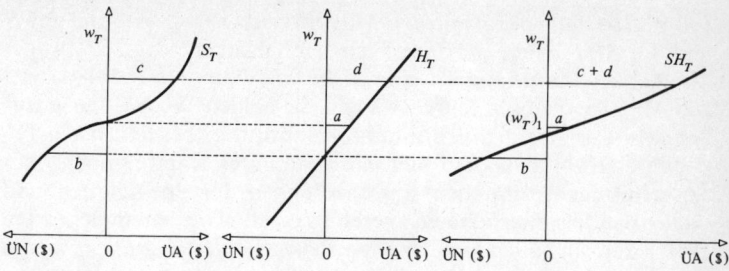

Figur 46

Null und das Überschußangebot aus dem Außenhandel a; das gesamte Überschußangebot aus diesen Transaktionen beläuft sich also auf a. Die in Fig. 46 abgeleitete SH_T-Kurve wird in Fig. 48 als Teilfigur b) übernommen, allerdings mit vertauschter Abszissenachse: Ein positives Überschußangebot auf dem Terminmarkt aus Spekulation und Außenhandel wird in Fig. 48 b) nach links abgetragen, eine positive Überschußnachfrage nach rechts. Der Grund für diese Vorgehensweise wird später deutlich werden.

Entsprechend der Darstellung auf dem Terminmarkt lassen sich auch für den *Kassamarkt* die in Fig. 44 wiedergegebene Überschußangebotskurve der Spekulanten und die in Fig. 45 b) dargestellte Überschußangebotskurve der Außenhandelsunternehmen zu einer einzigen Überschußangebotskurve zusammenfassen.

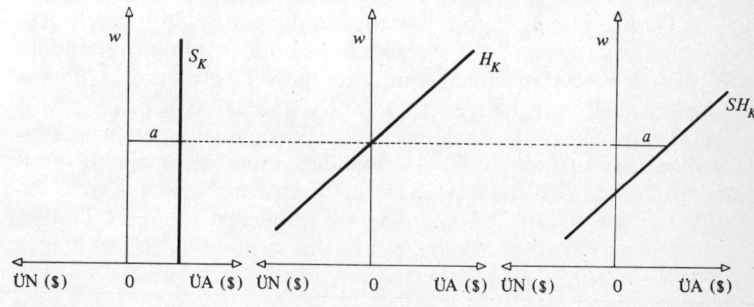

Figur 47

Die in Fig. 47 abgeleitete SH_K-*Kurve* wird in Fig. 48 als Teilfigur c) übernommen.

bb) *Ableitung der Arbitrage-Möglichkeitskurve.* – Aus der SH_T-
und der SH_K-Kurve wird im nächsten Schritt die sog. Arbitrage-
Möglichkeitskurve abgeleitet (vgl. die *AM*-Kurve in Fig. 48 a). Bei
der Ableitung dieser Kurve werden diejenigen Wechselkurse auf
dem Kassa- und dem Terminmarkt ermittelt, bei denen ein bestimmter Kapitalexport (oder ein bestimmter Kapitalimport) der
Zinsarbitrageure mit den Entscheidungen der Spekulanten und
Außenhandelsunternehmen vereinbar ist. Die entsprechenden
Überlegungen sollen zunächst am Beispiel eines *Kapitalexports* in
Höhe von *OC* Dollar erläutert werden. Ein Kapitalexport bedeutet,
daß die Zinsarbitrageure in gleicher Höhe auf dem Kassamarkt
Dollar nachfragen und auf dem Terminmarkt Dollar anbieten (falls
der Betrag für die Kurssicherung der Zinseinnahmen zur Vereinfachung vernachlässigt wird). Auf den Devisenmärkten kann in diesem Fall nur dann Gleichgewicht herrschen, wenn auf Grund von
Spekulations- und Außenhandelstransaktionen auf dem *Kassamarkt* ein Überschußangebot von *OC* Dollar und auf dem *Terminmarkt* eine Überschußnachfrage von ebenfalls *OC* Dollar vorliegt.
Die hierfür erforderlichen Wechselkurse lassen sich dem unteren
und dem mittleren Teil von Fig. 48 entnehmen.

Zur Veranschaulichung der Zusammenhänge sind in Fig. 48 für
die Wechselkurse *Zahlenwerte* angegeben. Das für den kursgesicherten Kapitalexport erforderliche Überschußangebot der Spekulanten und Außenhandelsunternehmen auf dem Kassamarkt setzt
einen Kassakurs von 2,50 DM/$ voraus, die entsprechende Über-
schußnachfrage auf dem Terminmarkt einen Terminkurs von
2,45 DM/$. Der Termindollar wird in diesem Fall mit einem Ab-
schlag (*Deport*) von 2 v. H. gegenüber dem Kassadollar gehandelt.
Unter der vereinfachenden Annahme, daß die Terminkurse für eine
Ein-Jahres-Frist gelten, beträgt der Swapsatz −0,02 p. a.[38]). Nur
bei diesem Swapsatz ist unter Berücksichtigung der Entscheidungen von Spekulanten und Außenhandelsunternehmen ein kursgesicherter Kapitalexport in Höhe von *OC* Dollar möglich: Die Kombination aus $s = -0,02$ und einem Kapitalexport von *OC* Dollar,
die in Fig. 48 a) mit *A* gekennzeichnet ist, stellt deshalb einen Punkt
auf der *Arbitrage-Möglichkeitskurve* dar.

---

[38]) Es gilt $s = \dfrac{2,45 - 2,50}{2,50} \dfrac{360}{n}$. Vgl. Gleichung (15), S. 262.

Um einen weiteren Punkt der *AM*-Kurve zu ermitteln, soll ein kursgesicherter *Kapitalimport* in Höhe von *OD* Dollar betrachtet werden. Wie aus Fig. 48 hervorgeht, setzt die Realisierung dieses Kapitalimports einen Terminkurs von 2,496 DM/$ und einen Kas-

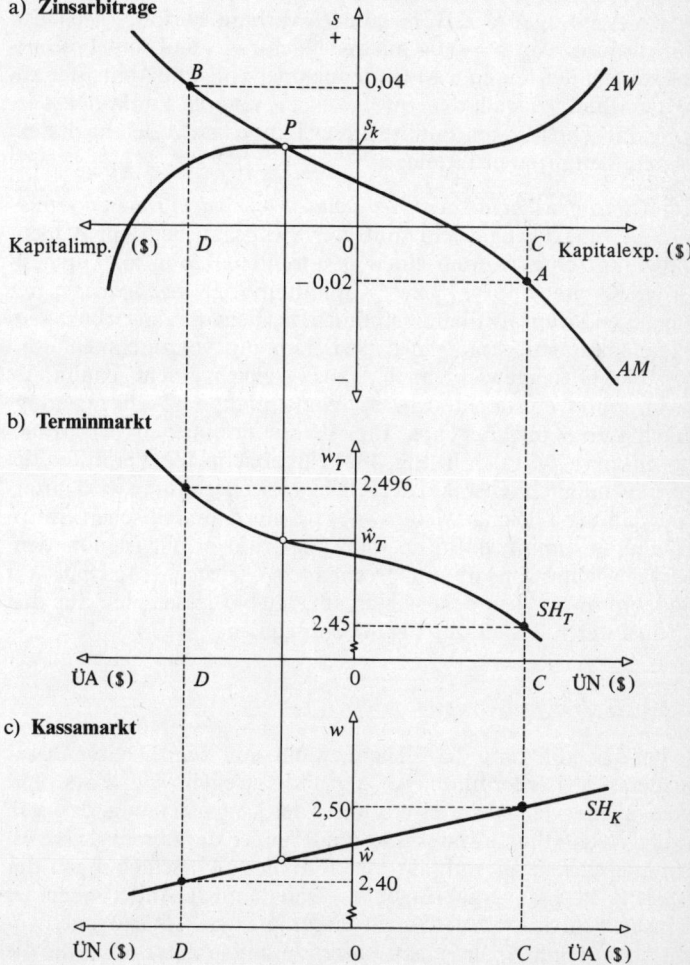

Figur 48

sakurs von 2,40 DM/$ voraus. Bei diesen Wechselkursen besteht seitens der Spekulanten und Außenhandelsunternehmen zusammen auf dem Kassamarkt eine Überschußnachfrage nach Dollar in Höhe von OD und auf dem Terminmarkt ein Überschußangebot in gleicher Höhe. Das Dollarangebot auf dem Kassamarkt und die Dollarnachfrage auf dem Terminmarkt, die mit einem Kapitalimport der Arbitrageure in Höhe von OD verbunden sind, wären also beim Swapsatz von $s = 0{,}04$ mit den Nachfrage- und Angebotsentscheidungen der anderen Marktteilnehmer voll vereinbar; der zugehörige Punkt B stellt demzufolge einen weiteren Punkt der AM-Kurve dar. Die übrigen Punkte dieser Kurve lassen sich nach dem gleichen Verfahren ermitteln.

cc) *Gleichgewicht auf dem Devisenkassa- und dem Devisenterminmarkt.* – Im Gleichgewicht muß der Swapsatz, bei dem Außenhändler und Spekulanten einen bestimmten Betrag an kursgesicherten Kapitalexporten bzw. Kapitalimporten *ermöglichen*, mit demjenigen Swapsatz übereinstimmen, bei dem die Zinsarbitrageure Transaktionen gerade in diesem Umfang vorzunehmen *wünschen*. Das Gleichgewicht, auch **Arbitragegleichgewicht** genannt, ist also im Punkt P erreicht, d. h. im Schnittpunkt der Arbitragemöglichkeitskurve mit der aus Fig. 42 übernommenen Arbitragewunschkurve. Mit den in Fig. 48 a) eingezeichneten Verläufen der Arbitragemöglichkeits- und der Arbitragewunschkurve wird unterstellt, daß der Gleichgewichtsswapsatz mit dem kritischen Swapsatz übereinstimmt, daß also die Zinsparität erfüllt ist. Die dem Gleichgewichtsswapsatz entsprechenden *Gleichgewichtskurse* auf dem Termin- ($\hat{w}_T$) und dem Kassamarkt ($\hat{w}$) lassen sich aus den beiden unteren Teilen der Fig. 48 entnehmen.

e) *Parameteränderungen*

Die bei der Ableitung des Gleichgewichts auf dem Devisenkassa- und dem Devisenterminmarkt zugrunde gelegten Angebots- und Nachfragekurven gelten jeweils unter der Voraussetzung, daß sich nur die Wechselkurse ändern. Veränderungen der übrigen, als exogen angesehenen Einflußfaktoren führen zu Verschiebungen der Angebots- bzw. der Nachfragekurve und damit zu Änderungen der Gleichgewichtskurse auf den Devisenmärkten. Als exogene Störungen werden hier zum einen Zinsänderungen untersucht, die die Entscheidungen der Zinsarbitrageure beeinflussen und damit die

Lage der AW-Kurve verschieben, und zum anderen Änderungen des erwarteten Wechselkurses, die sich auf die Entscheidungen der Spekulanten am Terminmarkt auswirken und damit auch auf die Lage der S_T-Kurve und der AM-Kurve.

aa) *Veränderte Zinssätze.* – Erfahren die als gegeben angenommenen Zinssätze i bzw. i_a eine Änderung, dann nimmt der kritische Swapsatz s_k einen anderen Wert an[39]). Damit verlagert sich die Arbitrage*wunsch*kurve. Wird z. B. durch geldpolitische Maßnahmen im Inland i gesenkt oder durch geldpolitische Maßnahmen im Ausland i_a erhöht, dann sinkt s_k und die AW-Kurve verschiebt sich nach unten. Fallen (wie in Fig. 49 a) die Zinsänderungen so stark aus, daß die Differenz $i - i_a$ negativ wird, dann schneidet die (neue) AW_1-Kurve die s-Achse im negativen Bereich, also bei einem Deport. Bei unveränderter AM_o-Kurve wird ein Gleichgewicht z. B. im Punkt P_1 erreicht. Wie man sieht, ist das *neue Gleichgewicht* mit einem gesunkenen Termin- und einem erhöhten Kassakurs verbunden. Die eingetretene Veränderung der Wechselkurse läßt sich dadurch erklären, daß die Senkung von i bzw. die Erhöhung von i_a zu einem Wechsel von kursgesicherten Kapitalimporten zu kursgesicherten Kapitalexporten geführt hat. Auf dem Kassamarkt tritt damit an die Stelle eines Devisenangebots eine Devisennachfrage seitens der Zinsarbitrageure, so daß eine Erhöhung des Kassakurses ausgelöst wird. Umgekehrt wird auf dem Terminmarkt aus einer Devisennachfrage der Zinsarbitrageure ein Devisenangebot; der Gleichgewichtswert des Terminkurses sinkt deshalb.

bb) *Veränderte Wechselkurserwartungen.* – Verändern sich die Erwartungen bezüglich des zukünftig herrschenden Wechselkurses, dann verlagert sich die in Fig. 43 rechts dargestellte S_T-*Kurve.* Wenn z. B. von den Spekulanten ein höherer zukünftiger Kassakurs erwartet wird, verschiebt sich die S_T-Kurve nach oben. Wie aus Fig. 46 hervorgeht, wird dann bei gegebener H_T-Kurve die SH_T-*Kurve* ebenfalls nach oben verschoben. Zu einem bestimmten Niveau von Überschußnachfrage oder Überschußangebot auf dem Terminmarkt gehört nach der Revision der Erwartungen ein höherer Terminkurs als vorher. Kursgesicherte Kapitalexporte bzw. Kapitalimporte der Zinsarbitrageure im bisherigen Umfang sind also nur bei einem erhöhten Terminkurs möglich, während der

---

[39]) Vgl. Beziehung (16), S. 264.

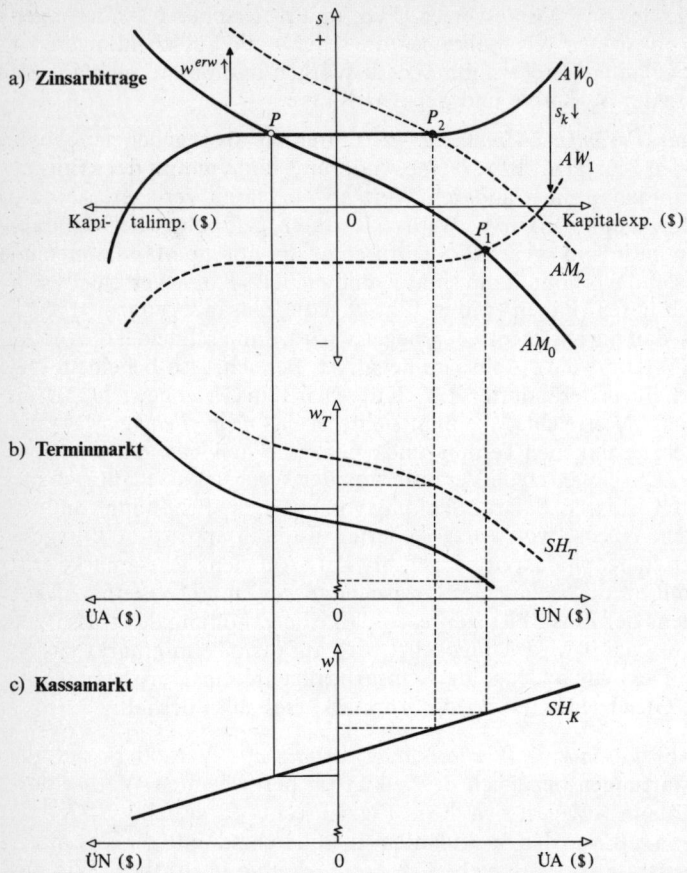

Figur 49

Kassakurs unverändert bleibt, da keine Verschiebung der SH_K-Kurve auf dem Kassamarkt eingetreten ist. Eine Zunahme des Terminkurses bei unverändertem Kassakurs bedeutet einen Anstieg des Swapsatzes, so daß sich als Folge der Revision der Wechselkurserwartungen die Arbitrage*möglichkeits*kurve nach oben verschiebt. Die (neue) AM_2-Kurve schneidet die (ursprüngliche) AW_o-Kurve im Punkt P_2. Wie man den Teilfiguren 49b) und c) entnehmen kann, hat der Anstieg des erwarteten Kassakurses sowohl den

Termin- als auch den laufenden Kassakurs gegenüber der Ausgangslage ansteigen lassen. Außerdem zeigt sich, daß die Zinsarbitrageure im *neuen Gleichgewicht* Kapitalexporte anstelle von Kapitalimporten durchführen.

Die dargestellten Vorgänge lassen sich ökonomisch wie folgt interpretieren: Da die Spekulanten von einem gestiegenen Wert für
w^{erw} ausgehen, verringert sich auf dem Terminmarkt ihr Angebot
an Devisen. Gegenüber dem Gleichgewicht in der Ausgangslage
entsteht eine Überschußnachfrage, die tendenziell den Terminkurs
ansteigen läßt. Diese Entwicklung erhöht bei gegebenem Kassakurs die Nettozinsdifferenz[40]) und bewirkt schließlich, daß die
Zinsarbitrageure anstelle der ursprünglichen Kapitalimporte Kapitalexporte durchführen. Demzufolge treten die Zinsarbitrageure
am Kassamarkt nicht mehr als Anbieter, sondern als Nachfrager
von Devisen auf, wodurch sich der Kassakurs ebenfalls erhöht.

In Fig. 49a) liegen sowohl das alte Gleichgewicht (Punkt P) als
auch das neue Gleichgewicht (Punkt P_2) im horizontalen *Bereich*
der AW_o-*Kurve*. Die Zinsarbitrageure reagieren also vollkommen
elastisch, so daß der Wechsel von Kapitalimporten zu Kapitalexporten ohne Änderung des Swapsatzes möglich ist. Eine stärkere
Erhöhung des erwarteten Wechselkurses würde in Fig. 49 die
Gleichgewichtskombination in den ansteigenden Bereich der AW_o-
Kurve verschieben. Damit würde sich eine Erhöhung des Swapsatzes ergeben (d. h. der Terminkurs steigt stärker als der Kassakurs)
und die nur bei einem Swapsatz in Höhe des kritischen Swapsatzes
bestehende Zinsparität wäre nicht mehr erfüllt.

Zusammenfassung

1. Die Zinsarbitrage, bei der das Wechselkursrisiko durch die
   Koppelung eines Kassageschäfts mit einem gegenläufigen
   Termingeschäft ausgeschaltet wird, führt bei unbehinderter
   Anpassung zur Erfüllung der gesicherten Zinsparität. Die Terminspekulation, bei der ein Wechselkursrisiko eingegangen
   wird, bewirkt bei Risikoneutralität der Spekulanten die Angleichung des Terminkurses an den erwarteten Kassakurs.

---

[40]) Vgl. Gleichung (15), S. 262.

2. Bei Erfüllung der gesicherten Zinsparität und bei Risikoneutralität ergibt sich die ungesicherte Zinsparität. Sie impliziert, daß eine Änderung des erwarteten Wechselkurses zu einer proportional gleich großen Änderung des laufenden Kassakurses führt und daß ein steigender Inlandszins (bzw. ein fallender Auslandszins) eine Senkung des laufenden Kassakurses bewirkt.

3. Die Möglichkeit einer überschießenden Wechselkursreaktion wurde für den Fall eines kleinen Landes untersucht, bei dem langfristig die Kaufkraft- und Zinsparität, kurzfristig aber nur die Zinsparität als erfüllt angesehen werden. Bei einer Ausweitung der monetären Basis steigt der Wechselkurs kurzfristig über den langfristigen Gleichgewichtskurs hinaus an, falls als Folge dieser Maßnahme

   − wegen der verzögerten Preisreaktion kurzfristig der Inlandszins unter den Auslandszins sinkt und damit zur Aufrechterhaltung der Zinsparität der laufende Wechselkurs über dem Terminkurs liegen muß und

   − der Terminkurs dem langfristigen Gleichgewichtskurs entspricht.

4. Ein Finanzmarkt wird als effizient bezeichnet, wenn der Marktpreis (Kurs) alle für die Preisbildung relevanten Informationen vollständig widerspiegelt. Neue Informationen (news) führen auf effizienten Märkten zu Preis- bzw. Kursänderungen.

5. Aus der Effizienzannahme ergeben sich folgende Implikationen:

   − Bei gleich hohem in- und ausländischem Zinssatz sind Veränderungen des Kassakurses zufallsbedingt, d. h. der Kassakurs folgt einem Random Walk (Zufallspfad).

   − Risikoneutralität vorausgesetzt, bildet der Terminkurs eine geeignete Prognosegröße für den zukünftigen Kassakurs.

6. Ein Wechselkurs entwickelt sich wie auf einer wachsenden Blase (,,Bubble''), wenn er sich zunehmend von seinem Fundamentalkurs entfernt. Ein derartiger Bubblepfad läßt sich mit rationalen Wechselkurserwartungen vereinbaren, wenn die Wirtschaftssubjekte erwarten, daß der Wechselkurs zu dem (ihnen bekannten) Fundamentalkurs zurückkehrt, die Blase also platzt, aber nicht wissen, wann dieses geschieht.

7. Devisenangebot und Devisennachfrage von Zinsarbitrageuren, Spekulanten und Außenhandelsunternehmen bestimmen das Gleichgewicht auf dem Devisenkassa- und dem Devisenterminmarkt, wobei die beiden Märkte durch die Dispositionen der Zinsarbitrageure miteinander verknüpft sind.

8. Bei der graphischen Ermittlung des Gleichgewichts auf dem Devisenkassa- und dem Devisenterminmarkt werden die Angebots- und Nachfrageentscheidungen der Zinsarbitrageure durch die sog. Arbitragewunschkurve wiedergegeben, während die Angebots- und Nachfrageentscheidungen der Spekulanten und Außenhandelsunternehmen zur sog. Arbitragemöglichkeitskurve zusammengefaßt werden. Das Gleichgewicht auf den beiden Märkten wird durch den Schnittpunkt dieser beiden Kurven bestimmt.

Ausgewählte Literaturangaben zum vierten Teil

E. Baltensperger, P. Böhm, Stand und Entwicklungstendenzen der Wechselkurstheorie – Ein Überblick. „Außenwirtschaft. Schweizerische Zeitschrift für internationale Wirtschaftsbeziehungen", Jg. 37 (1982), S. 109 ff. (zu **X**).

E. M. Claassen, Grundlagen der Geldtheorie. 2., neubearb. u. erw. Aufl. Berlin, Heidelberg, New York 1980. (zu **IX, X**).

R. Dornbusch, Expectations and Exchange Rate Dynamics. „Journal of Political Economy", Vol. 84 (1976), S. 1161 ff. (zu **X**).

W. Gaab, Devisenmärkte und Wechselkurse. Eine theoretische und empirische Analyse. Berlin 1983. (zu **X**).

H.- J. Jarchow, Die Kursbildung auf dem Devisenkassa- und dem Devisenterminmarkt. „Wirtschaftswissenschaftliches Studium", 5. Jg. (1976), H. 7, S. 297 ff. (zu **X**).

H. G. Johnson, Der monetäre Ansatz zur Zahlungsbilanztheorie. In: H. G. Johnson, Beiträge zur Geldtheorie und Währungspolitik. Berlin 1976. S. 221 ff. (Deutsche Übersetzung von: The Monetary Approach to the Balance-of-Payments Theory. In: International Trade and Money. Ed. by M. B. Connolly and A. K. Swoboda. London 1973, S. 206 ff.). (zu **IX**).

L. H. Officer, Purchasing Power Parity and Exchange Rates: Theory, Evidence and Relevance. Greenwich, Connecticut, London 1982. (zu **IX**).

J. Schröder, Zur Theorie der Devisenterminmärkte. Berlin 1969. (zu **X**).

E. Sohmen, Wechselkurs und Währungsordnung. Tübingen 1973. (zu **X**).

Fünfter Teil:
Finanzmarkttheorie und Strom-Bestands-Ansatz
für eine offene Volkswirtschaft

Im fünften Teil wird die Analyse gegenüber dem im vierten Teil beschriebenen monetären Ansatz insofern erweitert, als die Annahme eines vollkommenen Kapitalmarktes aufgegeben wird und zudem Vermögensänderungen (anders als zuvor) in das Modell einbezogen werden. Die Annahmen hinsichtlich der Wechselkurserwartungen sind demgegenüber eher enger als bei dem im letzten Kapitel behandelten Modell zur überschießenden Wechselkursreaktion, in dem rationale Wechselkurserwartungen Berücksichtigung fanden.

Im Rahmen des monetären Ansatzes wurde davon ausgegangen, daß In- und Auslandsanlagen (unter Berücksichtigung erwarteter Wechselkursänderungen) stets den gleichen Ertrag erbringen. Der damit unterstellte *vollkommene* Markt impliziert zweierlei: *erstens* homogene Finanzanlagen, d. h. in- und ausländische Wertpapiere sind vollkommene Substitute, und *zweitens* vollkommene Kapitalmobilität, d. h. es dürfen keinerlei Beschränkungen des internationalen Kapitalverkehrs bestehen. Insbesondere die erste Annahme ist wohl nur als vereinfachende Annäherung an die Realität anzusehen. Zu bedenken ist nämlich, daß sich ausländische Wertpapiere insofern von inländischen unterscheiden, als eine ihrer Ertragskomponenten, die erwartete Wechselkursänderungsrate, mit Risiko behaftet ist. Bei verbreiteter Risikoaversion ist deshalb anzunehmen, daß inländische Anleger bei gleich hohen Zinssätzen i. a. inländische Wertpapiere vorziehen[1]. Hinzu kommt, daß inländische Anleger häufig die Bonität inländischer Schuldner besser einschätzen können als die von ausländischen Schuldnern. Auch dadurch entstehen Präferenzen für inländische Wertpapiere. Sie machen die Substituierbarkeit unvollkommen, so daß ein **unvollkommener Kapitalmarkt** vorliegt, wie er im folgenden auch betrachtet wird.

---

[1] Die im Zusammenhang mit der Devisenmarkteffizienz im Unterabschnitt X.3b) bb) geäußerte Ansicht, daß Terminspekulanten für das eingegangene Wechselkursrisiko eine Kompensation in Form einer Risikoprämie beanspruchen, liegt auf der Linie dieser Argumentation.

XI. Finanzmarktmodell

Anders als beim Strom-Bestands-Modell in Kapitel XII werden im Rahmen des Finanzmarktmodells[2]) Anpassungsvorgänge auf dem Gütermarkt nicht untersucht. Größen aus diesem Bereich (wie der Leistungsbilanzsaldo oder der Budgetsaldo des Staates) werden als exogen betrachtet. Diese Vorgehensweise läßt sich damit rechtfertigen, daß Anpassungsvorgänge auf Finanzmärkten (wie Änderungen von Zinssatz und Wechselkurs) wesentlich schneller ablaufen als die hierdurch ausgelösten Anpassungsvorgänge im Gütermarkt (z. B. eine Änderung von Export- und Importgütermengen). Die vorläufige Beschränkung auf den Finanz- und Devisenmarkt hat zudem den Vorteil, daß die für *kurzfristige* Änderungen von Zinssatz und Wechselkurs maßgeblichen Einflüsse besonders deutlich hervortreten.

1. Gleichgewichtsmodell

a) Modellaufbau

aa) *Strukturgleichungen.* – Es wird angenommen, daß das inländische (private) Finanzvermögen (W) aus drei Aktiva besteht: der Kassenhaltung in Inlandswährung (M), dem (wertmäßigen) Bestand an inländischen Staatstiteln[3]) (B) und dem (wertmäßigen) Bestand an ausländischen Staatstiteln (wF), der sich durch Multi-

---

[2]) Frühe Arbeiten hierzu sind S. W. Black, International Money Markets and Flexible Exchange Rates. (Princeton Studies in International Finance, No. 32.) Princeton 1973. – W. H. Branson, Asset Markets and Relative Prices in Exchange Rate Determination. „Sozialwissenschaftliche Annalen des Instituts für Höhere Studien", Bd. 1 (1977), S. 69 ff.

[3]) Bei den (in- und ausländischen) Staatstiteln soll es sich um *zinsvariable* Titel mit festem Kurs in jeweiliger Währung handeln. Die Verzinsung dieser Papiere wird laufend der Marktrendite angepaßt. Bei kursvariablen Papieren ist dagegen die Nominalverzinsung konstant, und ihre Rendite paßt sich über Kursänderungen der Marktrendite an. In Hinblick auf die Modellauswertung haben zinsvariable Papiere den Vorteil, daß man keine Kursgewinne bzw. -verluste zu berücksichtigen braucht. Die Schlußfolgerungen aus dem Modell werden durch die Vereinfachung nicht geändert.

plikation des in ausländischer Währung ausgedrückten Bestandes
an diesen Titeln (F) mit dem Wechselkurs ergibt[4]). Unterstellt wird
weiter, daß auf inländische Währung lautende Aktiva (also M und
B) nur von Inländern gehalten werden. Sind nun auf einem Finanzmarkt der *tatsächliche* Bestand (das Bestandsangebot) und der *geplante* Bestand (die Bestandsnachfrage) gleich groß, dann existiert
Gleichgewicht, genauer ein **Bestandsgleichgewicht**. Das Finanzmarktmodell enthält nur Bestandsgleichgewichte und wird deshalb
(wie der monetäre Ansatz) im Rahmen einer *Bestandsanalyse* ausgewertet. Die Basis hierfür bilden die drei folgenden Gleichgewichtsbedingungen:

$$M = l(\overset{-}{i}, \overset{-}{i_a + \beta})\,W \tag{1}$$

$$B = b(\overset{+}{i}, \overset{-}{i_a + \beta})\,W \tag{2}$$

$$wF = f(\overset{-}{i}, \overset{+}{i_a + \beta})\,W, \tag{3}$$

wobei

$$W = M + B + wF \qquad \text{und} \tag{4}$$

$$\beta = \frac{w^{erw} - w}{w}. \tag{5}$$

Dabei bezeichnet β die erwartete Wechselkursänderungsrate. Bei
ihrer Bestimmung wird im folgenden unterstellt, daß der erwartete
Wechselkurs exogen gegeben ist, d. h. $w^{erw} = \bar{e}$[5]). Exogen festgelegt

---

[4]) Es wird also unterstellt, daß der private Sektor Forderungen gegenüber
dem Ausland nur in Form von (Staats-)Obligationen unterhält. Zur Veranschaulichung kann man sich vorstellen, daß Devisen in anderer Form
(z. B. in Sorten oder Einlagen bei ausländischen Banken) von Inländern
unverzüglich in Auslandsobligationen umgetauscht werden.

[5]) Die unter dieser Hypothese abgeleiteten Ergebnisse ändern sich in quali-
tativer Hinsicht so lange nicht, wie $d\beta/dw \leq 0$. Wie sich durch Differentiation von β nach w herleiten läßt, entspricht dieser Bedingung die Annahme

$$\frac{dw^{erw}}{w^{erw}} \quad \frac{dw}{w} \leq 1,$$

d. h. die Erwartungselastizität darf nicht größer als eins sein, womit de-
stabilisierende Wechselkursänderungserwartungen ausgeschlossen sind.
Siehe zu dieser Anmerkung auch Fußnote 12).

ist ferner (entsprechend dem Fall eines kleinen Landes) der ausländische Zinssatz i_a.

Das *Bestandsangebot* auf den drei Märkten wird insgesamt – nach Gleichung (4) – durch das inländische private Finanzvermögen W bestimmt. Es resultiert aus den in der Vergangenheit aufgelaufenen, kumulierten Budgetdefiziten des Staates[6]) und den in der Vergangenheit aufgelaufenen, kumulierten Leistungsbilanzdefiziten des Auslands gegenüber dem Inland. Budgetdefizite in der laufenden Periode erhöhen das Bestandsangebot an Geld (M) bzw. Staatstiteln (B), Leistungsbilanzdefizite des Auslands das Bestandsangebot an Auslandstiteln (F). Das private Finanzvermögen nimmt hierbei zu. Auch bei *unverändertem* privaten Finanzvermögen kann sich das Bestandsangebot auf den drei Märkten verändern, und zwar durch Offenmarktoperationen der Zentralbank mit inländischen Staatstiteln oder Devisenmarktinterventionen, z. B. Käufen von Auslandstiteln (Devisen). Hierbei ändert sich die *Aufteilung* des privaten Finanzvermögens.

Für die *Bestandsnachfrage* folgt aus portfoliotheoretischen Überlegungen[7]), daß die geplanten Bestände der Finanzaktiva vom Vermögen und von den Ertragssätzen abhängen. Dabei wird genauer für alle Finanzaktiva unterstellt, daß sie sich positiv, und zwar in direkter Proportionalität, mit dem *Vermögen* (W) verändern[8]). Hinsichtlich der *Ertragsraten* wird davon ausgegangen, daß der für eine Finanzanlage geplante Bestand zunimmt, wenn die eigene Ertragsrate steigt oder die Ertragsrate konkurrierender Aktiva sinkt (und umgekehrt).

So wird beispielsweise der geplante Bestand an Kasse kleiner, wenn sich die Ertragsraten für in- und ausländische Wertpapiere (i und $i_a + \beta$) erhöhen, und der geplante Bestand an ausländischen Wertpapieren nimmt zu, wenn der ausländische Ertragssatz ($i_a + \beta$) steigt und (oder) der inländische Zinssatz (i) sinkt.

Die Gleichungen (1) bis (4) implizieren bestimmte Restriktionen für die Verhaltenskoeffizienten, die für die Auswertung von Ergebnissen wichtig

---

[6]) Der Staat finanziert Budgetdefizite mit der Emission von Staatstiteln und (oder) mit Geld.

[7]) Vgl. hierzu Jarchow, Theorie und Politik des Geldes. I. Geldtheorie, a.a.O., S. 62ff.

[8]) Das Vermögen übernimmt also die Rolle einer Skalargröße. Eine **Skalargröße** ist für den Umfang eines Portefeuilles maßgeblich, nicht aber für seine Struktur.

sein können. Sie ergeben sich daraus, daß das Verhalten der privaten Wirtschaftssubjekte in jedem Zeitpunkt durch ihr eigenes Vermögen eingeschränkt wird[9]. Die entsprechende *Bilanzrestriktion* des privaten Sektors bedeutet, daß die Summe der geplanten Bestände an Finanzaktiva dem Vermögen (W) entsprechen muß, d.h.:

$$l(i, a) W + b(i, a) W + f(i, a) W = W, \qquad \text{wobei}$$
$$a = i_a + \beta.$$

Durch partielle Differentiation der Bilanzrestriktion nach i, a und W erhält man die folgenden „*adding-up*"*-Bedingungen*:

$$\frac{\partial l}{\partial i} + \frac{\partial b}{\partial i} + \frac{\partial f}{\partial i} = 0,$$

$$\frac{\partial l}{\partial a} + \frac{\partial b}{\partial a} + \frac{\partial f}{\partial a} = 0 \qquad \text{und}$$

$$l + b + f = 1.$$

bb) *Das zusammengefaßte Modell.* – Das Gleichgewichtsmodell enthält die in den Gleichungen (1), (2) und (3) beschriebenen drei Finanzmärkte. Nach dem *Walras-Gesetz* kann von diesen drei Märkten einer bei der Gleichgewichtsbestimmung weggelassen werden, da die Gleichgewichtsbedingung auf diesem Markt erfüllt ist, wenn Gleichgewicht auf den beiden anderen Märkten herrscht[10]. Welche Märkte man nun bei der Untersuchung von Anpassungsvorgängen explizit einbezieht, kann unter dem Aspekt der Zweckmäßigkeit entschieden werden, wobei die Art der betrachteten Störung eine Rolle spielt[11].

---

[9]) Vgl. hierzu und zum folgenden J. Tobin, A General Equilibrium Approach To Monetary Theory. „Journal of Money, Credit, and Banking", Vol. 1 (1969), S. 18.

[10]) Da die Bestandsnachfrage nach den drei Aktiva $l(\ldots) W, b(\ldots) W$ und $f(\ldots) W$ insgesamt durch das Vermögen $W (= M + B + wF)$ begrenzt ist, folgt

$$l(\ldots) W + b(\ldots) W + f(\ldots) W = M + B + wF \quad \text{bzw.}$$
$$[M - l(\ldots) W] + [B - b(\ldots) W] + [wF - f(\ldots) W] = 0.$$

Wenn zwei Märkte im Gleichgewicht sind, z.B. $M = l(\ldots) W$ und $B = b(\ldots) W$, dann befindet sich auch der dritte im Gleichgewicht, d.h. $wF = f(\ldots) W$.

[11]) Vgl. hierzu Abschnitt 2, insbesondere Fußnote 15).

Berücksichtigt man in den Gleichgewichtsbedingungen die Gleichungen (4) und (5) unter der Annahme $w^{erw} = \bar{e}$, dann läßt sich das Gleichgewichtsmodell wie folgt zusammenfassen:

$$M = l\left(\bar{i}, \overset{-}{\overbrace{i_a + \frac{\bar{e} - w}{w}}}\right) \cdot (M + B + wF) \tag{6}$$

$$B = b\left(\overset{+}{i}, \overset{-}{\overbrace{i_a + \frac{\bar{e} - w}{w}}}\right) \cdot (M + B + wF) \tag{7}$$

$$wF = f\left(\bar{i}, \overset{+}{\overbrace{i_a + \frac{\bar{e} - w}{w}}}\right) \cdot (M + B + wF) \tag{8}$$

Das Modell enthält an:

endogenen Variablen:　　i, w,
exogenen Variablen:　　$B, F, M, \bar{e}, i_a$.

Wie schon oben erläutert, reichen von den drei Gleichgewichtsbedingungen zwei aus, um die beiden endogenen Variablen zu bestimmen.

b) Bestimmung des Gleichgewichts

Die Bestimmung des Gleichgewichts soll auf graphischem Wege vorgenommen werden. Zu diesem Zweck werden die Gleichgewichtsbeziehungen für den Geldmarkt, den Markt für inländische Wertpapiere und den Markt für Auslandstitel in einem Wechselkurs/Zinssatz-Diagramm abgebildet.

aa) *M-Kurve*. – Um die Gleichgewichtskurve für den Geldmarkt (kurz: die *M-Kurve*) skizzieren zu können, ist zu überlegen, wie sich bei Änderung des Wechselkurses der Zinssatz entwickeln muß, damit Geldmarktgleichgewicht erhalten bleibt. Wie aus Gleichung (6) hervorgeht, entsteht bei einer *Erhöhung des Wechselkurses* (d. h. bei einer Aufwertung der ausländischen Währung bzw. einer Abwertung der heimischen Währung) eine Überschußnachfrage nach Geld, und zwar aus zwei Gründen: Zum einen erhöht sich wertmäßig das Vermögen, weil der Bestand an Auslandstiteln höher bewertet wird (*Vermögenseffekt*). Zum anderen bewirkt eine Abwertung der heimischen Währung bei exogen fixiertem erwarteten Wechselkurs ($\bar{e}$), daß die erwartete Wechselkursänderungsrate β abnimmt, sich bei $w = \bar{e}$ in der Ausgangslage also eine Aufwertungserwartung für die inländische Währung einstellt, und der (erwartete) Ertragssatz auf ausländische Wertpapiere demzufolge kleiner wird (*Ertragseffekt*). Damit Geldmarktgleichgewicht erhalten bleiben kann, muß die Überschußnachfrage beseitigt werden, wozu ein *Zinsanstieg* erforderlich ist. Die (linearisierte) M-Kurve ist deshalb *positiv* geneigt.

bb) *B-Kurve*. – Gleichung (7) läßt erkennen, daß sich auch auf dem Markt für inländische Wertpapiere (kurz: B-Markt) bei einer *Erhöhung des Wechselkurses* auf Grund eines Vermögens- und Ertragseffekts eine Überschußnachfrage einstellt. Ihre Beseitigung erfordert eine *Zinssenkung*, weil hierdurch die Nachfrage nach Inlandstiteln abnimmt. Die (linearisierte) B-Kurve weist deshalb eine *negative* Steigung auf.

cc) *F-Kurve*. – Wie Gleichung (8) deutlich macht, wirkt der Wechselkurs auf dem Markt für Auslandstitel (kurz: F-Markt) nicht nur auf die Bestandsnachfrage von Auslandstiteln, sondern zusätzlich auch auf das Bestandsangebot ein. Der auf der Angebotsseite wirksame Effekt bedeutet z.B. bei einem *Anstieg* des Wechselkurses, daß im Inland wertmäßig ein höherer Bestand an Auslandstiteln unterzubringen ist (*Angebotseffekt*). Gleichzeitig ergibt sich als Folge des Vermögenseffekts, daß die privaten Wirtschaftssubjekte einen durch f bestimmten Anteil der wertmäßigen Vermögenszunahme in Form von Auslandstiteln zu halten wünschen. Da f kleiner ist als eins, dominiert der Angebotseffekt den Vermögenseffekt, und es entsteht ein Überschußangebot. Weiter ist zu berücksichtigen, daß sich mit der Abwertung eine Aufwertungs-

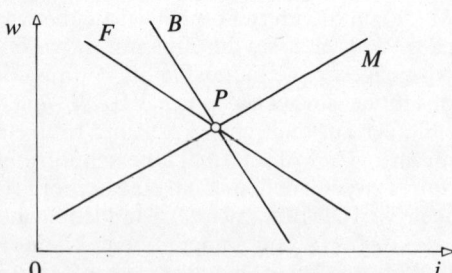

0 i Figur 50

erwartung für die heimische Währung einstellt, die über den *Ertragseffekt* die Bestandsnachfrage nach Auslandstiteln reduziert, so daß hierdurch das Überschußangebot noch verstärkt wird. Damit Gleichgewicht auf dem F-Markt erhalten bleibt, muß das Überschußangebot ausgeglichen werden. Zum Ausgleich ist eine Erhöhung der Bestandsnachfrage nach Auslandstiteln erforderlich, die eine *Senkung* des (inländischen) Zinssatzes bedingt. Die (linearisierte) F-Kurve hat deshalb (wie die B-Kurve) eine negative Steigung. Wie sich den folgenden Ableitungen entnehmen läßt, verläuft die B-Kurve dabei steiler als die F-Kurve (siehe Fig. 50 auf S. 288).

Um die Steigungen der Gleichgewichtskurven algebraisch herzuleiten (und zu präzisieren), werden die Gleichungen (6), (7) und (8) total differenziert. Wird dabei der Ausdruck $\left(i_a + \dfrac{\bar{e} - w}{w} \right)$ durch a abgekürzt und Gleichung (4) berücksichtigt, dann erhält man aus (6):

$$\frac{\partial l}{\partial i} W di + \frac{\partial l}{\partial a} \left(- \frac{\bar{e}}{w^2} \right) W dw + l F dw = 0 \, .$$

Bei $w = \bar{e} = 1$ in der Ausgangslage kann man hierfür auch schreiben:

$$l F dw - \frac{\partial l}{\partial a} W dw = - \frac{\partial l}{\partial i} W di \, .$$

Hieraus folgt für die *Steigung der M-Kurve*:

$$(6') \qquad \left. \frac{dw}{di} \right|_M = \frac{- \dfrac{\partial l}{\partial i} W}{l F - \dfrac{\partial l}{\partial a} W} > 0 \, .$$

Entsprechend ergibt sich aus (7):

$$\frac{\partial b}{\partial i} W di + \frac{\partial b}{\partial a} \left(- \frac{\bar{e}}{w^2} \right) W dw + b F dw = 0 \, .$$

Bei $w = \bar{e} = 1$ folgt hieraus für die Steigung der *B-Kurve*:

$$(7') \qquad \left. \frac{dw}{di} \right|_B = \frac{- \dfrac{\partial b}{\partial i} W}{b F - \dfrac{\partial b}{\partial a} W} < 0 \, .$$

Schließlich folgt aus (8):

$$\frac{\partial f}{\partial i} W di + \frac{\partial f}{\partial a} \left(- \frac{\bar{e}}{w^2} \right) W dw + f F dw = F dw \, .$$

Für die Steigung der *F-Kurve* ergibt sich dann (bei $w = \bar{e} = 1$):

$$(8')\qquad \frac{dw}{di}\bigg|_F = \frac{\dfrac{\partial f}{\partial i}\,W}{(1-f)F + \dfrac{\partial f}{\partial a}\,W} < 0^{\,[12]}.$$

Berücksichtigt man die adding-up-Bedingungen (Koeffizientenrestriktionen)

$$-\frac{\partial b}{\partial i} = \frac{\partial f}{\partial i} + \frac{\partial l}{\partial i};\qquad b = 1 - f - l;\qquad -\frac{\partial b}{\partial a} = \frac{\partial f}{\partial a} + \frac{\partial l}{\partial a}$$

in Gleichung (7'), dann folgt

$$\left| \frac{\left(\dfrac{\partial f}{\partial i} + \dfrac{\partial l}{\partial i}\right) W}{(1 - f - l)F + \left(\dfrac{\partial f}{\partial a} + \dfrac{\partial l}{\partial a}\right) W} \right| > \left| \frac{\dfrac{\partial f}{\partial i}\,W}{(1-f)F + \dfrac{\partial f}{\partial a}\,W} \right|,$$

d. h. die Steigung der *B*-Kurve ist betragsmäßig größer als die Steigung der *F*-Kurve (wie in Fig. 50).

2. Änderungen des Gleichgewichts

Im folgenden sollen die Auswirkungen von Störungen auf den Zinssatz und Wechselkurs untersucht werden. Bei den analysierten Parameteränderungen handelt es sich

a) um *geldpolitische Maßnahmen*, wie eine Erhöhung der Geldmenge durch Offenmarktkäufe inländischer Staatstitel der Zentralbank vom privaten Sektor,

b) um *Devisenmarktinterventionen*, wie Interventionskäufe von Auslandstiteln (Devisen), wobei die damit einhergehende Geld-

---

[12]) Entsteht bei Wechselkursänderungen kein Ertragseffekt, weil die Erwartungselastizität gleich eins ist, dann entfallen wegen $\partial\beta/\partial w = 0$ in den Gleichungen (6'), (7') und (8') alle mit $\partial l/\partial a$, $\partial b/\partial a$, $\partial f/\partial a$ verknüpften Ausdrücke. Wie aus (6'), (7') und (8') hervorgeht, ändert sich das Vorzeichen der Steigungen der drei Gleichgewichtskurven hierdurch nicht. Folglich schließen die qualitativen Implikationen des Modells den Spezialfall $\partial\beta/\partial w = 0$ ein. Vgl. hierzu auch Fußnote 5).

mengenerhöhung entweder hingenommen oder durch gleichzeitige Offenmarktverkäufe von inländischen Staatstiteln neutralisiert wird, und

c) um eine Erhöhung des Bestandes an Auslandstiteln auf Grund (exogen bestimmter) *Leistungsbilanzüberschüsse*[13]).

Im Fall a) steigt die Geldmenge und in gleichem Ausmaß sinkt der B-Bestand (genauer: $dB = -dM < 0$). Im Fall b) sinkt der F-Bestand und in gleichem Ausmaß steigt die Geldmenge oder der B-Bestand (genauer $wdF = -dM < 0$ oder $wdF = -dB < 0$). Im Fall c) steigt der F-Bestand zusammen mit dem privaten (inländischen) Vermögen (genauer: $wdF = dW$). *Anders* als im Fall c) bewirkt die Störung in den Fällen a) und b) unmittelbar keine Vermögensänderung[14]). Beim herrschenden Wechselkurs ergibt sich nur eine Umschichtung innerhalb des Vermögens. Erst nach der induzierten Wechselkursänderung tritt (als Folge einer Neubewertung) auch in diesen Fällen eine (wertmäßige) Änderung des Vermögens ein.

a) Geldpolitik

Bei der Analyse der Geldpolitik wird neben der M-Kurve die F-Kurve verwendet. Die F-Kurve weist bei der betrachteten Störung den Vorteil auf, daß sich ihre Lage nicht verändert, da der Parameter F von der Störung unberührt bleibt[15]). Der Einfluß der Geldmengenzunahme auf die Lage der M-Kurve läßt sich aus Gleichung (6) herleiten: Die Geldmengenerhöhung bewirkt auf dem Geldmarkt ein Überschußangebot. Um das Bestandsgleichgewicht

---

[13]) Eine algebraische Analyse dieser (und weiterer) Störungen findet sich im Anhang A9).

[14]) Vgl. hierzu und zu den folgenden Sätzen auch P. Böhm, Zur Theorie der Währungssubstitution. (Schweizerisches Institut für Außenwirtschafts-, Struktur- und Regionalforschung an der Hochschule St. Gallen, Bd. 7.) Diessenhofen 1984. S. 115, 117.

[15]) Bleibt bei einer Störung die Lage einer Gleichgewichtskurve unverändert, dann sollte man diese (neben einer anderen) in die Analyse einbeziehen. Bleibt bei einer Störung keine Gleichgewichtskurve in ihrer Lage unverändert und erscheint dann die Richtung einer Änderung von i und w bei Verwendung eines bestimmten Kurvenpaares nicht eindeutig, dann sollte man dieses Ergebnis durch Verwendung eines anderen Kurvenpaares überprüfen.

zu erhalten, muß das Überschußangebot durch eine entsprechende
Erhöhung der Geldnachfrage ausgeglichen werden. Bei gegebenem
Wechselkurs erfordert dieses eine Senkung des inländischen Zins-
satzes. Dementsprechend verschiebt sich die M-Kurve in einem
w/i-Diagramm nach links, wenn die Geldmenge im Zuge einer ex-
pansiven Offenmarktpolitik *erhöht* wird (vgl. Fig. 51).

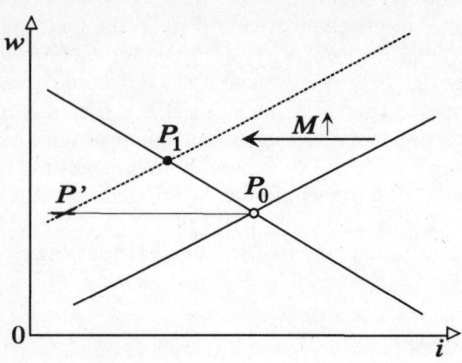

Figur 51

Wie man der graphischen Darstellung unmittelbar entnehmen
kann, ergibt sich als (kurzfristige) Reaktion auf die Geldmengenausweitung eine *Abwertung* der heimischen Währung, verbunden
mit einer *Zinssenkung*. Hinter der Bewegung von P_0 nach P_1 ver-
bergen sich genauer folgende Anpassungsvorgänge: Um den privaten Sektor zu veranlassen, die zusätzliche Geldmenge aufzuneh-
men, ist eine Senkung des inländischen Zinssatzes erforderlich (Bewegung von P_0 nach P'). Die Senkung des inländischen Zinssatzes
führt dann sofort zu einer verstärkten Nachfrage nach Auslandstiteln, wodurch eine Höherbewertung des in ausländischer Währung fixierten Bestandes dieser Titel bewirkt wird, der Wechselkurs
also steigt. Da sich auf Grund der Abwertung eine Aufwertungserwartung für die heimische Währung einstellt (Ertragseffekt) und
gleichzeitig das private Vermögen wertmäßig größer wird (Vermögenseffekt) nimmt die Bestandsnachfrage auf dem Geldmarkt zu.
Hierdurch steigt der Zinssatz wieder (Bewegung von P' nach P_1);
im Gesamteffekt ergibt sich aber die oben erwähnte Zinssenkung.
Zu beachten ist, daß sich Abwertung und Zinssenkung ohne zeitliche Verzögerung einstellen und damit ohne Anpassungen im gü-

terwirtschaftlichen Bereich; sie bewirken, daß die exogen geänderten Bestände unmittelbar nach der Störung vom privaten Sektor auch gewünscht werden und sich damit unverzüglich wieder ein Bestandsgleichgewicht etabliert.

b) Devisenmarktinterventionen

aa) *Nicht neutralisierte Interventionen.* – Werden von der Zentralbank Auslandstitel (Devisen) beim privaten Sektor gekauft und wird die damit einhergehende Ausdehnung der Geldmenge nicht durch gleichzeitige Offenmarktverkäufe inländischer Wertpapiere neutralisiert, dann verändert die *B*-Kurve ihre Lage nicht. Der Einfluß des reduzierten *F*-Bestandes auf die *F-Kurve* läßt sich aus Gleichung (8) herleiten: Die Senkung des *F*-Bestandes hat auf dem *F*-Markt eine Überschußnachfrage zur Folge[16]). Ihre Beseitigung erfordert bei gegebenem Wechselkurs einen Anstieg des inländischen Zinssatzes. Folglich verschiebt sich die *F*-Kurve nach *rechts*, wenn die Zentralbank durch Käufe von Auslandstiteln den *F*-Bestand *reduziert* (vgl. Fig. 52).

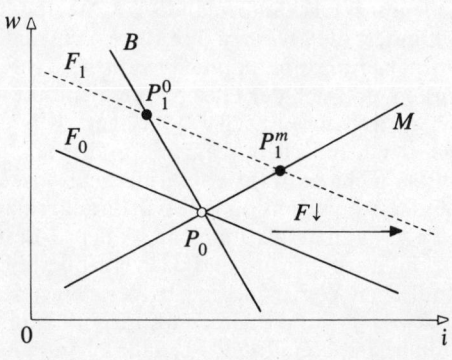

Figur 52

Wie die graphische Darstellung zeigt, bewirken Zentralbankkäufe von Auslandstiteln (Devisen) *ohne* Neutralisierungspolitik, daß sich der Gleichgewichtspunkt von *P* (auf der unveränderten *B*-Kur-

---

[16]) Man beachte, daß die Störung (wie auch im Fall a)) keinen unmittelbaren Einfluß auf das Vermögen hat.

ve) nach P_1^0 verlagert, d. h. es ergibt sich eine *Abwertung* der heimischen Währung und eine *Zinssenkung*. Ohne Details des Anpassungsvorgangs wiederzugeben, läßt sich dieses Ergebnis wie folgt begründen: Die Käufe von Auslandstiteln durch die Zentralbank führen zu einer Erhöhung des Wechselkurses. Wie bei der expansiven Geldpolitik steigt hierdurch (über einen Ertrags- und Vermögenseffekt) die Bestandsnachfrage nach inländischen Wertpapieren, so daß bei gegebenem B-Bestand eine Zinssenkung eintritt.

Unterschiede zur Geldschöpfung durch Offenmarktkäufe von inländischen Staatstiteln werden deutlich, wenn man in Fig. 52 durch P_1^0 eine nach der Geldmengenerhöhung gültige (neue) M-Kurve einzeichnet. Sie schneidet die F_0-Kurve in einem Punkt, der P_1 in Fig. 51 entspricht und links unterhalb von P_1^0 in Fig. 52 liegt. Offenbar führen nicht neutralisierte Interventionskäufe von Devisen – im Vergleich zu expansiven Offenmarktoperationen – zu einer stärkeren Abwertung und einer schwächeren Zinssenkung.

bb) *Neutralisierte Interventionen.* – aaa) Werden Auslandstitel (Devisen) von der Zentralbank beim privaten Sektor gekauft und wird die damit einhergehende Ausdehnung der Geldmenge durch gleichzeitige Offenmarktverkäufe inländischer Wertpapiere neutralisiert, dann verändert die *M-Kurve* ihre Lage nicht. Interventionskäufe mit Neutralisierungspolitik (auch *sterilisierte* Interventionen genannt) bewirken, daß sich der Gleichgewichtspunkt von P_0 (auf der unveränderten M-Kurve) nach P_1^m verlagert, d. h. es stellt sich eine *Abwertung* der heimischen Währung und eine *Zinserhöhung* ein. Die gegenüber nicht neutralisierten Interventionskäufen in der Richtung veränderte Zinsreaktion läßt sich damit erklären, daß im vorliegenden Fall – anders als unter aa) – der B-Bestand durch Offenmarktverkäufe erhöht wird und das vergrößerte Bestandsangebot an inländischen Wertpapieren nur bei steigendem Zinssatz aufgenommen wird[17]). Für die Interventionspolitik auf dem Devisenmarkt ist von besonderem Interesse, daß sich mit nicht neutralisierten Interventionen offenbar eine *stärkere Wechselkursreaktion* erzielen läßt als mit neutralisierten (sterilisierten) Interventionen.

---

[17]) Offensichtlich reicht die wechselkursinduzierte Erhöhung der Bestandsnachfrage nach inländischen Wertpapieren nicht aus, um das vergrößerte Bestandsangebot bei unverändertem Zinssatz zu absorbieren.

Die stärkere Wechselkursreaktion von

– nicht neutralisierten Interventionskäufen (*wF sinkt, M steigt*)
erscheint auch insofern einsichtig, als diese als Kombination
– neutralisierter Interventionskäufe (*wF sinkt, B steigt*) und
– expansiver Offenmarktoperationen (*B sinkt, M steigt*)

aufgefaßt werden können und sich – so gesehen – zwei Abwertungs-
reaktionen überlagern[18]).

bbb) Für *neutralisierte Devisenmarktoperationen* ist schließlich
noch von Bedeutung, daß diese *unwirksam* werden, wenn ein *vollkommener Kapitalmarkt* vorliegt. In diesem Fall sind die Gleichgewichtsbedingungen für den *B*-Markt und den *F*-Markt durch die
Zinsparität in der Form

$$i = i_a + \frac{\bar{e} - w}{w} \quad {}^{19})$$

zu ersetzen. Wie man sieht, ist die Lage der hierdurch bestimmten
Gleichgewichtskurve in einem *w*/*i*-Diagramm unabhängig von der
Höhe des *F*-Bestandes. Devisenmarktinterventionen bewirken damit auch keine Verlagerungen dieser Kurve und deshalb – bei unveränderter *M*-Kurve – auch *keine* Veränderung von Zinssatz und
Wechselkurs. Die Erklärung hierfür liegt darin, daß ein vollkommener Kapitalmarkt *homogene* Wertpapiere impliziert. Der private
Sektor ist deshalb bereit, Auslandstitel durch inländische Wertpapiere zu ersetzen, ohne daß dazu ein Anstieg des Wechselkurses und
des inländischen Zinssatzes erforderlich wird.

c) Leistungsbilanzsalden

Ein (exogen bestimmter) *Leistungsbilanzüberschuß* erhöht das Bestandsangebot an Auslandstiteln und zugleich das private Vermögen (*W*). Ändert sich *W* auf diesem Wege, dann verlagern sich alle
drei Gleichgewichtskurven. Bei der betrachteten Störung erweist es

---

[18]) Mit dieser Argumentation läßt sich auch die (oben erwähnte) stärkere
Wechselkursreaktion nicht neutralisierter Interventionskäufe im Vergleich zu expansiven Offenmarktoperationen erklären.

[19]) Es handelt sich hierbei um die sog. *ungesicherte* Zinsparität im Unterschied zur *gesicherten* Zinsparität, wie sie in Abschnitt X.1 mit Gleichung (1) verwendet wurde.

sich als sinnvoll, neben der B-Kurve die M-Kurve in die graphische Analyse einzubeziehen[20]). Wie aus den Gleichungen (6) und (7) hervorgeht, bewirkt der Vermögensanstieg sowohl auf dem Geldmarkt als auch auf dem B-Markt eine Überschußnachfrage. Ihre Beseitigung erfordert bei gegebenem Wechselkurs für den Geldmarkt eine Zinssteigerung, für den B-Markt eine Zinssenkung. Folglich verschieben sich die *M-Kurve* nach *rechts* und die *B-Kurve* nach *links* (vgl. Fig. 53).

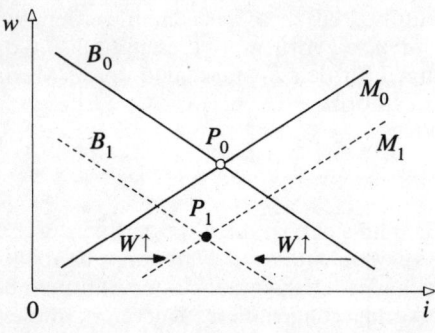

Figur 53

Wie man der graphischen Darstellung entnehmen kann, ergibt sich eine *Aufwertung* der heimischen Währung und eine *nicht eindeutige Zinsreaktion*. Die Aufwertung ist darauf zurückzuführen, daß das F-Angebot ausgeweitet wird[21]) und dieser Primäreffekt nicht durch Folgeeffekte kompensiert wird. Die unsichere Zinsreaktion[22]) resultiert daraus, daß die B-Nachfrage zwei entgegenge-

---

[20]) Wie sich zeigt, würden sich die B- und F-Kurve im betrachteten Fall beide nach links verlagern, so daß sich eindeutige Variablenänderungen aus der Graphik nicht zwingend ablesen lassen.

[21]) Man beachte, daß die Erhöhung des F-Angebots durch die gleichzeitige vermögensinduzierte Zunahme der F-Nachfrage nicht ausgeglichen wird, da $f < 1$.

[22]) Wird vereinfachend unterstellt, daß die Wechselkursänderungsrate β konstant oder Null ist, dann bleibt der Zinssatz unverändert. Siehe hierzu Rose, Sauernheimer, a.a.O., S. 211 f., und Gärtner, a.a.O., S. 184 f. – Um dieses Ergebnis formal herzuleiten, braucht man nur die Gleichungen (6) und (7) durcheinander zu dividieren. Daraus ergibt sich bei konstantem β, daß i nur noch von dem Quotienten M/B und

richteten Einflüssen ausgesetzt ist: Während der Vermögensanstieg auf Grund des Leistungsbilanzüberschusses nachfragestimulierend ist, wirkt die Aufwertung wegen der durch sie bedingten wertmäßigen Vermögensreduktion und der durch sie entstehenden Abwertungserwartung nachfragedämpfend.

d) Weitere Störungen

Weitere Störungen, die sich mit Hilfe des Finanzmarktes untersuchen lassen, sind:

– ein (exogen bestimmtes) *Budgetdefizit* des Staates, das durch Geldschöpfung oder Emission von Staatstiteln finanziert wird, und mit einer Erhöhung des privaten Vermögens verbunden ist (M oder B steigen zusammen mit W) oder

– ein Anstieg des *Auslandszinssatzes* (i_a) bzw. des *erwarteten Wechselkurses* ($\bar{e}$).

Wie sich zeigen läßt,

– führt ein Budgetdefizit bei Finanzierung durch Geldschöpfung zu einer *Abwertung* der heimischen Währung sowie zu einer *Zinssenkung* und bei Finanzierung durch Emission von Staatstiteln zu einer *nicht eindeutigen Wechselkursreaktion* und einer *Zinserhöhung*[23]), während

– ein Anstieg des ausländischen Zinssatzes bzw. des erwarteten Wechselkurses von einer *Abwertung* und einer nicht eindeutigen Zinsreaktion begleitet ist[24]).

Daß sich als Folge einer Erhöhung von i_a bzw. $\bar{e}$ (anders als auf einem vollkommenen Kapitalmarkt) nicht in jedem Fall ein Anstieg von i einstellt, liegt daran, daß die B-Nachfrage zwei *entgegengerichteten* Einflüssen ausgesetzt ist: Während der Anstieg von i_a

---

von i_a abhängig ist, also unverändert bleibt, wenn sich – wie im vorliegenden Fall – keine dieser Größen ändert.

[23]) Bei einer Finanzierung durch Geldschöpfung verlagern sich die B-Kurve nach links und die F-Kurve nach rechts; bei einer Finanzierung durch Emission von Staatstiteln verlagern sich die M- und F-Kurve nach rechts. – Zu den Auswirkungen von Budgetsalden auf Zins und Wechselkurs siehe genauer Gärtner, a.a.O., S. 182 ff.

[24]) Die M-Kurve verlagert sich nach links und die F-Kurve verlagert sich nach rechts.

bzw. $\bar{e}$ nachfragedämpfend ist, wirkt die Abwertung nachfragestimulierend.

Zusammenfassung

1. Im Rahmen des Finanzmarktmodells bewirken exogen bedingte Vorgänge eine Störung des Bestandsgleichgewichts auf Märkten für Finanzaktiva, das durch eine sofortige Anpassung von Bestandsnachfrage und Bestandsangebot wiederhergestellt wird; und zwar durch eine Änderung von Wechselkurs und Zinssatz. Dieser Ansatz erklärt deshalb die Änderung von Wechselkurs und Zinssatz auf kurze Sicht, ohne daß die Anpassung auf Gütermärkten schon eingesetzt hat.

2. Expansive Geldpolitik durch Offenmarktkäufe von inländischen Staatstiteln bewirkt (erwartungsgemäß) eine Abwertung der heimischen Währung und eine Senkung des inländischen Zinssatzes.

3. Devisenmarktinterventionen in Form von Käufen von Auslandstiteln durch die Zentralbank führen zu einer Abwertung und einer Zinssenkung, wenn die Geldmengenänderungen nicht neutralisiert werden, und zu einer (geringeren) Abwertung und einer Zinserhöhung, wenn sie neutralisiert (sterilisiert) werden. Neutralisierte Interventionen sind bei vollkommenem (internationalen) Kapitalmarkt ohne Wirkung auf Wechselkurs und Zinssatz.

4. Aus einem exogen bedingten Leistungsbilanzüberschuß resultiert eine Aufwertung und eine nicht eindeutige Zinsreaktion.

XII. Strom-Bestands-Modell

Während im Finanzmarktmodell des vorherigen Kapitels Anpassungsvorgänge im güterwirtschaftlichen Bereich fehlten, Vermögenseffekte aber bereits eine Rolle spielten, war der Gütermarkt wesentlicher Bestandteil der Keynesianischen Analyse im dritten Teil und dort blieb jeglicher Einfluß von Vermögensänderungen außer Betracht. In Keynesianischen Modellen wird üblicherweise untersucht, welche Werte bestimmte Variablen (wie der Zinssatz und das Volkseinkommen) annehmen müssen, damit die exogen fixierte Geldmenge gehalten wird *und* sich bestimmte Stromgrößen (wie das Volkseinkommen) im Gleichgewicht befinden. In einem derartigen *Stromgleichgewicht* ergibt sich in der Regel eine positive oder negative private *Ersparnis*. Dementsprechend kommt es im Keynesianischen Stromgleichgewicht i. a. zu Änderungen des privaten Gesamtvermögens, die sich in Änderungen des Bestandes an Sachkapital und Finanzvermögen (Geld und sonstige Nettoforderungen gegenüber dem Staat sowie Nettoforderungen gegenüber dem Ausland) niederschlagen und aus der privaten Investitionstätigkeit, Defiziten bzw. Überschüssen im Staatsbudget und Leistungsbilanzüberschüssen bzw. -defiziten resultieren. Wird nun von der plausiblen Annahme ausgegangen, daß die private Güter- und Geldnachfrage vom Bestand des privaten Vermögens abhängt, dann liegt es nahe, ein Strommodell mit einem Bestandsmodell zu einem *Strom-Bestands-Ansatz*[1]) zu verbinden, weil ein mit negativer oder positiver Ersparnis verbundenes Stromgleichgewicht wegen der induzierten Bestandsänderungen nicht erhalten bleibt. Zu untersuchen ist dabei, wie sich das Stromgleichgewicht unter dem Einfluß sich endogen ändernder Bestände weiterentwickelt und ob ein stabiler Anpassungsprozeß in dem Sinne zu erwarten ist, daß

---

[1]) Die Entwicklung von Strom-Bestands-Modellen geht zurück auf Ansätze von D. J. Ott, A. F. Ott (Budget Balance and Equilibrium Income, „The Journal of Finance", Vol. 20 (1965), S. 71ff.) and C. F. Christ (A Short-Run Aggregate-Demand Model of the Interdependence and Effects of Monetary and Fiscal Policies with Keynesian and Classical Interest Elasticities, „The American Economic Review", Papers and Proceedings, Vol. 57 (1967), S. 434ff., A Simple Macroeconomic Model with a Government Budget Restraint, „The Journal of Political Economy", Vol. 76 (1968), S. 53ff.). Sie wurden u. a. erweitert von A. S. Blinder, R. M. Solow, Does Fiscal Policy Matter?, „The Journal of Public Economics", Vol. 2 (1973), S. 319ff., und im Laufe der siebziger Jahre zunehmend auf offene Volkswirtschaften übertragen. Siehe hierzu z. B. das *Unterbeschäftigungsmodell* von W. H. Branson (The Dual Roles of the Government Budget and the Balance of Payments in the Movement from Short-Run to Long-Run Equilibrium. „The Quarterly Journal of Economics", Vol. 90 (1976), S. 345ff.) und das *Vollbeschäftigungsmodell* von R. Dornbusch (A Portfolio Balance Model of the Open Economy, „The Journal of Monetary Economics", Vol. 1 (1975), S. 3ff.

langfristig ein Zustand erreicht wird, bei dem auch die *Bestandsgrößen* konstant bleiben (**Strom-Bestands-Gleichgewicht**)[2]).

1. Modellaufbau

Das verwendete Modell unterliegt einer Reihe starker *Vereinfachungen*. So werden Zinszahlungen des Staates sowie Zinszahlungen zwischen In- und Ausländern vernachlässigt. Auch bleiben Kapazitäts- und Vermögenseffekte des Sachkapitalbestandes unberücksichtigt. Weiter wird unterstellt, daß das gesamtwirtschaftliche Angebot vollkommen elastisch ist, das Sozialprodukt also bei konstantem Preisniveau ($p = 1$) erhöht werden kann. Schließlich beschränkt sich die Analyse auf ein System fester Wechselkurse[3]).

Das Modell enthält die folgenden *Marktgleichgewichtsbedingungen*[4]), die zunächst formuliert und anschließend erläutert werden sollen:

$$Y_t = E_t^p[\overset{+}{Y_t}(1-\tau), \overset{-}{i_t}, \overset{+}{W_{t-1}}] + G_t + A_t(\overset{-}{Y_t}, \overset{+}{\overline{w}}, \overset{+}{\overline{Y}_a}) \tag{1}$$

$$M_t = L_t(\overset{+}{Y_t}, \overset{-}{i_t}, \overset{=}{\overline{i}_a}, \overset{+}{W_{t-1}}) \tag{2}$$

---

[2]) Die Vorstellung, daß sich aus einem kurzfristigen Gleichgewicht auf Grund von Bestandsänderungen ein langfristiges Gleichgewicht entwikkelt, ist bereits aus der im VI. Kapitel behandelten Gleichgewichtsanalyse ohne Neutralisationspolitik bekannt. Allerdings erfolgte die Anpassung dort nur durch Änderungen der Geldbasis und damit der Geldmenge als Folge von Devisenbilanzungleichgewichten, ohne daß Vermögensänderungen systematisch berücksichtigt wurden (z.B. als Einflußgröße der Güter- und Geldnachfrage).

[3]) Ein entsprechendes Modell mit *flexiblem Wechselkurs* findet sich für einen vollkommenen Kapitalmarkt bei H.-J. Jarchow, Geldpolitik in einer offenen Volkswirtschaft – Eine Mehrperiodenanalyse –. In: Probleme der Währungspolitik. (Hrsg. von W. Ehrlicher und R. Richter, Schriften des Vereins für Socialpolitik, N.F., Bd. 120). Berlin 1981. S. 113ff.

[4]) Eine ausführliche Darstellung des folgenden Modells findet sich bei Jarchow, Geldpolitik in einer offenen Volkswirtschaft ..., a.a.O., S. 117ff. – Zur Formulierung eines Strom-Bestands-Ansatzes in diskreter Analyse vgl. auch S. T. Turnovsky, Macroeconomic analysis and stabilization policy. Cambridge 1977. S. 73ff.

$$B_t = B_t^n(\overset{?}{Y_t}, \overset{+}{i_t}, \overset{-}{\bar{i}_a}, \overset{+}{W_{t-1}}) \tag{3}$$

$$\bar{w}F_t = F_t^n(\overset{?}{Y_t}, \overset{-}{i_t}, \overset{+}{\bar{i}_a}, \overset{+}{W_{t-1}}), \tag{4}$$

wobei $W_{t-1} = M_{t-1} + B_{t-1} + \bar{w}F_{t-1}$.

Der Index t gibt hierbei den Endzeitpunkt der betrachteten Periode, der Index $t-1$ den Anfangszeitpunkt der betrachteten bzw. den Endzeitpunkt der vorangegangenen Periode an. So bezeichnet W_{t-1} das zu Beginn der Betrachtungsperiode vorhandene private Finanzvermögen und M_t den für das Ende der Betrachtungsperiode angestrebten Kassenbestand. Stromgrößen (wie Y_t oder A_t) mit dem Index t erfassen den Betrag, der über die im Zeitpunkt $t-1$ beginnende und im Zeitpunkt t endende Betrachtungsperiode hinweg geplant wird.

Gleichung (1) beschreibt die Gleichgewichtsbedingung für den *Gütermarkt* und enthält auf der rechten Seite neben den Staatsausgaben (G_t) und dem Außenbeitrag (A_t) die den privaten Konsum und die private Nettoinvestition zusammenfassende private Absorption (E_t^p). Es wird unterstellt, daß die private Absorption positiv vom verfügbaren Volkseinkommen ($Y - \tau Y$)[5]), negativ vom Zinssatz i_t und positiv vom Anfangsbestand[6]) des privaten Finanzvermögens W_{t-1} abhängt.

Die *Gleichungen (2) bis (4)* entsprechen dem Finanzmarktmodell mit der Ergänzung, daß das Volkseinkommen (Y_t) als Einflußfaktor berücksichtigt wird, und der Modifikation, daß die Beziehung zwischen der Bestandsnachfrage nach Finanzaktiva und dem privaten Vermögen nicht proportional sein muß und das Vermögen ausdrücklich auf den Anfangszeitpunkt der betrachteten Periode datiert wird[7]).

---

[5]) Der Steuersatz τ ist konstant.

[6]) Die Verwendung des Endbestandes würde zu Inkonsistenzen führen. Siehe hierzu genauer G. Engel, Die Bedeutung der Budgetrestriktion des privaten Sektors für das einfache Standardmodell der makroökonomischen Periodenanalyse. „Zeitschrift für die gesamte Staatswissenschaft", Bd. 133 (1977), S. 472, 477 ff.

[7]) Man beachte außerdem, daß die erwartete Wechselkursänderungsrate β als Argument wegen der Annahme fester Wechselkurse entfällt.

Nach dem *Walras-Gesetz* kann von den vier aufgeführten Märkten einer weggelassen werden, da die Gleichgewichtsbedingung auf diesem Markt erfüllt ist, wenn die Gleichgewichtsbedingungen auf den drei restlichen Märkten erfüllt sind[8]).

Neben den Marktgleichgewichtsbedingungen sind in dem Strom-Bestands-Modell sog. *Budgetrestriktionen* zu berücksichtigen. Budgetrestriktionen geben an, wie laufende Defizite finanziert bzw. laufende Überschüsse angelegt werden. Die hier relevanten Budgetrestriktionen[9]) lauten:

$$G_t - \tau Y_t + \bar{w} R_t - \bar{w} R_{t-1} = M_t - M_{t-1} + B_t - B_{t-1} \quad (5)$$

$$A_t(Y_t, \bar{w}, \bar{Y}_a) = \bar{w} F_t - \bar{w} F_{t-1} + \bar{w} R_t - \bar{w} R_{t-1}. \quad (6)$$

Die *Budgetrestriktion des Staates* (5) impliziert die Aussage, daß der staatliche Sektor (einschl. Zentralbank)[10]) ein Budgetdefizit $(G_t - \tau Y_t)$ und (oder) eine Erhöhung der Devisenreserven $(\bar{w} R_t - \bar{w} R_{t-1})$ durch Geldschöpfung $(M_t - M_{t-1})$ und (oder) Emission von Inlandsobligationen $(B_t - B_{t-1})$ finanzieren muß.

Die *Budgetrestriktion des Auslands* (6) impliziert die Aussage, daß das Ausland ein Leistungsbilanzdefizit gegenüber dem Inland (A_t)[11]) durch Abgabe von Auslandsobligationen an den privaten Sektor des Inlands $(\bar{w} F_t - \bar{w} F_{t-1})$ und (oder) an die inländische Zentralbank finanzieren muß, so daß sich bei letzterer die Währungsreserven erhöhen (um $\bar{w} R_t - \bar{w} R_{t-1}$)[12]).

---

[8]) Dieses folgt aus der gesamtwirtschaftlichen *Budgetrestriktion* (siehe hierzu Anhang A 10), Gleichung (2).

[9]) Die im folgenden für die Ableitung nicht benötigte *Budgetrestriktion des privaten Sektors* ist im Anhang A 10) als Gleichung (1) formuliert.

[10]) Wird aus der Budgetrestriktion (5) die Budgetrestriktion der *Zentralbank* eliminiert, dann erhält man für (5)

$$G_t - \tau Y_t = B_t^z - B_{t-1}^z + B_t - B_{t-1} \qquad (\text{x})$$

und als Budgetrestriktion der Zentralbank

$$B_t^z - B_{t-1}^z + \bar{w} R_t - \bar{w} R_{t-1} = M_t - M_{t-1}, \qquad (\text{xx})$$

wobei B^z den Bestand an Staatstiteln bei der Zentralbank bezeichnet. (Werden (x) und (xx) aggregiert, dann ergibt sich (5)).

[11]) Der Leistungsbilanzsaldo entspricht dem Außenbeitrag, da von unentgeltlichen Übertragungen abgesehen wird.

[12]) Wird Gleichung (6) umgeformt zu

$$\bar{w} R_t - \bar{w} R_{t-1} = A_t(Y_t, \bar{w}, \bar{Y}_a) - (\bar{w} F_t - \bar{w} F_{t-1}),$$

Durch Zusammenfassung der beiden Budgetrestriktionen erhält man die für die weitere Analyse besonders wichtige *aggregierte Budgetrestriktion von Staat und Ausland:*

$$G_t - \tau Y_t + A_t(Y_t, \bar{w}, \bar{Y}_a) = M_t - M_{t-1} + B_t - B_{t-1} \\ + \bar{w}F_t - \bar{w}F_{t-1}. \qquad (7)$$

Da die linke Seite dieser Gleichung dem Finanzierungsüberschuß bzw. -defizit des privaten Sektors, also der privaten Ersparnis abzüglich der privaten Nettoinvestition, entspricht[13]), läßt sich diese Gleichung so interpretieren, daß die linke Seite angibt, aus welchen Quellen der private Finanzierungssaldo entstanden ist, und die rechte Seite beschreibt, wie der Finanzierungssaldo verwendet worden ist.

Da

$$M_t + B_t + \bar{w}F_t = W_t, \qquad (8)$$

läßt sich die aggregierte Budgetrestriktion von Staat und Ausland kürzer auch in folgender Form schreiben:

$$W_t - W_{t-1} = G_t - \tau Y_t + A_t(Y_t, \bar{w}, \bar{Y}_a). \qquad (9)$$

2. Gleichgewichtslösungen

a) Lösungsweg

Das dargestellte Modell enthält an *vorgegebenen Größen* (Daten) die zu Beginn der Betrachtungsperiode $(t-1)$ vorhandenen Bestände, den Steuersatz τ, den Wechselkurs $\bar{w}$, den Auslandszins $\bar{i}_a$

---

dann zeigt sich, daß der *Devisenbilanzsaldo* $(\bar{w}R_t - \bar{w}R_{t-1})$ durch den Saldo aus der Leistungs- und Kapitalbilanz bestimmt wird.

[13]) Daß dem Finanzierungsdefizit bzw. -überschuß von Staat und Ausland $(G_t - \tau Y_t + A_t)$ ein Finanzierungsüberschuß bzw. -defizit des privaten Sektors entsprechen muß, ergibt sich wie folgt: Gleichung (1) läßt sich umformen zu

$$G_t + A_t = Y_t - E_t^p. \quad \text{Hieraus folgt:}$$

$$\begin{aligned} G_t - \tau Y_t + A_t &= Y_t - \tau Y_t - E_t^p \\ &= \underbrace{Y_t - \tau Y_t - C_t^p}_{S_t^p} - I_t^p \\ &= \qquad S_t^p \qquad - I_t^p. \end{aligned}$$

und das Volkseinkommen im Ausland $\bar{Y}_a$. Neben diesen Größen werden die Staatsausgaben G_t und die Geldmenge M_t im folgenden als (fixierte) wirtschaftspolitische Aktionsparameter angesehen[14]). Die *Variablen* des Modells sind: das Volkseinkommen des Inlands Y_t, der Inlandszins i_t, der im Umlauf befindliche Bestand an Inlandsobligationen B_t, der im privaten Sektor gehaltene Bestand an Auslandsobligationen F_t, der Bestand an Währungsreserven R_t und das gesamte private Finanzvermögen W_t. Diese sechs Variablen lassen sich mit Hilfe der sechs *unabhängigen Gleichungen* (1), (2), (3), (5), (6) und (8)[15]) bestimmen. Die Lösung kann dabei schrittweise vorgenommen werden[16]): Die Gleichungen (1) und (2) bestimmen simultan das Volkseinkommen Y_t und den Zinssatz i_t. Aus Gleichung (3) ergibt sich dann der im Umlauf befindliche Bestand an Staatstiteln B_t. Ist B_t bestimmt, dann erhält man aus Gleichung (5) den (in Inlandswährung ausgedrückten) Bestand an Währungsreserven $\bar{w} R_t$ (und damit auch den Devisenbilanzsaldo ($\bar{w} R_t - \bar{w} R_{t-1}$)). Aus Gleichung (6) lassen sich anschließend der im privaten Sektor des Inlands gehaltene Bestand an Auslandsobligationen $\bar{w} F_t$ (und damit auch der Kapitalverkehrsbilanzsaldo ($\bar{w} F_t - \bar{w} F_{t-1}$)) ermitteln. Gleichung (8) definiert schließlich das gesamte private Finanzvermögen W_t.

b) Kurz- und langfristiges Gleichgewicht

Bei der weiteren Analyse steht die Entwicklung des Volkseinkommens (Y_t), des Zinssatzes (i_t) und des privaten Finanzvermögens (W_t) im Vordergrund. Diese drei Variablen lassen sich für jede Pe-

---

[14]) Diese Annahme impliziert, daß der staatliche Sektor den Umlauf an Inlandsobligationen B_t so variiert (z. B. im Rahmen von Offenmarktoperationen), daß Geldmengenänderungen als Folge von Budget- und Devisenbilanzsalden *neutralisiert* werden, soweit sich dadurch eine Abweichung von der angestrebten Geldmengenänderung ergibt. – Würde der Staat neben G_t nicht M_t, sondern B_t autonom fixieren, dann wäre die Geldmenge M_t (an Stelle von B_t) eine endogene Größe.

[15]) Der Leser beachte, daß von den vier Marktgleichgewichtsbedingungen (1) bis (4) nur drei voneinander unabhängig sind und sich die Budgetrestriktionen (7) bzw. (9) durch Aggregation der Budgetrestriktionen (5) und (6) ergeben haben, also auch nicht unabhängig sind.

[16]) Diese Vorgehensweise ist möglich, weil das Modell nicht vollständig interdependent, sondern weitgehend rekursiv ist.

riode (t) allein mit Hilfe der drei Gleichungen (1), (2) und (9) ermitteln. Im Rahmen des durch diese Gleichungen beschriebenen dynamischen Modells bestimmen die Gleichungen (1) und (2) die *kurzfristigen* Gleichgewichtswerte von Y_t und i_t für eine bestimmte Periode t bei *gegebenem* Anfangsbestand des privaten Finanzvermögens W_{t-1}. Aus Gleichung (9) geht dann hervor, ob die im (kurzfristigen) *Stromgleichgewicht* realisierten Werte für Y_t und i_t mit einer Änderung des privaten Finanzvermögens verbunden sind. Solange Änderungen des privaten Finanzvermögens eintreten, kann das Stromgleichgewicht nicht bestehen bleiben, da das Finanzvermögen die private Absorption entsprechend (1) und die Geldnachfrage entsprechend (2) beeinflußt. Ein vollständiges langfristiges Gleichgewicht wird erst erreicht, wenn sich das private Finanzvermögen nicht mehr ändert, d. h. wenn gilt:

$$G - \tau Y + A(Y, \bar{w}, \bar{Y}_a) = 0. \tag{10}$$

Diese Gleichung muß neben den Gleichungen (1) und (2) im **(langfristigen) Strom-Bestands-Gleichgewicht** erfüllt sein. Gleichung (10) läßt erkennen, daß ein Strom-Bestands-Gleichgewicht in einer offenen Volkswirtschaft – anders als in einer geschlossenen Volkswirtschaft – mit einem Überschuß (Defizit) im Staatsbudget vereinbar sein kann, vorausgesetzt der Überschuß (das Defizit) wird durch einen gleich großen Überschuß (gleich großes Defizit) in der Leistungsbilanz gerade kompensiert[17]).

Der *langfristige Gleichgewichtswert* für das Volkseinkommen (Y) läßt sich explizit ermitteln, wenn für die Bestimmungsgleichung des Außenbeitrags ein linearer Zusammenhang unterstellt wird. Gleichung (10) läßt sich dann wie folgt schreiben:

$$G - \tau Y + \bar{X} - mY = 0. \tag{11}$$

Hieraus ergibt sich

$$Y = \frac{G + \bar{X}}{\tau + m}. \tag{12}$$

---

[17]) Allerdings ist bei andauernder Kompensation eines Budgetdefizits durch Leistungsbilanzdefizite zu bedenken, daß letzteres nicht beliebig lange finanziert werden kann (weil sich die Währungsreserven und die Verschuldungsmöglichkeiten im Ausland erschöpfen).

Da die Geldmenge in der für das langfristige Gleichgewicht maßgeblichen Beziehung (11) bzw. (12) nicht enthalten ist, folgt, daß die *Geldmenge* langfristig keinen Einfluß auf das Volkseinkommen hat[18]. *Fiskalpolitische Maßnahmen* sind demgegenüber langfristig wirksam; denn bei einer Erhöhung der Staatsausgaben ergibt sich aus (12)

$$\frac{dY}{dG} = \frac{1}{\tau + m}[19].$$ (13)

Der in (13) angegebene **langfristige Staatsausgabenmultiplikator** gibt an, um welchen Betrag sich das Volkseinkommen auf Grund einer Änderung der Staatsausgaben bei Erreichen eines neuen Strom-Bestands-Gleichgewichts gegenüber dem ursprünglichen Strom-Bestands-Gleichgewicht verändert hat; der Multiplikator ist positiv und um so größer, je kleiner der marginale Steuersatz und die marginale Importquote sind.

3. Anpassungsvorgänge

Im folgenden soll mit Hilfe einer graphischen Analyse untersucht werden, wie sich *Volkseinkommen* und *Zinssatz* entwickeln, wenn ein bestehendes Strom-Bestands-Gleichgewicht durch Änderung wirtschaftspolitischer Aktionsparameter gestört wird. Die Änderung wirtschaftspolitischer Aktionsparameter soll dabei auf folgenden Maßnahmen beruhen:

a) Die Zentralbank hebt die Geldmenge in der laufenden Periode durch Offenmarktkäufe von Inlandsobligationen auf ein höheres Niveau an und hält die Geldmenge in den folgenden Perioden auf diesem Niveau (*Geldpolitik*),

b) die Regierung hebt die Staatsausgaben in der laufenden Periode auf ein höheres Niveau an und finanziert Budgetdefizite durch Emission von Staatsobligationen (*Fiskalpolitik*).

---

[18]) Diese Schlußfolgerung ist allerdings zu modifizieren, wenn *Zinszahlungen* im Rahmen des Modells berücksichtigt werden.

[19]) Siehe hierzu schon W. E. Oates, Budget Balance and Equilibrium Income: A Comment on the Efficacy of Fiscal and Monetary Policy in an Open Economy. „The Journal of Finance", Vol. 21 (1966), S. 493.

a) Geldpolitik

Die graphische Darstellung erfolgt in einem i/Y-Diagramm (vgl. Fig. 54) und verwendet drei Konzepte: die bekannten Gleichgewichtskurven für den Gütermarkt (IS-Kurve) und den Geldmarkt (LM-Kurve) sowie eine Kurve für das langfristige Gleichgewicht (LG-Kurve). Wie aus den Gleichungen (1) und (2) hervorgeht, werden die *Lage* der IS-Kurve vom Vermögen zu Beginn der Periode und von den Staatsausgaben und die *Lage* der LM-Kurve vom Vermögen zu Beginn der Periode und von der Geldmenge bestimmt. Die *Steigung* der IS-Kurve ist – wie im Hicksschen Diagramm – negativ, die der LM-Kurve positiv [20]. Die *LG-Kurve* wird durch eine Parallele zur i-Achse wiedergegeben; denn bei fixierten Staatsausgaben gibt es nur ein durch Gleichung (12) bestimmtes Volkseinkommensniveau, bei dem das private Finanzvermögen konstant bleibt.

Punkte, die *rechts* von der LG-Kurve liegen, kennzeichnen i/Y-Kombinationen, bei denen das Vermögen *sinkt*; denn ein höheres

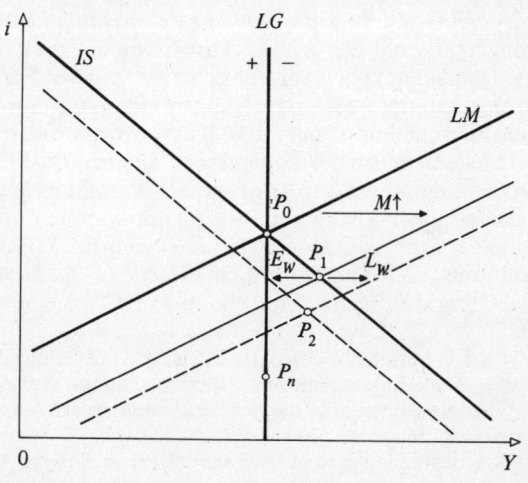

Figur 54

---

[20]) Siehe hierzu auch S.136 und S.138, wobei zu beachten ist, daß hier privater Konsum und private Investition zur privaten Absorption zusammengefaßt sind.

Volkseinkommen als im langfristigen Gleichgewicht bedeutet zum einen höhere Steuerzahlungen (bei vorher ausgeglichenem Budget also einen Budgetüberschuß) und zum anderen eine Verschlechterung der Leistungsbilanz (wegen höherer Importe). Beides bewirkt eine Abnahme des privaten Finanzvermögens. Punkte, die *links* von der *LG*-Kurve liegen, kennzeichnen i/Y-Kombinationen, bei denen das Vermögen *steigt*; denn ein kleineres Volkseinkommen als im langfristigen Gleichgewicht bedeutet zum einen geringere Steuerzahlungen und zum anderen eine Verbesserung der Leistungsbilanz. Beides bewirkt eine Zunahme des privaten Finanzvermögens.

Das in der Ausgangslage bei P_0 vorliegende Strom-Bestands-Gleichgewicht wird annahmegemäß dadurch gestört, daß die Geldmenge durch Offenmarktkäufe auf ein höheres Niveau angehoben wird. Die damit verbundene Rechtsverschiebung der *LM*-Kurve führt zu einem neuen Stromgleichgewicht mit höherem Volkseinkommen, einem dadurch reduzierten Außenbeitrag und einem niedrigeren Zinssatz, z. B. bei P_1. Verbunden ist mit diesem Vorgang eine Senkung des privaten Finanzvermögens; denn P_1 liegt rechts von der *LG*-Kurve. Eine *Senkung* des *privaten Finanzvermögens* verringert sowohl die private Absorption als auch die Geldnachfrage. Dementsprechend ergibt sich in der *z wei ten* Periode eine Linksverschiebung der *IS*-Kurve (kontraktiver E_W-Impuls) und eine Rechtsverschiebung der *LM*-Kurve (expansiver L_W-Impuls)[21]. Je nachdem, ob der kontraktive Gütermarkt-Effekt oder der expansive Geldmarkt-Effekt überwiegt, kommt es in der zweiten Periode zu einem Rückgang des Volkseinkommens oder einer weiteren Steigerung[22]. Ergibt sich ein *Rückgang* des Volkseinkommens, dann weist dieses bereits auf eine *stabile* (d. h. konvergierende) Entwicklung des Systems hin[23]. In Fig. 54 ist eine derartige

---

[21]) Die *LM*-Kurve verschiebt sich nach rechts, weil die Geldnachfrage bei gegebenem Volkseinkommen und Zinssatz abnimmt und das entstehende Überschußangebot in die gleiche Richtung wirkt wie eine Erhöhung der Geldmenge.

[22]) Die genaue Bedingung wird in Ungleichung (9) im Anhang A 10) angegeben.

[23]) Steigt das Volkseinkommen in der zweiten Periode weiter an, dann erhält man eine *labile* Entwicklung: Das Volkseinkommen wird immer größer und der Zinssatz immer niedriger, ohne daß Gleichgewichtswerte erreicht werden. Vgl. hierzu Jarchow, Geldpolitik in einer offenen Volkswirtschaft ..., a.a.O., S.127, 130.

Entwicklung mit dem in der zweiten Periode realisierten Punkt P_2 unterstellt worden. Das Volkseinkommen bewegt sich deshalb in dem dargestellten Fall mit der Zeit auf die *LG*-Kurve zurück und erreicht dort wieder ein *Strom-Bestands-Gleichgewicht*, z. B. bei P_n. Mit dem Volkseinkommen kehrt sich in der zweiten Periode auch die Entwicklung des Außenbeitrags um: Nach dem anfänglichen Rückgang in der ersten Periode nimmt der Außenbeitrag wieder zu, bis er schließlich auf sein Ausgangsniveau angestiegen ist. Gegenüber der Ausgangslage (P_0) haben sich also Volkseinkommen und Außenbeitrag letztlich nicht verändert, der Zinssatz ist jedoch gesunken[24]).

b) Fiskalpolitik

Im Unterschied zu den unter a) betrachteten Anpassungsvorgängen führt eine Veränderung der Staatsausgaben langfristig zu einer Veränderung des Volkseinkommens. So bewirkt nach Gleichung (12) eine *Erhöhung der Staatsausgaben* um dG langfristig einen Anstieg des Volkseinkommens um $\dfrac{1}{\tau + m} \, dG$. Die *LG*-Kurve verlagert sich dementsprechend um diesen Betrag nach rechts, d. h. an die Stelle der LG_0-Kurve tritt die LG_1-Kurve (siehe Fig. 55). Gleichzeitig verschiebt sich auch die *IS*-Kurve parallel nach rechts. Dadurch ergibt sich ein neues (kurzfristiges) Stromgleichgewicht mit höherem Volkseinkommen, einem dadurch reduzierten Außenbeitrag und einem höheren Zinssatz, z. B. bei P_1. Da sich zeigen läßt, daß P_1 links von der neuen *LG*-Kurve liegt[25]), hat das *private Finanzvermögen* zugenommen[26]). Eine *Zunahme* des privaten Finanzver-

---

[24]) Abgenommen hat auch das *private Finanzvermögen*, da während des Anpassungsprozesses kurzfristige Gleichgewichte nur rechts von der *LG*-Kurve realisiert werden.

[25]) Im Anhang A 10), S. 352, wird gezeigt, daß die kurzfristig bewirkte Einkommenserhöhung kleiner ausfallen muß als die langfristig bewirkte Einkommenserhöhung.

[26]) Die ökonomische Erklärung hierfür liegt darin, daß durch die Erhöhung der Staatsausgaben ein Budgetdefizit entstanden ist, das durch die Verschlechterung der Leistungsbilanz nicht kompensiert wird. (Dieser Zustand bleibt so lange erhalten, bis ein Gleichgewicht auf der durch das erhöhte Staatsausgabenniveau bestimmten LG_1-Kurve realisiert wird.)

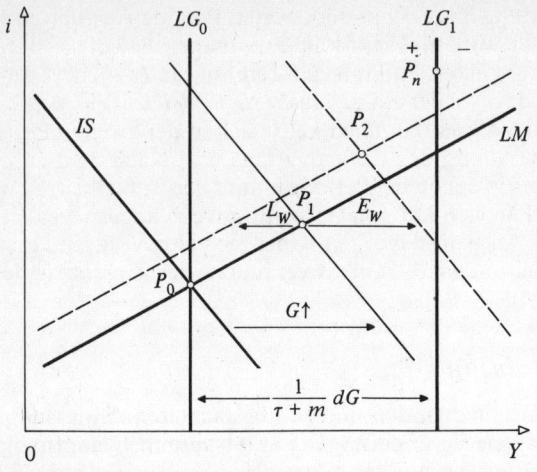

Figur 55

mögens erhöht sowohl die private Absorption als auch die Geldnachfrage. Dementsprechend ergibt sich in der zweiten Periode eine Rechtsverschiebung der *IS*-Kurve (expansiver E_W-Impuls) und eine Linksverschiebung der *LM*-Kurve (kontraktiver L_W-Impuls). Je nachdem, ob der expansive Gütermarkt-Effekt oder der kontraktive Geldmarkt-Effekt überwiegt, erhält man in der zweiten Periode eine weitere Steigerung des Volkseinkommens oder einen Rückgang[27]). Kommt es zu einer Steigerung des Volkseinkommens, dann ist dieses bereits ein Hinweis dafür, daß das System *stabil* ist[28]). In Fig. 55 ist eine derartige Entwicklung mit P_2 unterstellt worden. Das Volkseinkommen bewegt sich deshalb in dem dargestellten Fall mit der Zeit auf die (neue) LG_1-Kurve zu und erreicht dort wieder ein *Strom-Bestands-Gleichgewicht*, z. B. bei P_n. Mit dem weiter steigenden Volkseinkommen nimmt der Außenbeitrag ständig ab, bis er – wie das Volkseinkommen – einen (neuen)

---

[27]) Die genaue Bedingung wird in Ungleichung (9) im Anhang 10) angegeben.

[28]) Ergibt sich ein Rückgang des Volkseinkommens, dann liegt eine *labile* Entwicklung vor: Das Volkseinkommen wird immer kleiner und der Zinssatz immer höher, ohne daß Gleichgewichtswerte erreicht werden.

stationären Wert erreicht. Gegenüber der Ausgangslage hat sich also das Volkseinkommen erhöht, der Außenbeitrag verringert, und der Zinssatz ist gestiegen[29]).

Zusammenfassung

1. Vermögenseffekte bewirken, daß sich aus einem kurzfristigen (Keynesianischen) Stromgleichgewicht bei stabiler Entwicklung ein langfristiges Strom-Bestands-Gleichgewicht entwickelt.

2. Das langfristige Strom-Bestands-Gleichgewicht impliziert im betrachteten Modell, daß sich das private Finanzvermögen nicht mehr ändert. Das ist der Fall, wenn die Summe der Salden aus dem Staatsbudget und der Leistungsbilanz Null ergibt.

3. Eine Erhöhung der Geldmenge bewirkt zwar zunächst einen Anstieg des Volkseinkommens und eine Senkung des Außenbeitrags, langfristig werden diese Größen jedoch (solange Zinszahlungen unberücksichtigt bleiben) nicht beeinflußt. Eine Erhöhung der Staatsausgaben führt demgegenüber auch langfristig zu Veränderungen dieser Größen, nämlich zu einer Erhöhung des Volkseinkommens und einer Senkung des Außenbeitrags. Der langfristige Effekt ist dabei um so größer, je kleiner der Steuersatz und die marginale Importquote sind.

Ausgewählte Literaturangaben zum fünften Teil

E. Baltensperger, P. Böhm, Stand und Entwicklungstendenzen der Wechselkurstheorie – Ein Überblick. „Außenwirtschaft. Zeitschrift für internationale Wirtschaftsbeziehungen", Jg. 37 (1982), S. 109 ff. (zu XI).

D. Bender, Finanzmarkttheorie des Wechselkurses. In: Handwörterbuch der Wirtschaftswissenschaft (HdWW). Zugleich Neuauflage des Hand-

---

[29]) Erhöht hat sich auch das *private Finanzvermögen*, da während des Anpassungsprozesses kurzfristige Gleichgewichte nur links der relevanten LG_1-Kurve realisiert werden.

wörterbuchs der Sozialwissenschaften. Neunter Band. Stuttgart 1982. S. 757ff. (zu **XI**).

P. Böhm, Zur Theorie der Währungssubstitution. (Schweizerisches Institut für Außenwirtschafts-, Struktur- und Regionalforschung an der Hochschule St. Gallen, Bd. 7.) Diessenhofen 1984. (zu **XI**).

W. H. Branson, The Dual Roles of the Government Budget and the Balance of Payments in the Movement from Short-Run to Long-Run Equilibrium. „The Quarterly Journal of Economics", Vol. 90 (1976), S. 345ff. (zu **XII**).

–, Asset Markets and Relative Prices in Exchange Rate Determination. „Sozialwissenschaftliche Annalen des Instituts für Höhere Studien", Bd. 1 (1977), S. 69ff. (zu **XI**).

R. Dornbusch, A Portfolio Balance Model of the Open Economy. „The Journal of Monetary Economics", Vol. 1 (1975), S. 3ff. (zu **X**).

H.- J. Jarchow, Geldpolitik in einer offenen Volkswirtschaft – Eine Mehrperiodenanalyse –. In: Probleme der Währungspolitik. Hrsg. von W. Ehrlicher und R. Richter. (Schriften des Vereins für Socialpolitik, Neue Folge, Bd. 120). Berlin 1981. S. 113ff. (zu **XII**).

K. Rose, K. Sauernheimer, Theorie der Außenwirtschaft. 11., völlig überarb. u. erw. Aufl. München 1992. (zu **XI**).

S. T. Turnovsky, Macroeconomic analysis and stabilization policy. Cambridge 1977. (zu **XII**).

Anhänge

A1) Zur Anwendung der Cramerschen Regel[1])

Im folgenden soll mit Hilfe der *Cramerschen Regel*, einem Verfahren zur Lösung linearer Gleichungen, berechnet werden, wie die Variablen eines allgemein formulierten Gleichungssystems durch Parameteränderungen beeinflußt werden. Gegeben seien die *Funktionen*:

$$F(x, y, z, a, b) = 0 \tag{1}$$
$$G(x, y, z, a, b) = 0 \tag{2}$$
$$H(x, y, z, a, b) = 0 . \tag{3}$$

Hierbei sind x, y und z *Variablen*, a und b *Parameter*.
Totale Differentiation ergibt[2]):

$$F_x\,dx + F_y\,dy + F_z\,dz = -(F_a\,da + F_b\,db) \tag{4}$$
$$G_x\,dx + G_y\,dy + G_z\,dz = -(G_a\,da + G_b\,db) \tag{5}$$
$$H_x\,dx + H_y\,dy + H_z\,dz = -(H_a\,da + H_b\,db) \tag{6}$$

oder in Matrix-Form

$$\begin{bmatrix} F_x & F_y & F_z \\ G_x & G_y & G_z \\ H_x & H_y & H_z \end{bmatrix} \begin{bmatrix} dx \\ dy \\ dz \end{bmatrix} = - \begin{bmatrix} F_a\,da + F_b\,db \\ G_a\,da + G_b\,db \\ H_a\,da + H_b\,db \end{bmatrix} . \tag{7}$$

Soll die Wirkung von Parameteränderungen auf eine Variable (z.B. auf x) berechnet werden, dann erfolgt die *Lösung* in *drei Schritten*:

---

[1]) Siehe hierzu H. Stöwe, E. Härtter, Lehrbuch der Mathematik für Volks- und Betriebswirte. Göttingen 1967. S. 153 ff. – R. G. D. Allen, Mathematical Analysis for Economists. London, Basingstoke 1971. S. 472 ff., insbesondere S. 482 ff.

[2]) Ein partieller Differentialquotient wird hier zur Vereinfachung der Schreibweise abgekürzt, und zwar beispielsweise so: $\dfrac{\partial F}{\partial x} = F_x$.

1. Man ermittelt den *Wert der Determinante* der Koeffizientenmatrix A (s. linke Seite von (7)), z. B. so:

$$D = F_x\,(+1) \quad (G_y H_z - G_z H_y)$$
$$+ F_y\,(-1) \quad (G_x H_z - G_z H_x)$$
$$+ F_z\,(+1) \quad (G_x H_y - G_y H_x)\,.$$

2. Man bildet aus der Matrix A eine neue Matrix (A_x), indem man die i-te Spalte (z. B. die x-Spalte) durch den Vektor auf der rechten Seite von (7) ersetzt, also:

$$A_x = \begin{bmatrix} -(F_a\,da + F_b\,db) & F_y & F_z \\ -(G_a\,da + G_b\,db) & G_y & G_z \\ -(H_a\,da + H_b\,db) & H_y & H_z \end{bmatrix},$$

und berechnet den Wert der Determinante dieser Matrix (D_x).

3. Nach der *Cramerschen Regel* ergibt sich dann z. B.[3]):

$$dx = \frac{D_x}{D}, \quad \text{vorausgesetzt } D \neq 0.$$

A2) Ableitung der Robinson-Bedingungen

Ausgangspunkt der Ableitung des Wechselkurseffektes auf den Außenbeitrag in *Inlandswährung* (A) sind folgende fünf Gleichungen:

$$x^s(p_x) - x^d(p_{xa}) = 0 \qquad (Exportgütermarkt), \quad (1)$$

wobei

$$p_{xa} = \frac{p_x}{w}, \tag{2}$$

$$m^s(p_{ma}) - m^d(p_m) = 0 \qquad (Importgütermarkt), \quad (3)$$

wobei

$$p_{ma} = \frac{p_m}{w}, \tag{4}$$

---

[3]) Zur Berechnung von dy bzw. dz tritt D_y bzw. D_z an die Stelle von D_x.

$$p_x x^s(p_x) - p_m m^d(p_m) = A \qquad (Au\beta enbeitrag)^4) . \qquad (5)$$

Diese fünf Gleichungen bestimmen die Variablen p_x, p_m und A sowie p_{xa} und p_{ma}. Die Auswirkungen von Wechselkursänderungen auf die Variablen p_x, p_m und A lassen sich bestimmen, indem Gleichung (1) unter Berücksichtigung von (2), Gleichung (3) unter Berücksichtigung von (4) sowie Gleichung (5) nach w differenziert werden.

Man erhält dann:

$$\frac{dx^s}{dp_x}\frac{dp_x}{dw} - \frac{dx^d}{dp_{xa}}\left(\frac{w\frac{dp_x}{dw} - p_x}{w^2}\right) = 0$$

$$\frac{dm^s}{dp_{ma}}\left(\frac{w\frac{dp_m}{dw} - p_m}{w^2}\right) - \frac{dm^d}{dp_m}\frac{dp_m}{dw} = 0$$

$$p_x\frac{dx^s}{dp_x}\frac{dp_x}{dw} + x_s\frac{dp_x}{dw} - p_m\frac{dm^d}{dp_m}\frac{dp_m}{dw} - m^d\frac{dp_m}{dw} = \frac{dA}{dw}$$

oder in Matrixform:

$$\begin{bmatrix} \left(\dfrac{dx^s}{dp_x} - \dfrac{dx^d}{dp_{xa}}\dfrac{1}{w}\right) & 0 & 0 \\[2ex] 0 & \left(\dfrac{dm^s}{dp_{ma}}\dfrac{1}{w} - \dfrac{dm^d}{dp_m}\right) & 0 \\[2ex] \left(p_x\dfrac{dx^s}{dp_x} + x^s\right) & -\left(p_m\dfrac{dm^d}{dp_m} + m^d\right) & -1 \end{bmatrix}\begin{bmatrix} \dfrac{dp_x}{dw} \\[2ex] \dfrac{dp_m}{dw} \\[2ex] \dfrac{dA}{dw} \end{bmatrix}$$

$$= \begin{bmatrix} -\dfrac{dx^d}{dp_{xa}}\dfrac{p_x}{w^2} \\[2ex] \dfrac{dm^s}{dp_{ma}}\dfrac{p_m}{w^2} \\[2ex] 0 \end{bmatrix} \qquad (6)$$

---

[4]) Die Definitionsgleichung für den Außenbeitrag $p_x x - p_m m = A$

Unter Verwendung der Elastizitäten

$$\eta_x = \frac{dx_d}{dp_{xa}} \frac{p_{xa}}{x_d}, \quad \varepsilon_x = \frac{dx_s}{dp_x} \frac{p_x}{x_s} \qquad (Exportgütermarkt),$$

$$\eta_m = \frac{dm_d}{dp_m} \frac{p_m}{m_d}, \quad \varepsilon_m = \frac{dm_s}{dp_{ma}} \frac{p_{ma}}{m_s} \qquad (Importgütermarkt)$$

sowie der Gleichgewichtsbedingungen

$$x^s = x^d = x \quad \text{und} \quad m^s = m^d = m$$

sowie der Beziehungen

$$p_x = p_{xa} w \quad \text{und} \quad p_m = p_{ma} w$$

läßt sich (6) umformen zu

$$\begin{bmatrix} \dfrac{x}{p_x}(\varepsilon_x - \eta_x) & 0 & 0 \\[2mm] 0 & \dfrac{m}{p_m}(\varepsilon_m - \eta_m) & 0 \\[2mm] x(1 + \varepsilon_x) & -m(1 + \eta_m) & -1 \end{bmatrix} \begin{bmatrix} \dfrac{dp_x}{dw} \\[2mm] \dfrac{dp_m}{dw} \\[2mm] \dfrac{dA}{dw} \end{bmatrix} = \begin{bmatrix} -\eta_x \dfrac{x}{w} \\[2mm] \varepsilon_m \dfrac{m}{w} \\[2mm] 0 \end{bmatrix}. \quad (7)$$

Da sich die Determinante der Koeffizienten auf der linken Seite von (7) auf

$$D = -\frac{x}{p_x}(\varepsilon_x - \eta_x)\frac{m}{p_m}(\varepsilon_m - \eta_m)$$

beläuft, ergeben sich aus (7) nach der Cramerschen Regel[5]) folgende *Lösungen*:

$$\frac{dp_x}{dw} = \frac{-\eta_x p_x}{(\varepsilon_x - \eta_x) w} > 0, \qquad (8)$$

---

wurde unter Verwendung der Gleichgewichtsbedingungen

$$x^s = x^d = x \quad \text{und} \quad m^s = m^d = m$$

umgeformt.

[5]) Siehe hierzu Anhang A 1).

$$\frac{dp_m}{dw} = \frac{\varepsilon_m p_m}{(\varepsilon_m - \eta_m)\,w} > 0, \tag{9}$$

$$\frac{dA}{dw} = \frac{(1+\varepsilon_x)\,\eta_x}{-(\varepsilon_x - \eta_x)}\,\frac{X}{w} - \frac{(1+\eta_m)\,\varepsilon_m}{(\varepsilon_m - \eta_m)}\,\frac{J}{w}, \tag{10}$$

wobei $J = p_m m$ und $X = p_x x$.

Offenbar ist $\dfrac{dA}{dw} \gtreqless 0$, wenn

$$X\,\frac{\eta_x(1+\varepsilon_x)}{-(\varepsilon_x - \eta_x)} \gtreqless J\,\frac{\varepsilon_m(1+\eta_m)}{(\varepsilon_m - \eta_m)}. \tag{11}$$

Die entsprechende Bedingung für die Reaktion des Außenbeitrags in *Auslandswährung* (A_a) läßt sich wie folgt ableiten:

Da $A_a = \dfrac{A}{w}$ ist, gilt

$$\frac{dA_a}{dw} = \frac{w\,\dfrac{dA}{dw} - A}{w^2}$$

bzw.

$$\frac{dA_a}{dw} = \frac{1}{w}\,\frac{dA}{dw} - \frac{A}{w^2}. \tag{12}$$

Wird Gleichung (10) in (12) eingesetzt, dann erhält man:

$$\frac{dA_a}{dw} = \frac{(1+\varepsilon_x)\,\eta_x}{-(\varepsilon_x - \eta_x)}\,\frac{X}{w^2} - \frac{(1+\eta_m)\,\varepsilon_m}{+(\varepsilon_m - \eta_m)}\,\frac{J}{w^2} - \left(\frac{X}{w^2} - \frac{J}{w^2}\right).$$

Nach Umformung ergibt sich hieraus:

$$\frac{dA_a}{dw} = \frac{\varepsilon_x(1+\eta_x)}{-(\varepsilon_x - \eta_x)}\,\frac{X}{w^2} - \frac{\eta_m(1+\varepsilon_m)}{\varepsilon_m - \eta_m}\,\frac{J}{w^2}.$$

Offenbar ist $\dfrac{dA_a}{dw} \gtreqless 0$, wenn

$$X_a \frac{\varepsilon_x (1 + \eta_x)}{-(\varepsilon_x - \eta_x)} \gtreqless J_a \frac{\eta_m (1 + \varepsilon_m)}{(\varepsilon_m - \eta_m)}, \tag{13}$$

wobei $X_a = \dfrac{X}{w}$ und $J_a = \dfrac{J}{w}$.

A3) Wechselkursänderungen und „terms of trade"

Werden die *„terms of trade"* $t = \dfrac{p_x}{p_m}$ nach w differenziert, dann ergibt sich:

$$\frac{dt}{dw} = \frac{p_m \dfrac{dp_x}{dw} - p_x \dfrac{dp_m}{dw}}{p_m^2}$$

bzw. bei Berücksichtigung der Gleichungen (8) und (9) aus dem Anhang A2):

$$\frac{dt}{dw} = \frac{-\dfrac{\eta_x}{\varepsilon_x - \eta_x} \dfrac{p_x}{w} - \dfrac{\varepsilon_m}{(\varepsilon_m - \eta_m)} \dfrac{p_x}{w}}{p_m}$$

bzw.

$$\frac{dt}{dw} = -\frac{t}{w} \left(\frac{\eta_x}{\varepsilon_x - \eta_x} + \frac{\varepsilon_m}{\varepsilon_m - \eta_m} \right).$$

Offenbar ist $\dfrac{dt}{dw} \gtreqless 0$, wenn

$$\frac{\eta_x}{\varepsilon_x - \eta_x} + \frac{\varepsilon_m}{\varepsilon_m - \eta_m} \lesseqgtr 0$$

bzw.

$$(\varepsilon_m - \eta_m) \eta_x + (\varepsilon_x - \eta_x) \varepsilon_m \lesseqgtr 0$$

bzw.

$$\eta_m \eta_x \gtreqless \varepsilon_m \varepsilon_x.$$

A4) Terms of trade-Effekte im Gütermarktmodell

Abweichend von der Analyse im Hauptteil, wird im folgenden angenommen, daß die Gesamtnachfrage der Inländer nach Konsum-
und Investitionsgütern, kurz: die heimische Absorption, und die
Nachfrage nach Importgütern primär vom *kaufkraftmäßigen
Volkseinkommen* (und nicht vom realen Volkseinkommen) bestimmt werden [6]).

Das **kaufkraftmäßige Volkseinkommen** (Y^x) [7]) ist das nominale
Volkseinkommen, deflationiert mit einem gewogenen Durchschnitt aus dem Inlandspreis (p) und dem Auslandspreis $(p_a w)$,
genauer:

$$Y^x = \frac{Y}{p^x} = \frac{Y^r p}{p^x},\tag{1}$$

wobei

$$p^x = p(1-\pi) + p_a w \pi\tag{2}$$

mit $\pi = \dfrac{p_a w J'}{E}$, dem Anteil der nominalen Importe an der nominalen Absorption (E) in der *Ausgangslage,* als konstantem Gewichtungsfaktor.

Während das *reale Volkseinkommen* durch die gesamtwirtschaftliche Produktion im Inland bestimmt wird und deshalb für die Beschäftigung maßgeblich ist, gibt das *kaufkraftmäßige Volkseinkommen* an, welche Mengen von Konsum- und Investitionsgütern mit
einem bestimmten nominalen Volkseinkommen erworben werden
können [8]). Da der Geldmarkt und damit Zinseinflüsse hier unbe-

---

[6]) Siehe hierzu auch Stern, a. a. O., S. 204ff. – H.-J. Jarchow, Zahlungsbilanzinduzierte Beschäftigungseffekte bei flexiblen Wechselkursen.
„Zeitschrift für die gesamte Staatswissenschaft", Bd. 134 (1978), S. 327f.

[7]) Das Symbol x weist in anderen Zusammenhängen auf den Export hin.
Verwechslungen sind hier jedoch ausgeschlossen.

[8]) Lindert (a. a. O., Appendix, I-7) bezeichnet das kaufkraftmäßige Volkseinkommen als „a measure of national well-being" und J. Vanek (International Trade. Theory and Economic Policy. Homewood, Ill., 1962.
S. 125) verwendet in diesem Zusammenhang den Ausdruck „enjoyment
income".

rücksichtigt bleiben, ergibt sich für die *nominale Absorption* (E) folgende einfache Bestimmungsgleichung:

$$E = p^x E^x (Y^x)\,^9).$$

Werden beide Seiten durch den Inlandspreis (p) dividiert, dann erhält man als Bestimmungsgleichung für die *reale Absorption*:

$$E^r = \frac{p^x}{p}\, E^x (Y^x)$$

bzw. unter Berücksichtigung von (1) und (2)

$$E^r = \left[(1 - \pi) + \frac{1}{t}\, \pi \right] \cdot E^x \left[\frac{Y^r}{(1 - \pi) + \frac{1}{t}\, \pi} \right]. \tag{3}$$

Um festzustellen, wie sich die reale Absorption mit den terms of trade und dem realen Volkseinkommen verändert, wird (3) total differenziert. Werden dabei p und p_a sowie w in der Ausgangslage und damit auch t in der Ausgangslage gleich eins gesetzt, dann ergibt sich:

$$dE^r = \left(- \pi E^x + \frac{\partial E^x}{\partial Y^x}\, \pi\, Y^r \right) dt + \frac{\partial E^x}{\partial Y^x}\, dY^r. \tag{4}$$

Somit erhält man für den *terms of trade-Effekt* auf die reale Absorption, isoliert gesehen (d. h. für $dY^r = 0$):

$$\frac{\partial E^r}{\partial t} = - \pi\, Y^x \left(\frac{E^x}{Y^x} - \frac{\partial E^x}{\partial Y^x} \right){}^{10}). \tag{5}$$

Solange sich die kaufkraftmäßige Absorption *nicht überproportional* mit dem kaufkraftmäßigen Volkseinkommen entwickelt, d. h. solange $\dfrac{\partial E^x}{\partial Y^x} \leqq \dfrac{E^x}{Y^x}$ gilt, ist $\dfrac{dE^r}{dt} \leqq 0$. Dieses wird unterstellt.

---

[9]) In die heimische Absorption gehen sowohl Einheiten des Inlandsguts als auch Einheiten des Auslandsguts ein. E^x ist dann als Menge der entsprechenden Güterbündel aufzufassen, und p^x stellt ihren (Durchschnitts-)Preis dar.

[10]) Der Leser beachte, daß in der Ausgangslage wegen $t = 1$ gilt $Y^r = Y^x$.

Für den partiellen *Realeinkommenseffekt* $(dt = 0)$ ergibt sich aus (4):

$$\frac{\partial E^r}{\partial Y^r} = \frac{\partial E^x}{\partial Y^x} > 0.$$

Damit gilt schließlich:

$$E^r = E^r(\overset{+}{Y^r}, \overset{0,-}{t}).$$

Da von Kapitalbewegungen abgesehen wird, entspricht dem Devisenbilanzsaldo der nominale Außenbeitrag (A) und wegen $p = 1$ auch der reale Außenbeitrag (A^r). Die Bestimmungsgleichung für den *Außenbeitrag* lautet[11]):

$$A (= A^r) = X^r(\overset{-}{t}) - \frac{1}{t} J'(\overset{+}{Y^x}, \overset{+}{t}). \tag{6}$$

Um festzustellen, wie sich der Außenbeitrag mit den terms of trade und dem realen Volkseinkommen verändert, wird (6) total differenziert. Wird dabei wieder t in der Ausgangslage gleich eins gesetzt, dann ergibt sich:

$$dA^r = \left[\frac{\partial X^r}{\partial t} + J' - \frac{\partial J'}{\partial Y^x} \pi Y^r - \frac{\partial J'}{\partial t} \right] dt - \frac{\partial J'}{\partial Y^x} dY^r. \tag{7}$$

Werden *Nachfrageelastizitäten* für Export- und Importgüter mit den Abkürzungen

$$\alpha_x = \frac{\partial X^r}{\partial t} \frac{t}{X^r} \ (< 0) \quad \text{und} \quad \alpha_m = \frac{\partial J'}{\partial t} \frac{t}{J'} \ (> 0)$$

eingeführt, dann erhält man bei $t = 1$ für den *terms of trade-Effekt* auf den realen Außenbeitrag, isoliert gesehen (d.h. für $dY^r = 0$),

bzw.

$$\frac{\partial A^r}{\partial t} = \alpha_x X^r - \alpha_m J' + J' - \frac{\partial J'}{\partial Y^x} \pi Y^r$$

$$\frac{\partial A^r}{\partial t} = J' (\alpha_x \frac{X^r}{J'} - \alpha_m + 1) - \frac{\partial J'}{\partial Y^x} \pi Y^r. \tag{8}$$

---

[11]) Diese Beziehung folgt aus Gleichung (10) von S. 95, wenn diese Gleichung durch p dividiert, Y^r_a vernachlässigt und an Stelle von Y^r die Größe Y^x verwendet wird.

Es wird unterstellt, daß die Nachfrageelastizitäten für Export- und Importgüter so groß sind, daß der Klammerausdruck auf der rechten Seite von (8) negativ ist[12]). Dann ist $\frac{\partial A^r}{\partial t} < 0$.

Für den partiellen *Realeinkommenseffekt* ($dt = 0$) ergibt sich aus (7):

$$\frac{\partial A^r}{\partial Y^r} = -\frac{\partial J'}{\partial Y^x} < 0. \tag{9}$$

Damit gilt schließlich:

$$A (= A^r) = A^r (\overline{Y^r}, \overline{t}). \tag{10}$$

Um festzustellen, wie eine *Änderung der terms of trade* das reale Volkseinkommen (Y^r) und den Außenbeitrag (A) beeinflußt, wird das Gleichungssystem

$$Y^r = E^r (\overset{+}{Y^r}, \overset{0,-}{t}) + A^r (\overset{--}{Y^r}, t), \tag{11}$$

$$A^r = A^r (Y^r, t) \tag{12}$$

total differenziert. In Matrixschreibweise ergibt sich dann:

$$\begin{bmatrix} \left(1 - \dfrac{\partial E^r}{\partial Y^r} - \dfrac{\partial A^r}{\partial Y^r}\right) & 0 \\[2ex] -\dfrac{\partial A^r}{\partial Y^r} & 1 \end{bmatrix} \begin{bmatrix} dY^r \\[2ex] dA^r \end{bmatrix} = \begin{bmatrix} \left(\dfrac{\partial E^r}{\partial t} + \dfrac{\partial A^r}{\partial t}\right) dt \\[2ex] \dfrac{\partial A^r}{\partial t} dt \end{bmatrix} \tag{13}$$

Bei Benutzung der Cramerschen Regel und Verwendung der Abkürzungen

$$h = \left(1 - \frac{\partial E^r}{\partial Y^r}\right) \quad \text{sowie} \quad m = -\frac{\partial A^r}{\partial Y^r} \left(= \frac{\partial J'}{\partial Y^x}\right)$$

ergeben sich aus (13) folgende Lösungen:

---

[12]) Bei einer in der Ausgangslage ausgeglichenen Handels- und Dienstleistungsbilanz (d.h. bei $X^r = wJ'$ mit $w = 1$) würde hierzu – wie bei der *Marshall-Lerner-Bedingung* – genügen, daß die beiden Elastizitäten – absolut genommen – in der Summe größer als eins sind.

$$\frac{dY^r}{dt} = \frac{\dfrac{\partial E^r}{\partial t} + \dfrac{\partial A^r}{\partial t}}{h + m} < 0$$

und

$$\frac{dA^r}{dt} = \frac{(h + m)\dfrac{\partial A^r}{\partial t} - m\left(\dfrac{\partial E^r}{\partial t} + \dfrac{\partial A^r}{\partial t}\right)}{h + m}$$

bzw.

$$\frac{dA^r}{dt} = \frac{h\dfrac{\partial A^r}{\partial t} - m\dfrac{\partial E^r}{\partial t}}{h + m}. \tag{14}$$

Werden in Gleichung (14) $\dfrac{\partial A^r}{\partial t}$ entsprechend (8) und $\dfrac{\partial E^r}{\partial t}$ entsprechend (5) ersetzt, dann ergibt sich nach Umformung[13]):

$$\frac{dA^r}{dt} = \frac{hJ'\left(\alpha_x \dfrac{X^r}{J'} - \alpha_m + 1\right) + m\pi(E^r - Y^r)}{h + m} \lesseqgtr 0. \tag{15}$$

Wird schließlich eine in der Ausgangslage *ausgeglichene* Handels- und Dienstleistungsbilanz unterstellt (d.h.: $X^r = wJ'$ mit $w = 1$ und $E^r = Y^r$), dann folgt aus (15), daß ein Anstieg der terms of trade eine Abnahme des Außenbeitrags zur Folge hat, wenn

$$\alpha_x - \alpha_m + 1 < 0. \tag{16}$$

Es ergibt sich also die *Marshall-Lerner-Bedingung*.

---

[13]) Bei der Umformung ist zu berücksichtigen, daß

$$\frac{\partial E^x}{\partial Y^x} = \frac{\partial E^r}{\partial Y^r} = (1 - h) \quad \text{und} \quad \frac{\partial J'}{\partial Y^x} = -\frac{\partial A^r}{\partial Y^r} = m$$

und in der Ausgangslage gilt: $E^x = E^r$ sowie $Y^x = Y^r$.

A5) Autonome Änderungen von Investitionen und Exporten im Zwei-Länder-Fall

Ausgangspunkt für das hier betrachtete *Zwei-Länder-Modell* bilden die Gleichungen (28), (29) und (30) von S. 108. Um die Wirkungen einer Änderung autonomer Investitionen $\bar{I}$ und Exporte $\bar{X}$ ($= \bar{J}_a$) auf die Variablen Y, Y_a und A komparativ-statisch analysieren zu können, werden die Größen Y, Y_a und A sowie $\bar{I}$ und $\bar{J}_a$ simultan geändert. Bei totaler Differentiation der Gleichungen (28), (29) und (30) erhält man ein Gleichungssystem, das bei entsprechender Anordnung auf der *linken* Seite die Änderungen der Variablen und auf der *rechten* Seite die Änderungen der Parameter enthält:

$$\left(1 - \frac{\partial C}{\partial Y} + \frac{\partial J}{\partial Y}\right) dY \qquad - \frac{\partial J_a}{\partial Y_a} dY_a \qquad = d\bar{I} + d\bar{J}_a$$

$$- \frac{\partial J}{\partial Y} \, dY + \left(1 - \frac{\partial C_a}{\partial Y_a} + \frac{\partial J_a}{\partial Y_a}\right) dY_a \qquad = - d\bar{J}_a$$

$$\frac{\partial J}{\partial Y} \, dY \qquad - \frac{\partial J_a}{\partial Y_a} dY_a + dA = d\bar{J}_a.$$

Werden diese Gleichungen in Matrixform geschrieben und dabei die Abkürzungen

$$\left(1 - \frac{\partial C}{\partial Y}\right) = s, \quad \frac{\partial J}{\partial Y} = m, \quad \left(1 - \frac{\partial C_a}{\partial Y_a}\right) = s_a \quad \text{und} \quad \frac{\partial J_a}{\partial Y_a} = m_a$$

verwendet, dann ergibt sich

$$\begin{bmatrix} (s+m) & -m_a & 0 \\ -m & (s_a + m_a) & 0 \\ m & -m_a & 1 \end{bmatrix} \begin{bmatrix} dY \\ dY_a \\ dA \end{bmatrix} = \begin{bmatrix} d\bar{I} + d\bar{J}_a \\ - d\bar{J}_a \\ d\bar{J}_a \end{bmatrix}.$$

Nach Anwendung der Cramerschen Regel erhält man als *Lösungen*:

$$dY = \frac{(d\bar{I} + d\bar{J}_a)(s_a + m_a) - d\bar{J}_a m_a}{D}, \tag{1}$$

$$dY_a = \frac{- d\bar{J}_a(s+m) + (d\bar{I} + d\bar{J}_a)m}{D} \tag{2}$$

und nach Umformung

$$dA = \frac{ss_a\,d\bar{J}_a - ms_a\,d\bar{I}}{D},\tag{3}$$

wobei

$$D = (s + m)(s_a + m_a) - mm_a$$
$$= ss_a + sm_a + ms_a.$$

A6) Das Keynesianische Transfermodell

Ausgangspunkt für das hier betrachtete Transfermodell sind die Gleichungen (37), (38) und (39) von S. 120. Wie sich ein *andauernder* monetärer Transfer ($d\overline{Tr}$) im Rahmen dieses Modells auswirkt, hängt davon ab, wie der Transferbetrag im Geberland aufgebracht und im Empfängerland verwendet wird. Da im *allgemeinen Fall* neben den Variablen sämtliche autonomen Größen durch einen monetären Transfer Änderungen erfahren, werden die Größen Y, Y_a und A sowie $\bar{E}$, $\bar{E}_a$, $\bar{J}$ und $\bar{J}_a$ simultan geändert. Bei totaler Differentiation der Gleichungen (37), (38) und (39) erhält man ein Gleichungssystem, das bei entsprechender Anordnung auf der *linken* Seite die Änderungen der Variablen und auf der *rechten* Seite die Änderungen der Parameter enthält:

$$\left(1 - \frac{\partial E}{\partial Y} + \frac{\partial J}{\partial Y}\right)dY \qquad - \frac{\partial J_a}{\partial Y_a}\,dY_a \qquad \begin{aligned} &= d\bar{E} + d\bar{J}_a \\ &\quad - d\bar{J} \end{aligned}$$

$$-\frac{\partial J}{\partial Y}\,dY + \left(1 - \frac{\partial E_a}{\partial Y_a} + \frac{\partial J_a}{\partial Y_a}\right)dY_a \qquad \begin{aligned} &= d\bar{E}_a + d\bar{J} \\ &\quad - d\bar{J}_a \end{aligned}$$

$$\frac{\partial J}{\partial Y}\,dY \qquad\qquad - \frac{\partial J_a}{\partial Y_a}\,dY_a + dA = dJ_a - d\bar{J}.$$

Werden diese Gleichungen in Matrixform geschrieben und dabei die Abkürzungen

$$\left(1 - \frac{\partial E}{\partial Y}\right) = h, \quad \frac{\partial J}{\partial Y} = m, \quad \left(1 - \frac{\partial E_a}{\partial Y_a}\right) = h_a \quad \text{und} \quad \frac{\partial J_a}{\partial Y_a} = m_a$$

verwendet, dann ergibt sich

$$\begin{bmatrix} (h+m) & -m_a & 0 \\ -m & (h_a+m_a) & 0 \\ m & -m_a & 1 \end{bmatrix} \begin{bmatrix} dY \\ dY_a \\ dA \end{bmatrix} = \begin{bmatrix} d\bar{E} + d\bar{J}_a - d\bar{J} \\ d\bar{E}_a + d\bar{J} - d\bar{J}_a \\ d\bar{J}_a - d\bar{J} \end{bmatrix}.$$

Nach Anwendung der Cramerschen Regel und Umformung erhält man als Lösungen:

$$dY = \frac{(h_a + m_a)\, d\bar{E} + m_a d\bar{E}_a + h_a(d\bar{J}_a - d\bar{J})}{D}, \tag{1}$$

$$dY_a = \frac{(h+m)\, dE_a + md\bar{E} + h\,(d\bar{J} - d\bar{J}_a)}{D}, \tag{2}$$

$$dA = \frac{-h_a md\bar{E} + hm_a d\bar{E}_a + hh_a\,(d\bar{J}_a - d\bar{J})}{D}, \tag{3}$$

wobei

$$D = hh_a + hm_a + h_a m.$$

Im *allgemeinen Fall* bestehen nun zwischen dem monetären Transfer und den Veränderungen der autonomen Größen folgende Beziehungen:

– *im Geberland*

$$d\bar{E} = -(1-h')\, d\overline{Tr}, \tag{4}$$

$$d\bar{J} = -m'\, d\overline{Tr}, \tag{5}$$

– *im Empfängerland*

$$d\bar{E}_a = (1-h_a')\, d\overline{Tr}, \tag{6}$$

$$d\bar{J}_a = m_a'\, d\overline{Tr}. \tag{7}$$

In diesen Beziehungen bedeuten:

$(1-h')$ bzw. $(1-h_a')$ jenen Teil des monetären Transfers $(d\overline{Tr})$, der durch Einschränkung der autonomen (gesamten) Absorption $(\bar{E})$ aufgebracht bzw. für eine Erhöhung der autonomen (gesamten) Absorption $(\bar{E}_a)$ verwendet wird und m' bzw. m_a' jenen Teil des monetären Transfers $(d\overline{Tr})$, der speziell durch Einschränkung der autonomen Importausgaben $(\bar{J})$ aufgebracht bzw. für eine Erhöhung autonomer Importausgaben $(\bar{J}_a)$ verwendet wird.

Werden die Beziehungen (4) bis (7) in den Gleichungen (1) bis (3) berücksichtigt, dann erhält man

$$dY = \frac{-(h_a + m_a)(1 - h') + m_a(1 - h'_a) + h_a(m'_a + m')}{D} \, d\overline{Tr}, \qquad (8)$$

$$dY_a = \frac{(h + m)(1 - h'_a) - m(1 - h') - h(m' + m'_a)}{D} \, d\overline{Tr}, \qquad (9)$$

$$dA = \frac{h_a m(1 - h') + hm_a(1 - h'_a) + hh_a(m'_a + m')}{D} \, d\overline{Tr}, ^{14}) \qquad (10)$$

wobei

$$D = hh_a + hm_a + h_a m.$$

Wie sich aus diesen allgemeinen Lösungen die Ergebnisse für bestimmte Fälle herleiten lassen, soll an Hand der Fälle a), b) und c) von S. 120 f. im folgenden erläutert werden:

– Im *Fall a)* ist $h' = 1$, $h'_a = 0$, $m' = 0$ und $m'_a = 0$. Dann gilt:

$$\frac{dY}{d\overline{Tr}} = \frac{m_a}{D}, \qquad (11)$$

$$\frac{dY_a}{d\overline{Tr}} = \frac{h + m}{D}, \qquad (12)$$

$$\frac{dA}{d\overline{Tr}} = \frac{hm_a}{D}. \qquad (13)$$

– Im *Fall b)* ist $h' = 0$, $h'_a = 1$, $m' = 0$ und $m'_a = 0$. Dann gilt:

$$\frac{dY}{d\overline{Tr}} = -\frac{h_a + m_a}{D}, \qquad (14)$$

---

[14]) Wird von diesem Ausdruck der monetäre Transfer $d\overline{Tr}$ subtrahiert, dann ergibt sich die durch einen monetären Transfer bewirkte Veränderung des *Devisenbilanzsaldos* (vgl. zu dem entsprechenden Ausdruck auch Johnson, The Transfer Problem ..., a.a.O., S. 179.

$$\frac{dY_a}{d\overline{Tr}} = -\frac{m}{D}, \tag{15}$$

$$\frac{dA}{d\overline{Tr}} = \frac{h_a m}{D}. \tag{16}$$

– Im *Fall c*) ist $h' = 0$, $h'_a = 0$, $m' = 0$ und $m'_a = 0$. Dann gilt:

$$\frac{dY}{d\overline{Tr}} = -\frac{h_a}{D}, \tag{17}$$

$$\frac{dY_a}{d\overline{Tr}} = \frac{h}{D}, \tag{18}$$

$$\frac{dA}{d\overline{Tr}} = \frac{h_a m + h m_a}{D}. \tag{19}$$

Als weiterer spezieller Fall wird schließlich noch die Möglichkeit betrachtet, daß $h' = h$, $h'_a = h_a$, $m' = m$ und $m'_a = m_a$. Absorption bzw. Hortung[15]) und Importausgaben reagieren also bei Aufbringung oder Verwendung eines monetären Transfers in gleicher Weise wie bei einer Senkung oder Erhöhung des Volkseinkommens. Für diesen Fall ergeben sich (nach Umformung) folgende Multiplikatoren:

$$\frac{dY}{d\overline{Tr}} = 1 - \frac{h_a}{D} \gtrless 0, \tag{20}$$

$$\frac{dY_a}{d\overline{Tr}} = \frac{h}{D} - 1 \gtrless 0, \tag{21}$$

$$\frac{dA}{d\overline{Tr}} = \frac{h_a m + h m_a}{D} {}^{16}). \tag{22}$$

---

[15]) Die Hortung ist die Differenz zwischen Volkseinkommen und Absorption.

[16]) Dieses Ergebnis ist mit dem Ergebnis unter (19) identisch.

A 7) **Stabilisierungspolitik im Rahmen des erweiterten Grundmodells einer offenen Volkswirtschaft**

Feste Wechselkurse mit Neutralisierungspolitik (m)[17]. − Es wird das Modell des Abschnitts VI. 3a) zugrunde gelegt:

$$Y^r - C^r(Y^r) - I^r(i) - G^r - A^r(w, Y^r, Y_a^r) = 0$$
$$L(i, Y^r) - mB = 0$$
$$A(w, Y^r, Y_a^r) + K(i, i_a) - Z = 0.$$

Durch totale Differentiation kann ermittelt werden, wie die Gleichgewichtswerte der endogenen Variablen (i, Y^r, Z) auf Änderungen der Geldbasis (B), der Staatsausgaben (G^r) und des Wechselkurses (w) reagieren. In Matrixschreibweise erhält man unter Verwendung der Abkürzung

$$\frac{\partial F^r}{\partial Y^r} = 1 - \frac{\partial C^r}{\partial Y^r} - \frac{\partial A^r}{\partial Y^r} > 0:$$

$$\begin{bmatrix} \dfrac{\partial F^r}{\partial Y^r} & -\dfrac{\partial I^r}{\partial i} & 0 \\[2mm] \dfrac{\partial L}{\partial Y^r} & \dfrac{\partial L}{\partial i} & 0 \\[2mm] \dfrac{\partial A}{\partial Y^r} & \dfrac{\partial K}{\partial i} & -1 \end{bmatrix} \begin{bmatrix} dY^r \\[2mm] di \\[2mm] dZ \end{bmatrix} = \begin{bmatrix} dG^r + \dfrac{\partial A^r}{\partial w} dw \\[2mm] mdB \\[2mm] -\dfrac{\partial A}{\partial w} dw \end{bmatrix}.$$

Die Lösung wird unter Anwendung der Cramerschen Regel bestimmt:

$$dY^r = \frac{1}{D_m} \left\{ -m \frac{\overset{-}{\partial I^r}}{\partial i} dB - \frac{\overset{-}{\partial L}}{\partial i} dG^r - \frac{\overset{+}{\partial A^r}}{\partial w} \frac{\overset{-}{\partial L}}{\partial i} dw \right\} \tag{1}$$

$$di = \frac{1}{D_m} \left\{ -m \frac{\overset{+}{\partial F^r}}{\partial Y^r} dB + \frac{\overset{+}{\partial L}}{\partial Y^r} dG^r + \frac{\overset{+}{\partial A^r}}{\partial w} \frac{\overset{+}{\partial L}}{\partial Y^r} dw \right\} \tag{2}$$

---

[17]) In diesem Anhang wird wie in den Figuren des Textes ein Index benutzt, um die Zuordnung bestimmter Ergebnisse zu den einzelnen Wechselkurssystemen optisch hervorzuheben.

$$dZ = \frac{1}{D_m}\left\{ -m\left(\frac{\partial \overset{+}{F^r}}{\partial Y^r}\,\frac{\partial \overset{+}{K}}{\partial i} + \frac{\partial \overset{-}{A}}{\partial Y^r}\,\frac{\partial \overset{-}{I^r}}{\partial i}\right)dB \right.$$

$$+\left(\frac{\partial \overset{+}{L}}{\partial Y^r}\,\frac{\partial \overset{+}{K}}{\partial i} - \frac{\partial \overset{-}{A}}{\partial Y^r}\,\frac{\partial \overset{-}{L}}{\partial i}\right)dG^r$$

$$+\left[\frac{\partial \overset{+}{A^r}}{\partial w}\left(\frac{\partial \overset{+}{L}}{\partial Y^r}\,\frac{\partial \overset{+}{K}}{\partial i} - \frac{\partial \overset{-}{A}}{\partial Y^r}\,\frac{\partial \overset{-}{L}}{\partial i}\right)\right.$$

$$\left.\left. -\frac{\partial \overset{+}{A}}{\partial w}\left(\frac{\partial \overset{+}{F^r}}{\partial Y^r}\,\frac{\partial \overset{-}{L}}{\partial i} + \frac{\partial \overset{+}{L}}{\partial Y^r}\,\frac{\partial \overset{-}{I^r}}{\partial i}\right)\right]dw\right\}, \tag{3}$$

wobei $\quad D_m = -\left(\frac{\partial \overset{+}{F^r}}{\partial Y^r}\,\frac{\partial \overset{-}{L}}{\partial i} + \frac{\partial \overset{+}{L}}{\partial Y^r}\,\frac{\partial \overset{-}{I^r}}{\partial i}\right) > 0\,.$

Daraus folgt:

$$\frac{dY^r}{dB} > 0 \quad \text{(1a)}, \qquad \frac{dY^r}{dG^r} > 0 \quad \text{(1b)}, \qquad \frac{dY^r}{dw} > 0 \quad \text{(1c)},$$

$$\frac{di}{dB} < 0 \quad \text{(2a)}, \qquad \frac{di}{dG^r} > 0 \quad \text{(2b)}, \qquad \frac{di}{dw} > 0 \quad \text{(2c)},$$

$$\frac{dZ}{dB} < 0 \quad \text{(3a)}, \qquad \frac{dZ}{dG^r} \gtreqless 0 \quad \text{(3b)}, \qquad \frac{dZ}{dw} \gtreqless 0 \quad \text{(3c)}.$$

Der *Saldo der Devisenbilanz* nimmt nach (3) bei einer Erhöhung der Staatsausgaben oder einer Abwertung zu, wenn $\frac{\partial L}{\partial Y^r}\,\frac{\partial K}{\partial i} > \frac{\partial A}{\partial Y^r}\,\frac{\partial L}{\partial i}$ ist.

Wie die folgende Ableitung zeigt, ist dieses die Bedingung dafür, daß im i/Y^r-Diagramm die Z-Kurve flacher als die LM^r-Kurve verläuft.

Die Steigung der *Z-Kurve* wurde bereits im Abschnitt VI.2c) aus Gleichung (8a) bestimmt[18]:

---

[18]) Vgl. S. 142f.

$$\frac{di}{dY^r} = - \frac{\dfrac{\partial A}{\partial Y^r}}{\dfrac{\partial K}{\partial i}} > 0 \, .$$

Die *LM^r-Kurve* gibt wieder, wie sich bei gegebenem Geldangebot – d.h. im Modell: bei unveränderter monetärer Basis $(dB = 0)$ – Zins und Sozialprodukt ändern müssen, damit auf dem Geldmarkt das Gleichgewicht erhalten bleibt. Aus der im Modell berücksichtigten Gleichgewichtsbedingung für den Geldmarkt folgt dann:

$$\frac{di}{dY^r} = - \frac{\dfrac{\partial L}{\partial Y^r}}{\dfrac{\partial L}{\partial i}} > 0 \, .$$

Die *Z-Kurve* verläuft *flacher* als die *LM^r*-Kurve, wenn gilt:

$$-\frac{\dfrac{\partial A}{\partial Y^r}}{\dfrac{\partial K}{\partial i}} < - \frac{\dfrac{\partial L}{\partial Y^r}}{\dfrac{\partial L}{\partial i}} \, .$$

Multiplikation mit $\left(- \dfrac{\partial K}{\partial i} \dfrac{\partial L}{\partial i} \right) > 0$ ergibt:

$$\frac{\partial A}{\partial Y^r} \frac{\partial L}{\partial i} < \frac{\partial L}{\partial Y^r} \frac{\partial K}{\partial i}$$

also:

$$\frac{\partial L}{\partial Y^r} \frac{\partial K}{\partial i} - \frac{\partial A}{\partial Y^r} \frac{\partial L}{\partial i} > 0 \qquad\qquad (4a)$$

Demzufolge gilt in diesem Fall nach Gleichung (3):

$$\frac{dZ}{dG^r} > 0 \quad \text{sowie} \quad \frac{dZ}{dw} > 0 \, .$$

Verläuft umgekehrt die *LM^r-Kurve flacher* als die Z-Kurve, dann gilt:

$$\frac{\partial L}{\partial Y^r} \frac{\partial K}{\partial i} - \frac{\partial A}{\partial Y^r} \frac{\partial L}{\partial i} < 0, \tag{4b}$$

also $\dfrac{dZ}{dG^r} < 0$. Über das Vorzeichen von $\dfrac{dZ}{dw}$ ist in diesem Fall *keine* eindeutige Aussage möglich.

Feste Wechselkurse ohne Neutralisierungspolitik (*o*). – Grundlage ist das Modell des Abschnitts VI. 3 b). Die Zentralbank verzichtet in diesem Fall darauf, bei Änderungen der Währungsreserven R die heimische Komponente der Geldbasis H so zu verändern, daß die Geldbasis $B (= H + R)$ unverändert bleibt. Vielmehr legt sie H fest und überläßt R und damit auch B der Entwicklung des Devisenbilanzsaldos. Wenn dieser Zusammenhang explizit in der Beziehung für das Geldmarktgleichgewicht berücksichtigt wird, erhält man folgendes Modell:

$$
\begin{aligned}
Y^r - C^r(Y^r) - I^r(i) - G^r - A^r(w, Y^r, Y_a^r) &= 0 \\
L(i, Y^r) - m(H + R) &= 0 \\
A(w, Y^r, Y_a^r) + K(i, i_a) &= 0,
\end{aligned}
$$

wobei in dieser Formulierung des Modells R an die Stelle von B als endogene Variable tritt und H (als Parameter der Zentralbank) exogen festgelegt wird. Totale Differentiation des Gleichungssystems führt zu:

$$
\begin{bmatrix}
\dfrac{\partial F^r}{\partial Y^r} & -\dfrac{\partial I^r}{\partial i} & 0 \\[2ex]
\dfrac{\partial L}{\partial Y^r} & \dfrac{\partial L}{\partial i} & -m \\[2ex]
\dfrac{\partial A}{\partial Y^r} & \dfrac{\partial K}{\partial i} & 0
\end{bmatrix}
\begin{bmatrix}
dY^r \\[2ex]
di \\[2ex]
dR
\end{bmatrix}
=
\begin{bmatrix}
dG^r + \dfrac{\partial A^r}{\partial w} dw \\[2ex]
m\,dH \\[2ex]
-\dfrac{\partial A}{\partial w} dw
\end{bmatrix}.
$$

Als Lösung folgt:

$$dY^r = \frac{1}{D_0} \left\{ 0 \cdot dH + m \frac{\overset{+}{\partial K}}{\partial i} dG^r + m \left(\frac{\overset{+}{\partial A^r}}{\partial w} \frac{\overset{+}{\partial K}}{\partial i} - \frac{\overset{+}{\partial A}}{\partial w} \frac{\overset{-}{\partial I^r}}{\partial i} \right) dw \right\} \tag{5}$$

$$di = \frac{1}{D_0}\left\{0 \cdot dH - m\,\frac{\partial \overset{-}{A}}{\partial Y^r}\,dG^r - m\left(\frac{\partial \overset{+}{A^r}}{\partial w}\,\frac{\partial \overset{-}{A}}{\partial Y^r} + \frac{\partial \overset{+}{A}}{\partial w}\,\frac{\partial \overset{+}{F^r}}{\partial Y^r}\right)dw\right\} (6)$$

$$dR = \frac{1}{D_0}\left\{-m\left(\frac{\partial \overset{+}{F^r}}{\partial Y^r}\,\frac{\partial \overset{+}{K}}{\partial i} + \frac{\partial \overset{-}{A}}{\partial Y^r}\,\frac{\partial \overset{-}{I^r}}{\partial i}\right)dH\right.$$

$$+ \left(\frac{\partial \overset{+}{L}}{\partial Y^r}\,\frac{\partial \overset{+}{K}}{\partial i} - \frac{\partial \overset{-}{A}}{\partial Y^r}\,\frac{\partial \overset{-}{L}}{\partial i}\right)dG^r$$

$$+ \left[\frac{\partial \overset{+}{A^r}}{\partial w}\left(\frac{\partial \overset{+}{L}}{\partial Y^r}\,\frac{\partial \overset{+}{K}}{\partial i} - \frac{\partial \overset{-}{A}}{\partial Y^r}\,\frac{\partial \overset{-}{L}}{\partial i}\right)\right.$$

$$\left.\left. - \frac{\partial \overset{+}{A}}{\partial w}\left(\frac{\partial \overset{+}{F^r}}{\partial Y^r}\,\frac{\partial \overset{-}{L}}{\partial i} + \frac{\partial \overset{+}{L}}{\partial Y^r}\,\frac{\partial \overset{-}{I^r}}{\partial i}\right)\right]dw\right\}, \tag{7}$$

wobei $D_0 = m\left(\dfrac{\partial \overset{+}{F^r}}{\partial Y^r}\,\dfrac{\partial \overset{+}{K}}{\partial i} + \dfrac{\partial \overset{-}{A}}{\partial Y^r}\,\dfrac{\partial \overset{-}{I^r}}{\partial i}\right) > 0.$

Daraus folgt:

$$\frac{dY^r}{dH} = 0 \quad (5a), \qquad \frac{dY^r}{dG^r} > 0 \quad (5b), \qquad \frac{dY^r}{dw} > 0 \quad (5c),$$

$$\frac{di}{dH} = 0 \quad (6a), \qquad \frac{di}{dG^r} > 0 \quad (6b), \qquad \frac{di}{dw} \gtrless 0 \quad (6c),$$

$$\frac{dR}{dH} = -1 \,(7a), \qquad \frac{dR}{dG^r} \gtrless 0 \quad (7b), \qquad \frac{dR}{dw} \gtrless 0 \quad (7c).$$

Wenn die Z-Kurve flacher als die LM^r-Kurve verläuft, wenn also (4a) gilt, sind die Vorzeichen von $\dfrac{dR}{dG^r}$ (>0) und $\dfrac{dR}{dw}$ (>0) eindeutig bestimmt. Für Ungleichung (4b) läßt sich $\dfrac{dR}{dG^r} < 0$ ableiten, während das Vorzeichen von $\dfrac{dR}{dw}$ in diesem Fall nicht eindeutig bestimmt ist.

Flexible Wechselkurse (x). – Es gilt das Modell des Abschnitts VI. 3c):

$$Y^r - C^r(Y^r) - I^r(i) - G^r - A^r(w, Y^r, Y^r_a) = 0$$
$$L(i, Y^r) - mB \qquad\qquad\qquad = 0$$
$$A(w, Y^r, Y^r_a) + K(i, i_a) \qquad\quad = 0.$$

Durch totale Differentiation werden die Auswirkungen bestimmt, die Änderungen der wirtschaftspolitischen Parameter B und G^r auf die endogenen Variablen Y^r, i und w haben:

$$\begin{bmatrix} \dfrac{\partial F^r}{\partial Y^r} & -\dfrac{\partial I^r}{\partial i} & -\dfrac{\partial A^r}{\partial w} \\[2mm] \dfrac{\partial L}{\partial Y^r} & \dfrac{\partial L}{\partial i} & 0 \\[2mm] \dfrac{\partial A}{\partial Y^r} & \dfrac{\partial K}{\partial i} & \dfrac{\partial A}{\partial w} \end{bmatrix} \begin{bmatrix} dY^r \\[2mm] di \\[2mm] dw \end{bmatrix} = \begin{bmatrix} dG^r \\[2mm] mdB \\[2mm] 0 \end{bmatrix}.$$

Als Lösung folgt:

$$dY^r = \frac{1}{D_x}\left\{ -m\left(-\overset{-}{\frac{\partial I^r}{\partial i}}\,\overset{+}{\frac{\partial A}{\partial w}} + \overset{+}{\frac{\partial K}{\partial i}}\,\overset{+}{\frac{\partial A^r}{\partial w}} \right)dB + \overset{-}{\frac{\partial L}{\partial i}}\,\overset{+}{\frac{\partial A}{\partial w}}\,dG^r \right\} \quad (8)$$

$$di = \frac{1}{D_x}\left\{ m\left(\overset{+}{\frac{\partial F^r}{\partial Y^r}}\,\overset{+}{\frac{\partial A}{\partial w}} + \overset{-}{\frac{\partial A}{\partial Y^r}}\,\overset{+}{\frac{\partial A^r}{\partial w}} \right)dB - \overset{+}{\frac{\partial L}{\partial Y^r}}\,\overset{+}{\frac{\partial A}{\partial w}}\,dG^r \right\} \quad (9)$$

$$dw = \frac{1}{D_x}\left\{ -m\left(\overset{+}{\frac{\partial F^r}{\partial Y^r}}\,\overset{+}{\frac{\partial K}{\partial i}} + \overset{-}{\frac{\partial A}{\partial Y^r}}\,\overset{-}{\frac{\partial I^r}{\partial i}} \right)dB \right.$$

$$\left. + \left(\overset{+}{\frac{\partial L}{\partial Y^r}}\,\overset{+}{\frac{\partial K}{\partial i}} - \overset{-}{\frac{\partial A}{\partial Y^r}}\,\overset{-}{\frac{\partial L}{\partial i}} \right)dG^r \right\}, \qquad\qquad (10)$$

wobei

$$D_x = -\overset{+}{\frac{\partial A^r}{\partial w}}\left(\overset{+}{\frac{\partial L}{\partial Y^r}}\,\overset{+}{\frac{\partial K}{\partial i}} - \overset{-}{\frac{\partial A}{\partial Y^r}}\,\overset{-}{\frac{\partial L}{\partial i}} \right) + \overset{+}{\frac{\partial A}{\partial w}}\underbrace{\left(\overset{+}{\frac{\partial F^r}{\partial Y^r}}\,\overset{-}{\frac{\partial L}{\partial i}} + \overset{+}{\frac{\partial L}{\partial Y^r}}\,\overset{-}{\frac{\partial I^r}{\partial i}} \right)}_{= \,-\,D_m}.$$

Durch die angegebenen Vorzeichen der partiellen Ableitungen ist das Vorzeichen von D_x nicht eindeutig festgelegt, weil das Vorzeichen der ersten Klammer nicht eindeutig ist. Es läßt sich zeigen, daß unter plausiblen Annahmen der Anpassungsprozeß *nicht* zum Gleichgewicht führt, falls D_x positiv ist (instabiles Gleichgewicht). Um diese Möglichkeit *auszuschließen*, wird hier

$$D_x < 0$$

vorausgesetzt [19]). In diesem Fall gilt:

$$\frac{dY^r}{dB} > 0 \quad (8a), \qquad\qquad \frac{dY^r}{dG^r} > 0 \quad (8b),$$

$$\frac{di}{dB} \gtrless 0 \quad (9a), \qquad\qquad \frac{di}{dG^r} > 0 \quad (9b),$$

$$\frac{dw}{dB} > 0 \quad (10a), \qquad\qquad \frac{dw}{dG^r} \gtrless 0 \quad (10b).$$

Wenn Ungleichung (4a) gilt, wenn also die Z-Kurve flacher als die LM^r-Kurve verläuft, ist das Vorzeichen von $\frac{dw}{dG^r}$ (< 0) eindeutig bestimmt.

Für Ungleichung (4b) ergibt sich entsprechend $\frac{dw}{dG^r} > 0$.

Wirksamkeit der Geldpolitik in unterschiedlichen Wechselkurssystemen. – Die Wirksamkeit, mit der geldpolitische Maßnahmen das Sozialprodukt beeinflussen, soll anhand der Größe der Multiplikatoren $\frac{dY^r}{dB}$ bzw. $\frac{dY^r}{dH}$ beurteilt werden. Wie bereits erläutert, ist der Fall fester Wechselkurse mit Neutralisierungspolitik durch m, der Fall fester Wechselkurse ohne Neutralisierungspolitik durch o und der Fall flexibler Wechselkurse durch x gekennzeichnet.

Wie im folgenden gezeigt wird, gilt:

$$0 = \left.\frac{dY^r}{dH}\right|_o < \left.\frac{dY^r}{dB}\right|_m < \left.\frac{dY^r}{dB}\right|_x. \tag{11}$$

---

[19]) Ungleichung (4a) ist hinreichend dafür, daß diese Bedingung erfüllt ist.

Das erste Ungleichheitszeichen links gilt, weil $\dfrac{dY^r}{dB}\Big|_m$ positiv ist.

Das rechte Ungleichheitszeichen bedarf einer aufwendigeren Beweisführung.

Es gilt:

$$\overset{-}{\frac{\partial I^r}{\partial i}} \overset{-}{\frac{\partial A}{\partial Y^r}} \overset{-}{\frac{\partial L}{\partial i}} < - \overset{+}{\frac{\partial K}{\partial i}} \overset{+}{\frac{\partial F^r}{\partial Y^r}} \overset{-}{\frac{\partial L}{\partial i}},$$

also:

$$-\frac{\partial I^r}{\partial i}\frac{\partial L}{\partial Y^r}\frac{\partial K}{\partial i}+\frac{\partial I^r}{\partial i}\frac{\partial A}{\partial Y^r}\frac{\partial L}{\partial i} < -\frac{\partial K}{\partial i}\frac{\partial F^r}{\partial Y^r}\frac{\partial L}{\partial i}-\frac{\partial K}{\partial i}\frac{\partial L}{\partial Y^r}\frac{\partial I^r}{\partial i}.$$

Durch Multiplikation mit $m\,\dfrac{\partial A^r}{\partial w} > 0$ erhält man:

$$m\frac{\partial I^r}{\partial i}\frac{\partial A^r}{\partial w}\left(-\frac{\partial L}{\partial Y^r}\frac{\partial K}{\partial i}+\frac{\partial A}{\partial Y^r}\frac{\partial L}{\partial i}\right) < m\frac{\partial K}{\partial i}\frac{\partial A^r}{\partial w}D_m$$

also:

$$m\frac{\partial I^r}{\partial i}\left[\left(-\frac{\partial A^r}{\partial w}\right)\left(\frac{\partial L}{\partial Y^r}\frac{\partial K}{\partial i}-\frac{\partial A}{\partial Y^r}\frac{\partial L}{\partial i}\right)-\frac{\partial A}{\partial w}D_m\right]$$

$$< -m\left(\frac{\partial I^r}{\partial i}\frac{\partial A}{\partial w}-\frac{\partial K}{\partial i}\frac{\partial A^r}{\partial w}\right)D_m$$

d.h.

$$m\frac{\partial I^r}{\partial i}D_x < -m\left(\frac{\partial I^r}{\partial i}\frac{\partial A}{\partial w}-\frac{\partial K}{\partial i}\frac{\partial A^r}{\partial w}\right)D_m$$

Wird diese Ungleichung mit $\dfrac{-1}{D_m D_x} > 0$ multipliziert, dann ergibt sich:

$$\frac{dY^r}{dB}\Big|_m < \frac{dY^r}{dB}\Big|_x.$$

Als Ergebnis läßt sich festhalten, daß geldpolitische Maßnahmen bei *flexiblen Wechselkursen wirksamer* als bei festen Wechselkursen sind. Wird bei festen Wechselkursen *keine Neutralisierungspolitik* betrieben, dann sind die geldpolitischen Maßnahmen *völlig unwirksam*.

Wirksamkeit der Fiskalpolitik in unterschiedlichen Wechselkurssystemen. – Es gilt:

$$\frac{dY^r}{dG^r}\bigg|_0 > \frac{dY^r}{dG^r}\bigg|_m > \frac{dY^r}{dG^r}\bigg|_x > 0, \tag{12a}$$

falls (4a), und

$$\frac{dY^r}{dG^r}\bigg|_x > \frac{dY^r}{dG^r}\bigg|_m > \frac{dY^r}{dG^r}\bigg|_0 > 0 \tag{12b}$$

falls umgekehrt (4b) gilt.

Es soll hier nur die Ungleichung (12a) nachgewiesen werden; die Ungleichung (12b) ergibt sich, wenn jeweils mit (4b) statt mit (4a) begonnen wird.

Aus (4a) folgt:

$$\frac{\partial \overset{+}{A^r}}{\partial w}\left(\frac{\partial L}{\partial Y^r}\frac{\partial K}{\partial i} - \frac{\partial A}{\partial Y^r}\frac{\partial L}{\partial i}\right) > 0,$$

also:

$$-\left[-\frac{\partial A^r}{\partial w}\left(\frac{\partial L}{\partial Y^r}\frac{\partial K}{\partial i} - \frac{\partial A}{\partial Y^r}\frac{\partial L}{\partial i}\right) - \frac{\partial A}{\partial w}D_m\right] > \frac{\partial A}{\partial w}D_m,$$

d. h.

$$-D_x > \frac{\partial A}{\partial w}D_m.$$

Wird diese Ungleichung mit $\dfrac{\dfrac{\partial L}{\partial i}}{D_m D_x} > 0$ multipliziert, dann folgt:

$$\frac{dY^r}{dG^r}\bigg|_m > \frac{dY^r}{dG^r}\bigg|_x.$$

Der linke Teil der Ungleichung (12a) läßt sich auf die folgende Weise ableiten:

Gemäß (4a) gilt:

$$0 < -\frac{\partial \overline{I^r}}{\partial i}\left(\frac{\partial L}{\partial Y^r}\frac{\partial K}{\partial i} - \frac{\partial A}{\partial Y^r}\frac{\partial L}{\partial i}\right),$$

also:

$$\frac{\partial K}{\partial i}\frac{\partial F^r}{\partial Y^r}\frac{\partial L}{\partial i} + \frac{\partial I^r}{\partial i}\frac{\partial L}{\partial Y^r}\frac{\partial K}{\partial i} < \frac{\partial K}{\partial i}\frac{\partial F^r}{\partial Y^r}\frac{\partial L}{\partial i} + \frac{\partial I^r}{\partial i}\frac{\partial A}{\partial Y^r}\frac{\partial L}{\partial i},$$

also:

$$\frac{\partial K}{\partial i}\left(\frac{\partial F^r}{\partial Y^r}\frac{\partial L}{\partial i} + \frac{\partial I^r}{\partial i}\frac{\partial L}{\partial Y^r}\right) < \frac{\partial L}{\partial i}\left(\frac{\partial F^r}{\partial Y^r}\frac{\partial K}{\partial i} + \frac{\partial A}{\partial Y^r}\frac{\partial I^r}{\partial i}\right),$$

also:

$$-\frac{\partial K}{\partial i} D_m < \frac{\partial L}{\partial i}\frac{D_0}{m}.$$

Wird diese Ungleichung mit $\dfrac{-m}{D_m D_0} < 0$ multipliziert, folgt:

$$\left.\frac{dY^r}{dG^r}\right|_0 > \left.\frac{dY^r}{dG^r}\right|_m.$$

Im Vergleich zu festen Wechselkursen (mit oder ohne Neutralisierungspolitik) ist also die Fiskalpolitik bei *flexiblen Wechselkursen weniger wirksam*, falls die *Z-Kurve flacher* als die *LM^r*-Kurve verläuft, falls also die Zinsabhängigkeit der internationalen Kapitalbewegungen hinreichend groß ist. Wenn umgekehrt die *Z*-Kurve steiler als die *LM^r*-Kurve verläuft, wenn also die Zinsabhängigkeit der internationalen Kapitalbewegungen hinreichend gering ist, dann erweist sich gemäß Ungleichung (12b) die Fiskalpolitik bei flexiblen Wechselkursen wirksamer als bei festen Kursen.

A8) Abwertung und Außenbeitrag im erweiterten Grundmodell

Die Abwertung wird für den Fall grundsätzlich fester Wechselkurse und erfolgreicher Neutralisierungspolitik der Zentralbank untersucht. Gegenüber dem im Anhang A7) zugrunde gelegten Modell werden folgende Änderungen vorgenommen:

– Die Entwicklung der realen Größen und des Preisniveaus wird getrennt ausgewiesen, um auch die Extremfälle der Unter- und Vollbeschäftigung zu erfassen.

– Konsum-, Investitions- und Staatsausgaben werden zur inländischen Absorption zusammengefaßt, d. h.:

$$C^r(Y^r) + I^r(i) + G^r = E^r(Y^r, i)$$

mit $0 < \dfrac{\partial E^r}{\partial Y^r} \left(= \dfrac{\partial C^r}{\partial Y^r} \right) < 1 ; \quad \dfrac{\partial E^r}{\partial i} \left(= \dfrac{\partial I^r}{\partial i} \right) < 0.$

– Beim Außenbeitrag werden reale Exporte und mengenmäßige Importe explizit berücksichtigt[20]).
– Das Auslandseinkommen (Y_a^r) wird als gegeben unterstellt und nicht mehr ausdrücklich in den Gleichungen berücksichtigt.
– Anstelle der Bestimmungsgleichung für den Devisenbilanzsaldo tritt die Bestimmungsgleichung für den nominalen Außenbeitrag (A).

Unter Berücksichtigung dieser Änderungen ergibt sich folgendes Gleichungssystem:

$$Y^r - E^r(Y^r, i) - [X^r(t) - \frac{1}{t} J'(t, Y^r)] = 0$$

$$p(Y^r) \; L^r(i, Y^r) - mB \qquad\qquad = 0$$

$$p(Y^r) [X^r(t) - \frac{1}{t} J'(t, Y^r)] - A \quad = 0$$

mit $t = \dfrac{p(Y^r)}{p_a w}.$

Für die endogenen Variablen i, Y^r und A kann die *Veränderung der Gleichgewichtswerte* bei einer Abwertung durch totale Differentiation der angegebenen Gleichungen bestimmt werden, wobei zur Vereinfachung der Schreibweise folgende Abkürzungen benutzt werden:

$$\frac{\partial A^r}{\partial t} = \frac{\partial X^r}{\partial t} - \frac{1}{t} \frac{\partial J'}{\partial t} + \frac{J'}{t^2} ;$$

$$\frac{\partial A^r}{\partial Y^r} = \frac{\partial A^r}{\partial t} \frac{1}{p_a w} \frac{\partial p}{\partial Y^r} - \frac{1}{t} \frac{\partial J'}{\partial Y^r} .$$

---

[20]) Vgl. Gleichung (1) S. 183.

Man erhält dann in Matrixschreibweise:

$$
\begin{bmatrix}
1 - \dfrac{\partial E^r}{\partial Y^r} - \dfrac{\partial A^r}{\partial Y^r} & -\dfrac{\partial E^r}{\partial i} & 0 \\[2ex]
\dfrac{\partial p}{\partial Y^r} L^r + p \dfrac{\partial L^r}{\partial Y^r} & p \dfrac{\partial L^r}{\partial i} & 0 \\[2ex]
\dfrac{\partial p}{\partial Y^r} \left(X^r - \dfrac{1}{t} J' \right) + p \dfrac{\partial A^r}{\partial Y^r} & 0 & -1
\end{bmatrix}
\begin{bmatrix} dY^r \\[2ex] di \\[2ex] dA \end{bmatrix}
$$

$$
=
\begin{bmatrix}
\dfrac{\partial A^r}{\partial t} \dfrac{-p}{p_a w^2} dw \\[2ex]
0 \\[2ex]
-p \dfrac{\partial A^r}{\partial t} \dfrac{-p}{p_a w^2} dw
\end{bmatrix} .
$$

Unter Anwendung der Cramerschen Regel ergibt sich für die Änderung des Außenbeitrags:

$$
dA = \frac{1}{D} \left\{ -\frac{\partial A^r}{\partial t} \frac{p}{p_a w^2} (-1) \left[\frac{\partial p}{\partial Y^r} \left(X^r - \frac{1}{t} J' \right) + p \frac{\partial A^r}{\partial Y^r} \right] p \frac{\partial L^r}{\partial i} \right.
$$

$$
+ \frac{\partial A^r}{\partial t} \frac{p^2}{p_a w^2} \left[\left(1 - \frac{\partial E^r}{\partial Y^r} - \frac{\partial A^r}{\partial Y^r} \right) p \frac{\partial L^r}{\partial i} \right.
$$

$$
\left. \left. - \left(\frac{\partial p}{\partial Y^r} L^r + p \frac{\partial L^r}{\partial Y^r} \right) \left(-\frac{\partial E^r}{\partial i} \right) \right] \right\} dw
$$

mit
$$
D = (-1) \left[\left(1 - \overset{+}{\overbrace{\frac{\partial E^r}{\partial Y^r}}} - \overset{-}{\frac{\partial A^r}{\partial Y^r}} \right) p \overset{-}{\frac{\partial L^r}{\partial i}} \right.
$$

$$
\left. - \left(\overset{+}{\frac{\partial p}{\partial Y^r}} L^r + p \overset{+}{\frac{\partial L^r}{\partial Y^r}} \right) \left(- \overset{-}{\frac{\partial E^r}{\partial i}} \right) \right] > 0,
$$

wobei
$$
\frac{\partial A^r}{\partial Y^r} = \frac{1}{p_a w} \frac{\partial A^r}{\partial t} \frac{\partial p}{\partial Y^r} - \frac{1}{t} \frac{\partial J'}{\partial Y^r} .
$$

Im folgenden Schritt werden

– die Definitionsgleichung für t berücksichtigt;

– der Faktor $\dfrac{\partial A^r}{\partial t}\, t\, \dfrac{p}{w}$ ausgeklammert;

– die Ausdrücke innerhalb der geschweiften Klammer ausmultipliziert, wobei sich der Ausdruck $\dfrac{\partial A^r}{\partial Y^r}\, p\, \dfrac{\partial L^r}{\partial i}$ weghebt.

Es ergibt sich dann:

$$\frac{dA}{dw} = \frac{1}{D}\, \overset{+}{\frac{\partial A^r}{\partial t}}\, t\, \overset{-}{\frac{p}{w}} \left[\overset{+}{\frac{\partial p}{\partial Y^r}} \left(X^r - \frac{1}{t} J'\right) \overset{-}{\frac{\partial L^r}{\partial i}} \right.$$

$$\left. + \left(1 - \overset{+}{\frac{\partial E^r}{\partial Y^r}}\right) p\, \overset{-}{\frac{\partial L^r}{\partial i}} + \overset{-}{\frac{\partial E^r}{\partial i}} \left(\overset{+}{\frac{\partial p}{\partial Y^r}} L^r + p\, \overset{+}{\frac{\partial L^r}{\partial Y^r}}\right) \right]. \tag{1}$$

Die über Gleichung (1) bzw. über der Bestimmungsgleichung für D angegebenen Vorzeichen der partiellen Ableitungen sind bei der Darstellung des erweiterten Grundmodells im VIII. Kapitel begründet worden[21]. Das Produkt vor der eckigen Klammer ist negativ; innerhalb der eckigen Klammer ist das Vorzeichen des ersten Summanden negativ (positiv), wenn der nominale Außenbeitrag in der Ausgangslage einen Überschuß (ein Defizit) aufweist[22], die beiden anderen Summanden sind negativ.

Es ergibt sich also:

$$\left.\begin{array}{ll} \dfrac{dA}{dw} > 0 & \text{für } A \geqq 0 \\[2mm] \dfrac{dA}{dw} \gtreqless 0 & \text{für } A < 0 \end{array}\right\} \tag{1a}$$

Im *Unterbeschäftigungsfall* gilt $\partial p/\partial Y^r = 0$. Dann erhält man für (1):

---

[21] Vgl. S. 183 ff.

[22] Wegen $p > 0$ gilt dann: $\dfrac{A}{p} = X^r - \dfrac{1}{t} J' < 0$.

$$\frac{dA}{dw} = \frac{1}{D_u} \frac{\partial A^r}{\partial t} t \frac{p}{w} \left[\left(1 - \overset{+}{\overbrace{\frac{\partial E^r}{\partial Y^r}}} \right) p \overset{-}{\frac{\partial L^r}{\partial i}} + \overset{-}{\frac{\partial E^r}{\partial i}} p \overset{+}{\frac{\partial L^r}{\partial Y^r}} \right] \tag{2}$$

$\overline{\text{mit}}$

$$D_u = (-1) \left[\left(1 - \frac{\partial E^r}{\partial Y^r} + \frac{1}{t} \frac{\partial J'}{\partial Y^r} \right) p \frac{\partial L^r}{\partial i} + \frac{\partial E^r}{\partial i} p \frac{\partial L^r}{\partial Y^r} \right] > 0.$$

Da im erweiterten Grundmodell

$$0 < \frac{\partial E^r}{\partial Y^r} \left(= \frac{\partial C^r}{\partial Y^r} \right) < 1$$

unterstellt wurde, gilt in diesem Modell beim Unterbeschäftigungsfall immer:

$$\frac{dA}{dw} > 0. \tag{2a}$$

Der *Vollbeschäftigungsfall* kann im vorliegenden Modell dadurch berücksichtigt werden, daß eine gegen unendlich gehende Reaktion der Preise auf Änderungen des Sozialprodukts unterstellt wird. Formal muß also

$$\lim_{\frac{\partial p}{\partial Y^r} \to \infty} \frac{dA}{dw}$$

gebildet werden. Zu diesem Zweck werden zunächst Zähler und Nenner von (1) durch $\partial p / \partial Y^r$ geteilt und dann der Grenzwert der einzelnen Ausdrücke ermittelt. Man erhält:

$$\frac{dA}{dw} = \overset{-}{\frac{\partial A^r}{\partial t}} \frac{t}{w} \frac{p \left(X^r - \frac{1}{t} J' \right) \overset{-}{\frac{\partial L^r}{\partial i}} + \overset{-}{\frac{\partial E^r}{\partial i}} p L^r}{(-1) \left(- \underset{-}{\frac{\partial A^r}{\partial t}} t \underset{-}{\frac{\partial L^r}{\partial i}} + \underset{-}{\frac{\partial E^r}{\partial i}} L^r \right)}. \tag{3}$$

Da der Nenner positiv ist, kann das Vorzeichen von $\frac{dA}{dw}$ nur dann negativ ausfallen, wenn

$$p\left(X^r - \frac{1}{t}J'\right) = A$$

negativ ist. Also gilt:

$$\left. \begin{array}{ll} \dfrac{dA}{dw} > 0 & \text{für } A \geqq 0 \\[2mm] \dfrac{dA}{dw} \gtreqless 0 & \text{für } A < 0 \end{array} \right\}$$ (3a)

A 9) Das Finanzmarktmodell

Ausgangspunkt für das Finanzmarktmodell sind die Gleichungen (6), (7) und (8) von S. 287. Sie werden in folgender Form geschrieben:

$$l(\overset{-}{i}, \overset{\overset{-}{\tfrac{\bar{e}}{w}}}{i_a + \frac{\bar{e}}{w} - 1})\,(M + B + wF) = M \tag{1}$$

$$b(\overset{+}{i}, \overset{\overset{-}{\tfrac{\bar{e}}{w}}}{i_a + \frac{\bar{e}}{w} - 1})\,(M + B + wF) = B \tag{2}$$

$$f(\overset{-}{i}, \overset{\overset{+}{\tfrac{\bar{e}}{w}}}{i_a + \frac{\bar{e}}{w} - 1})\,(M + B + wF) = wF \tag{3}$$

Bei totaler Differentiation der Gleichungen (1), (2) und (3) läßt sich ein Gleichungssystem ableiten, das bei entsprechender Anordnung auf der *linken* Seite die Änderungen der endogenen Variablen (i und w) und auf der *rechten* Seite die Änderungen der exogenen Variablen bzw. Parameter (M, B, F, i_a)[23]) enthält. Wird dabei der Ausdruck

$$i_a + \frac{\bar{e} - w}{w} = i_a + \frac{\bar{e}}{w} - 1 \text{ mit } a$$

---

[23]) Eine Änderung von $\bar{e}$ wirkt in gleicher Weise auf i und w wie i_a und wird deshalb vernachlässigt.

abgekürzt und $W = M + B + wF$ gesetzt, dann ergibt sich:

$$\frac{\partial l}{\partial i} W \, di + \frac{\partial l}{\partial a}\left(-\frac{\bar{e}}{w^2}\right) W \, dw + lF \, dw = -\frac{\partial l}{\partial a} W di_a$$
$$+ (1 - l) \, dM - ldB - lwdF \qquad (4)$$

$$\frac{\partial b}{\partial i} W \, di + \frac{\partial b}{\partial a}\left(-\frac{\bar{e}}{w^2}\right) W \, dw + bF \, dw = -\frac{\partial b}{\partial a} W di_a$$
$$+ (1 - b) \, dB - bdM - bwdF \qquad (5)$$

$$\frac{\partial f}{\partial i} W \, di + \frac{\partial f}{\partial a}\left(-\frac{\bar{e}}{w^2}\right) W \, dw - (1 - f) \, Fdw = -\frac{\partial f}{\partial a} W di_a$$
$$+ (1 - f) \, wdF - fdM - fdB . \qquad (6)$$

Auf Grund des Walras-Gesetzes werden von den Gleichungen (1), (2) und (3) bzw. (4), (5) und (6) nur jeweils zwei Gleichungen für die Bestimmung des Gleichgewichts bzw. der Änderungen von Gleichgewichtswerten benötigt[24]).

Geldpolitik. – In diesem Fall gilt für die Parameteränderungen:

$$dM = - dB; \quad dF = 0, \quad di_a = 0 .$$

Zur Lösung werden die Gleichungen (4) und (6) herangezogen[25]). Werden diese Gleichungen in Matrixform geschrieben und dabei $\bar{e}$ und w in der Ausgangslage gleich eins gesetzt, dann ergibt sich bei $dF, di_a = 0$:

$$\begin{bmatrix} \frac{\partial l}{\partial i} W & -\frac{\partial l}{\partial a} W + lF \\ \frac{\partial f}{\partial i} W & -\frac{\partial f}{\partial a} W - (1 - f) F \end{bmatrix} \begin{bmatrix} di \\ dw \end{bmatrix} = \begin{bmatrix} dM \\ 0 \end{bmatrix} .$$

Wird die Determinante der Koeffizienten auf der linken Seite der Matrixgleichung

---

[24]) Vgl. hierzu S. 286.

[25]) Bei der Lösung werden möglichst solche Gleichungen benutzt, für die sich – wie für Gleichung (6) – auf der rechten Seite eine Null ergibt.

$$\frac{\partial l}{\partial i} W \left[- \frac{\partial f}{\partial a} W - (1 - f) F \right] - \frac{\partial f}{\partial i} W \left(- \frac{\partial l}{\partial a} W + lf \right) \qquad (> 0)$$

mit D' bezeichnet, dann erhält man nach Anwendung der Cramer-schen Regel als Lösungen:

$$\frac{di}{dM} = \frac{- \dfrac{\partial f}{\partial a} W - (1 - f) F}{D'} < 0 \, ,$$

$$\frac{dw}{dM} = \frac{- \dfrac{\partial f}{\partial i} W}{D'} > 0 \, .$$

Devisenmarktinterventionen. – In diesem Fall gilt für die Parameter-änderungen bei der Variante *mit* Neutralisierungspolitik:

$$w \, dF = - \, dB^{26}); \quad dM = 0, \quad di_a = 0$$

und bei der Variante *ohne* Neutralisierungspolitik:

$$w \, dF = - \, dM; \quad dB = 0, \quad di_a = 0 \, ,$$

wobei w (wie oben) gleich eins gesetzt wird.

Für die Lösung der beiden Varianten werden die Gleichungen (4) und (5) herangezogen. Werden diese Gleichungen in Matrixform geschrieben und wird dabei wieder neben w auch $\bar{e}$ in der Ausgangslage gleich eins gesetzt, dann ergibt sich bei $di_a = 0$:

$$\begin{bmatrix} \dfrac{\partial l}{\partial i} W & - \dfrac{\partial l}{\partial a} W + lF \\[2ex] \dfrac{\partial b}{\partial i} W & - \dfrac{\partial b}{\partial a} W + bF \end{bmatrix} \begin{bmatrix} di \\[2ex] dw \end{bmatrix} = \begin{bmatrix} (1 - l) \, dM - ldB - ldF \\[2ex] (1 - b) \, dB - bdM - bdF \end{bmatrix} .$$

---

[26]) Die mit Devisenmarktinterventionen verbundenen Geldmengenänderungen werden dadurch neutralisiert, daß die Zentralbank gleichzeitig Offenmarktgeschäfte tätigt, z. B. inländische Staatstitel verkauft ($dB > 0$), wenn die Geldmenge auf Grund von Devisenankäufen der Zentralbank ($dF < 0$) steigt.

Wird die Determinante der Koeffizienten auf der linken Seite der Matrixgleichung

$$\frac{\partial l}{\partial i}\, W\, (-\frac{\partial b}{\partial a}\, W + bF) - \frac{\partial b}{\partial i}\, W\, (-\frac{\partial l}{\partial a}\, W + lF) \qquad (<0)$$

mit D bezeichnet, dann erhält man als Lösungen

– für die Variante *mit* Neutralisierungspolitik ($dB = -w\, dF$ mit $w = 1$; $dM = 0$)

$$\frac{di}{dF} = \frac{(-\frac{\partial l}{\partial a}\, W + lF)}{D} < 0^{27)}\,,$$

$$\frac{dw}{dF} = \frac{-\frac{\partial l}{\partial i}\, W}{D} < 0 \text{ und}$$

– für die Variante *ohne* Neutralisierungspolitik ($dM = -w\, dF$ mit $w = 1$; $dB = 0$)

$$\frac{di}{dF} = \frac{-(-\frac{\partial b}{\partial a}\, W + bF)}{D} > 0\,,$$

$$\frac{dw}{dF} = \frac{\frac{\partial b}{\partial i}\, W}{D} < 0\,.$$

Leistungsbilanzsalden. – In diesem Fall gilt für die Parameteränderungen

$$dF \gtreqless 0^{28)});\ dM = 0,\ dB = 0,\ di_a = 0\,.$$

---

[27]) $dF > 0$ resultiert aus Devisenverkäufen, $dF < 0$ aus Devisenkäufen der Zentralbank.

[28]) $dF > 0$ resultiert aus einem Leistungsbilanzüberschuß, $dF < 0$ aus einem Leistungsbilanzdefizit.

Für die Lösung werden wieder die Gleichungen (4) und (5) mit $w = 1$ und $\bar{e} = 1$ herangezogen. In Matrixform geschrieben, erhält man bei $dM = dB = di_a = 0$:

$$\begin{bmatrix} \dfrac{\partial l}{\partial i} W & -\dfrac{\partial l}{\partial a} W + lF \\[2mm] \dfrac{\partial b}{\partial i} W & -\dfrac{\partial b}{\partial a} W + bF \end{bmatrix} \begin{bmatrix} di \\[2mm] dw \end{bmatrix} = \begin{bmatrix} -ldF \\[2mm] -bdF \end{bmatrix}.$$

Hieraus ergeben sich die Lösungen:

$$\frac{di}{dF} = \frac{-l\left(-\dfrac{\partial b}{\partial a} W + bF\right) + b\left(-\dfrac{\partial l}{\partial a} W + lF\right)}{D} \gtreqless 0 \, ,$$

$$\frac{dw}{dF} = \frac{-b\dfrac{\partial l}{\partial i} W + \dfrac{\partial b}{\partial i} W l}{D} < 0 \, .$$

Budgetsalden. – Sind Budgetsalden mit der Emission bzw. Tilgung von Staatstiteln verbunden (Fall a)), dann gilt für die Parameteränderungen

$$dB \gtreqless 0^{29}); \; dM = 0, \; dF = 0, \; di_a = 0 \, .$$

Sind die Budgetsalden mit der Aufnahme bzw. Tilgung von Zentralbankkrediten und demzufolge mit einer Zunahme bzw. Abnahme der Geldmenge M verbunden (Fall b)), dann gilt für die Parameteränderungen

$$dM \gtreqless 0^{30}); \; dB = 0, \; dF = 0, \; di_a = 0 \, .$$

Werden die Gleichungen (4) und (5) in Matrixform geschrieben (mit $w = 1$ und $\bar{e} = 1$), dann ergibt sich bei $dF = 0$, $di_a = 0$:

---

[29]) $dB > 0$ resultiert aus einem Budgetdefizit, $dB < 0$ aus einem Budgetüberschuß.

[30]) $dM > 0$ resultiert aus einem Budgetdefizit, $dM < 0$ aus einem Budgetüberschuß.

$$\begin{bmatrix} \dfrac{\partial l}{\partial i} W & -\dfrac{\partial l}{\partial a} W + lF \\[2mm] \dfrac{\partial b}{\partial i} W & -\dfrac{\partial b}{\partial a} W + bF \end{bmatrix} \begin{bmatrix} di \\[2mm] dw \end{bmatrix} = \begin{bmatrix} (1-l)\,dM - ldB \\[2mm] (1-b)\,dB - bdM \end{bmatrix}.$$

Als Lösungen erhält man für den Fall a) ($dM = 0$):

$$\frac{di}{dB} = \frac{-l\left(-\dfrac{\partial b}{\partial a} W + bF\right) - (1-b)\left(-\dfrac{\partial l}{\partial a} W + lF\right)}{D} > 0\,,$$

$$\frac{dw}{dB} = \frac{\dfrac{\partial l}{\partial i} W (1-b) + \dfrac{\partial b}{\partial i} W l}{D} \gtreqless 0\,.$$

Als Lösungen erhält man für den Fall b) ($dB = 0$):

$$\frac{di}{dM} = \frac{(1-l)\left(-\dfrac{\partial b}{\partial a} W + bF\right) + b\left(-\dfrac{\partial l}{\partial a} W + lF\right)}{D} < 0\,,$$

$$\frac{dw}{dM} = \frac{-\dfrac{\partial l}{\partial i} W b - \dfrac{\partial b}{\partial i} W(1-l)}{D} > 0\,;$$

denn $D < 0$, und der Zähler kann wegen der adding-up-Bedingungen zu

$$\left(\frac{\partial b}{\partial i} + \frac{\partial f}{\partial i}\right) Wb - \frac{\partial b}{\partial i} W (b+f)$$

bzw.

$$\frac{\partial f}{\partial i} Wb - \frac{\partial b}{\partial i} Wf\,(<0)$$

umgeformt werden.

Zinsänderungen im Ausland. – In diesem Fall gilt für die Parameter-änderungen

$$di_a \gtrless 0; \quad dM = 0, \, dB = 0, \, dF = 0 \, .$$

Werden die Gleichungen (4) und (5) in Matrixform geschrieben (mit $w = 1$ und $\bar{e} = 1$), dann ergibt sich bei $dM = dB = dF = 0$:

$$\begin{bmatrix} \dfrac{\partial l}{\partial i} W & -\dfrac{\partial l}{\partial a} W + lF \\ \dfrac{\partial b}{\partial i} W & -\dfrac{\partial b}{\partial a} W + bF \end{bmatrix} \begin{bmatrix} di \\ dw \end{bmatrix} = \begin{bmatrix} -\dfrac{\partial l}{\partial a} W di_a \\ -\dfrac{\partial b}{\partial a} W di_a \end{bmatrix} .$$

Als Lösungen erhält man:

$$\frac{di}{di_a} = \frac{-\dfrac{\partial l}{\partial a} W(-\dfrac{\partial b}{\partial a} W + bF) + \dfrac{\partial b}{\partial a} W(-\dfrac{\partial l}{\partial a} W + lF)}{D} \gtreqless 0 \, ,$$

$$\frac{dw}{di_a} = \frac{-\dfrac{\partial l}{\partial i} W^2 \dfrac{\partial b}{\partial a} + \dfrac{\partial b}{\partial i} W^2 \dfrac{\partial l}{\partial a}}{D} > 0 \, .$$

A 10) Das vereinfachte Strom-Bestand-Modell

Die folgenden Ausführungen nehmen Bezug auf das im Kapitel XII dargestellte Strom-Bestands-Modell und enthalten neben einer An-wendung des *Walras-Gesetzes* eine *algebraische Lösung*.

a) Zur Anwendung des Walras-Gesetzes

Mit Hilfe der *gesamtwirtschaftlichen Budgetrestriktion* läßt sich zei-gen, daß die Gleichgewichtsbedingung auf einem der vier auf S. 300 f. dargestellten Märkten erfüllt wird, wenn die Gleichgewichtsbedin-gungen auf den anderen drei Märkten erfüllt sind. Die **gesamtwirt-schaftliche Budgetrestriktion** ergibt sich, wenn die aggregierte Bud-getrestriktion von Staat und Ausland (s. Gleichung (7) von S. 303)

$$G_t - \tau Y_t + A_t = M_t - M_{t-1} + B_t - B_{t-1} + \bar{w} F_t - \bar{w} F_{t-1}$$

und die Budgetrestriktion des privaten Sektors

$$E_t^p + \tau Y_t - Y_t = M_{t-1} - L_t + B_{t-1} - B_t^n + \bar{w} F_{t-1} - \bar{w} F_t^{n\,31}) \qquad (1)$$

zusammengefaßt werden. Man erhält dann:

$$(E_t^p + G_t + A_t - Y_t) + (L_t - M_t) + (B_t^n - B_t) + (\bar{w} F_t^n - \bar{w} F_t) = 0 . \qquad (2)$$

Gleichung (2) macht deutlich, daß ein Gleichgewicht auf drei Märkten (z.B. dem Gütermarkt, dem Geldmarkt und dem Markt für Inlandsobligationen) Gleichgewicht auf dem vierten Markt (z.B. dem Inlandsmarkt für Auslandsobligationen) impliziert.

b) Zur Lösung des Modells

aa) *Effekte in der ersten Periode.* – Um die Änderungen der Variablen Y_t, i_t und W_t zu bestimmen, wird auf die Gleichungen (1), (2) und (9) aus Kapitel XII zurückgegriffen. Sie lauten für die *erste Periode*:

$$Y_1 = E_1^p[Y_1(1 - \tau), i_1, W_0] + G_1 + A_1(Y_1) \qquad (3)$$

$$M_1 = L_1(Y_1, i_1, W_0) \qquad (4)$$

$$W_1 - W_0 = G_1 - \tau Y_1 + A_1(Y_1). \qquad (5)$$

Bei gegebenen Werten für τ und W_0 erhält man bei totaler Differentiation der drei Gleichungen:

$$
\begin{bmatrix}
(h + m) & -\dfrac{\partial E^p}{\partial i} & 0 \\[2ex]
\dfrac{\partial L}{\partial Y} & \dfrac{\partial L}{\partial i} & 0 \\[2ex]
(\tau + m) & 0 & 1
\end{bmatrix}
\begin{bmatrix}
dY_1 \\[2ex]
di_1 \\[2ex]
dW_1
\end{bmatrix}
=
\begin{bmatrix}
dG_1 \\[2ex]
dM_1 \\[2ex]
dG_1
\end{bmatrix}, \qquad (6)
$$

---

[31]) *Die Budgetrestriktion des privaten Sektors* (1) impliziert die Aussage, daß ein Ausgabenüberschuß durch Auflösung von Beständen an Geld und (oder) inländischen Staatstiteln und (oder) ausländischen Staatstiteln finanziert werden muß.

wobei $h = 1 - \dfrac{\partial E^p}{\partial Y_v}\,(1 - \tau)$ mit Y_v als verfügbarem Einkommen

und $m = - \dfrac{\partial A}{\partial Y}$.

Wird die Determinante der Koeffizienten auf der linken Seite von (6)

$$(h + m)\,\frac{\partial L}{\partial i} + \frac{\partial E^p}{\partial i}\,\frac{\partial L}{\partial Y}\ (< 0)$$

mit D abgekürzt, dann ergeben sich nach der Cramerschen Regel folgende *Lösungen*:

$$\frac{dY_1}{dM_1} = \frac{\dfrac{\partial E^p}{\partial i}}{D} > 0;\qquad \frac{di_1}{dM_1} = \frac{h + m}{D} < 0;$$

$$\frac{dW_1}{dM_1} = \frac{-\dfrac{\partial E^p}{\partial i}\,(\tau + m)}{D} < 0;$$

$$\frac{dY_1}{dG_1} = \frac{\dfrac{\partial L}{\partial i}}{D} > 0;\qquad \frac{di_1}{dG_1} = \frac{-\dfrac{\partial L}{\partial Y}}{D} > 0;$$

$$\frac{dW_1}{dG_1} = \frac{\dfrac{\partial L}{\partial i}\,(h - \tau) + \dfrac{\partial E^p}{\partial i}\,\dfrac{\partial L}{\partial Y}}{D} > 0\,[32])\,.$$

---

[32]) Der Ausdruck ist positiv, wenn

$$h = 1 - \frac{\partial E^p}{\partial Y_v}\,(1 - \tau) > \tau.$$

Das ist der Fall, da
$$1 - \frac{\partial E^p}{\partial Y_v}\,(1 - \tau) - \tau = (1 - \tau)\,(1 - \frac{\partial E^p}{\partial Y_v}) > 0;$$

denn es soll gelten $0 < \tau < 1,\ 0 < \dfrac{\partial E^p}{\partial Y_v} < 1.$

Es läßt sich zeigen, daß der abgeleitete *kurzfristige* Staatsausgabenmultiplikator $\dfrac{dY_1}{dG_1}$ kleiner ist als der *langfristige* Staatsausga-

benmultiplikator $\dfrac{dY}{dG} = \dfrac{1}{\tau + m}$ [33]) .

bb) *Effekte in der zweiten Periode.* – Da sich die weitere Analyse auf
die Entwicklung des *Volkseinkommens* beschränken soll, genügt es,
die Gleichungen (3) und (4) in die Ableitungen einzubeziehen. Um
die Änderung des Volkseinkommens in der zweiten Periode gegenüber der ersten Periode zu bestimmen, werden alle Größen in (3)
und (4) um eine Periode weiterdatiert. Man erhält dann:

$$Y_2 = E_2^p [Y_2(1-\tau), i_2, W_1] + G_2 + A_2(Y_2)$$
$$M_2 = L_2(Y_2, i_2, W_1).$$

Werden diese Gleichungen total differenziert, dann ergibt sich
für gegebene Werte von τ, $G_2 (= G_1)$ und $M_2 (= M_1)$[34])

$$
\begin{bmatrix}
(h+m) & -\dfrac{\partial E^p}{\partial i} \\[2ex]
\dfrac{\partial L}{\partial Y} & \dfrac{\partial L}{\partial i}
\end{bmatrix}
\begin{bmatrix}
dY_2 \\[2ex]
di_2
\end{bmatrix}
=
\begin{bmatrix}
\dfrac{\partial E^p}{\partial W} dW_1 \\[2ex]
-\dfrac{\partial L}{\partial W} dW_1
\end{bmatrix}
$$

---

[33]) $\quad\dfrac{\dfrac{\partial L}{\partial i}}{(h+m)\dfrac{\partial L}{\partial i} + \dfrac{\partial E^p}{\partial i}\dfrac{\partial L}{\partial Y}} = \dfrac{1}{(h+m) + \dfrac{\partial E^p}{\partial i}\dfrac{\partial L}{\partial Y}\Big/\dfrac{\partial L}{\partial i}} < \dfrac{1}{h+m} < \dfrac{1}{\tau+m}$,

da $h > \tau$, wie in der letzten Fußnote gezeigt worden ist.

[34]) Wichtig ist in diesem Zusammenhang, auf welche Periode Änderungen
bezogen werden. Da M bzw. G nur in der ersten Periode auf ein höheres
Niveau angehoben, aber danach nicht weiter verändert werden, gilt
gegenüber der Vorperiode ($t = 1$), $dM_2 = 0$, $dG_2 = 0$ und gegenüber
der Ausgangslage $dM_2 = dM_1 > 0$, $dG_2 = dG_1 > 0$. Bei den untersuchten Effekten in der zweiten Periode geht es um Änderungen gegenüber
der Vorperiode. Folglich sind dM_2, $dG_2 = 0$ zu setzen.

Hieraus folgt

$$\frac{dY_2}{dW_1} = \frac{\dfrac{\partial E^p}{\partial W}\dfrac{\partial L}{\partial i} - \dfrac{\partial E^p}{\partial i}\dfrac{\partial L}{\partial W}}{D} \gtreqless 0.$$

Wird $\dfrac{dY_2}{dW_1}$ mit dem abgeleiteten Multiplikator für $\dfrac{dW_1}{dM_1}$ bzw.

$\dfrac{dW_1}{dG_1}$ multipliziert, dann erhält man:

$$\frac{dY_2}{dM_1} = \frac{\dfrac{\partial E^p}{\partial W}\dfrac{\partial L}{\partial i} - \dfrac{\partial E^p}{\partial i}\dfrac{\partial L}{\partial W}}{D^2} \overbrace{\left[-\dfrac{\partial E^p}{\partial i}(\tau + m)\right]}^{+}, \qquad (7)$$

und

$$\frac{dY_2}{dG_1} = \frac{\dfrac{\partial E^p}{\partial W}\dfrac{\partial L}{\partial i} - \dfrac{\partial E^p}{\partial i}\dfrac{\partial L}{\partial W}}{D^2} \overbrace{\left[\dfrac{\partial L}{\partial i}(h-\tau) + \dfrac{\partial E^p}{\partial i}\dfrac{\partial L}{\partial Y}\right]}^{-}. (8)$$

Das Vorzeichen der Multiplikatoren hängt offenbar davon ab, ob

$$\left|\frac{\partial E^p}{\partial W}\frac{\partial L}{\partial i}\right| \gtrless \left|\frac{\partial E^p}{i}\frac{\partial L}{\partial W}\right|. \qquad (9)$$

Liegt ein *Größer-Zeichen* (Kleiner-Zeichen) vor, dann bewirkt eine Erhöhung der *Geldmenge* einen *Rückgang* (einen weiteren Anstieg) des *Volkseinkommens* in der zweiten Periode und eine Erhöhung der *Staatsausgaben* ein weitere *Erhöhung* (einen Rückgang) des Volkseinkommens. Wie die graphische Analyse auf den S. 307 ff. und S. 309 ff. erkennen ließ, ergibt sich im ersten Fall (d. h. bei einem Größer-Zeichen in (9)) eine *stabile* und im zweiten Fall eine labile Entwicklung des Systems. Insofern kann Ungleichung (9) auch als Stabilitätsbedingung verstanden werden[35]).

---

[35]) Eine formal präzisierte Ableitung dieser Aussage findet sich bei H.- J. Jarchow, Geld- und Fiskalpolitik in einer offenen Volkswirtschaft – eine vereinfachte (diskrete) Strom-Bestands-Analyse –. „Diskussionsbeiträge aus dem Volkswirtschaftlichen Seminar der Universität Göttingen", Nr. 4 (1980), S. 14 ff., 24.

Literaturangaben[1])

1. Monographien

Adebahr, H.: Währungstheorie und Währungspolitik. Einführung in die monetäre Außenwirtschaftslehre. Außenwirtschaft Band I. Berlin 1978.

Black, S. W.: International Money Markets and Flexible Exchange Rates. (Princeton Studies in International Finance, No. 32.) Princeton 1973.

Böhm, P.: Zur Theorie der Währungssubstitution. (Schweizerisches Institut für Außenwirtschafts-, Struktur- und Regionalforschung an der Hochschule St. Gallen, Bd. 7.) Diessenhofen 1984.

Borchert, M.: Außenwirtschaftslehre. Theorie und Politik. 4., überarb. u. erw. Aufl. Wiesbaden 1992.

Cassel, G.: Theoretische Sozialökonomie. 4., verb. u. wesentl. erw. Aufl. Leipzig 1927.

Caves, R. E., Frankel, J. A., Jones, R. W.: World Trade and Payments. An Introduction. 5th ed. Glenview, Ill., London 1990.

Claassen, E. M.: Grundlagen der Geldtheorie. 2., neubearb. u. erw. Aufl. Berlin, Heidelberg, New York 1980.

Dernburg, Th. F., McDougall, D. M.: Lehrbuch der Makroökonomischen Theorie. 3., neubearb. dt. Aufl. Stuttgart 1981.

Dornbusch, R.: Open Economy Macroeconomics. New York 1980.

Einzig, P.: A Dynamic Theory of Forward Exchange. London 1961.

–: A Textbook on Foreign Exchange. 2nd ed. London 1969.

Fischer-Erlach, P.: Handel und Kursbildung am Devisenmarkt. 3., überarb. Aufl. Stuttgart 1988.

Friedrich, H.: Stabilisierungspolitik. 2., überarb. u. erw. Aufl. Wiesbaden 1986.

Gaab, W.: Devisenmärkte und Wechselkurse. Eine theoretische und empirische Analyse. Berlin 1983.

Gärtner, M.: Makroökonomik flexibler Wechselkurse. Berlin 1990.

Giersch, H.: Konjunktur- und Wachstumspolitik in der offenen Wirtschaft. Allgemeine Wirtschaftspolitik, Zweiter Band. Wiesbaden 1977.

Grauwe de, P.: International Money. Post-War Trends and Theories. Oxford 1989.

Hesse, H.: Theoretische Grundlagen der „Fiscal Policy". München 1983.

---

[1]) Grundlegende Literatur zu den einzelnen Teilen des Buches wird jeweils am Ende des entsprechenden Teils angegeben.

Hochgesand, H.: Theorie der Devisenspekulation. Berlin 1974.

Jarchow, H.-J.: Theorie und Politik des Geldes. I. Geldtheorie. 9., überarb. u. erw. Aufl. Göttingen 1992.

–: Arbeitsbuch Geld, Makroökonomik, Monetäre Außenwirtschaft. Göttingen 1991.

Jarchow, H.-J., Rühmann, P.: Monetäre Außenwirtschaft. II. Internationale Währungspolitik. 3., überarb. u. erw. Aufl. Göttingen 1993.

Johnson, H. G.: International Trade and Economic Growth. London 1958.

Käsmeier, J.: Euromärkte und nationale Finanzmärkte: Eine Analyse ihrer Interdependenz. Berlin 1984.

Köhler, C.: Geldwirtschaft. 2. Band. Zahlungsbilanz und Wechselkurs. Berlin 1979.

Konrad, A.: Zahlungsbilanztheorie und Zahlungsbilanzpolitik. München 1979.

Kravis, I. B., Lipsey, R. E.: Price Competitiveness in World Trade. New York 1971.

Krugman, P. R., Obstfield, M.: International Economics. 2nd ed. 1992.

Kühn, B.: Rationale Erwartungen und Wirtschaftspolitik. Baden-Baden 1979.

Leamer, E. E., Stern, R. M.: Quantitative International Economics. Chicago 1976.

Lerner, A. P.: The Economics of Control. Principles of Welfare Economics. New York 1944.

Lindert, P. H.: International Economics. 8th ed. Homewood, Ill., 1986.

Lindert, P. H., Kindleberger, C. P.: International Economics. 7th ed. Homewood, Ill., 1982.

Lipfert, H.: Internationaler Devisen- und Geldhandel. 3., unveränd. Aufl. Frankfurt/M. 1969.

–: Devisenhandel mit Devisenoptionshandel. 3., neu bearb. u. erw. Aufl. Frankfurt a. M. 1988.

MacDonald, R.: Floating Exchange Rates. Theories and Evidence. London 1988.

Machlup, F.: International Trade and the National Income Multiplier. Philadelphia 1943.

–: International Monetary Economics. London 1966.

Marshall, A.: Money, Credit and Commerce. London 1923.

Meade, J. E.: The Theory of International Economic Policy. Vol. I: The Balance of Payments. London 1951.

Mundell, R. A.: International Economics. New York, London 1968.

Neldner, M.: Die Kursbildung auf dem Devisenterminmarkt und die Devisenterminpolitik der Zentralbanken. Berlin 1970.

Niehans, J.: International Monetary Economics. Oxford 1984.

Officer, L. H.: Purchasing Power Parity and Exchange Rates: Theory, Evidence and Relevance. Greenwich, Connecticut, London 1982.

Ohr, R.: Budgetpolitik in offenen Volkswirtschaften. Eine modelltheoretische Analyse ihrer binnen- und außenwirtschaftlichen Wirkungen. Berlin 1987.

Rose, K., Sauernheimer, K.: Theorie der Außenwirtschaft. 11., völlig überarb. u. erw. Aufl. München 1992.

Roth, J.: Der internationale Konjunkturzusammenhang bei flexiblen Wechselkursen. Eine modelltheoretische Analyse. (Kieler Studien, 135.) Tübingen 1975.

Schneider, E.: Zahlungsbilanz und Wechselkurs. Eine Einführung in die monetären Probleme internationaler Wirtschaftsbeziehungen. Tübingen 1968.

Schröder, J.: Zur Theorie der Devisenterminmärkte. Berlin 1969.

Siebert, H.: Außenwirtschaft. 5., überarb. Aufl. Stuttgart, 1991.

Södersten, B.: International Economics. 2nd ed. London, Basingstoke 1980.

Sohmen, E.: Wechselkurs und Währungsordnung. Tübingen 1973.

Steinmann, G.: Theorie der Spekulation. (Kieler Studien, 106.) Tübingen 1970.

Stern, R.M.: The Balance of Payments. Theory and Economic Policy. London, Basingstoke 1973.

Stern, R.M., Francis, J., Schumacher, B.: Price Elasticities in International Trade. An Annotated Bibliography. London, Basingstoke 1976.

Stobbe, A.: Volkswirtschaftslehre I. Volkswirtschaftliches Rechnungswesen. 7., rev. Aufl. Berlin 1989.

Tinbergen, J.: Wirtschaftspolitik. Freiburg im Breisgau 1968.

Turnovsky, S.T.: Macroeconomic analysis and stabilization policy. Cambridge 1977.

Vanek, J.: International Trade. Theory and Economic Policy. Homewood, Ill., 1962.

Viner, J.: Studies in the Theory of International Trade. New York, London 1937.

Westphal, U.: Die importierte Inflation bei festem und flexiblem Wechselkurs. (Kieler Studien, 87.) Tübingen 1968.

Willms, M.: Internationale Währungspolitik. München 1992.

Wohltmann, H.-W.: Quantitative Wirtschaftspolitik bei alternativen Erwartungen. Die Bedeutung der Erwartungsbildung für die Steuerung und Stabilisierung offener Volkswirtschaften. Frankfurt a.M. 1987.

2. Beiträge aus Zeitschriften

Adams, F.G., Junz, H.B.: The Effect of the Business Cycle on Trade Flows of Industrial Countries. „The Journal of Finance", Vol. 26 (1971), S. 251ff.

Alexander, S. S.: Effects of a Devaluation on a Trade Balance. „International Monetary Fund Staff Papers", Vol. 2 (1952), S. 263ff. Übersetzt in: Theorie der internationalen Wirtschaftsbeziehungen. (Hrsg. von K. Rose). 3. Aufl. Köln, Berlin 1971. S. 334ff.

–: Effects of a Devaluation: A Simplified Synthesis of Elasticities and Absorption Approaches. „The American Economic Review", Vol. 49 (1959), S. 22ff.

Alexander, V., Loef, H. E.: Die Kontrolle der Geldbasis und ihrer Komponenten – eine empirische Analyse für die BRD. „Kredit und Kapital", Jg. 7 (1974), S. 508ff.

Allen, W. A.: What can be Rescued from the „Law of one Price"? „Jahrbücher für Nationalökonomie und Statistik", Bd. 196 (1981), S. 47ff.

Argy, V., Salop, J.: Price and Output Effects of Monetary and Fiscal Policy Under Flexible Exchange Rates. „International Monetary Fund Staff Papers", Vol. 26 (1979), S. 224ff.

Balassa, B.: The Purchasing-Power Parity Doctrine: A Reappraisal. „The Journal of Political Economy", Vol. 72 (1964), S. 584ff.

Baltensperger, E.: Monetäre Außenwirtschaftstheorie. „Zeitschrift für Wirtschafts- und Sozialwissenschaften", Jg. 112 (1992), S. 505ff.

Baltensperger, E., Böhm, P.: Stand und Entwicklungstendenzen der Wechselkurstheorie – Ein Überblick. „Außenwirtschaft. Schweizerische Zeitschrift für internationale Wirtschaftsbeziehungen", Jg. 37 (1982), S. 109ff.

Blinder, A. S., Solow, R. M.: Does Fiscal Policy Matter? „The Journal of Public Economics", Vol. 2 (1973), S. 319ff.

Branson, W. H.: Asset Markets and Relative Prices in Exchange Rate Determination. „Sozialwissenschaftliche Annalen des Instituts für Höhere Studien", Bd. 1 (1977), S. 69ff.

–: The Dual Role of the Government Budget and the Balance of Payments in the Movement from Short-Run to Long-Run Equilibrium. „The Quarterly Journal of Economics", Vol. 90 (1976), S. 345ff.

Brems, H.: Devaluation, A Marriage of the Elasticity and the Absorption Approaches. „The Economic Journal", Vol. 67 (1957), S. 49ff.

Christ, C. F.: A Short-Run Aggregate-Demand Model of the Interdependence and Effects of Monetary and Fiscal Policies with Keynesian and Classical Interest Elasticities. „The American Economic Review", Papers and Proceedings, Vol. 57 (1967), S. 434ff.

–: A Simple Macroeconomic Model with a Government Budget Restraint. „The Journal of Political Economy", Vol. 76 (1968), S. 53ff.

Dornbusch, R.: Devaluation, Money, and Nontraded Goods. „The American Economic Review", Vol. 63 (1973), S. 871ff.

–: A Portfolio Balance Model of the Open Economy. „The Journal of Monetary Economics", Vol. 1 (1975), S. 3ff.

–: Expectations and Exchange Rate Dynamics. „Journal of Political Economy", Vol. 84 (1976), S. 1161ff.

–: The Theory of Flexible Exchange Rate Regimes and Macroeconomic Policy. „The Scandinavian Journal of Economics", Vol. 78 (1976), S. 255ff.

Driskill, R. A.: Exchange-Rate Dynamics: An Empirical Investigation. „Journal of Political Economy", Vol. 89 (1981), S. 357ff.

Engel, G.: Die Bedeutung der Budgetrestriktion des privaten Sektors für das einfache Standardmodell der makroökonomischen Periodenanalyse. „Zeitschrift für die gesamte Staatswissenschaft", Bd. 133 (1977), S. 472ff.

Fama, E. F.: Efficient Capital Markets: A Review of Theory and Empirical Work. „The Journal of Finance", Vol. 25 (1970), S. 383ff.

Fleming, J.M.: Domestic Financial Policies Under Fixed and Under Floating Exchange Rates. „International Monetary Fund Staff Papers", Vol. 9 (1962), S. 369ff.

Frenkel, J.A.: A Monetary Approach to the Exchange Rate: Doctrinal Aspects and Empirical Evidence. „The Scandinavian Journal of Economics", Vol. 78 (1976), S. 200ff.

–: Flexible Exchange Rates, Prices, and the Role of "News": Lessons from the 1970s. „Journal of Political Economy", Vol. 89 (1981), S. 665ff.

Gehrmann, D., Scharrer, H.-E., Wetter, W.: Währungsrisiko und Währungsverhalten deutscher Unternehmen. „Wirtschaftsdienst", Jg. 57 (1977), S. 582ff.

Genberg, H.: Purchasing Power Parity Under Fixed and Flexible Exchange Rates. „Journal of International Economics", Vol. 8 (1978), S. 247ff.

Goldstein, M., Khan, M.S.: Large Versus Small Price Changes and the Demand for Imports. „International Monetary Fund Staff Papers", Vol. 23 (1976), S. 200ff.

–: The Supply and Demand for Exports: A Simultaneous Approach. „The Review of Economics and Statistics", Vol. 60 (1978), S. 275ff.

Haberler, G.: The Market for Foreign Exchange and the Stability of the Balance of Payments. A Theoretical Analysis. „Kyklos", Vol. 3 (1949), S. 193ff. Übersetzt in: Theorie der internationalen Wirtschaftsbeziehungen. (Hrsg. von K. Rose). 3. Aufl. Köln, Berlin 1971. S. 214ff.

Heien, D. M.: Structural Stability and the Estimation of International Import Price Elasticities. „Kyklos", Vol. 21 (1968), S. 695ff.

Herberg, H., Hesse, H., Schuseil, A.: Imports of Intermediate Goods and the Efficacy of Fiscal Policy under Flexible Exchange Rates. „Weltwirtschaftliches Archiv", Bd. 118 (1982), S. 104ff.

Hodjera, Z.: International Short-Term Capital Movements: A Survey of Theory and Empirical Analysis. „International Monetary Fund Staff Papers", Vol. 20 (1973), S. 683ff.

Houthakker, H. S., Magee, S. P.: Income and Price Elasticities in World Trade. „The Review of Economics and Statistics", Vol. 51 (1969), S. 111ff.

Jarchow, H.- J.: Die Kursbildung auf dem Devisenkassa- und dem Devisenterminmarkt. „Wirtschaftswissenschaftliches Studium", Jg. 5 (1976), H. 7., S. 297ff.

–: Zahlungsbilanzinduzierte Beschäftigungseffekte bei flexiblen Wechselkursen. „Zeitschrift für die gesamte Staatswissenschaft", Bd. 134 (1978), S. 327ff.

–: Geld- und Fiskalpolitik bei Wechselkursflexibilität. Ein vereinfachtes neoklassisches Makro-Modell. „Wirtschaftswissenschaftliches Studium", Jg. 16 (1987), H. 9, S. 441ff.

Johnson, H.G.: The Monetary Approach to Balance-of-Payments Theory: A Diagrammatic Analysis. „The Manchester School of Economic and Social Studies", Vol. 43 (1975), S. 220ff.

Kemp, D.S.: A Monetary View of the Balance of Payments. „Federal Reserve Bank of St. Louis Review", Vol. 57 (1975), No. 4, S. 14ff.

Keynes, J.M.: The German Transfer Problem. „The Economic Journal", Vol. 39 (1929), S. 1ff. Abgedruckt in: Readings in the Theory of International Trade. (Ed by H.S. Ellis, L.A. Metzler). London 1950. S. 161ff.

Kindleberger, Ch.P.: Measuring Equilibrium in the Balance of Payments. „The Journal of Political Economy", Vol. 77 (1969), S. 873ff.

Kouri, P.J.K.: The Exchange Rate and the Balance of Payments in the Short Run and in the Long Run: A Monetary Approach. „The Scandinavian Journal of Economics", Vol. 78 (1976), S. 280ff.

Kravis, I.B., Lipsey, R.E.: Export Prices and the Transmission of Inflation. „The American Economic Review", Papers and Proceedings, Vol. 67 (1977), S. 155ff.

Krueger, A.O.: The Impact of Alternative Government Policies under Varying Exchange Systems. „The Quarterly Journal of Economics", Vol. 79 (1965), S. 195ff.

Laursen, S., Metzler, L.A.: Flexible Exchange Rates and the Theory of Employment. „The Review of Economics and Statistics", Vol. 32 (1950), S. 281ff.

MacDonald, R., Taylor, M.P: Exchange Rate Economics. A Survey. „International Monetary Fund Staff Papers", Vol. 39 (1992), S. 1ff.

Machlup, F.: The Theory of Foreign Exchanges. „Economica", NS 6 (1939), S. 375ff. Übersetzt in: Theorie der internationalen Wirtschaftsbeziehungen. (Hrsg. von K. Rose). 3. Aufl. Köln, Berlin 1971. S. 169ff.

Mathieson, D. J.: The Impact of Monetary and Fiscal Policy Under Flexible Exchange Rates and Alternative Expectations Structures. „International Monetary Fund Staff Papers", Vol. 24 (1977), S. 535ff.

McKinnon, R.I.: The Exchange Rate and Macroeconomic Policy: Changing Postwar Perceptions. „The Journal of Economic Literature", Vol. 19 (1981), S. 531ff.

Metzler, L.A.: The Transfer Problem Reconsidered. „The Journal of Political Economy", Vol. 50 (1942), S. 397ff. Abgedruckt in: Readings in the Theory of International Trade. (Ed. by H.S. Ellis, L.A. Metzler). London 1950. S.179ff.

Möller, H., Jarchow, H.-J.: Demand and Supply Functions for West German Exports. „Jahrbücher für Nationalökonomie und Statistik", Vol.207 (1990), S.529ff.

Mundell, R.A.: The Monetary Dynamics of International Adjustment under Fixed and Flexible Exchange Rates. „The Quarterly Journal of Economics", Vol.74 (1960), S.227ff.

–: Flexible Exchange Rates and Employment Policy. „The Canadian Journal of Economics and Political Science", Vol.27 (1961), S.509ff.

–: The International Disequilibrium System. „Kyklos", Vol.14 (1961), S.153ff.

–: The Appropriate Use of Monetary and Fiscal Policy for Internal and External Stability. „International Monetary Fund Staff Papers", Vol.9 (1962), S.70ff.

Mussa, M.: A Monetary Approach to Balance-of-Payments Analysis. „Journal of Money, Credit and Banking", Vol.6 (1974), S.333ff.

–: The Exchange Rate, the Balance of Payments and Monetary and Fiscal Policy under a Regime of Controlled Floating. „The Scandinavian Journal of Economics", Vol.78 (1976), S.229ff.

Niehans, J.: Some Doubts about the Efficacy of Monetary Policy under Flexible Exchange Rates. „Journal of International Economics", Vol.5 (1975), S.275ff.

Oates, W.E.: Budget Balance and Equilibrium Income: A Comment on the Efficacy of Fiscal and Monetary Policy in an Open Economy. „The Journal of Finance", Vol.21 (1966), S.489ff.

Officer, L.H.: The Purchasing-Power-Parity Theory of Exchange Rates: A Review Article. „International Monetary Fund Staff Papers", Vol.23 (1976), S.1ff.

Ohlin, B.: The Reparation Problem: A Discussion. „The Economic Journal", Vol.39 (1929), S.172ff. Abgedruckt in: Readings in the Theory of International Trade. (Ed. by H.S. Ellis, L.A. Metzler). London 1950. S.170ff.

Okina, K.: Empirical Test of "Bubbles" in the Foreign Exchange Market. „Bank of Japan. Monetary and Economic Studies", Vol.23 (1985), S.129ff.

Orcutt, G.H.: Measurement of Price Elasticities in International Trade. „The Review of Economics and Statistics", Vol.32 (1950), S.117ff.

Ott, D.J., Ott, A.F.: Budget Balance and Equilibrium Income. „The Journal of Finance", Vol.20 (1965), S.71ff.

Oudiz, G., Sachs, J.: Macroeconomic Policy Coordination among the Industrial Economics. „Brookings Papers on Economic Activity", (1984), S.1ff.

Rhomberg, R. R.: A Model of the Canadian Economy under Fixed and

Fluctuating Exchange Rates. „The Journal of Political Economy", Vol. 72 (1964), S. 1 ff.

Rothschild, K. W.: Geldmenge, Währungsreserven und Wechselkursänderungen. Eine Ergänzung. „Jahrbücher für Nationalökonomie und Statistik", Bd. 198 (1983), S. 311 ff.

Schäfer, W.: Anmerkungen zur J-Kurve. „Kredit und Kapital", Jg. 18 (1985), S. 490 ff.

Scharrer, H.-E., Lange, C.: Wechselkursverschiebungen und Unternehmensreaktionen. „Wirtschaftsdienst", Jg. 68 (1988), S. 470 ff.

Schröder, J.: Zur partialanalytischen Darstellung des direkten internationalen Preiszusammenhangs. Bemerkungen zu einem Aufsatz von O. Issing. „Jahrbücher für Nationalökonomie und Statistik", Bd. 183 (1969/70), S. 306 ff.

Sitz, A.: Wirtschaftspolitik und Übertragungseffekte bei unterschiedlichen Lohnreaktionen. „das wirtschaftsstudium", Jg. 16 (1987), Nr. 10, S. 521 ff.

Stützel, W.: Ist die schleichende Inflation durch monetäre Maßnahmen zu beeinflussen? „Beihefte der Konjunkturpolitik", H. 7 (1960), S. 10 ff.

Swoboda, A. K.: Equilibrium, Quasi-Equilibrium, and Macroeconomic Policy under Fixed Exchange Rates. „The Quarterly Journal of Economics", Vol. 86 (1972), S. 162 ff.

Tobin, J.: A General Equilibrium Approach To Monetary Theory. „Journal of Money, Credit, and Banking", Vol. 1 (1969), S. 15 ff.

Tsiang, S. C.: The Role of Money in Trade Balance Stability: Synthesis of the Elasticity and Absorption Approaches. „The American Economic Review", Vol. 51 (1961), S. 912 ff.

–: The Dynamics of International Capital Flows and Internal and External Balance. „The Quarterly Journal of Economics", Vol. 89 (1975), S. 195 ff.

Whitman, M. v. N.: Global Monetarism and the Monetary Approach to the Balance of Payments. „Brookings Papers on Economic Activity" (1975), S. 491 ff.

3. Sammelwerke, Beiträge aus Sammelwerken und Handwörterbüchern u. a.

Bender, D.: Finanzmarkttheorie des Wechselkurses. In: Handwörterbuch der Wirtschaftswissenschaft (HdWW). Zugleich Neuauflage des Handwörterbuchs der Sozialwissenschaften. Neunter Band. Stuttgart 1982. S. 748 ff.

Bombach, G. (Hrsg.): Beiträge zur Theorie der Außenwirtschaft. (Schriften des Vereins für Socialpolitik, Neue Folge, Bd. 56). Berlin 1970.

Branson, W. H.: Macroeconomic Equilibrium with Portfolio Balance in Open Economies. Seminar Paper No. 22, Institute for International Economic Studies, Stockholm 1972.

Bryant, R. C.: Empirical Research in Financial Capital Flows. In: International Trade and Finance. Frontiers for Research. (Ed. by P. B. Kenen). Cambridge 1975. S. 321ff.

Claassen, E. M. (Hrsg.): Kompendium der Währungstheorie. München 1977.

Claassen, E. M., Salin, P. (Hrsg.): Recent Issues in International Monetary Economics. Amsterdam, New York, Oxford 1976.

Connolly, M. B., Swoboda, A. K. (Hrsg.): International Trade and Money. London 1973.

Ehrlicher, W., Richter, R. (Hrsg.): Probleme der Währungspolitik. (Schriften des Vereins für Socialpolitik, Neue Folge, Bd. 120). Berlin 1981.

Ellis, H. S., Metzler, R. A. (Hrsg.): Readings in the Theory of International Trade. London 1950.

Frenkel, J. A., Johnson, H. G. (Hrsg.): The Monetary Approach to the Balance of Payments. London 1976.

Frenkel, J. A., Mussa, M. L.: Asset Markets, Exchange Rates, and the Balance of Payments. In: Handbook of International Economics. Vol. II. (Ed. by R. W. Jones, P. B. Kenen). Amsterdam, New York, Oxford 1985. S. 679ff.

Frisch, H., Schwödiauer, G. (Hrsg.): The Economics of Flexible Exchange Rates. (Beihefte zu Kredit und Kapital, H. 6). Berlin 1980.

Gaab, W.: On the Role of Interest Arbitrage, Speculation, and Commercial Hedging in the Determination of the Forward Exchange Rate: The Case of the Flexible German Mark, 1974–1977. In: The Economics of Flexible Exchange Rates. (Ed. by H. Frisch, G. Schwödiauer). Berlin 1980. S. 345ff.

Genberg, H.: Policy Autonomy of Small Countries. In: Inflation Theory and Anti-inflation Policy. Proceedings of a Conference held by the International Economic Association at Saltsjöbaden, Sweden. (Ed. by E. Lundberg). London, Basingstoke 1977. S. 183ff.

Goldstein, M., Khan, M. S.: Income and Price Effects in Foreign Trade. In: Handbook of International Economics. Vol. II. (Ed. by R. W. Jones, P. B. Kenen). Amsterdam, New York, Oxford 1985. S. 1041ff.

Haberler, G.: Currency Depreciation and the Terms of Trade. In: Wirtschaftliche Entwicklung und soziale Ordnung. (Hrsg. von E. Lagler und J. Messner). Wien 1952. S. 149ff. Übersetzt in: Theorie der internationalen Wirtschaftsbeziehungen. (Hrsg. von K. Rose). 3. Aufl. Köln, Berlin 1971. S. 239ff.

Hartwig, H.: Indexzahlen für den Außenhandel. In: Umrisse einer Wirtschaftsstatistik. Festgabe für P. Flaskämper. (Hrsg. von A. Blind). Hamburg 1966. S. 167ff.

Hochgesand, H.: Spekulation. In: Handwörterbuch der Wirtschaftswissenschaft (HdWW). Zugleich Neuauflage des Handwörterbuchs der Sozialwissenschaften. Siebter Band. Stuttgart 1977. S. 170ff.

International Monetary Fund: The Monetary Approach to the Balance of Payments. Washington, D.C. 1977.

Jarchow, H.-J.: Der kombinierte Einsatz budget- und zinspolitischer Maßnahmen zur gleichzeitigen Erreichung binnen- und außenwirtschaftlicher Ziele. In: Beiträge zur Theorie der Außenwirtschaft. Hrsg. von G. Bombach. (Schriften des Vereins für Socialpolitik, Neue Folge, Bd. 56). Berlin 1970, S. 35ff.

–: Geld- und Fiskalpolitik in einer offenen Volkswirtschaft – eine vereinfachte (diskrete) Strom-Bestands-Analyse –. „Diskussionsbeiträge aus dem Volkswirtschaftlichen Seminar der Universität Göttingen", Nr. 4 (1980).

–: Geldpolitik in einer offenen Volkswirtschaft – Eine Mehrperiodenanalyse –. In: Probleme der Währungspolitik. Hrsg. von W. Ehrlicher und R. Richter. (Schriften des Vereins für Socialpolitik, Neue Folge, Bd. 120). Berlin 1981. S. 113ff.

–: Zahlungsbilanz, I: Theorie und Politik. In: Handwörterbuch der Wirtschaftswissenschaft (HdWW). Zugleich Neuauflage des Handwörterbuchs der Sozialwissenschaften. Neunter Band. Stuttgart 1982. S. 539ff.

Johnson, H.G.: International Trade and Economic Growth. Studies in Pure Theory. London 1958.

–: Towards a General Theory of the Balance of Payments. In: H.G. Johnson, International Trade and Economic Growth. Studies in Pure Theory. London 1958. S. 153ff.

–: Der monetäre Ansatz zur Zahlungsbilanztheorie. In: H.G. Johnson, Beiträge zur Geldtheorie und Währungspolitik. Berlin 1976. S. 221ff. (Deutsche Übersetzung von: The Monetary Approach to Balance-of-Payments Theory. In: International Trade and Money. (Ed. by M.B. Connolly and A.K. Swoboda). London 1973. S. 206ff.).

–: Beiträge zur Geldtheorie und Währungspolitik. Berlin 1976.

Jones R. W., Kenen, P. B. (Hrsg.): Handbook of International Economics. Vol. II. Amsterdam, New York, Oxford 1985.

Kenen, P.B. (Hrsg.): International Trade and Finance. Frontiers for Research. Cambridge 1975.

Levich, R. M.: Empirical Studies of Exchange Rates: Price Behavior, Rate Determination and Market Efficiency. In: Handbook of International Economics. Vol. II. International Monetary Economics and Finance. Ed. by R. W. Jones, P. B. Kenen, Amsterdam 1985. S. 979ff.

Lundberg, E. (Hrsg.): Inflation Theory and Anti-inflation Policy. Proceedings of a Conference held by the International Economic Association at Saltsjöbaden, Sweden. London, Basingstoke 1977.

Metzler, L.A.: The Theory of International Trade. In: A Survey of Contemporary Economics. (Ed. by H.S. Ellis). Philadelphia, Toronto 1948. S. 210ff.

Mundell, R.A., Swoboda, A. (Hrsg.): Monetary Problems of the International Economy. 2nd. ed. Chicago 1970.

Myhrman, J.: Balance-of-Payments Adjustment and Portfolio Theory: A Survey. In: Recent Issues in International Monetary Economics. (Ed. by E. M. Claassen and P. Salin). Amsterdam, New York, Oxford 1976. S. 203ff.

Obst, G., Hintner, O.: Geld-, Bank- und Börsenwesen. Ein Handbuch. 37., völlig neu gestaltete Aufl. Hrsg. von N. Kloten, J.H. von Stein. Stuttgart 1980.

OECD Economic Outlook: Occasional Studies. The OECD International Linkage Model. January 1979.

Robinson, J.: Beggar-my-Neighbour Remedies for Unemployment. In: Essays in the Theory of Employment. London 1937. S. 210ff.

–: The Foreign Exchanges. In: Essays in the Theory of Employment. London 1937. S. 183ff.

Rose, K. (Hrsg.): Theorie der internationalen Wirtschaftsbeziehungen. 3., Aufl. Köln, Berlin 1971.

–: Wechselkurs. In: Handwörterbuch der Wirtschaftswissenschaft (HdWW). Zugleich Neuauflage des Handwörterbuchs der Sozialwissenschaften. Achter Band. Stuttgart 1980. S. 605ff.

Scholl, F.: Die Zahlungsbilanz. In: Umrisse einer Wirtschaftsstatistik. Festgabe für P. Flaskämper. (Hrsg. von A. Blind). Hamburg 1966. S. 336ff.

Schröder, J.: Kapitalbewegungen, internationale, II: Theorie und Politik. In: Handwörterbuch der Wirtschaftswissenschaft (HdWW). Zugleich Neuauflage des Handwörterbuchs der Sozialwissenschaften. Vierter Band. Stuttgart 1978. S. 389ff.

–: Transfertheorie. In: Handwörterbuch der Wirtschaftswissenschaft (HdWW). Zugleich Neuauflage des Handwörterbuchs der Sozialwissenschaften. Achter Band. Stuttgart 1980. S. 8ff.

Swoboda, A. K.: Monetary Approaches to Balance-of-Payments Theory. In: Recent Issues in International Monetary Economics. (Ed. by E. M. Claassen and P. Salin). Amsterdam, New York, Oxford 1976. S. 3ff.

Tichy, G.: Die Folgen von Wechselkursänderungen – Was haben wir gelernt? In: Empirische Wirtschaftsforschung und monetäre Ökonomik. Festschrift für Stephan Koren zum 60. Geburtstag. (Hrsg. von W. Clement, K. Socher). Berlin 1979. S. 242ff.

Personenregister[1])

Adams, F. G. 71
Adebahr, H. 87, 119, 132, 211
Alexander, S. S. 189, 191, 193, 211
Alexander, V. 140
Allen, R. G. D. 313
Argy, V. 205

Balassa, B. 216
Baltensperger, E. 234, 255, 281, 311
Bender, D. 311
Black, S. W. 283
Blinder, A. S. 299
Böhm, P. 281, 291, 312
Borchert, M. 97, 211
Branson, W. H. 283, 299, 312
Bryant, R. C. 134

Cassel, G. 214
Caves, R. E. 253
Christ, C. F. 299
Claassen, E. M. 213, 222, 227, 228, 281

Dornbusch, R. 243, 245, 250,
    281, 299, 312
Driskill, R. A. 249, 250

Engel, G. 301

Fama, E. F. 250
Fischer-Erlach, P. 140, 237
Fleming, J. M. 130
Francis, J. 73
Frankel, J. A. 253
Frenkel, J. A. 213
Friedrich, H. 156

Gaab, W. 243, 250, 253, 281
Gärtner, M. 234, 255, 296, 297
Genberg, H. 220, 222
Giersch, H. 172
Goldstein, M. 71, 72, 73
Grauwe, P. de 257, 258

Haberler, G. 87
Härtter, E. 313
Hartwig, H. 76
Heien, D. M. 71
Herberg, H. 197
Hesse, H. 197, 211
Hintner, O. 141
Hochgesand, H. 265
Houthakker, H. S. 71

Jarchow, H.-J. 36, 42, 72, 137,
    139, 183, 197, 204, 211, 234, 240,
    259, 270, 281, 285, 300, 308,
    312, 319, 353
Johnson, H. G. 119, 190, 211,
    213, 222, 281, 327
Jones, R. W. 253
Junz, H. B. 71

Käsmeier, J. 242
Kemp, D. S. 222
Keynes, J. M. 118
Khan, M. S. 71, 72, 73
Kindleberger, Ch. P. 71, 87, 118
Kloten, N. 141
Konrad, A. 42, 74, 87, 126, 211
Kravis, I. B. 217, 218
Kühn, B. 245

---

[1]) Die unter den Literaturangaben (S. 354 ff.) genannten Autoren sind hier nicht vollständig aufgeführt.

Sachregister[1])

---

[1]) Die fett gedruckten Ziffern geben die Stellen an, an denen der betreffende
Begriff erläutert wird.

UTB Uni-Taschenbücher GmbH Stuttgart

Vandenhoeck & Ruprecht   in Göttingen
und Zürich